KB125727

도가의 인문정신

This book has been supported by Chinese Fund for Humanities and Social Sciences.

도가의 인문정신

천꾸잉陳鼓應 저·오수현 역

道家的人文精神

學古房

上.

下편

노자와 장자의 인문사상

下

| 들어가며 |

　본서는 필자가 1995년부터 2011년까지 국내외 각종 학술회의에 참석하면서 발표했던 글들을 한데 모아 편집한 것이다. 작성 시점이 오래되긴 했지만, 도가 사상을 두 가지 주제로 묶어 해석한 나의 관점이 여기에 모두 반영되어 있다. 그 주제 중 하나는 도가의 사회적 관심이고 다른 하나는 노자와 장자 사상에 함축된 인문정신이다.

　그리고 본서에 『도가의 인문정신』이라는 제목을 붙인 것은 역대 도가에 함축된 인문적 정서를 풀어내고자 하는 의미에서다. 나는 도가라는 사상의 틀에서는 인문人文과 자연自然이 서로 품고 함축하는 관계라고 본다. 그래서 노자의 '도법자연道法自然(도는 스스로 그러한 자연을 본받는다)' 사상에는 인문적 의미가 넘쳐나고 장자 또한 '천지는 가장 빼어난 아름다움을 지녔으면서도 이렇다 저렇다 말하지 않는다' 天地有大美而不言라고 감탄했다. 이처럼 물리적인 자연에는 인문의 정서가 깊이 스며들어 있으며 더 나아가 인문적 자연은 초월적 경지의 자연으로 승화한다. 팡둥메이方東美 선생이 도가의 자연에 대해 표현한 말을 빌리자면 '중국 인문주의자들이 보기에 자연은 보편적인 생명이 흐르는 경지'인 셈이다.

본서는 전작인 『노장신론老莊新論』의 뒤를 이어 원시 도가를 상세히 해석한 또 한 권의 책이다. 두 책은 맥락이 서로 연결되어 있지만, 그 발전 과정은 사뭇 다르다. 『노장신론』은 서술 면에서 몇 가지 특징을 보이는데 그것은 첫째, 최대한 원문에 근거해서 풀이하고자 한 점이다. 그러나 독자들은 은연중 필자가 노자와 장자의 사상을 유가나 묵가, 명가, 법가보다 한 수 위로 평가하고 있음을 글 곳곳에서 느낄 것이다. 두 번째 특징은 노자와 장자 사상을 풀어내는 과정에서 농후한 시대적 감성을 녹여내고자 했다는 점이다. 필자는 권위적 체제와 도통道統 의식의 속박 속에서 청년 시절을 보냈던 터라 절대주의나 우상주의, 일방주의적 사상 관념에 비교적 큰 반감을 갖고 있다. 융통성 없이 딱딱하고 구속적이며 독단적인 철학 체계에도 반대한다.

노자와 장자의 광활하고도 탁 트인 심적 경지는 다원적이고 다양한 가치를 품을 수 있다. 이는 비단 『노자』와 『장자』의 원전에 대한 평가에 국한되는 말이 아니라 그들의 이념은 나의 내면 깊은 곳까지 투과하여 스며들었다. 그래서 이 책의 문장 곳곳에는 일부러 의도하지 않았는데도 자연스럽게 자유자재의 경지와 상호 존중, 상호 함축의 제물齊物의 정신이 묻어난다.

본서가 『노장신론』과 다른 면이 있다면 그것은 주제가 더욱 분명해졌다는 점이다. 우선, 나는 지식인의 한 명으로서 본서의 거의 모든 장, 절에 걸쳐 노장사상을 통해 사회를 향한 관심을 표현하였다. 또한, 나는 학술 종사자의 한 명으로서 '생명'을 글의 주제로 삼으려 노력했다. 니체와 장자는 내가 철학의 세계로 들어설 때 두 갈래의 통로가 되었는데 둘 모두 생명을 노래하고 생명을 주제로 삼았다. 이 두 사람을 통해 서양문화의 찬란함이 돋보이기도 했지만 다른 한편으로는 서양 중심론의 폐단이 드러나기도 했다. 이 같은 관점은 본서의 마지막 장인 '이질 문화와의 대화'편에 서술하였다.

본서를 이루는 10여 편의 글에 인용된 사례와 관점 중, 일부 중복되는 부분에 대해서는 독자의 양해를 구한다. 사례와 관점의 중복은 필자가 무언가 강조하고자 할 때 내면의 감정을 차마 억누르지 못해 무심코 드러낸 결과이다. 이를테면 필자의 시선이 국제적인 문제를 향해 고정되면 아무리 억누르려 해도 과거에 목도했던 일본군의 중국 침략 만행이 기억의 수면에 떠오르고 그 시선이 지구촌의 문제로 옮겨가면 서양 중심론을 배제하고 권력 집중형 종교의 역사적 연원을 탐색하려 드는 나의 모습을 발견하게 된다. 이는 의도치 않게 나의 펜 아래서 글의 논조에 고스란히 녹아난다. 도가 사상을 통해 현실 세계를 바라보다 보면 나는 확실히 '글로는 말을 다 표현하지 못하고 말로는 뜻을 다 전하지 못한다' 書不盡言, 言不盡意라고 한 선현들의 감정을 고스란히 느낀다.

천꾸잉

2011년 12월 중순 베이징대학교 철학과에서

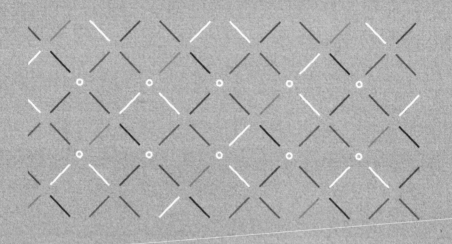

도가의 인문정신

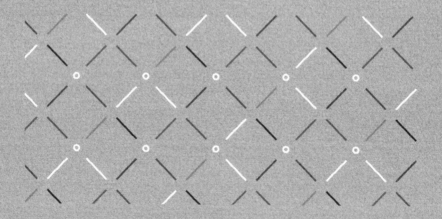

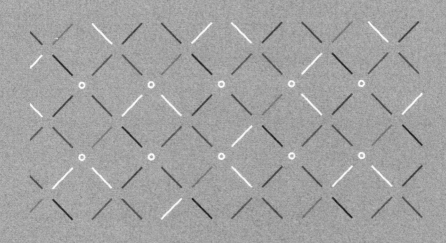

上편

도가의 사회적 관심

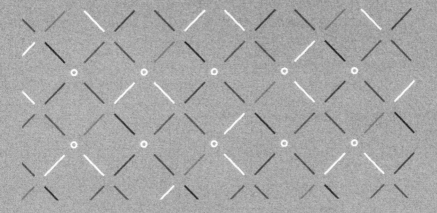

1. 도가의 사회적 관심

춘추전국시대 중국 사회는 전에 없는 혼돈과 변화라는 거센 물살에 휩싸였다. 전통의 예악禮樂(예법과 음악) 제도는 이미 정상적인 사회질서와 정치체계를 유지하는 기능을 잃은 지 오래였고 각 계층 사람들의 생존 환경 또한 심각한 위기에 처했다. 제자백가는 이 같은 국면을 배경으로 등장했던 만큼 정치 제도와 사회질서, 사람들의 생존 환경에 대한 지대한 관심을 그 이론에 반영하였으며 이는 거의 예외 없는 현상이었다.

도가와 유가, 묵가, 법가는 서로 다른 관점에서 각자의 주장을 펼치며 서로 논쟁하다가도 어느 지점에 이르면 다시 한데 합하여 중국의 사회철학, 정치철학, 인생철학이 형성, 발전하는 데 공동으로 기여했다. 이번 장에서는 특별히 도가 학파가 인간 사회의 수많은 문제에 대하여 제시한 주장을 간략하게 설명한다.

1-1. 도가가 세상을 대하는 태도와 방식

'도가' 하면 많은 사람이 노장老莊(노자와 장자) 사상과 동일시하곤 한다. 그러나 사실상 '도가'라는 명칭은 수많은 학파의 사상과 경향의 갈래를 함축하는 것이라서 노장의 사상만을 가지고 도가 전체를 논하기에는 부족함이 있다. 예를 들어 노자와 장자 사이에는 관윤關尹이나 양주楊朱, 열자列子 등과 같은 수많은 사상가가 있으며 그들의 사적과 학설은 『장자』와 『여씨춘추呂氏春秋』에 모두 기록되어 있다.

그 밖에도 더 중요한 것은 전국 시대에 가장 큰 기세를 떨쳤던 황로 학파이다. 이 학파의 면모, 그리고 그들이 도가 사상에서 점했던 중대한 위치는 마왕퇴馬王堆1)의 한나라 무덤에서 백서帛書(비단 위에 쓴 책)가 출토된 뒤 점점 더 많은 학자로부터 주목받기 시작했다. 사실 그전까지 황로 학파는 일부 유명 학자에 의해 잠깐 언급되기는 했지만, 좀체 학계의 관심은 받지 못했다. 그러나 멍원통蒙文通 선생은 일찍이 "백가百家(여러 사상 학파)가 전국시대에 일어났지만, 훗날 황로 학파가 홀로 성행하니 그 세력이 백가를 압도하였다"2)라고 했으며 한나라 사마담司馬談과 반고班固도 황로 학파를 도가의 주류로 인정할 정도였다. 이 같은 상황은 특히 주목할 만하다.

오늘날 많은 학자가 도가 사상과 은둔자의 관계를 무척 강조하면서 은둔자가 도가 학파의 기초를 이룬다고 여긴다. 물론 은둔자가 도가 사상에서 선구적 역할을 한 인물로 여겨질 수는 있지만, 도가 학파나 도가

---

1) 1972~1973년에 후난성(湖南省) 창사시(長沙市) 동쪽 교외에서 발굴된 전한(前漢) 시기의 무덤.
2) 멍원통 『고학견미(古學甄微)』, 파촉서사(巴蜀書社), 1987년, 276쪽.

사상은 그보다는 무척 복잡다단하다는 사실을 알아야 한다. 마치 천룽지에陳榮捷 선생이 "(은둔자는) 잘해봐야 도가 사상의 일면만을 보여줄 뿐이고 그 일면조차도 도가 사상에서 가장 중요한 부분은 아니다"[3]라고 말한 것처럼 말이다.

사실 도가 사상을 말할 때 은둔자와의 관계만을 지나치게 강조하면 자칫 사람들에게 도가란 소극적이고 탈속적인 사상이라는 잘못된 인상을 심어줄 수 있다. 이는 사람들이 노장사상을 오해하는 중대한 원인이다.

도가 안에는 수많은 경향과 학파가 있지만 크게 노학老學과 장학莊學, 황로학黃老學의 세 개 학파로 나눌 수 있다. 이들은 세상을 대하는 관점에서 정도의 차이는 있지만 변천하는 사회를 향해 시선을 둔다는 점에서 공통점을 가진다. 이번 장에서는 이 세 개 학파의 구분을 기초로 하여 그 차이점과 공통점을 알아보고자 한다.

도가의 세 개 학파가 주목했던 것은 예외 없이 치신治身(자신을 다스림)과 치국治國(나라를 다스림)의 두 분야이다. 자기를 다스리는 것과 나라 다스리기를 아우른다는 관점은 비교적 일찍 황로 학파의 문헌인 『여씨춘추』「심분審分」편에 '자기 자신을 다스리고 나라를 다스리는 일은 그 이치가 같다' 治身與治國, 一理之術也라고 한 데서 유래했다. 이 두 가지 분야는 사실 『장자莊子』「천하天下」에서 말한 '내성외왕內聖外王(안으로는 성인의 인격을 갖추고 밖으로는 왕의 덕을 품는 것)'에 해당하는 일이자 도가가 세상을 향해 나아가고 참여하기 위한 두 가지 주요한 방식이다. 노자와 장자, 황로가 주장한 내용은 모두 이 두 가지 방면을 아우르지만, 역점을 둔 부분은 차이를 보이는데 이는 각각 아래에서 소개한다.

---

3) 천룽지에 『중국철학논집(中國哲學論集)』, 타이베이중앙연구원, 중국문철연구소(中國文哲研究所), 1994년, 168쪽.

⑴ 노자의 치신과 치국

노자 학파는 사관史官의 문화적 전통을 계승한 탓에 천도天道(하늘의 도, 자연의 법칙)를 헤아려 사람의 일을 밝힌다고 봤고 도의 학설도 세상에 나아가 참여하기 위한 근거로 삼았다. 사관은 그 특수한 직업 배경 때문에 사회와 정치에 깊은 관심을 가졌고 그래서 노자 사상의 관심도 주로 치도治道(천하를 다스리는 도)에 집중되었다. 우리가 잘 아는 자연무위自然無爲의 개념만 하더라도 주로 사회, 정치적 원칙으로 제시된 것이었다. 그러나 정치의 중심은 제후나 왕, 군주이므로 이 원칙들의 실행 가능 여부는 제후나 왕 개인의 자질이나 품성과 밀접하게 관계되어 있다. 이 때문에 치국은 자연히 수신修身(자신을 수양함)을 기초로 삼지 않을 수 없었다.

그래서 『노자』 제54장에서는 이렇게 말했다.

> 도로써 몸을 다스리면 그 덕은 참된 것이 되고 도로써 가정을 다스리면 그 덕은 넉넉하여 남음이 있으며 도로써 마을을 다스리면 그 덕은 오래 가고 도로써 한 나라를 다스리면 그 덕은 풍요로워지며 도로써 천하를 다스리면 그 덕은 온 천하에 두루 퍼지게 된다. 그러므로 자신으로써 자신을 보고 가정으로써 가정을 보며 마을로써 마을을 보고 나라로써 나라를 보며 천하로써 천하를 본다. 어찌 내가 천하의 그러함을 알겠는가? 바로 이것들을 통해서이다.
>
> 修之於身, 其德乃眞. 修之於家, 其德乃餘. 修之於鄕, 其德乃長. 修之於邦, 其德乃豊. 修之於天下, 其德乃普. 故以身觀身, 以家觀家, 以鄕觀鄕, 以邦觀邦, 以天下觀天下, 吾何以知天下之然? 以此.

여기에는 자기 자신에서 시작하여 가정, 마을, 나라, 천하에 이르는 노자의 내성외왕內聖外王 사상이 잘 드러나 있다. '수신修身'의 구체적인 방법은 일정한 절차를 통해 소박하고 참된 덕이 흩어지지 않는 상태를 회복하는 것이다. 이 절차는 세 가지로 볼 수 있는데 첫째는 '하늘의 문이 열리고 닫힐 때 능히 암컷 노릇을 하는' 天門開闔, 能爲雌乎(『노자』 제10장) 것으로 감각 기관의 활동을 과도하게 외부로 분산시키지 않는 과정이다. 둘째는 '마음을 씻어내어 흠 없는 상태로 만드는' 滌除玄鑒 것 으로 내면을 비워 맑고 밝은 상태에 이르는 과정이다. 셋째는 '정기를 모아' 專氣致柔 '정기'와 '조화'가 지극한 상태인 갓난아이의 경지에 이르 게 하여 상덕常德(덕과 분리되지 않는 삶)을 유지하는 과정이다. 이러한 노력 을 통해 군주는 노자가 제시한 정치 원칙인 '오로지 도만 따르는' 唯道是 從 삶을 실천할 수 있다.

노자가 말한 치신과 치국의 방법에 특이점이 있다면 '물러섬으로써 나아감' 以退爲進 또는 '덜어내면 보태짐' 損之而益의 이치를 들 수 있다. 이것을 이루는 이론의 기초는 '반反(되돌아감)'으로 대표되는 도의 운동, 그리고 '약弱(약함)'으로 대표되는 도의 작용을 이해하는 것인데 사실 이 것들은 오랜 역사적 경험을 통해 결집된 결과다. 그러나 '물러섬'이나 '덜어냄'은 하나의 방법론에 불과할 뿐, 정작 노자가 도달해야 할 목표 로 내세운 것은 '나아감'과 '보태짐'이다. 그러므로 노자가 '물러섬'이나 '덜어냄'을 강조했다고 해서 그의 사상을 소극적이고 퇴보적이라고 섣 불리 결론지어서는 안 된다.

(2) 장자의 '내성외왕'

『장자』는 내편과 외편, 잡편의 세 부분으로 구성되어 있으며 학자들 은 보통 내편을 이루는 일곱 편의 글이 장자 사상의 주요한 소재가 된다 고 여긴다. 노자에 비해 장자는 확실히 치신治身, 즉, 내성內聖(내면에 성인 의 덕을 갖춤) 방면에 주목하였다. 그가 말한 치신은 주로 개인의 삶에 대한 관심으로 표현되었다. 당시의 특수한 시대적 배경 탓에 사람들은 형체 등 형이하학적인 것보다는 주로 양신養神(마음을 가라앉혀 정신을 회복함)과 양심養心(정신을 수양함)에 치중할 것을 강요받았다. 또한 심재心齋(견을 버려 마음을 깨끗이 함)나 좌망坐忘(조용히 앉아 자신을 구속하는 모든 것을 잊음) 등을 들어 속세를 떠나 유유자적한 삶의 근거로 삼기도 했다.

'내성외왕內聖外王'이라는 말은 『장자』「천하」에 가장 먼저 등장하는데 일종의 이상적인 도술道術의 형태로 제시되었다. 「천하」에 언급된 '내성외왕'의 이상은 무척 독특하여 '만물을 기르고 천하를 조화롭게 하며 그 은택이 온 백성에게 미치게 한다' 育萬物, 和天下, 澤及百姓라는 사회의식을 비롯하여 '신묘한 도와 밝은 지혜를 짝하며 천지를 순수하게 한다' 配神明, 醇天地라는 우주적인 정신이 함축되어 있다.

「천하」편은 비록 장자가 직접 저술하지는 않았지만 '내성외왕'은 장자 본인의 학술적 이상이다. 「소요유逍遙遊」에서 곤鯤과 붕鵬의 우화로 표현한 원대한 뜻과 「외물外物」에서 임공자任公子가 큰 물고기를 낚아 올린 우화를 통해 드러냈던 '경세經世(세상을 다스림)'의 의지를 보면 장자에게 세상을 구하려는 포부가 아예 없었던 것이 아니고 다만 속세의 어두운 면 때문에 이를 실행할 수 없었던 것뿐임을 짐작해볼 수 있다. 이 때문에 장자는 세상 다스리는 일에 도무지 관심이 없거나 심지어 세상일을 경시하는 사람으로 여겨지게 되었다.

그도 그럴 것이 『장자』「응제왕應帝王」을 보면 마지못해 세상을 다스리는 도를 언급하면서 다만 '모든 일을 스스로 그러한 자연의 이치에 따르게 할 뿐 사사로움을 개입시키지 않는다면 천하는 잘 다스려진다' 順物自然而無容私焉, 而天下治矣라고 했기 때문이다. 그러나 '외왕外王(밖으로는 왕의 덕을 갖춤)' 방면을 중시하지 않았다고 해서 장자에게 사회를 향한 관심이나 책임감이 부족했다는 뜻은 아니다. 장자는 난세를 살아가는 개개인의 운명에 관심을 가졌고 이는 많은 지식인이 소홀히 여기는 사회생활의 중요한 부분이기도 하다.

(3) 황로학의 '심치'와 '국치'

전국시대의 이름난 학파였던 황로학은 전국시대 초중반에 등장했으며 그 대표작은 마왕퇴 한나라 고분에서 출토된 백서 『황제사경黃帝四經』이다. 그 뒤 황로학은 많은 사람에 의해 연구되었는데 이에 대해 사마천은 일찍이 『사기史記』「맹순열전孟荀列傳」에서 전변田駢, 환연環淵, 신도愼到, 접자接子 등을 대표적인 학자로 언급하기도 했다. 그들은 모두 제齊나라 직하학궁稷下學宮에서 직하 선생 노릇을 했는데 그들의 학설이 황로의 사상을 설명하였기 때문에 황로학은 직하에서 빠르게 발전하여 도가 사상을 이루는 주도적인 학설로 자리매김할 수 있었다[4].

직하에서 만들어진 『관자管子』라는 책에는 「내업內業」, 「심술心術」상, 「심술」하, 「백심白心」, 「형세形勢」, 「주합宙合」, 「추언樞言」, 「수지水地」, 「세勢」, 「정正」 등이 수록되었는데 이것들이 다 황로학의 저서에 속한다 (그중에서도 오늘날 통상 『관자』 4편으로 칭하는 「내업」, 「백심」, 「심술」상, 「심술」하편이 가장 중요하다).

위에서 말한 도가의 세 학파 가운데 치신과 치국을 가장 긴밀하게 결합하여 후대 정치에 실질적인 영향을 끼친 것은 황로 학파, 특히 직하 도가이다. 황로 학파의 대표작이라 할 수 있는 『황제사경』은 특별히 치

---

4) 천룽지에 선생은 『전국도가(戰國道家)』에서 '전국시대의 도가는 직하를 중심으로 최전성기를 누렸다. 그 유명한 열일곱 명의 지식인 가운데 팽몽(彭蒙), 신도, 접자, 전변, 환연, 송견(宋銒), 윤문(尹文)의 일곱 명은 도가의 학문을 했고 유가 쪽의 인물로는 맹자, 순자, 두 사람뿐이었으니 그 수가 세 배에 이르렀다'라고 했다. 여기서 우리는 직하에서 도가 학파의 인물이 많이 배출되었음을 알 수 있다. 『중국철학논집(中國哲學論集)』, 234쪽 참조.

국 방면을 강조했던 반면 치신 분야의 언급은 그리 많지 않다. 그러나 직하 도가는 그렇지 않아서 『관자』「심술」 하편을 보면 '마음이 다스려져야 나라가 다스려지고 마음이 안정되어야 나라가 평안해진다' 心治是國治也, 心安是國安也라는 문구가 나온다. 마음을 편안히 다스리는 것은 치신治身이자 내성內聖이고 나라를 편안히 다스리는 것은 치국治國이자 외왕外王이다. 이 둘은 사실 하나의 이치이다. 물론 개인과 나라는 서로 다른 영역이므로 자신을 다스리는 것과 나라를 다스리는 구체적인 방법은 다를 수 있다. 자신을 다스리는 일에 관해서는 『관자』「내업」의 정기설精氣說을 근거로 삼았는데 정기精氣를 사람의 생명력이자 지혜의 근본으로 보아 이렇게 표현했다.

> 정기가 몸 안에 있으면 저절로 생기가 넘치고 몸 밖으로는 편안하고 빛이 나게 되나니 이것을 몸 안에 감추어 마르지 않는 원천으로 삼으면 호연하고 평화로워 기의 근원이 된다. 근원이 마르지 않으면 몸의 사지가 강건해지고 근원의 샘이 고갈되지 않으면 아홉 구멍이 마침내 통하게 된다. 이렇게 하면 천지의 일에 통달하여 온 세상에 그 덕이 두루 미친다.
>
> 精存自生, 其外安樂, 內臟以爲泉源, 浩然和平, 以爲氣淵. 淵之不涸, 四體乃固, 泉之不竭, 九竅遂通. 乃能窮天地, 被四海.

이 때문에 사람이 가장 우선시해야 할 목표는 정기를 보양하는 것이고 이를 이루기 위한 구체적인 방법은 내정內靜과 외경外敬이다. '내정'이란 허정虛靜, 즉, 아무것도 생각하지 않고 마음을 비운 뒤 외부의 요인으로 말미암아 마음이 동요하지 않는 상태이다. 「내업」에서는 '마음을 닦고 뜻을 가지런히 해야만 도를 얻을 수 있다' 修心靜意, 道乃可得라고 했는데 여기서 말하는 '도'가 바로 정기이다. '외경'은 사람의 형체와 움직임이 단정해야 한다는 뜻으로 '형체가 바르지 않으면 덕이 오지 않는

다' 形不正, 德不來라고 한 부분이 그 의미이다. 「내업」에서는 '내정외경'
을 이룬 뒤 얻게 되는 효과에 대해서 일찍이 이렇게 설명하기도 했다.

사람의 심성이 능히 바르고 고요하면 피부가 부드럽고 윤기 있게 되고
귀와 눈이 밝아지며 근육이 펴지고 뼈가 단단해진다. 이에 하늘을 이고
땅을 밟을 수 있고 맑은 물에 비추어 보고 해와 달에 비추어 볼 수 있다.
경건하고 삼가서 어긋나는 일이 없게 하며 나날이 그 덕을 새롭게 하면
두루 천하를 알아 사방의 모든 것에 미칠 수 있게 된다.

人能正靜, 皮膚裕寬, 耳目聰明, 筋信而內强. 乃能戴大圓, 而履大方, 鑒於
大淸, 視於大明. 敬愼無忒, 日新其德, 遍知天下, 窮於四極.

직하 도가는 치국의 방면에서도 마찬가지로 군주가 허정의 마음 상
태를 유지해야 함을 강조하면서 사물의 본래 그러한 면모, 즉, 자연自然
에 비추어 인식해야 한다는 소위 '정인지도靜因之道'를 제시하였다.

「심술」 상편에서는 '인因이란 자기를 버리고 사물을 기준으로 삼는
것이다. 사물을 느끼고 나서야 호응하고……사물의 이치에 근거하여 행
동한다' 因也者, 舍己而以物爲法者也. 感而後應……緣理而動라고 함으로써 군
주가 자신의 뜻이나 고집을 내려놓고 완전히 사물의 이치에 근거하여
행동할 것을 강조하였다. 사물에는 형체와 이름이 있으니 성군은 그것
으로 말미암아 법을 세우라는 의미에서 '명분이 바르고 법이 갖추어지
면 성인은 탈이 없다' 名正法備. 則聖人無事라고도 했다.

지금까지는 도가의 세 학파가 춘추전국시대의 격변하는 사회 환경
속에서 세상을 향한 관심을 가지고 서로 다른 삶의 일면을 조명하였음
을 서술하였다. 또한 그들은 이론에만 그쳤던 것이 아니라 구체적인 방
법까지 제시함으로써 사회 변혁의 시기에 대응하는 적극적인 역할을
감당하기도 하였다.

1-2. 이상적인 사회 정치 제도를 바라보는 도가의 관점

사회가 큰 변혁을 겪는 시기라면 모름지기 정치 제도의 역할과 영향력이 두드러지게 마련이다. 서주西周에서 춘추春秋에 이르는 시기에 정치 제도는 '예법'을 통해 규정되고 '예법'을 통해 실현되었다. '예괴악붕禮壞樂崩' 즉, 예의禮儀와 음악音樂이 붕괴한 당시의 현실 상황은 다양한 정치 제도와 모델을 등장하게 했다. 이처럼 서로 다른 정치 제도를 모색하는 과정에서 유가는 공자를 필두로 하여 예를 핵심으로 하는 정치 질서를 회복하고자 했고 이를 위해 사람 내면의 도덕성을 발휘하여야 한다고 주장했다. 이 밖에도 법가는 군주 제도를 법치法治(법으로 다스림) 와 결합하기도 했다.

이들을 서로 비교하자면 도가, 특히 황로 학파의 정치 구상은 유가와 법가의 중간에 해당하는 듯하다.

도가 중 노자나 황로 계열은 역사적으로 '군인남면지술君人南面之術(군주가 남쪽을 향하고 앉아서 행하는 정치 방법)'로 여겨지는데 여기서 '술術'이라는 글자는 넓은 의미에서 법가에서 말하는 '술術'의 범주로 볼 수 있지만 여기에 국한되지는 않는다. 넓은 의미의 '술'은 일종의 방법적인 측면이므로 '군인남면지술'은 군주가 나라를 통치하기 위한 방법에 해당하며 도가는 일련의 이론을 통해 이 방법을 설명했다.

(1) 때를 중시하고 변화에 참여한다

격변하는 사회에서는 정치 제도에 대한 혁신의 필요성이 대두된다. 제자백가 또한 일찌감치 이 점을 알아차렸지만, 이론적으로 설명하는 것은 또 다른 일이었다. 그런 가운데 '변화'에 대한 사상의 측면에서는 도가야말로 제자백가 중 가장 깊이가 있다고 할 수 있다. 그래서 사마담은 일찍이 『논육가요지論六家要旨』에서 변화에 대한 도가의 태도를 이렇게 서술하기도 했다.

> 도가는 사람으로 하여금 정신을 집중하게 한다……때와 함께 움직이고 만물의 형세와 더불어 서로 조화를 이루며……때에 맞게 일을 이룬다……성인이 영원한 것은 시대의 변화를 따르기 때문이다.
>
> 道家使人精神專一……與時遷移, 應物變化……因時爲業……因物與合…… 聖人不朽, 時變是守.

사마담은 도가가 '귀시주변貴時主變' 즉, 때를 기다려 기회를 잡고 변화에 적극적으로 참여하는 장점이 있음을 잘 파악하였다. 그러나 사마담이 생각하는 도가란 여전히 황로 계통만을 가리키는 것임을 고려할 때 '귀시주변'은 노자 학파에서 황로 학파로 발전하는 단계에서 나타난 중요한 특징임을 알 수 있다.

도가는 노자로부터 시작하여 변화의 보편성을 중시하였다. 만물의 근원이 되는 도는 그 자체가 하나의 변화하는 주체이다. '두루 운행하며 쉬지 않는다' 周行而不殆 '갔다가 다시 돌아오는 것은 도가 움직이는 법칙' 反者道之動이라는 말도 모두 도가 영원히 멈추지 않고 순환하는 상태임을 보여준다.

도에 대한 이 같은 이해는 '자연천도自然天道' 즉, 천지와 만물은 도로 말미암아 태어났으며 이들의 운동과 발전은 스스로 그러한 이치에 따라 운행된다는 생각이 배경이 되었고, 이와 함께 당시의 사회적 상황이 반영되었다. 노자는 사회 변화의 법칙성, 즉, '변화하는 것 가운데의 상常'이라는 이치를 힘써 파악함으로써 분분한 변화의 흐름 속에서 주도적인 위치를 점하고자 했다. 그래서 그는 '상常'을 알면 밝게 깨우치게 되고 '상'을 모르면 망령되어 흉하다' 知常, 明, 不知常, 妄作, 凶이라고 했다.

'상常'은 노자에 이르러 '도道'를 통해 표현되었다. 그는 사람들의 행위가 '도道'와 '천도天道'에 부합해야 한다고 했고 이는 현실의 삶에서 '적절한 때를 아는 것' 즉, 그가 강조했던 것처럼 '행동은 때에 맞아야 한다' 動善時라는 사상으로 표현되었다.

때와 변화의 개념은 황로 학파에 이르러 한층 더 강조되었다.

마왕퇴에서 출토된 백서 『황제사경』 「경법經法」에는 '하늘과 땅은 사사로움이 없으므로 춘하추동의 사시도 끊임없이 반복된다' 天地無私, 四時不息라는 기록이 있다. 객관적인 세상의 변화는 영원히 멈추지 않는데 이 같은 변화의 물결 한가운데 놓인 우리는 어떻게 대처하며 살아야 할까? 이에 대해 「경법」은 '사물의 변화에 대응하는 방법은 균형과 적절함으로 멈추는 데 있다' 應化之道, 平衡而止라고 말한다. 소위 '균형과 적절함'이라 함은 행위가 타당하고 시기에 적절하여 넘침이나 부족함 없이 '고요히 행함이 시기에 부합하는' 靜作得時 상태이다.

『황제사경』은 시기가 무르익었는지 살핀 뒤에 행동해야 할지, 멈춰야 할지를 결정해야 한다면서 '때를 못 만났다면 남의 집에 객이 되지 않는다' 天時不作, 弗爲人客 '하늘의 때와 더불어 결단해야 하며 결단해야 할 때 결단하지 않으면 도리어 혼란이 생긴다' 當天時, 與之皆斷. 當斷不斷, 反受其亂라고 했다. 이 때문에 성인은 교묘한 수단에 의지하지 말고 시기를 잘 기다려 행동해야 한다는 의미에서 '성인이 영원한 것은 시대의 변화를 따르기 때문이다' 聖人不巧, 時變是守라는 말도 나왔다.

『관자』에서도 마찬가지로 '시기'는 무척 중요하게 여겨졌다. 그래서 「백심白心」편에서는 '시기에 맞음을 보배로 삼는다' 以時爲寶 '시대의 변화를 따른다' 時變是守라는 표현이 언급되어 있으며 「주합宙合」편에서도 '때를 살피고' 審於時 '성인의 나아감과 멈춤은 반드시 때를 따라야 하며 때를 만난즉 나아가고 때를 만나지 못한즉 멈춰 선다' 聖人之動靜, 必因於

時, 時則動, 不時則靜라고 했다.

도가의 때와 변화에 관한 논의는 이론적으로 모두 하늘 혹은 도와 관련되어 있다. 그러나 그 현실적인 의의를 살펴보면, 도가는 변화하는 사회에 대응하여 그것을 설명하고자 노력했고 모종의 방식을 통해 현실로 나아가 적극적으로 참여하고자 했다. 이런 측면에서 보면 때를 귀하게 여긴다는 것은 변화하는 사회에 보폭을 맞춘다는 의미이고 변화에 주체적으로 대응한다는 것은 변화하는 사회에 적극적으로 참여한다는 뜻이 된다.

그렇다고 해서 도가가 변화의 물결을 무조건 묵인하거나 역행하려든 것은 아니다. 『관자』에서 무왕武王이 주紂를 친 사건을 평가한 부분에는 이 점이 충분히 표현되었다. 「백심」편에는 이런 말이 나온다.

> 본래 아들이 아비의 자리를 물려받으면 그것을 의라고 칭하나 신하가 군주의 자리를 이으면 찬탈이라고 이른다. 찬탈이 어찌 칭송받을 수 있겠는가? 그러나 무왕은 도리어 칭송의 대상이 되었다.
>
> 子而代其父, 曰義也, 臣而代其君, 曰簒也, 簒何能歌, 武王是也.

아들이 아비의 뒤를 잇는 것은 사회가 다음 세대로 전환하기 위해 필요한 정상적인 과정이므로 의에도 합치한다. 하지만 신하가 군주를 대신하는 것은 찬탈이라 일컬으므로 의에 부합한다고 볼 수 없다. 그러나 일부 특별한 상황에서는 찬탈행위라 하더라도 '하늘의 뜻에 따르고 사람의 요청에 부합하며 사회 변화 추세에 응하는 일'은 칭송받을 만하다는 뜻이다.

무왕이 주를 친 사건도 바로 이러한 특별한 상황에 속한다. 이는 정치 권력이 이동하는 것에 관한 문제이다.

제도 방면의 변혁에 대해서는 황로사상의 영향을 받은 『장자』「천운
天運」에 무척 통찰력 있는 서술이 보인다.

> 무릇 물길을 갈 때는 배를 타는 것보다 나은 것이 없고 육로를 갈 때는
> 수레를 타는 것보다 좋은 것이 없다. 배가 물에서 잘 나간다고 해서 육지
> 에서 배를 밀고 간다면 평생을 가도 얼마 이동하지 못할 것이다. 옛날과
> 오늘의 차이가 바로 물길과 육로의 차이가 아니겠으며 주나라와 노나라
> 의 차이는 바로 배와 수레의 차이 아니겠는가?
> 夫水行莫如用舟, 而陸行莫如用車. 以舟之可行於水也而求推之於陸, 則
> 沒世不行尋常. 古今非水陸與? 周魯非舟車與.

예로부터 지금까지 사회에서 발생한 변화는 마치 물이 육지로 바뀌
는 것과도 같은 일이기에 그 같은 변화에 발맞추려면 교통수단 또한
배를 버리고 수레로 갈아타야 할 것이다. 그렇지 않으면 '힘만 들고 아
무런 효과가 없으며 자신에게도 틀림없이 재앙이 닥칠 것이다' 今蘄行周
於魯, 是猶推舟於陸也, 勞而无功, 身必有殃라고 「천운天運」편에서는 말한다.
그 밖에도 「천운」편에는 제도를 '두레박'에 빗댄 표현이 나온다.

> 또한 당신은 두레박을 보지 못하였는가? 이것은 잡아당기면 아래쪽으로
> 엎어지고 손을 놓으면 위를 바라본다. 저 두레박은 사람이 끌어당겨서
> 그리 된 것이지 두레박이 사람을 끌어당기는 것이 아니다. 이런 까닭에
> 아래를 굽어보거나 위로 올려다보면서 남에게 책망받는 일은 없다.
> 且子獨不見夫桔槔者乎? 引之則俯, 舍之則仰. 彼人之所引, 非引人也, 故
> 俯仰而不得罪於人.

제도는 사람이 끌고 가는 것이지 반대로 사람이 제도에 끌려다녀서
는 안 된다. 따라서 만일 어떤 제도가 시의적절하지 않아 절대 다수에게

받아들여지지 않는다면 바로 바뀌어 변화해야 한다. 그래서 「천운」편 후반부는 '그러므로 예의와 법도라고 하는 것은 시대에 따라 변하는 것이다' 故禮義法度者, 應時而變者也라는 말로 마무리된다. 이러한 태도에 근거해서 도가는 전통적인 제도와는 사뭇 다른 주장을 제시했다.

(2) 도덕과 형명

그렇다면 현실의 사회 제도에 대해서 도가는 어떤 주장을 내세웠을까? 제자백가가 막 흥기했을 당시는 사회 곳곳에 폐단이 생겨나 예법이 붕괴 직전에 이른 상황이었다. 그래서 예법은 혈연관계를 기초로 하는 친친親親5)과 신분 관계를 따지는 존존尊尊6) 등의 원칙을 핵심으로 하여 일련의 직책과 기구라는 형식을 통해 표현되었다.

예법에 대한 태도를 보면 유가가 예법을 개선하여 회복하고자 노력했던 것을 제외하고 나머지 제자백가는 하나같이 회의적으로 바라보며 비판하였으며 심지어 부정하는 입장을 취하였다. 노자도 '무릇 예라는 것은 충실함과 신의가 얇아 나타나는 혼란스러움의 우두머리 같은 것이다' 夫禮者, 忠信之薄, 而亂之首也 '높은 예는 예를 행하되 아무도 응하지 않으면 곧 팔을 걷어붙이고 강제로 시킨다' 上禮爲之而莫之應, 則攘臂而扔之라고 하는 등 부정적인 관점을 드러내었다. 다시 말해 노자도 '예'란 통치 계층에 의해 백성을 강제하기 위한 수단으로 이미 전락하여 사회 도덕과 질서를 파괴했음을 인정했던 셈이다. 물론 노자는 스스로 직접적이고도 구체적인 주장은 제시하지 않고 다만 일반적인 원칙, 이를테면 '법도法

---

5) 가까운 사람을 친하게 대우함(혈연을 기반으로 한 관계).
6) 존귀한 자리에 있는 사람을 존귀하게 대우함(군주를 정점으로 하는 신분 관계에 따라 높고 낮음을 정함).

道' 등만 언급했는데 그 작업은 황로 학파에 이르러서야 완성된다.

황로 학파가 사회 제도 방면에서 내세운 주장 역시 변화의 과정이 있었다. 마왕퇴에서 출토된 백서『황제사경』은 도가에서는 처음으로 '법法'이라는 개념을 인용했고 훗날 직하 도가는 여기에 '예禮'를 포함시켰다.(『관자』「심술」상편 참조)

『황제사경』에서는 소위 '법'에는 몇 가지 특징이 있다고 하였다.

첫째, 법의 뿌리와 근거는 천도天道(하늘의 도)이다.「경법」편에는 첫머리부터 '도는 법을 낳는다' 道生法라는 말이 나온다. 구체적으로 말하자면 비어 있고 보이지 않는 도 가운데 하늘과 땅, 사시四時(춘하추동)가 생겨났고 이들 사이의 운행에 일정한 법칙이 나타났으며 사람들은 이 법칙에 근거해서 나라 다스림의 원칙을 정했으니, 그것이 바로 법이라는 것이다. 그렇게 보면 '도는 법을 낳는다'라는 개념을 통해 비로소 법이 객관성을 얻은 셈이다.

둘째, 법도로써 나라를 다스리되 사사로움을 버리고 공정할 것이 요구되었다. 또한 군주의 주관적인 희망이나 생각을 따라 나라 다스리는 것에 반대하였는데 이것이 바로 법이 '예'와 구별되는 부분이다. '예'에 함축된 '친친' '존존' 등의 내용과 비교해보면『황제사경』도 마찬가지로 현인을 존경하고 선비 중시하기를 무척이나 강조했다.

셋째,『황제사경』은 소위 법이란 객관적인 하늘의 도와 이치를 기초로 삼는다고 했다. 이는 군주제를 공고히 하기 위한 목적으로 만들어진 탓에 주로 군주의 사적인 마음이 반영된 법가의 '법'과는 다르다.

넷째, 법은 형명形名(이름과 실제가 서로 부합한다는 개념으로 이를테면 맡은 직책에 걸맞은 실적이 있어야 한다는 말임)을 통해 표현된다는 점이다. 이에『황제사경』에서는 이름의 필요성을 내세우기도 했다.

정리해보면 '법'을 이해하는 데 있어서『황제사경』은 법에는 근거로 삼을만한 객관적인 도리가 있어야 함을 강조했고, 이에 비해 직하 도가는 '인정人情'이라는 요소를 추가했다. 『관자』「심술」상편에는 도道, 덕德, 의義, 예禮, 법法은 각자 그 지위와 역할이 있다고 하면서 '모든 일은 법으로 감독하고 법은 권權에서 나오고 권은 도에서 나온다' 事督乎法, 法出乎權, 權出乎道라고 되어 있다.

'예'를 설명할 때 직하 도가는 한 단계 더 나아가 이렇게 말했다.

> 예라는 것은 사람의 감정에서 비롯되는 것이고 의의 이치에 따르며……
> 이런 까닭에 예는 의義에서 나오고 의는 이理에서 나오며 이는 마땅한 것宜에서 나온다.
>
> 禮者, 因人之情, 緣義之理……故禮出乎義, 義出乎理, 理因乎宜者也.

이렇게 하여 이상적인 제도를 향한 도가의 구상은 더욱 선명해지는데 그것은 도리道理에 부합할 뿐 아니라 인정人情(사람의 감정)과 인성人性(사람의 본성)에도 합하니 천도天道와 인성이 이곳에서 하나가 되는 셈이다.

이렇게 하면 도가에서 말하는 소위 '법(광의의 법)'과 법가에서 말하는 '법'이 한층 더 잘 구별된다. 많은 사람이 도가가 유가의 도덕주의를 비판했다고 알고 있다. 유가가 지나치게 도덕주의道德主義만을 강조하는 바람에 도덕화한 정치로 말미암아 소박한 덕성德性을 잃게 되었다는 이유에서다. 그러나 도가는 사람의 본성과 감정을 결코 무시하지 않는다. 노자가 '성인은 따로 고정된 마음이 없고 백성의 마음을 성인의 마음으로 삼는다' 聖人無常心, 以百姓心爲心라고 했고 직하 도가가 '예는 사람의 감정에서 비롯되는 것이다' 因人之情라고 한 것만 보아도 도가 사상의 중심에는 하나같이 인도人道에 대한 깊은 관심이 깃들어 있음을 알 수 있다.

(3) 군주는 '무위' 신하는 '유위'

예법이 효과적으로 실행되게 하기 위해 도가는 정치 권력의 운영 원칙을 제시하였는데 그것은 바로 '군주는 무위無爲하고 신하는 유위有爲한다' 君無爲而臣有爲라는 사상으로 황로 학파의 사상에 정식으로 등장한다. 역사적으로 보면 노자는 통치자를 향해 처음으로 '무위無爲(스스로 그러한 자연의 법칙에 따를 뿐 인위적인 작위를 하지 않는다)'의 사상을 제시하였다. 이 사상에 따르면 군주가 무위하기만 하면 백성은 저절로 교화되고 自化 스스로 바르게 되며自正 스스로 부유해지고自富 스스로 소박해진다自樸.

노자의 무위는 주로 백성에 대한 지나친 통제와 간섭을 없앰으로써 그들의 생존공간을 넓혀주고 이로써 사회의 조화와 질서를 회복하여 유지하고자 하는 것이다. 물론 실제 사회는 그리 단순하지만은 않아서 무위에만 의존해서는 사회질서를 회복하기 어렵다. 그래서 황로 학파는 '법法'을 통해 군주의 무위를 보충할 수단으로 삼았으며 『황제사경』「경법」에서도 이렇게 말했다.

> '그러므로 도를 간직한 사람이 천하를 대할 때는 고집을 버리고 공명을 좇지 말며 인위적으로 행하지 않고 사사로움을 버려야 한다. 이 때문에 천하의 모든 일은 이름과 성질에서 유래한다. 이름이 세워지고 성질이 이름에 부합하면 순조롭게 다스려지지 않음이 없다.'
>
> 故執道者之觀於天下也, 無執也, 無處也, 無爲也, 無私也, 是故天下有事, 無不自爲形名聲號矣. 形名已立, 聲號已建, 則無所逃跡匿正矣.

『황제사경』「십대경」편에도 이런 말이 나온다.

일의 화복과 득실의 이치를 알려면 반드시 이름과 실제의 형세를 살펴야한다. 천하 만물은 모두 그들 스스로 소속을 정하였나니 그러므로 사람은 더욱 맑고 고요함을 유지해야 한다. 천하의 모든 일도 스스로 운행, 발전하는 법칙을 가지고 있으니 이 때문에 사람들도 스스로 그러한 자연의 이치를 추구하되 인위적인 작위를 하지 말아야 한다.

欲知得失, 請必審名察形. 形恒自定, 是我愈靜, 事恒自施, 是我無爲.

군주가 무위하는 것은 '이름과 실질이 서로 부합해야 한다'라는 형명形名의 법도로 천하를 다스려야만 가능하다. 그러나 이에 상응해서 반드시 법을 집행하는 사람, 소위 신하의 보필이 있어야 한다. 이 때문에 황로 학파는 '군주는 반드시 무위해야 하나 신하는 반드시 유위해야 한다'라고 했으며 『장자』 「천도天道」편이나 『관자』 등 황로 학파의 작품이라면 하나같이 이 같은 원칙을 내세웠다.

이를테면 「천도」에서는 이렇게 말했다.

무위하게 되면 천하를 다스림에 여유가 있지만 유위하면 천하에 쓰임이되기에도 부족하다……윗사람은 반드시 무위하여 천하를 다스리고 아랫사람은 반드시 유위하여 천하에 쓰여야 하니 이것은 바꿀 수 없는 도리이다.

無爲也, 則用天下而有餘, 有爲也, 則爲天下用而不足……上必無爲而用天下, 下必有爲爲天下用. 此不易之道也.

그리고 『관자』 「심술」상편에는 이렇게 언급되어 있다.

마음은 몸에서 군주의 위치와 같고 아홉 개의 구멍은 관부이다. 귀와 눈은 보고 듣는 관부다. 마음이 보고 듣는 일에 관여하지 않으면 관부마다각자의 직분을 지킬 수 없다. 무릇 마음에 욕심이 있는 자는 사물이 지나가도 눈에 보이지 않고 소리가 이르러도 귀에 들리지 않는다. 그러므로

말하기를 윗사람이 그 도에서 떠나면 아랫사람이 그 직분을 잃는다고
했다. 그러므로 말하기를 심술이라고 하는 것은 무위하여 아홉 기관을
제어하는 것이다. 그러므로 말하기를 임금은 말을 대신하여 달리지 말고
새를 대신하여 날지 말라고 한 것은 능력 가진 자의 능력을 빼앗지 말며
아랫사람의 실질적인 일에 간섭하지 말라는 것이다.

心之在體, 君之位也. 九竅之有職, 官之分也. 耳目者, 視聽之官也, 心而無
與於視聽之事, 則官得守其分矣. 夫心有欲者, 物過而目不見, 聲至而耳不
聞也. 故曰: 上離其道, 下失其事. 故曰: 心術者, 無爲而制竅者也, 故曰:
君毋代馬走, 毋代鳥飛, 此言不奪能能, 不與下試也.

이는 마음과 아홉 구멍을 통해 군주와 신하의 관계를 빗댄 것으로
치신, 치국을 하나의 도리로 꿰고 있는 직하 도가의 특징을 잘 보여준
다. 이 같은 해석에 비추어 볼 때 '군주는 무위하고 신하는 유위한다'는
원칙은 첫째, 군주와 신하의 서로 다른 역할을 구분함으로써 군주의 주
동적인 지위를 보장하였고, 둘째, 대신의 능력을 효율적으로 발휘하게
하고 그 책임을 다하게 했다. 종합해 보면 상하 관계에 모두 유익한 원
칙이 된 셈이다. '군주는 무위하고 신하는 유위한다'의 주장은 법가에도
중대한 영향을 끼쳐 훗날 중국의 실제 정치 생활에도 큰 역할을 하게
된다.

⑷ 예악 문명의 중건

일반인의 눈에는 도가가 도덕과 문명을 모두 부정하는 학파로 보이
겠지만 사실 이는 심각한 오해다. 도가는 거짓되고 수단화되어버린 도
덕을 거부하고 인성을 왜곡하는 문명을 반대하였을 뿐, 도덕과 문명 그
자체를 거부했던 것은 아니다.

도가 사상은 노자로부터 시작하여 깊고도 농후한 도덕의식을 그 안

에 품어 왔다. 노자가 '세 가지 보물三寶' 즉, 자애로움과 검약함, 남보다 앞서지 않으려는 마음 등 각양의 덕을 제시했다는 것은 이미 잘 알려진 사실이며 그 밖에도 두 가지 주목할 만한 점이 있다.

첫째는 노자가 '베푸는 도덕'을 주장했다는 점이다. 『노자』 제81장에서 '성인은 자신을 위해 쌓아 두지 않고 다른 사람을 위함으로써 자신이 더욱 많이 가지게 되고 다른 사람에게 줌으로써 자신은 더욱 많이 가지게 된다' 聖人不積, 既以爲人己愈有, 既以與人己愈多라고 한 것도 같은 맥락으로 볼 수 있다. 이 같은 노자의 관점은 서양의 사회학자 에히리 프롬 Erich Fromm에게 높이 평가받았으며 19세기 저명한 철학가인 니체 또한 '베푸는 도덕'을 칭송했다.

둘째는 노자가 '믿음信'을 강조했고 '인仁'도 중시했다는 점이다. 노자가 믿음을 강조했음은 널리 알려진 사실인데 이를테면 『노자』에 기록된 '믿을만한 자도 내가 믿어주고 믿지 못할 자도 믿어주니 이리하여 믿음을 얻는다' 信者吾信之, 不信者吾亦信之, 德信 '믿음직스러운 말은 아름답지 않으며 아름다운 말은 믿음직스럽지 않다' 信言不美, 美言不信라는 말에서도 깊은 깨달음을 얻을 수 있다. 반면 노자가 인을 중시했다는 부분은 다소 생소할 수도 있다. 사람들은 보통 노자가 '인을 끊고 의를 버린다絶仁棄義'라고 말한 것에만 주목하는데 사실 그는 '인' 자체를 거부한 것이 아니고 통치자에 의해 인의仁義가 형식화되거나 도덕적 수단이 되어버리는 것에 반대했을 뿐이다. 실제로 노자는 인을 중시해서 『노자』 제8장에서는 '남과 더불어 대할 때는 어질게 하기를 잘해야 한다' 與善仁라고 하여 인간관계에서 인애仁愛를 가장 중시했다.

위의 내용으로 볼 때 노자가 소위 '무릇 예라는 것은 충실함과 신의가 얕아 나타나는 혼란스러움의 우두머리 같은 것이다' 夫禮者, 忠信之薄, 而亂之首也라고 하여 예를 비판한 것은 다만 진실하고 소박한 도덕을 기초로 하지 않은 예악 제도를 향한 평가였을 뿐이다. 이는 마치 장자가 공자의 제자들이 오로지 겉치레 의식에만 신경을 쓴 채 내면의 감정을 소홀히 여김을 보고 '이 사람이 어찌 예의 본뜻을 알겠는가!' 子惡知禮意 '진실하고 소박한 도덕을 잃었다' 散德之人라고 비판한 것과 같은 맥락이다.

장자의 후학에 이르러서는 도덕의 가치 아래 예악의 제도를 중건하려는 움직임이 한층 더 활발해져서 『장자』「천도天道」에는 이런 말이 나온다.

> 이런 까닭에 옛적에 큰 도를 밝히 알던 사람은 먼저 하늘을 밝히고 그런 다음 도덕을 밝혔으며 도덕을 이미 밝히고 난 뒤로는 인의가 이어졌다. 인의를 이미 밝히고 나서는 분수分守가 뒤를 이었고 분수分守가 밝혀지고는 형명이 다음이었다.……예법을 잘 헤아리고 이름과 실질을 비교하여 따지는 일은 옛사람에게도 있었다.
>
> 是故古之明大道者, 先明天而道德次之, 道德已明而仁義次之, 仁義已明而分守次之, 分守已明而形名次之……禮法數度, 形名比詳, 古人有之.

『장자』「재유(在宥)」편도 인, 의, 예 등의 필요성을 강조하였다.

> 멀지만 지키지 않을 수 없는 것이 의義이고 가깝지만 널리 확산하지 않을 수 없는 것이 인仁이며 절도가 있지만 쌓지 않을 수 없는 것이 예禮다. 치우침 없이 중용을 지키더라도 높이지 않을 수 없는 것이 덕德이고 유일한 것이지만 때에 따라 바꿔야 하는 것이 도道다. 신묘하지만 행동하지 않을 수 없는 것이 하늘이다.
>
> 遠而不可不居者, 義也. 親而不可不廣者, 仁也. 節而不可不積者, 禮也. 中而不可不高者, 德也. 一而不可不易者, 道也. 神而不可不爲者, 天也.

이는 인과 의, 예를 하늘과 도, 덕 아래에 두고 도가와 유가가 구별되는 점을 표현한 것이다.

이처럼 도덕이라는 가치 아래 예악 제도를 중건하려 했던 노력과 의지는 직하 도가에 이르러 가장 두드러졌다. 직하 도가는 강력하면서도 단호하게 개혁을 실천했던 제齊나라가 발전시킨 사조의 일종으로, 초창기 도가와 제학齊學의 전통을 기초로 삼아 더욱 큰 포용력과 강력한 현실 참여 정신을 갖게 되었다.

『관자』에는 '나라에는 예, 의, 염廉, 치恥의 네 가지 강령이 있다'禮, 義, 廉, 恥, 國之四維라는 말이 나오고 직하 도가의 글에서도 예, 악 등은 동일하게 높은 평가를 받았다.

『관자』「내업」에는 이런 말이 나온다.

> 노여움을 그치게 하는 데는 시詩만 한 것이 없고 근심을 없애기에는 음악樂보다 좋은 것이 없으며 즐거움을 조절하는 데는 예禮보다 나은 것이 없고 예를 지키는 데는 공경함敬만 한 것이 없으며 공경함을 지키는 데는 마음을 고요하게 하는 것精보다 좋은 것이 없다. 내정외경內靜外敬하면 그 본성을 되찾을 수 있고 마음 또한 이내 안정된다.
>
> 是故止怒莫若詩, 去憂莫若樂, 節樂莫若禮, 守禮莫若敬, 守敬莫若靜. 內靜外敬, 能反其性, 性將大定.

여기서는 예악이 수신修身(자기 자신을 닦음)에 대해 갖는 의의를 강조한다. 『관자』「심술」상편은 예의가 나라를 다스리는 데 얼마나 중요한 가치인지 설명하였는데 이를테면 이런 문구를 들 수 있다.

> 비어서 없는 무형의 것을 일컬어 도라고 하고 만물을 스스로 그러함의 이치로 기르는 것을 덕이라고 한다. 군신과 부자, 인간 사이의 일을 일컬

어 의라고 하고 신분의 높고 낮음, 읍함과 사양함, 귀천의 등급, 멀고 가까움의 체제를 예라고 한다.

虛無無形謂之道, 化育萬物謂之德, 君臣, 父子, 人間之事, 謂之義, 登降揖讓, 貴賤有等, 親疏之體, 謂之禮.

장자의 후학들과 마찬가지로 직하 도가 역시 예와 의가 도덕에 대해서는 종속적인 위치에 있음을 강조했다. 이를 기초로 「심술」상편은 예에 대해 '예라는 것은 사람의 감정에서 비롯되는 것이고 의의 이치에 따라 마디와 무늬를 만든다' 禮者, 因人之情, 緣義之理, 而爲之節文者也라는 새로운 해석을 내놓았다.

이에 따르면 예는 더는 현실 속 인정人情(사람의 감정)과 물리적으로 떨어질 수 없고 외양만 그럴듯하고 내실이 없는 장식품 같은 것도 아니며 오히려 현실 사회에서 효과적으로 역할을 발휘할 수 있는 가치인 셈이다.

예에는 두 가지 특징이 있는데 하나는 '인因(연유하여 따름)'이고 다른 하나는 '절節'이다. '인'은 두 가지로 설명할 수 있는데 하나는 사람의 감정을 따르는 것이다. 노자가 '백성의 마음을 성인의 마음으로 삼는다' 以百姓心爲心라고 한 것이 그 예인데 이는 고대 사회에서 흔치 않게 민주정신이 충만했음을 잘 대변해준다. 다른 하나는 사물의 이치를 따르는 것이니 이를 통해 고대에도 과학적인 사고가 가능했음을 알 수 있다. '절節'은 사람의 감정과 사물의 이치가 유기적으로 결합하여 하나가 되게끔 돕는 것이다. 그와 함께 여기에는 사회의 구체적인 발전 상황에 따라 적절한 제도를 적용한다는 의미도 포함된다.

노자와 장자의 예악 제도 비판은 장자의 후학과 직하 도가에 이르러 예악 제도의 중건으로 이어졌는데 이것은 논리에도 부합하고 변화가 필요한 현실 상황에도 합치한다. 후자7)는 전자8)를 기초로 하여 사회에 건의적 성격의 주장을 펼쳤는데 이렇게 해야만 도가 사상이 비로소 현실 사회에 영향력을 갖게 되어 실제로 사회의 변화에 참여할 수 있다. 이런 의미에서 직하 도가는 노자의 사상을 '현대화'한 주역이라고 할 수 있으며 노자의 사상도 이 같은 '현대화' 덕분에 사회에서 갈수록 더 큰 역할을 발휘할 수 있게 되었다.

종합해 보면 도가는 사회, 정치 제도에 관해서는 시기를 잘 살펴 그에 맞게 변화해야 한다는 관점을 가졌고 이는 고대 중국 사회의 변혁 이론 중에서도 중요하고도 합리적인 내용이다. 법가가 다소 급진적이고 과격한 혁명을 주장하고 유가가 보수에 가까운 개선을 내세웠음을 감안하면 변혁에 대한 도가의 주장은 유가나 법가에 비해 가히 개혁적이라고 할 만하다.

도가는 예를 부정하면서도 예를 포용하고 법을 긍정하면서도 개선하고자 했다. 도가는 '인(仁)'의 개념을 제시하고 발휘함과 동시에 변혁의 보편성과 필연성을 강조함으로써 '인'과 변혁의 관계를 비교적 잘 처리하였다.

1-3. 도가의 개인의 삶에 대한 관심

사회에 큰 변혁이 일어나면 이는 여러 방면에 걸쳐 영향을 끼치는데

---

7) 장자의 후학과 직하 도가의 예악 중건
8) 노자와 장자의 예악 제도 비판

정치 질서뿐 아니라 개인의 삶에도 서로 다른 정도의 충격을 안긴다. 보통 선진先秦(진나라의 중국통일 이전) 시기 제자백가의 상당수가 정치 질서를 중건할 방법을 고민했지만, 어지러운 세상을 살며 압박받던 사람들의 개인적 삶까지는 두루 살피지 못했다.

그러나 그 와중에서도 장자는 특별히 '예외'였다. 이 같은 맹점을 민감하게 받아들인 장자의 철학은 난세를 살아가는 개인의 삶을 노래했던 비가悲歌라고 할 수 있다.

세상에 태어나 처음으로 직면하게 되는 것은 바로 생존에 관한 문제이다. 이는 의, 식, 주 등의 문제를 의미할 뿐 아니라 정치사회 환경이 개인의 존재에 가하는 위해 요인을 가리킬 수도 있다. 사회가 격변하는 시기에는 잔혹한 정치 다툼과 연이은 전쟁으로 많은 사람이 생명을 잃기 때문이다.

장자 또한 그 같은 시대를 살아야 했던 인물이다. 그래서 『장자』「재유」에서는 '오늘날 세상에는 목이 잘려 죽은 이가 서로 베개를 하고 널부러지고 형틀을 차는 이가 서로 밀며 붐비고 형벌에 동강 난 시체가 서로 마주하며 **빽빽하다**' 今世殊死者相枕也, 桁楊者相推也, 刑戮者相望也라고 하여 당시 사회의 참상을 묘사했으며 「인간세人間世」편에서는 '요즘과 같은 때는 형벌만 겨우 면할 수 있을 뿐이다' 方今之時, 僅免刑焉라고 표현하기도 했다.

장자는 이러한 환경은 마치 운명과도 같아서 사람들이 피할 길이 없다고 여겼다. 어쩌면 개인적으로 산으로 들어가 은거함으로써 난리를 피할 수는 있겠으나 이는 대다수 사람이 선택할 수 있는 방법은 아니었다.

이처럼 험악한 사회 환경을 일개 개인이 바꾸거나 피할 수 없는 노릇이니 그가 할 수 있는 일이라고는 현실에서 화를 피하고 삶을 살아갈 방법을 찾는 일뿐이었다.

대부분 학자가 장자가 직접 저술했다고 여기는 『장자』 내편의 일곱 편 가운데 「인간세」는 종종 주목받지 못하거나 다른 부류라고 배척받는다. 그러나 사실 「인간세」는 장자가 삶의 철학을 기초로 만들었을 뿐 아니라 시대를 바라보는 장자의 감성이 잘 묻어나 있으며 정치를 바라보는 고도로 민감한 시선을 개인의 삶으로 옮겨서 바라보는 심리 변화 과정이 고스란히 녹아 있다.

장자는 각종 분쟁과 갈등이 끊이지 않는 인간관계 중에서도 특히 지식인과 통치자 사이의 대립 양상과 미묘한 갈등을 생동감 있게 묘사했다. 『장자』 「재유」에 나오는 아래 내용이 그 예다.

> 천하는 혼잡하여 더욱 어지러워졌으니……그러므로 어진 이는 큰 산 깊은 굴 밑에 엎드려 숨고 큰 나라의 임금은 조정의 높은 곳에 앉아 근심에 떤다.
>
> 天下脊脊大亂……故賢者伏處大山嵁巖之下, 而萬乘之君憂慄乎廟堂之下.

여기서는 난세를 살아가는 지식인과 최고 통치자 간의 모순 관계를 잘 보여주고 있다.

장자는 「인간세」편의 전반에 두루 지식인을 향한 통치자의 질투와 경계의 마음을 드러냈다. 예로부터 지식인은 늘 임금에게 진언하고자 애썼고 백성의 고통을 돌아본 뒤 의견을 제시하였지만 높은 곳에 앉은 권세 잡은 자들에게 충언이란 늘 귀에 거슬리는 것이었다.

「인간세」의 서두는 장자가 공자와 안회 사이의 대화를 허구로 엮은 우화로 시작한다. '다스려진 나라에서는 떠나고 어지러운 나라를 향해 나아가야 한다. 의원의 집에는 병든 사람이 많은 법이다' 治國去之, 亂國就之, 醫門多疾라고 하여 지식인들에게는 본래 세상을 구제하고자 하는 영웅 심리가 있음을 표현하였다. 그러나 통치계급의 내면을 철저하게 파악하고 있던 장자는 도리어 공자의 입을 빌려 '네(안회)가 거기(위나라)에 가면 처벌이나 받을 것이다' 若殆往而刑焉라고 일깨운다.

권세 잡은 자들은 지식인들을 대할 때는 약속이나 한 듯 질투와 경계심을 버리지 못하고 백성을 잔혹하고 포악하게 대한다. 이처럼 구조적인 악이 반복되는 권력 시스템 아래서 지식인들이 세상을 구제하고자 하는 행동은 마치 사마귀가 앞발을 들고 거대한 수레바퀴를 멈추려 하는 것처럼 무모한 행동이다. 한마디로 '반군여반호伴君如伴虎' 즉, 임금을 가까이하는 것은 마치 호랑이 곁에 다가가는 것과 같은 일이니 그 결말은 굳이 직접 보지 않아도 가히 짐작할 수 있다.

역사를 돌이켜 보면 '걸왕이 관용봉을 죽이고 주왕은 왕자 비간을 죽인' 桀殺關逢龍, 紂殺王子比干 사건도 있듯이 과거에는 나라를 생각하는 마음에 충심 어린 간언을 하더라도 비참한 대가를 치르는 일이 다반사였다. 에밀 졸라도 '정치는 가장 지저분한 분야다'라고 말했듯이 2천여 년 전을 살았던 장자도 이 점을 일찌감치 깨달았던 모양이다. 그래서 그는 범이나 이리 같은 통치자들과는 교류하지 않기로 다짐했다. '무용지용 無用之用(쓸모없는 것의 쓰임)'이라는 말도 이 같은 극단의 상황을 배경으로 나온 고사성어다. 소위 '쓸모없는' 것들은 시장 경쟁의 가치에 연연하지 않기 때문에 통치계급이 정한 기준에 들지 못하게 되고 따라서 통치자 계급에 부림을 당하지 않아도 된다. 이로써 권력자들의 통치 수단이 되는 것을 피할 수 있고 생명 또한 보존할 수 있게 되는 식이다.

난세에 성명性命(본성과 운명)을 보존하고 자기만의 특별한 풍격을 만들어가는 것은 장자의 인생 역정에서 중대한 과제 중의 하나였다.

『장자』 내편 가운데 「인간세」편은 지식인들이 갖고 있던 미룰 수 없는 사명감과 비극적 운명을 묘사하였고 「응제왕」에서는 '아무것 없는 근원의 세계에 노닌다' 遊於無有라고 하여 무치無治(다스리지 않음)의 경지를 추구했다. 「제물론齊物論」에서는 자아 중심의 세계를 벗어나 너와 내가 구별 없는 평등과 같음의 경지를 말했고 「양생주養生主」에서는 양신養神(마음을 가라앉혀 정신을 회복함)의 이치를 일깨웠으며 「덕충부德充符」에서는 외형의 부족함이나 완전함의 관념을 탈피한 채 내재적 가치를 중시하여 형체의 추함과 심령의 아름다움을 강조했다. 「대종사大宗師」에서는 진인眞人(참된 도를 깨달은 사람)의 인격과 풍모를 묘사하고 삶과 죽음이 매일반이라는 점과 '천인합일天人合一'의 지경을 설명했다.

이처럼 『장자』의 내편 일곱 편의 주제가 되는 사상에서 알 수 있듯이 지금은 비록 노자와 장자를 '노장사상'으로 통합하여 부르지만 사실 노자는 노자만의, 장자는 장자만의 개성이 있다. 신분이 사관이었던 만큼 노자는 간절한 심정으로 통치자를 향해 진언하는 모습을 보인다. 반면, 장자는 거의 평범한 지식인에 가까웠던 탓에 더욱 침통한 현실에 직면할 수밖에 없었고 그 때문에 온갖 어려움을 겪는 지식인들의 심정에 더 큰 울림을 줄 수 있었다.

노자와 장자는 모두 '무위'를 추구했지만, 그 내용은 사뭇 다르다. 노자는 '나라를 사랑하고 백성을 다스리는 데 능히 무위할 수 있는가?' 愛國治民 能無爲乎라고 하여 '무위'를 '나라 사랑과 백성 통치'의 최고 가치로 여겼다. 여기서 알 수 있듯이 노자가 주장한 무위는 상위 통치자들을 위하여 제시된 것이었다. '무위'라는 말은 『노자』에서 총 열두 번 언급되는데 제37장에서 '도상무위道常無爲(도는 항상 무위하다)'라고 한 것을 제외하고는 모두 이상적인 통치자를 향하여 제시된 말이다.

반면 장자가 말한 '무위'의 개념은 노자가 상위 통치자에게 호소했던 것과는 달리 아래의 더욱 폭넓고 보편적인 개개인을 향해 적용하고자 한 것이다. 노자가 통치자를 향해 제시했던 정치 개념을 개개인의 생존 환경을 위한 용어로 전환하여 발전시킨 셈이다. 내편에는 '무위'가 총

세 차례 등장하는데 「소요유」에서 '곁에서 노닐고 소요하다가 그 아래서 무위하며 쉰다' 彷徨乎, 無爲其側라고 한 것과 「대종사」에서 '무위의 일에 소요한다' 逍遙乎, 無爲之業라고 한 것이 포함된다. 여기서 장자가 사용한 '무위'는 개개인의 정신이 누리는 일종의 자유자재한 심정을 표현한 개념이다.

『장자』의 외편과 잡편에서도 '무위'를 시적으로 묘사하여 무위의 정서를 '도를 채취하는 놀이采眞之遊'라고 형용하였고 『장자』 외편 「재유」에서는 무위를 내재화하여 '무위한 뒤라야 사람의 본성과 운명의 진실함에 순응하여 편안해진다' 無爲也, 安其性命之情라고 했다.

또한 『장자』 잡편 「천하」의 분위기는 무척 독특하다.

> 흐릿하고 적막하여 형체가 없고 끊임없이 변화하여 일정한 모습이 없다. 죽은 것인가, 살아 있는 것인가! 천지와 나란히 존재하는 것인가! 신명과 함께 가는 것인가! 아득하게 어디로 향하며 황홀하게 어디로 가는 것인가! 만물이 펼쳐져 있는데 족히 돌아가 쉴 곳이 없다. 옛적 도술 가운데 이런 학문이 있었으니 장자가 그 가르침을 듣고 기뻐하였다.
>
> 芴漠無形, 變化無常, 死與生與, 天地並與, 神明往與! 芒乎何之, 忽乎何適, 萬物畢羅, 莫足以歸, 古之道術, 有在於是者. 莊周聞其風而悅之.

사람들은 보통 풍속과 관례를 따라 일한다. 이미 짜인 틀 안에서 움직이게끔 이끌리는 것이다. 덴마크의 철학자 쇠렌 키르케고르가 '마차 한 대가 사람들을 태우고 익숙한 길을 가면 비록 마부가 졸더라도 마차는 여전히 익숙한 방향으로 전진할 수 있다'라고 비유한 것과도 같다.

'흐릿하고 적막하여 형체가 없고 끊임없이 변화하여 일정한 모습이 없다'라고 한 것은 사람이 일단 특정 틀에서 해방되더라도 기존에 의지하던 것으로부터 단번에 벗어나기 어려움을 묘사한 표현이다. 그래서

'어디로 향하는가?' '어디로 가는가?'라고 하면서 망연자실하며 허무한 심연에 가라앉기도 하고 혹은 아예 새로운 세상을 향한 문을 열고 나갈 수도 있다. 장자의 철학은 사람들에게 자기를 감싸고 있는 폐쇄된 세상을 부수고 자신을 사로잡고 있는 관념의 동굴에서 빠져나와 삶을 새롭게 편성하라고 안내한다.

가치를 전환하고 재평가하는 것은 장자 철학의 중요한 과제 중 하나이다. 그래서 장자는 「선성繕性」편에서 '통속적인 학문……통속적인 생각……그것을 일컬어 눈이 가려진 어리석은 백성이라고 한다' 俗學…… 俗思……謂之蔽蒙之民 '외부의 사물에 가리어 자신을 잃고 속세에 빠져 본성을 잃은 이, 그들을 가리켜 전도된 삶을 사는 백성이라고 한다' 喪己 於物, 失性於俗者, 謂之倒置之民라고 했고 「지락至樂」편에서는 세속을 추구하는 가치를 깊이 반성하기도 했다. 한편 낭만주의 표현을 통해 사람들을 하백河伯(강의 신)의 천지에서 해약海若(바다의 신)의 세계로9), 학구學鳩(작은 새)의 장소에서 곤붕鯤鵬(큰 새)의 천지로 나아가게끔 이끌었고 이를 통해 사람들이 눈앞의 것에만 자족하지 않고 식견과 마음의 경지를 더 넓게 개척하게끔 가르쳤다.

장자가 「천하」편에서 '죽은 것인가, 살아 있는 것인가! 천지와 나란히 존재하는 것인가!……홀로 천지의 정신과 왕래한다'라고 한 것은 장자

---

9) 『장자』「추수」: '가을이 되자 물이 불어나 황하가 범람하여 맞은편 기슭에서 의 소와 말이 구별되지 않을 정도였다. 그러자 황하의 신 하백(河伯)은 천하 의 아름다움이 모두 자신에게 집중되어 있다며 우쭐댔다. 그러나 황하가 동 쪽의 북해(北海)에 이르러 동쪽을 바라보니 그 끝을 알 수 없는 망망대해가 펼쳐져 있었다. 그제야 비로소 하백은 북해의 신 약(若)을 향해 탄식했다. "세간에 나만큼 도(道)를 잘 아는 이가 없다고 우쭐댄다는 말이 있는데 그것 이 바로 나를 두고 한 말인 모양입니다. 내가 그대의 바다에 이르지 않았다 면 대도(大道)를 깨달은 사람들에게 길이 비웃음을 당할 뻔했습니다."'

가 우주를 본래 '끊임없이 생장하고 번성하는' 生生不息 큰 생명체로 보았기 때문이다. '천지와 나란히 존재하는 것인가!'라고 함으로써 개개인의 생명을 천지라는 큰 생명체 가운데로 흘러 들어가게 했다. '우주는 생명을 가진 것들 사이의 역량 관계가 반영된 공간이므로 생명의 모든 면면은 서로 교차하는 우주 시스템의 일부분이다'10)라는 말은 인디언이 자연을 바라보는 우주관이지만 이는 장자의 우주관과도 통한다.

장자는 개개인의 생명과 개개인 의식의 존재를 귀하게 여겨서 다양한 우화를 통해 개개인의 차이가 현실적으로 어떤 의미를 갖는지 보여주었고 이 같은 특수성을 이해하고 존중해야 한다고 외쳤다.

그의 우화 가운데는 '혼돈'의 친구들이 혼돈의 은혜에 보답하려는 좋은 마음으로 그의 몸에 구멍을 뚫어주지만, 오히려 혼돈은 이로 말미암아 죽음에 이르고 만다는 이야기가 나온다(「응제왕」). 또한 바닷새가 노나라 제후에 의해 사당에 모셔져서 온갖 지성으로 보살핌을 받지만 얼마 못 가 죽고 마는 이야기도 나온다(「지락」). 이에 대해 장자는 '이는 자기 자신을 봉양하는 방식으로 새를 기른 것이지 새를 기르는 방식으로 새를 기른 것이 아니다' 此以己養養鳥也, 非以鳥養養鳥也라고 하면서 한탄하였다.

또한 옛 성인들을 떠올리며 '그런 까닭에 옛 성인들도 그 능력이 한결같지 않고 하는 일도 같지 않은 것이다' 故先聖不一其能, 不同其事라고 하여 사회 곳곳에서 다원화된 면면과 상황이 두루 등장하길 원했다. 그리고 '열 개의 해가 동시에 뜨듯' 十日並出 각종 인격의 형태가 다양하게 발현되고 '온갖 구멍이 소리를 내듯' 萬竅怒號 온갖 사상과 관념이 자유

---

10) 장광즈(張光直)의 『고고학전제육강(考古學專題六講)』에서 인용함. 문물출판사(文物出版社), 1986년, 20쪽.

46 上편 도가의 사회적 관심

롭고 다채로운 사조를 형성하기를 원했다.(「제물론」)

　장자가 이처럼 개개인의 삶을 존중해야 한다고 한 주장은 그 뒤로도 줄곧 중국 지식인들에게 이어져 내려오면서 역경 속에서도 고군분투하게 하는 목표가 되었고 자유로운 사유를 향한 장자의 부르짖음은 2천 년 이후를 살아가는 우리의 마음을 여전히 설레게 한다.

위의 글은 1995년 말 말레이시아대학 중문과와 당련(堂聯)이 주최한 '전통사상과 사회 변천'이라는 주제의 국제 학술세미나 참석을 위해 작성한 것으로 『도가문화연구(道家文化研究)』제14호(베이징싼롄서점 1998년 7월)에 실렸다.

2. 도가의 조화 사상

세계사를 돌아보면 전쟁과 평화는 늘 인류 사회의 주변을 떠나지 않고 맴돌았다. 사람들은 평화를 갈구하지만 전쟁의 화마는 쉼 없이 인류 사회를 휘감는다. 이에 관해 고대 그리스 철학가 헤라클레이토스가 내세운 관점은 서양 철학에서 꽤 대표성을 가지는데 그는 다툼과 화해를 두고 이렇게 말했다.

"서로 배척하는 것들이 한데 모여 결합하고 서로 다른 음조가 한데 모여 가장 아름다운 선율을 만들어 내듯 모든 것은 투쟁하는 가운데 생겨난다."

그는 대립하는 사물이 하나로 통일되는 것에서 더 나아가, 대립하는 사물 사이의 투쟁을 보았고 '상반된 힘은 조화를 이루어낸다'라고 지적했지만 '전쟁은 보편적인 것이다'라는 것에 더욱 주목했다. 그는 '만물은 다 투쟁과 필연에 의해 생겨난다' '전쟁은 만물의 아버지다'라고 여겼다.

중국철학의 아버지라고 할 수 있는 노자가 이 문제를 바라보는 주안점은 조금 달랐다. 사물이 대립과 충돌 속에서 영원할 수 있다고 여긴

점은 비슷하지만 둘 사이의 투쟁보다는 상호 의존 관계를 강조했다. 그래서 노자는 '만물은 음의 기운을 등에 지고 양의 기운을 앞에 안아 충기沖氣(하늘과 땅 사이의 조화된 기운)로써 화합한' 萬物負陰而抱陽, 沖氣以爲和라고 했다. 만물은 다 조화 속에서 생겨나므로 '조화'야말로 우주적 삶의 가장 높은 기준이자 보편적인 법칙이다.

영국 철학가 러셀Russell은『변화하는 세상을 향한 새로운 희망』이라는 저서의 첫머리에서 인류는 세 가지 충돌, 즉, 사람과 자연 간의 충돌, 사람과 사람 간의 충돌, 자기 자신과의 충돌을 경험한다고 했다. 도가역시 많은 종류의 충돌에 주목했지만, 오히려 그 충돌들 사이의 조화와 화합 관계를 강조하였다. 그 세 가지 조화 관계는 장자의 표현을 빌자면 각각 천화天和와 인화人和, 심화心和에 해당한다. 장자가 최초로 제시한 '천인합일天人合一'의 경지는 중국 인생 철학의 최고 경지가 되었고 이에 따라 필연적으로 '인화'와 '심화'를 통해 최종적으로 귀의해야 할 사상의 경지가 되었다.

선진 시기 백가쟁명百家爭鳴(수많은 학자와 학파가 자신의 사상을 자유롭게 논쟁함)은 중국의 사상계가 찬란하게 발전했던 시기로 각 학파는 자기만의 이론을 내세웠지만 '조화와 화합'을 강조했던 것만큼은 일관된 모습을 보였다. 그러나 사상적 측면의 주안점이나 조화에 도달하는 과정만큼은 달랐는데 유가는 조화를 중시하되 '예법'의 범주 안으로 편입시키는 데 치중했고 묵가는 화합을 중시하되 사람 각자가 '겸애兼愛'로 서로 돕는 정신을 발휘하라고 가르쳤다. 법가에서 말하는 조화는 법 제도의 실시와 이행에 집중된 것이었다.

철학적인 면에서 보면 유가, 묵가, 법가는 '인간관계가 어떻게 화목해질 수 있는지'에 관해 정치, 사회적 측면의 방법을 제시했으므로 '인화人和'의 범주에서 조화를 주장한 셈이다. 반면 도가는 '인화' 뿐 아니라 더욱 폭넓은 시야에서 '천화'까지 강조했다. 즉, 도가가 주목한 인간 사이의 화합이란 본래 우주의 조화에서 파생되어 나온 것이고 도가가 중시한 사회질서도 우주 질서에서 갈라져 나온 것이라는 의미이다. 여기서 우리는 도가가 말하는 인간 사이의 화합과 사회질서는 우주의 조화, 우주의 질서를 그 주요 근거로 삼고 있음을 알 수 있다.

도가는 인화를 중시하지만 그것은 정치, 사회적 측면의 주장인 것만은 아니며 우주론에 기초를 두고 개개인의 마음에 근거를 두고 있다. 이 때문에 삼화三和(천화, 인화, 심화)를 말하는 것은 사실 고도의 철학적 사고 영역으로 들어가는 일인 셈이다.

2-1. 하나.

선진 시기 사상가들은 정치적으로 불안하고 사회가 격동하는 시기를 살았기 때문에 어떻게 하면 사람들이 서로 배려하고 화합하게 할 수 있을지 고민하였고 이에 관해 수많은 귀중한 경험과 지혜를 남겼다. 인류의 화목을 논할 때면 사람들은 가장 먼저 공자의 제자인 유자有子가 말한 '화위귀和爲貴(화합이 귀하다)'라는 명언을 떠올린다. 개인 간의 모순이든 집단 간의 충돌이든 국제 사회의 분쟁이든 일단 화해의 실마리가 보이면 어김없이 '화위귀'를 분쟁 해결의 최고 원칙으로 삼았음을 알수 있다. 공자의 제자가 말한 아래 명언도 이러한 상황을 배경으로 나온 것이다.

유자가 말했다. 예의를 사용할 때는 화합이 중요하다. 선왕의 도는 이를 아름답다고 여겼으니 크든 작든 모두 화목의 도리를 따르기 위해 예를 갖춘다. 그러나 화합이 세상에서 통하지 못하는 것은 화합이 좋은 줄 알고 화합을 이루면서도 예로써 그것을 절제하지 않기 때문에 화합이 세상에서 통하지 않는 것이다.(『논어』「학이」)

禮之用, 和爲貴. 先王之道, 斯爲美, 小大由之. 有所不行, 知和而和, 不以禮節之, 亦不可行也.

여기서 '화위귀'는 '예'의 운용적인 면을 말한다. 요즘 말로 풀이하면 주로 사회적 규범을 제약 수단으로 삼아 큰일이든 작은 일이든 적절하게 처리한다는 뜻이다. 또한 『논어』「자로」편을 보면 공자는 '군자는 화합을 추구하되 부화뇌동하지 않지만, 소인은 부화뇌동할 뿐 화합하지 않는다' 君子和而不同, 小人同而不和라고 했다.

'화동和同(조화하여 하나가 됨)'의 문제는 본래 춘추시대에 널리 공론화되었던 주제로 '화和'는 인식론의 한 개념이었다. 가장 이르게는 서주西周의 사백史伯이 '조화는 만물을 생장하게 하지만 (속성과 차이를 무시한 채) 같아지기만 하면 발전이 없다' 和實生物, 同則不濟라고 말한 데서 유래되었다. 전국시대의 안영晏嬰은 '화和'를 서로 다른 사물이 상호 기대고 이루어준다는 뜻의 용어로 썼고 여기서 더 나아가 '가可'와 '부否'가 서로 하나 되는 것을 의미하게 되어 사상이 개방되어야 한다는 주장을 분명하게 제시하였다.

그러나 공자는 '나와 생각이 다르다고 몰아붙이면 해로울 따름이다' 攻乎異端, 斯害也已라고 하여 안영과는 다른 관점을 보였고 '화和'의 서로 기대고 이루어준다는 개념을 자신의 예법 제도의 체제 안에 포함시켰다. 즉, 군자가 화和를 추구할 때는 반드시 '예'라는 일정한 원칙 아래서 해야 한다는 것이다. 그래서 소인은 화합이 좋은 줄 알고 화합을 이루면서도'知和而和' 예로써 그것을 절제하지 않는데'不以禮節之', 이는 군자가 해서는 안 될 일'有所不行'이라고 지적했다.

공자는 주로 '인仁'을 강조한 뒤에야 '화和'를 말하였고 이마저도 모두 주나라 예법이 큰 전제가 되었다. 묵자는 주나라의 예법 문화에 반대하여 종법 제도가 정치에 끼치는 폐단을 예리하게 지적하였다. 그래서 친친親親(혈연을 기반으로 가까이함)의 정치 체제는 '골육의 친분으로 자리를 차지하거나 노력 없이 부귀를 얻는 자'骨肉之親, 無故而富貴를 만들어 내는 근본 원인이라고 비판하면서 세습 제도를 반대했으며 '벼슬자리에 있다고 해서 항상 귀한 법은 없고 일반 백성이라고 해서 항상 비천한 것은 아니다'官無常貴, 民無常賤라고 주장했다.

묵자도 마찬가지로 인간관계에서의 화합을 무척 중시했다. '화和'라는 글자는 『묵자』에 대략 서른 번 등장하는데 이는 『논어』와 『맹자』에 언급된 횟수를 합한 것보다도 많다. 묵자는 겸애를 주장하여 사람들 사이에 사랑하는 마음愛心을 베풀고 '위아래 사람이 화합하면'上下調和' 작게는 부모 형제가 한마음이 되어 조화로운 삶을 누리고 크게는 윗사람이 아랫사람을 업신여기지 않으며 관리가 백성을 속이지 않고 서로 조화하는 정치 분위기가 조성되어'吏民和' 화목하고 안정적인 사회가 유지된다고 했다.

묵자는 넓은 세계를 볼 줄 아는 안목이 있는 사회 철학가였다. 그래서 당시 군웅이 할거하며 전란이 끊이지 않던 국면 속에서 '형법과 정치가 잘 다스려지고 모든 백성이 화합하며 나라는 부강해지고 재정이 쓰기에 족한'刑政治, 萬民和, 國家富, 財用足 안정을 누리길 희망했다. 그리고 천하가 태평해지기를 바라는 마음에서 '천하는 화평하고 백성은 부유하며' 天下和, 庶民阜 '화목하게 지내기를 첫째로 삼아 온 세상을 통합한다' 一天下之和, 總四海之內라고 했다.

이와 동시에 그는 패권주의에도 반대했다. 그래서 큰 나라가 각종 수단을 써서 다른 나라를 간섭하고 침략하는 행위를 질책하고자 『묵자』 「비공非攻」에서 '큰 나라가 주변 나라를 공격하여 정벌하는 것을 반드시 반대한다' 必反大國之說라고 하였다.

한비자韓非子도 묵자와 마찬가지로 '위아래가 화합하는上下調和' 이상 사회를 지향하였다. 다만 그의 시각이 다른 학파와 다른 점이 있다면 '형명참동刑名參同' 즉, 형형('形'과 같은 의미로 '실제'를 뜻함)과 명名(명분, 이름)이 일치하는지를 살펴 상벌을 내려야만 '위아래가 화합'할 수 있다고 여긴 점, 그리고 법을 통한 다스림의 중요성을 강조한 부분이다. 법치야말로 사회를 조화롭고 화목하게 하는 중요한 수단이라고 한 이 주장은 오늘날에도 여전히 현실적인 의의를 갖는다.

제자백가가 조화와 화목을 중시한 것은 그들이 영향을 받았던 문화적 전통 때문이기도 하다.

이에 관해서는 제자백가 사상의 뿌리가 되는 고전, 특히 『상서尚書』를 주목할 만하다. 『시경詩經』에서는 '화락和樂(두루 화평하고 즐거움)'과 '화명和鳴(마주쳐 울림)' 등의 표현을 통해 '화和'를 언급하였다.

『주역』 「역경易經」에는 '화和'가 두 번밖에 언급되지 않지만, 그 안에 함축된 의미는 헤아릴 수 없을 정도로 깊다. 이를테면 중부괘中孚卦에는 '어미 학이 울면 새끼 학도 화답하여 운다' 鳴鶴在陰, 其子和之라는 문구가 나오는데 여기서 '화和'는 『시경』 「벌목伐木」과 「녹명鹿鳴」에 나오는 '화창和唱'의 의미로 볼 수 있다. 『주역』 「역전易傳」에 언급된 '화和'는 후대인에게 비교적 큰 주목을 받았다. 이를테면 건괘乾卦의 「단전」에서 '보합태화保合太和'라고 한 것이 그 예인데 여기서 '태화'는 역대 도교에서 즐겨 쓰는 용어가 되었다. 태화전太和殿, 태화산太和山에 나오는 '태화'라는 말은 비교적 일찍 『장자』에도 나오며 건괘의 「단전」에서도 장자의 말을 많이 인용했다.

『상서』는 인간관계를 논하며 화합을 강조했는데 이는 오늘날의 정서와도 합치하는 부분이다. 일례로 「강고康誥」편에서 '사방의 백성이 크게 기뻐하며 화합하여和 모인다' 四方民, 大和會라고 한 부분과 「요전堯典」편에서 '백성이 환하게 빛나고 온 세상이 화목和하게 되었다' 百姓昭明, 協和萬邦라고 한 부분이 그 예다. 오늘날 나라와 나라 사이에도 이처럼 '온 세상이 돕고 화목하게 되는' 우호적인 국제 환경이 조성되어야 할 것이다.

수천 년에 걸쳐 발전해 온 중국의 역사와 문화 속에서 민족의 생명력이 면면히 이어질 수 있었던 것은 사실 문화의 응집력 덕분이다. 제자백가의 조화 사상 또한 민족문화의 응집력을 높이는 데 중요한 문화적 역할을 하였다.

2-2. 둘.

제자백가를 살펴보면 인문사회의 토대 위에서 '인화人和'의 의의를 중시하지 않은 이는 없었는데 그중에서도 도가가 '화和'를 중시한 것은 그 안에 함축된 의미가 크다. 도가에서 말하는 '화和'는 인간관계에서의 화목과 조화뿐 아니라 우주의 질서와 조화라는 의미까지 확장되기 때문이다.

『노자』에서는 '화和'가 총 여덟 번 언급되어 『논어』와 동일한 빈도를 보이지만 그 내용만큼은 『논어』보다 더욱 철학적이다. 우선 노자는 우주생성론에서 '화和'의 중요성을 언급했다.

『노자』 제42장에서 '도는 하나를 낳고 하나는 둘을 낳고 둘은 셋을 낳고 셋은 만물을 낳는다, 만물은 음을 업고 양을 안아 충만한 기운으로 조화를 이룬다' 生一, 一生二, 二生三, 三生萬物, 萬物負陰而抱陽, 冲氣以爲和라고 한 표현이 그것이다. 이 구절이 함축한 철학적 의미에 대해서는 역사적으로 다양한 해석을 낳았다. 그러나 '만물은 음을 업고 양을 안는다'라는 부분을 '도' 혹은 만물의 근본, 즉, 두 가지 대립하는 원시 물질이자 에너지인 음과 양으로 해석하는 시각은 도가의 각 유파 및 도가의 관점을 계승한 유가 학파가 공통으로 받아들인 관점이다.

음과 양은 본래 서로 대립하지만 상호 교류하여 통한 뒤 새로운 화합체를 만들어 낸다. 이는 노자가 말한 '상반상성相反相成' 즉, 서로 반대되면서도 일정한 조건 아래서는 통일성을 갖는다는 사상이 드러난 부분으로 이러한 사상은 2천 년에 걸쳐 중국 문화에 심원한 영향을 끼쳤다.

'상常'은 노자 철학에서 빼놓을 수 없는 중요한 개념으로 조화와 규칙의 의미를 함축한다. 『노자』 제55장에는 '화和'와 '상常'이 동시에 등장한다.

> 덕을 머금음이 도탑다는 것은 갓난아기에 빗댈 수 있다……조화로움和을 아는 것을 일컬어 항상성常이라고 하고 항상함을 아는 것을 가리켜 밝음明이라고 한다.
>
> 含德之厚, 比於赤子…… 和之至也. 知和曰常, 知常曰明.

노자는 갓 태어난 아기를 가리켜 '화지지和之至' 즉 '조화로움이 지극한 상태'라고 하면서 깊은 덕을 가진 사람이라면 자신을 끊임없이 수양함으로써 갓난아기처럼 새로운 생명력을 유지해야 한다고 했다. 여기서 우리는 니체Nietzsche의 저서 『차라투스트라는 이렇게 말했다』에 나온 낙타 - 사자 - 갓난아이로 이어지는 세 단계의 정신 발달 과정을 떠올릴 수 있다.

노자와 니체가 말한 '갓난아이로의 회귀'라는 관점에는 생명을 다시 시작하게 한다는 의미가 담겨 있는데 이것이 바로 『노자』 제16장에 나오는 '복명復命(운명으로 회귀함)'이다.

> 무릇 만물이 많고도 많아 각자 그 뿌리로 돌아가는구나! 뿌리로 돌아가는 것을 일컬어 고요함이라고 하며 고요함을 가리켜 운명으로 회귀함이라고 한다. 운명으로 회귀하는 것을 상이라고 하고 상을 아는 것을 가리켜 밝음이라 일컫는다.
>
> 夫物蕓蕓, 各復歸其根, 歸根曰靜, 靜曰復命, 復命曰常, 知常曰明.

이 구절은 한편으로는 만물이 왕성하게 발전하고 분연히 활동하는 가운데 자연의 질서와 우주의 법칙을 깊이 탐구한다는 뜻이기도 하고 다른 한편으로는 만물의 일원으로서 인간이라는 존재는 혼돈 속에서 고요한 때를 틈타 생명의 에너지를 축적한다는 것을 의미하기도 한다. 소위 '회귀'는 내재된 생명력을 한 곳으로 결집하는 것이고 소위 '복명'은 생명이 시작 단계에서 보이는 활력을 유지하는 것이다.

'복명'에서 '복復'은 두루 순환하다가 처음부터 다시 시작한다는 말로써 이 법칙을 가리켜 '상常'이라고 한다. 처음으로 돌아가 다시 시작하는 가운데 '상常'이 있다는 것에서 '상'은 정지하여 고정된 개념이 아니라 변화하는 가운데서도 끊임없이 균형과 조화의 상태에 도달하려는 것임을 알 수 있다.

우주는 조화와 질서 속에서 운행되지만, 천지간은 교란과 간섭 때문에 그 질서가 무너지는 때가 있다. 마치 '아무리 강한 태풍도 지나가는 바람에 불과하고 거센 소나기라고 할지라도 종일 내리지는 않는다. 하늘과 땅도 이처럼 오래 가지 못하는데 하물며 사람이야 오죽하겠는가!' 飄風不終朝, 驟雨不終日, 天地尙不能久, 而況於人乎라고 한 것처럼 말이다.

노자가 살던 시대는 하루가 멀다고 폭풍이 휘몰아치는 듯한 권력다툼 속에서 탐욕과 방종함이 인류 사회를 환란 가운데로 몰아넣곤 했다. 노자는 이처럼 조화를 잃어버린 인간 사회를 향해 무위無爲와 부쟁不爭(다투지 않음), 유약柔弱(부드럽고 약함)과 처후處厚(도타움을 유지함) 등의 원칙을 제시함으로써 혼란을 없애고 사람들이 화목하게 지내기를 바랐다.

노자는 우주의 질서를 따라 사회질서를 구축하고자 했다. 자연의 법칙을 배움으로써 인간 사회의 조화와 화목을 유지하고자 한 것이다. 이 때문에 노자는 고대 민주 사상의 색채가 짙은 주장을 펼쳤는데 이를테면 윗사람은 아랫사람을 과도하게 간섭하지 않고 백성이 자유자재로 자족하는 환경 속에서 생존하고 발전하게끔 도와야 한다고 한 것이 그 예다.

> 내가 무위하면 백성들은 스스로 바뀌고 내가 조용한 가운데 머물면 백성들은 스스로 제 앞가림을 하며 내가 일을 벌이지 않으면 백성들은 스스로 넉넉하게 살고 내가 욕망을 드러내지 않으면 백성들은 스스로 소박해진다.
> 我無爲而民自化, 我好靜而民自正, 我無事而民自富, 我無欲而民自樸.

그는 뜻과 욕망이란 태어날 때부터 보유한 천성으로 그것을 올바르게 사용하면 인류에 복이 된다고 여겼다. 그래서 '만물을 낳고도 내 것으로 소유하지 않고 만물을 위하고도 나를 믿으라 하지 않으며 만물을 위해 큰 공덕을 쌓고도 그 공덕을 차지하지 않는다' 生而弗有, 爲而弗恃, 功成而弗居라고 하여 뜻을 세워 충동을 억제하라고 권했다.

노자가 직접 '인화人和'라는 표현을 쓴 경우는 많지 않지만, 그가 말한 인화는 굉장히 깊은 의미를 함축한다.『노자』제18장에서는 '가족 관계가 화합하지 못하니 효도나 자애로움이 있게 되고 나라가 어지러워지니 충성스러운 신하가 생겨난 것이다' 六親不和, 有孝慈, 國家昏亂, 有忠臣라고 했고 제79장에서는 '깊은 원한을 누그러뜨려도 반드시 남은 원망이 있으니 덕으로 원한을 갚는다 한들 어찌 좋다고 하겠는가!' 和大怨, 必有餘怨, 報怨以德, 安可以爲善라고 했다.

　전자는 '효와 자애로움' '충성스러운 신하'란 사실 조화와 화합이 결여된 상태에서 나온 결과라고 말한다. 그리고 후자는 통치자라면 마땅히 평화로운 정책으로 세상을 다스릴 뿐, 권력으로 위압하고 형법으로 살육하며 세금을 편취하는 것은 모두 백성에게 원한을 사는 일이니 이럴 때는 제아무리 덕으로 다스린들 이미 발생한 재난을 완전히 복구하기란 어려운 일이라고 경고한다.

　또한『노자』제56장에는 '그 날카로움을 꺾고 그 엉킨 것을 풀며 지나치게 번뜩이는 것을 부드럽게 하고 세상의 티끌과 함께 하는 것을 일컬어 현동玄同(신비로운 하나 됨)이라고 한다' 挫其銳, 解其紛, 和其光, 同其塵, 是謂玄同라는 표현이 나온다. 인간관계에서 서로 맞물려 합하고 엉킨 것을 푸는 과정을 통해 만물이 섞여 하나 되는 경지에 도달할 수 있는데 이것이 바로 '현동玄同'이라는 말이다.『장자』「천하」편에서는 노자의 사상을 소개하면서 '언제나 만물을 너그럽게 마주하고 남을 모질게 대하지 않는다' 常寬於物, 不削於人라고 했는데『노자』제56장에서 말한 '날카로움을 꺾고' '엉킨 것을 푸는' 것은 바로 '남을 모질게 대하지 않는 것'이고 '세상의 티끌과 함께 하는 것'은 '언제나 만물을 너그럽게 대하는 것'과 같다. 그리고 '지나치게 번뜩이는 것을 부드럽게 함'으로써 '신비로운 하나 됨'의 경지에 이르는 일은 바로 마음을 활짝 열어 사람과 사람이 화합하는 경지에 이르는 방법이다.

　도가의 조화관은 전국시대 중기의 황로 학파나 장자학파에 이르면 노자에 비해 훨씬 풍성한 내용을 갖추게 된다. 비록 황로 학파가 장자학파만큼 '천화'나 '인화' '심화'의 개념을 뚜렷하게 제시하지는 않았지만, 그들이 말하는 '화和'에 이미 이 같은 내용이 함축되어 있었다. 황로의 조화관은 '인화' 방면에서 비교적 두드러지는데 그들은 '공公' '당當' '평형不衡'의 개념을 사회 평화를 이루기 위한 필요조건으로 삼았다.

　'당當'은 황로 학파 사상을 이루는 중요한 개념으로 '적절하다'라는 의미를 담고 있으며 '평형不衡'의 개념은 황로가 '인화'를 운용하는 측면에서 가지는 특징을 가장 잘 설명해준다. 이를테면 노자와 장자가 '예법은 서민들의 단계까지 내려가지 않고 형벌은 대부에게까지 미치지 않는다'禮不下庶人 刑不上大夫라고 하여 봉건 예법의 편파적인 면을 날카롭게 비판했다면 황로는 예법을 통해 도를 회복할 것을 강조하였다는 점이 다르다.

　황로는 예법을 주축으로 한 사회에 법 제도를 도입하고 경직된 예법 문화 속에 인정과 도리의 가치를 주입하여 예법에 왕성한 생명력을 불어넣어야 한다고 주장했다. 그래서 '예라고 하는 것은 인간의 감정에서 비롯하여 나왔고 의義의 도리에 따라 규정된 것이다'禮者, 因人之情, 緣義之理也라고 했다. 예법과 인정, 도리 사이의 균형을 이뤄내면 사회의 필요를 더욱 잘 충족시킬 수 있다는 말이다.

　황로는 인화를 중시함과 동시에 천화와 심화도 강조했지만, 장자의 통찰력에는 미치지 못했다. 편폭의 제한으로 황로에 대해서는 대략 훑어보았지만, 장자의 조화 사상에 대해서는 뒤에서 중점적으로 살펴보려 한다.

2-3. 셋.

장자의 조화 사상을 논하려면 '천화'와 '인화' '심화'가 가지는 서로
다른 개념에 주목해야 한다. 장자 사상이 지향하는 바가 그러하듯 그
어떤 조화 사상 중에서도 장자는 개인 내면의 조화와 화합을 강조했고
그것을 천화와 연결시켰다. 『장자』 「천하」에 나온 것처럼 장자는 '인화'
를 많은 부분 '세속에 거하기與世俗處' 위한 필요로 삼았고 심화와 천화
는 그가 특별히 주목했던 분야이자 인화의 기초를 이룬다. 여기서 우리
는 '천화'로부터 시작해서 그의 사상을 다뤄보고자 한다.

장자는 노자를 계승하여 만물생성론을 통해 '천화'를 말했지만 '천화'
에 관해서는 '천인지경天人之境'의 측면에서 더 많이 다루었다. 먼저 전
자를 소개하고자 한다. 『장자』 「지북유知北遊」에서는 '천하를 통틀어
'기' 하나만 있을 뿐이다'通天下一氣耳라고 하여 기氣가 만물을 이루는
기본적이고 원천적인 물질이라고 여겼다. 기는 음과 양으로 나뉘지만,
음양의 기운이 서로 교통하여 새로운 화합체를 형성한다. 『장자』 「전자
방田子方」에서 '두 가지가 서로 통하여 조화를 이루면 만물이 생겨난다'
兩者交通成和, 而物生焉라고 한 것이 이를 대변한다. 「전자방」은 음양이
합하여 사물과 변화법칙을 만들어 냄을 노자에 비해 훨씬 상세하게 설
명하였는데 이는 도가의 각 학파가 공통적으로 가졌던 관점이다.

「지북유」편에서 장자는 몸身이란 '천지가 내게 맡긴 형체' 天地之委形
이고 생生은 '천지가 내게 맡긴 온화한 기운' 天地之委和이며 성명性命(천
성과 천명)은 '천지가 내게 맡긴 온순한 기운' 天地之委順이라고 했다. 또한
개별 생명은 천지 음양의 두 가지 기운이 화합하여 생겨난 산물이라고
여겼다. 개개인의 성명은 천지에 근원을 두고 있으며 만물은 본래 한
몸에서 태어난 것이니 그 생명의 활동 또한 당연히 천지 만물과 함께

이뤄진다. 소위 『장자』 「제물론」에 나오는 '천지는 나와 함께 생겨났기 때문에 만물과 나는 하나이다' 天地與我並生, 萬物與我爲一라는 개념과 같은 의미이며 이 때문에 인간이라는 존재는 당연히 우주적인 규모에서 그 의의를 이해해야 한다.

장자는 우주란 만물의 시작이자 만물이 태어난 모체라고 봤다. 우주는 개별 생명의 출발점이자 그들이 마지막에 돌아가야 할 곳이니 개별 생명은 우주 생명과 떼려야 뗄 수 없는 관계, 즉, 우주의 일부인 셈이다. 이 같은 우주관을 토대로 도가는 대자연이 인류 존재의 모체이고 개별 존재로서의 인간은 모체로서 존재하는 우주가 지닌 조화와 화합의 이치를 공유한다고 보았다.

개별 생명의 탄생은 우주라는 존재적 모체에서 분리되어 나온 것이므로 본래는 모체 속에서 우주와 조화된 상태의 근본체였다. 따라서 개별 생명이 각자의 생존과 발전을 위해 어지럽고 분분하게 움직이는 것처럼 보인다고 하더라도 정작 그 안에 내재한 생명의 근원을 파고 들어가 보면, 그 뿌리 깊은 곳에서 드러나는 것은 일종의 화합과 조화의 상태이다. 바꿔 말하면 도가의 조화 사상은 광대한 존재적 모체가 배경이 되고 개개인의 내재적 생명의 뿌리를 탐색하는 일을 근거로 삼는다. 그래서 도가의 '인화'는 우주 질서와 개체의 마음이 서로 조화를 이루어야만 가능하게 되는 셈이다. 이렇게 장자의 천화와 인화, 심화의 세 가지가 서로 겹겹이 둘러싸고 영향을 주고받음으로써 천지天地 정신이라는 인생의 경지와 천인합일이라는 예술적 경지를 이끌어낸다.

(1) 천화와 인화

하늘과 인간 사이의 관계는 장자 철학을 이루는 중요한 요소로 그는 하늘과 인간을, 그리고 천화와 인화를 짝하여 논하였다. 『장자』 「천도」

에서는 이렇게 말했다.

> 무릇 천지의 덕을 분명히 아는 것, 그것을 일컬어 큰 근본이자 큰 근원이
> 라고 하고 하늘과 조화하는 것이다. 천하를 고르게 다스리는 것은 사람
> 과 조화하는 것이다. 사람과 조화하는 것을 인락사람의 즐거움이라고 하고
> 하늘과 조화하는 것을 천락하늘의 즐거움이라고 한다.
>
> 夫明白於天地之德者, 此之謂大本大宗, 與天和者也. 所以均調天下, 與人
> 和者也. 與人和者, 謂之人樂, 與天和者, 謂之天樂.

'하늘과 조화한다與天和'라는 것은 하늘과 하나가 된다는 의미로 천인
합일을 말한다. 여기서는 천지의 기능과 역할을 깨달을 수 있으면 생명
의 주축, 즉, '큰 근본이자 큰 근원大本大宗'을 분명히 알 수 있다고 했다.
그리고『장자』「덕충부德充符」에서 '만물의 변화를 명으로 받아들이고
도의 근원을 지킨다'命物之化, 而守其宗라고 말한 것처럼 사물의 변화를
주도할 수 있다고 했다.

또한 위에서 말한 '사람과 조화한다與人和'라는 말은 '사람과 합한다
與人合'라는 뜻인데 이는 사람과 사람 사이에 화목하고 사회가 평안하고
화평해지며 이로써 천하가 서로 돕고 공정해짐을 가리킨다.

장자는 인간관계가 화목에 이르는 경지를 일컬어 '인락人樂(사람의 즐
거움)'이라고 표현했으나 종국에는 '천락天樂 (하늘의 즐거움)' 즉, 하늘과
합하는 경지에 도달해야 함을 더욱 중시했다.

그리고 그는 '하늘의 즐거움을 아는 사람은 살아 있을 때는 하늘과
함께 움직이고 죽어서는 사물과 동화하며 고요할 때는 음기와 함께 하
고 움직일 때는 양기와 함께 한다'知天樂者, 其生也天行, 其死也物化. 靜而與
陰同德, 動而與陽同波라는 철학적 함의가 풍성한 말을 남겼다. 장자는 우
주가 끊임없이 생장하고 번성하는 큰 생명체이고 개개인의 생명이 그

안에서 활동하면서 만물과 함께 흐른다고 봤는데 이를 통해 천지에 뿌리를 두고 천지로 회귀하는 생명의 이미지를 그려내었다.

(2) 천락의 즐거움

『장자』「천도天道」에서는 천락天樂(하늘의 즐거움)이란 허정虛靜의 마음으로 '천지를 받들고 만물과 통하는 것' 推天地, 通萬物 다시 말해 개개인의 자아가 우주 대아大我의 자유자재한 경지를 체득하는 것이라고 했다. 그리고 그는 '나의 스승이시여吾師乎'라는 말로 시작하여 '하늘과 땅을 덮어주고 실어주며 온갖 형태를 조각하고도 스스로 뛰어난 체 하지 않으니 이것을 일컬어 하늘의 즐거움이라고 한다' 覆載天地, 刻雕衆形, 此之爲天樂라고 찬미했다. 즉, 도道가 천지를 만들고 만물의 형상을 조각하며 천지 만물은 각자의 아름다움을 다투고 그 기능을 뽐내는 과정에서 하나의 아름다운 세계가 형성된다고 여긴 것이다.

뭇 형상의 기교와 아름다움은 헤아릴 수가 없어서 장자는 『장자』「지북유」편에서 '높은 산과 깊은 숲, 늪지의 땅을 보았는가! 나로 하여금 기쁘고 즐겁게 하는구나!' 山林與, 皋壤與, 使我欣欣然而樂與라고 하며 무한한 찬사를 보낸다. 심미적인 안목으로 '천지의 큰 아름다움'을 내다본 것이다.

『장자』 외편의 「천지」「천도」「천운」에 이르는 세 편은 천지가 변화하고 발전하는 모습과 스스로 그러한 자연의 섭리, 만물의 본연성과 자연성을 묘사했고 이와 함께 '천락'에 대해서도 철학적이고도 시적인 표현으로 묘사하였다.「천지」 편에서 '쇠붙이나 돌에는 소리를 내는 힘이 있지만, 도에 맞추어 두드리지 않으면 그 소리는 울리지 않는다' 金石有聲, 不考不鳴라고 한 문장이 그 예다. 도의 음악은 '정적 속에서 귀를 기울이게 하는' 聽乎無聲 소리 없는 음악인 셈이다. 노자가 '큰 소리는 고요하다' 大音希聲라고 했듯 이 '소리 없는' 음악은 온갖 소리와 더불어 서로 돕고 조화하는 소리이자 오히려 '고요한 가운데' 無聲之中 조화의 아름다움을 더욱 잘 흩뿌린다 獨聞和焉.

도체 道體(도의 본체)는 아득한 까닭에 소리 없는 음악을 발산하지만, 도가 만들어 낸 천지 만물은 도리어 '노하여 움직이면서 소리를 낸다' 怒動而爲聲也. 그래서 『장자』「제물론」에서 묘사한 삼뢰 三籟(천뢰, 지뢰, 인뢰)는 바로 우주 속의 하늘과 땅, 사람의 천지인 天地人이 상호 교류하며 발산해 낸 화합의 교향곡이나 다름없다.

대자연이 내는 천차만별의 소리가 천뢰 天籟라는 악장을 써냈다면 인뢰 人籟는 비죽 比竹인데 이는 통소와 피리 등을 말한다.「제물론」에 나오는 삼뢰 가운데 천뢰와 인뢰는 장자가 상상하여 쓴 것이지만 지뢰 地籟는 산릉의 큰 나무 사이에 바람이 불고 고르지 않은 구멍을 통해 나오는 서로 다른 높낮이의 실제 소리를 쓴 것이다.

장자는 '모든 구멍이 성난 소리를 내뱉는다' 萬竅怒號라는 표현을 통해 대지가 격발해내는 자연의 소리를 묘사했으며 이는 마치 웅장하게 울려 퍼지는 교향곡과도 같다. '가벼운 바람에는 가볍게 호응하고 사나운 바람에는 크게 호응한다' 令風則小和, 飄風則大和 '사나운 바람이 그치면 모든 구멍은 고요해진다' 厲風濟而衆竅爲虛라는 표현에서 '바람이 그친다 風濟'라는 표현은 악보의 쉼표와도 같고 '고요해진다 爲虛'라는 표현은 움직이는 가운데 고요함으로 바뀌는 것이니 극도로 고요한 광경이다. '그대는 보지 못했는가? 나뭇가지가 흔들리는 모습을?' 而獨不見? 之調調之刁刁乎이라는 표현에 이르면 웅장한 교향곡은 이미 그쳤지만, 그 위세는 여전하여 악장의 아름다운 선율이 은은하게 퍼지는 광경이 떠오른다.

『장자』「천운」에서 말하는 천락 天樂은 마치「제물론」의 삼뢰처럼 천지간 무궁하게 변화하는 자연의 악장을 더욱 형상화하여 묘사했다. 특히 우화를 통해 황제黃帝가 '넓고 넓은 들판' 廣漠之野에서 「함지咸池」라는 악장을 연주했다고 표현했는데 그것은 일반적인 궁정의 음악이 아니고 자연의 소리이다.

북문성이 황제에게 물었다. "제왕께서는 드넓은 들판에서 함지咸池의 음악을 연주하셨는데……"……황제가 말하였다……"……나는 음악을 연주할 때는 사람을 따르고 악기를 연주할 때는 하늘을 따르며……사계절을 조절하여 다스리고 만물을 크게 조화시킨다. 사계절이 차례로 일어나 만물이 순서대로 생겨나니 한 번은 번성하였다가 또 한 번은 약해지기를 반복하는 가운데 문文의 부드러움과 무武의 강직함이 차례대로 정돈되고 한 번은 맑았다가 한 번은 흐리기를 반복하면서 음과 양이 잘 화합하여 조화로운 소리를 널리 퍼지게 한다. 그러면 겨울잠을 자던 벌레들이 꿈틀대기 시작하고 나는 그것들을 천둥소리로 놀라게 한다……그 변화가 끝이 없어 조금도 예측할 수 없다.

北門成問於黃帝曰: 帝張 『鹹池』之樂於洞庭之野……帝曰: ……吾奏之以人, 徵之以天……調理四時, 太和萬物. 四時迭起, 萬物循生, 一盛一衰, 文武倫經, 一清一濁, 陰陽調和, 流光其聲, 蟄蟲始作, 吾驚之以雷霆……所常無窮, 而一不可待.

나는 다시 음과 양을 조화롭게 함으로써 그것을 연주하고 해와 달의 밝음으로 그것을 밝힌다. 그래서 그 소리는 짧기도 하고 길기도 하며 부드러울 수도 있고 억셀 수도 있다. 변화가 한결같이 가지런하여 옛적의 고정된 것에 얽매이지 않는다. 골짜기에서는 골짜기를 채우고……그 소리가 널리 퍼지니 그 이름이 높고 밝다……무한한 경지로 흐르게 한다.'

吾又奏之以陰陽之和, 燭之以日月之明其聲, 能短能長, 能柔能剛, 變化齊一, 不主故常在谷滿谷, 在坑滿坑……其聲揮綽, 其名高明……流之於無止.

나는 다시 풀어진 마음이 없는 소리로 연주하고 자연의 천명으로 그것을 조화시킨다. 그러므로 뒤엉켜 따르면서 만물이 생겨나듯 하며 온갖 소리를 함께 연주하나 형체가 없고 두루 울려 퍼지는데도 끌려다니지 않으며 그윽하고 어두운 가운데 아무 소리가 없다. 방향이 없는 가운데 움직이고……나아가 흐르며 흩어지고 옮겨가 일정한 소리에 얽매이지 않는다.

吾又奏之以無怠之聲, 調之以自然之命, 故若混逐叢生, 林樂而無形, 布揮而不曳, 幽昏而無聲. 動於無方……行流散徙, 不主常聲.

「천운」에 묘사된 '천락'은 대자연의 3악장이라 할 만하며 총 세 개의 주제로 나누어 연주된다. 제1악장은 인간사를 주제로 하고 자연의 법칙에 따라 연주한다. 제2악장은 음양의 조화를 주제로 하며 '해와 달의 밝음日月之明'으로 밝게 비추어 연주한다. 제3악장은 '풀어진 마음이 없는 소리無怠之聲'를 주제로 삼아 끊임없이 세차게 흐르는 선율로 연주한다.

제1악장에서는 지락至樂(지극한 즐거움)의 '사계절을 조절하여 다스림調理四時'을 노래했다. 즉, 봄, 여름, 가을, 겨울의 사계절이 때를 따라 찾아오고 이에 맞춰 만물이 순서대로 생겨나며 음악의 강약이 변화하여 문文의 부드러움과 무武의 강직함이 차례대로 정돈된다고 했다. 이는 자연계의 탄생과 죽음, 번성과 쇠퇴의 법칙을 표현한 것이다. 자연의 소리가 맑고 혼탁함을 반복하면서 흐르고 울려 퍼지니 천지에 가득 차오른다. 이처럼 1악장은 천둥소리에 겨울잠 자던 벌레가 놀라 꿈틀댐을 통해 새로운 해가 도래하여 봄철 천둥소리에 만물이 돋아나고 소생하는 광경을 형용했다.

제2악장에서는 지락의 소리가 음양을 조화롭게 하고 해와 달과 함께 밝힌다고 했다. 소리의 길고 짧음, 강함과 부드러움이 교차하며 끊임없이 변화하지만, 그 속에는 법칙이 있다. 또한 어떤 고정된 양식에 얽매이지도 않는다. 이 소리는 존재하지 않는 곳이 없어서 산이나 골짜기 어디로든지 퍼져나가는데 그윽한 소리와 명랑한 리듬을 가진다.

제3악장에서는 지락의 소리가 태만하지 않고 끊임없이 흐르며 자연의 리듬으로 조화를 이루는 모습을 묘사한다. 그 조화로움은 마치 만물이 뒤섞인 채 서로 따르면서 떼 지어 모여 있는 가운데 생겨나는 듯하고 오음五音이 무성하게 모여 함께 연주되는 것과 같으니 그 소리가 어디서 왔는지 분별할 수 없을 정도이다. 음악은 자유분방하게 두루 퍼지지만 그윽하고 깊음 속에 아무런 소리가 없다. 악곡의 선율은 변화하여 정함 없이 흘러 다니되 과거의 가락에 구속되지 않는다.

'천락'을 묘사한 위의 문구는 시적 의미가 풍성하고, 그 언어적 풍격이 자유롭고 구애됨 없어 '사방으로 흘러 미치지 않음이 없는四達亞流' 정신적 풍모와 서로 어울린다. 소위 '만물이 순서대로 생겨나고萬物循生' '조화된 소리가 널리 퍼지며流光其聲' '방향이 없는 가운데 움직이고動於無方' '무한한 경지로 흐르는流於無止' 상태인 셈이다.

악곡의 선율이 다채롭게 변화하는 모습을 통해 만물이 활발하게 용솟음치는 동태적인 면모, 소위 '그 변화함이 끝이 없고所常無窮' '옛적의 고정된 것에 얽매이지 않는不主故常' 모습을 형용하였다. 또한 음악이 흩어져 널리 흐르는 모습을 통해 천지간의 모든 사물과 일이 옛것에서 새것으로 변화, 발전하는 모습을 표현했다. 바꿔 말하면 우주의 변화와 흐름이 하나의 장대하고 수려한 교향곡과도 같으니 그것이 바로 '천락'이라는 것이다.

'말없이 마음으로 기뻐할 따름이니 이것을 일러 천락이라고 한다' 無言而心說, 此之謂天樂라는 말은 곧 '하늘과 땅에는 큰 아름다움이 있지만 말이 없는'天地有大美而不言 상태를 기뻐한다는 뜻이다. 『장자』「대종사」 편에 나오는 사람과 하늘의 하나 됨은 철학적인 경지로 따지면 천인합일로 말할 수 있다. 「천도」 편의 '하늘과 조화한다는 것을 일컬어 하늘의 천락이라고 한다'라는 구절에서 말한 사람과 하늘의 조화는 음악의

미학적 측면에서 천지의 큰 아름다움을 관조한 것이다. 일종의 예술 정신을 통해 하늘과 사람이 서로 조화를 이루는 경지에 이르게 되는 셈이다.

(3) 천화와 심화

'천화天和'가 명사로 사용된 경우는 『장자』의 「지북유」, 「천도」, 「천운天運」편에서 볼 수 있는데 이들은 제각각 다른 의의가 있다. 「지북유」에서는 이렇게 표현했다.

> 네 몸을 단정하게 하고 네 시선을 한결같게 하면 천화天和가 장차 이를 것이며 너의 지식을 거두어들이고 너의 기를 한결같게 하면 정신이 와서 머무를 것이다. 덕이 너의 아름다움이 될 것이고 도가 너의 거처할 바가 되며……마치 막 태어난 송아지와 같을 것이다.
>
> 若正汝形, 一汝視, 天和將至, 攝汝知, 一汝度, 神將來舍. 德將爲汝美, 道將爲汝居……如新生之犢.

여기서 '천화가 장차 이를 것이며' '정신이 와서 머물 것이다'라는 부분은 '심화心和'에 관한 표현이다(여기에 언급된 천화에 대해서는 성소成疏가 말한 '자연합리自然合理'는 원래의 뜻에 부합하지 않으며 임희일林希逸이 '천화는 원기다'和者元氣也라고 한 말이 비교적 타당한 해석이다).

시선을 바르게 하고 정신을 모으면 자연의 원기('천화')가 내면에 모여 생명이 비로소 그 힘과 아름다움을 발산한다. 위에서는 이러한 상태를 '갓 태어난 송아지'의 활기찬 생명력과 조화의 아름다움에 빗대었다.

이처럼 「지북유」에서는 심화를 통해 천화를 모을 수 있다고 했고 「칙양則陽」에서는 인화人和와 심화心和를 짝하여 거론하였다.

사람을 대할 때는 그들과 소통하는 것을 즐기면서도 자신을 지킨다. 그러므로 어떤 경우에는 한마디 말도 하지 않아도 사람들에게 덕의 조화와 화합을 만끽하게 하고 사람들과 나란히 서 있는 것만으로도 그들을 바뀌게 한다.

其於人也, 樂物之通而保己焉, 故或不言而飮人以和, 與人並立而使人化.

여기서 '그들과 소통하는 것을 즐기면서도'라는 표현은 인화人和를 가리킨다. 마음의 화합은 인화의 근거이며 인화는 심화心和를 기초로 한다. 소위 '사람들로 하여금 덕의 조화와 화합을 만끽하게 한다飮人以和'라고 한 것이 바로 심화를 통해 인화를 증진한 결과라고 하겠다.

(4) 심화의 경지

장자의 철학 체계 전체에서 만일 내성외왕內聖外王(안으로 성인의 인격을, 밖으로는 임금의 덕을 갖춤)의 사상을 중국 인생 철학의 특징으로 삼는다면 내성內聖은 장자 사상의 정수가 녹아 있는 부분이라고 할 수 있다. 그리고 심학心學은 장자 내성內聖 철학의 핵심이며 심화心和는 심학心學의 결정체이다.

『장자』「인간세」에 나온 '심재心齋', 「제물론」의 '이명以明', 「대종사」의 '좌망坐忘'은 장자 심학의 최고 경지이자 심화가 가장 충만한 상태를 표현한 용어다. '이명以明'과 대립하는 것으로는 「소요유」의 '봉심蓬心'과 「제물론」의 '성심成心'을 들 수 있는데 요즘 말로 풀이하자면 전자는 개방된 마음을 형용했다면 후자는 폐쇄적인 마음을 표현한 것이다. 폐쇄적인 마음은 학구學鳩(작은 참새)와 같은 얕은 지식과 좁은 소견, 우물 입구를 통해 보이는 하늘이 세상의 전부인 줄 아는 우물 안 개구리의 편견과도 같으며 자기중심적이고 독단적이며 배타적인 마음 상태를 뜻

3한다. 이는 「제물론」에서 '그들이 그르다고 하는 것을 옳다고 하고 그들이 옳다고 하는 것을 그르다고 한다' 以是其所非, 而非其所是라고 표현한 것과 같다.

'이명以明'은 다각도로 사물을 관찰, 즉, 반복적으로 밝혀 진상을 아는 것 말고도 마음의 막막한 부분을 밝혀 아는 것을 뜻한다. 사실 '이명'은 '심재' '좌망'과 마찬가지로 모두 마음의 수양과 수련을 통해 도달하는 최고의 경지를 묘사한 것이다. 다만 '이명'은 인식론의 관점에서 출발한 개념이고 '심재'는 수양론의 시각에서 본 것이며 '좌망'은 인생 경지의 측면에서 출발한 것일 뿐이다.

여기서 알 수 있듯이 정신적 경지를 발전시키는 측면에서 보면 삼화三和 가운데서 심화心和가 가장 중요한 가치라고 할 수 있다.

2-4. 넷.

장자의 삼화는 넓은 도량comprehensive mind이 만들어 낸 '광대한 조화'라고 할 만하다. 바로 팡둥메이方東美 선생이 『중국인생철학中國人生哲學』이라는 책에서 말한 것처럼 중국의 인문정신을 통해 우주를 바라보면 우주가 생기로 충만함을 느낄 수 있다. 그밖에도 그는 '인류의 생명과 우주의 생명은 서로 통하여 융합한다' '사람과 자연은 정신적으로 생명의 무궁한 즐거움과 미묘함을 공유한다'라고 했다.

장자의 조화 사상을 종합해서 바라보면 두 가지 흥미롭고 의미 있는 특징을 발견할 수 있는데 하나는 조화의 아름다움이고 다른 하나는 조화 가운데 존재하는 차이다. 이 둘에 대해 각각 간단히 설명하겠다.

(1) 조화의 아름다움

장자는 조화 사상에 심미적인 함의, 이를테면 심재心齋에서 말하는 정신 집중, 혹은 예술 창작의 자세인 '제이정심齊以靜心'의 개념을 부여하였는데 이는 고도의 예술적 마음을 함양하여야만 도달할 수 있는 예술 경지이다. 여기서 '제이정심'은 마음을 재계하여 고요하고 맑게 한다는 뜻으로 『장자』「달생達生」편의 '목수 경慶이 나무를 깎아 악기를 만든 고사[1]'를 참조한다.

그리고 장자는 '심화'의 경지를 '영부靈府'라고 칭하면서 이 같은 마음으로 외부 세계를 바라볼 때 우주는 무한한 아름다움을 머금고 눈길 닿는 것마다 봄기운으로 가득하며 자기 자신을 돌아보면서도 스스로 즐겁고 기쁜 감정을 이기지 못하게 된다고 했다. 그래서 『장자』「덕충부」에서는 '……영부, 그것으로 하여금 조화롭고 즐겁게 하고 막힘없이 통하게 하여 기쁨을 잃지 않는다……만물과 더불어 봄과 같은 따뜻한 관

---

1) '목수 경(慶)이 나무를 깎아 북을 올려놓는 도구인 거(鐻)를 만들자, 보는 사람마다 귀신이 만든 것이라고 의심할 정도로 솜씨가 정교했다. 노(魯)나라 제후도 그것을 보고 그 비결을 묻자 목수 경이 답하여 말하였다. "제가 거를 만들 때는 일찌감치 기운을 소모하는 것이 아니라 목욕재계하여 마음을 평온하게 갖습니다. 이렇게 3일을 준비하면 보상에 대한 욕심이 없어지고, 5일간 준비하면 비방이나 명예, 교묘함과 졸렬함을 생각하지 않게 되며, 7일 동안 준비하면 문득 저 자신이 사지(四肢)가 있고 형체가 있는 존재라는 사실도 잊게 됩니다. 그때가 되면 조정의 권세에 대한 욕심도 없어지고, 교묘한 기술에만 집중하여 마음을 어지럽히는 외물의 유혹도 완전히 사라집니다. 그런 뒤에야 산림 속으로 들어 나무의 천성을 살펴 형태가 최고인 것을 찾아낸 뒤 마음속으로 만들어 낼 거를 구상합니다. 그런 뒤에 손을 대기 시작하는데요, 그렇지 못할 때는 그만둡니다. 이렇게 만들면 나무의 천성과 저의 천성이 일치합니다. 제가 만든 것이 귀신이 만들었다고 의심받는 것도 이런 까닭입니다."

계를 이루어야 한다' 靈府, 使之和豫通而不失於兌……而與物爲春라고 했다.

장자의 '심화'는 일종의 예술적인 마음 상태이자 심미적 경지인데 그는 이 같은 마음과 경지를 가리켜 '유심遊心'이라고 했다. 「덕충부」에서는 '그 마음 노니는 것이 덕의 조화 속에서 이루어진다' 游心乎德之和라고 하여 우리 마음이 인생의 조화미라는 경지에서 편히 노니며 쉰다고 했다.

'유游'는 심미적인[2] 심리心理 활동으로 장자가 「전자방」편에서 '지극한 아름다움을 체득하여 지극히 즐거운 경지에 노닌다' 得至美而游乎至樂라고 말한 것이 바로 그런 의미이다. 그야말로 우주는 끝이 없는 아름다움을 함축하고 있어서 한 사람의 예술 정신이 마음 깊은 곳까지 스며든다면 그처럼 다채로운 세상을 바라볼 때 소동파蘇東坡가 『초연대기超然臺記』에서 말한 것처럼 '어디를 가더라도 즐겁지 않음이 없는' 無所往而不樂 경지를 경험하게 될 것이다.

(2) 조화 속에 존재하는 차이

헤라클레이토스는 일찍이 '아름다움은 조화 속에 있고 조화는 대립하는 것을 하나로 통일시키는 가운데 생겨난다'라고 했는데 이는 장자에게서 더욱 생동감 있고 깊이 있는 개념이 된다. 우리는 종종 '구동존이求同存異(공통점은 취하고 차이점은 놔둠)'를 말하지만, 철학의 분야로 건너오면 이것은 공상共相(공통된 본질)과 수상殊相(남과 다른 특별함)의 문제로 연결된다. 『장자』「칙양」 편에서는 '만물은 서로 그 이치가 다르지만 도는 어느 쪽에도 치우치지 않고 공평하다' 萬物殊理, 道者爲公라고 했다. 도는 공상共相에 속하고 개별 생명은 수상殊相에 속하는데 이 둘은 서로

---

2) 심미(審美) : 아름다움을 살펴 찾음.

불가분의 밀접한 관계에 있다. 만물은 도에 포함되고 흡수되지만 도는 만물이 제각각 뽐내는 능력으로 말미암아 그 이채로움을 드러낸다. 이 철학적 이치를 사회의 각 방면에 적용하면 사회적 가치의 다원화를 중시한다는 의미이고 정치적인 분야에 적용하면 개인의 존엄성과 각자의 특수한 재능을 존중한다는 개념이 될 것이다.

장자의 '제물齊物' 정신은 사물을 평등하게 대함으로써 모든 존재가 지닌 각자의 특수한 내용과 의의를 긍정하는 것이다. 그래서 장자는 『장자』「제물론」에서 '열 개의 해가 동시에 뜬다十日並出' '모든 구멍이 성난 소리를 내뱉는다萬竅怒號'라는 표현을 통해 개방된 사회 속의 개방된 마음을 형상화하여 표현하기도 했다.

동서양의 양대 철학가인 장자와 니체는 자아 중심주의를 타파하는 주제에 대해서는 자기만의 독특한 이채로움을 발휘했다. 오늘날 세계는 더는 '하늘 아래 두 개의 태양은 없는天無二日' 군주의 시대가 아니다. 서양 중심론이 쇠락하면서 전 세계적으로 다원화한 가치 체계가 등장하고 있다. 「제물론」에 묘사된 것처럼 '열 개의 해가 동시에 뜨고' '불어대는 소리가 일만 가지로 같지 않은' 시대를 살아가는 지금, 우리는 전 세계 사람들이 장자의 다채로운 조화 사상을 함께 즐기기를 희망한다.

위의 글은 1996년 한국 「동아일보」가 주최한 '동양사상과 사회발전'이라는 국제학술회의에 참석하면서 작성한 것으로 훗날 베이징싼롄서점이 1999년 3월 발표한 「도가문화연구」제15호에 게재되었다.

3. 선진 도가의 예법관

3-1. 들어가기

예禮는 선진 시대 제자백가의 가장 중요한 논제 가운데 하나로 사람들이 '의례儀禮'라고 칭했던 부분뿐 아니라 더 넓게는 당시의 종법 봉건 사회의 전장典章(제도와 문물) 제도와 도덕 규범을[1] 포괄하여 일컫는다.

---

1) 선진시대의 서적 가운데는 '예'에 관한 기록이 상당히 많은데 이를테면 아래와 같다.
   ① 『예기(禮記)』「중니연거(仲尼燕居)」에서는 '제도는 예에 있다(制度在禮)'라고 했는데 이는 손희단(孫希旦)의 『예기집해(禮記集解)』를 참조한다. 타이베이문사철출판사(臺北文史哲出版社), 1988년, 1165쪽.
   ② 『좌전(左傳)』「은공11년(隱公十一年)」에서는 '예란 국가를 경영하고 사직을 안정시키며 백성 사이의 질서를 세우는 것이다(禮, 經國家, 定社稷, 序民人)'라고 했는데 이는 양보쥔(楊伯峻)의 『춘추좌전주(春秋左傳註)』를 참조한다. 타이베이위엔류출판사(臺北源流出版社), 1982년, 77쪽.
   ③ 『예기(禮記)』「전례(曲禮)」에서는 '예는 서민의 단계까지 내려가지 않는다(禮不下庶人)'라고 하였는데 이는 손희단(孫希旦)의 『예기집해(禮記集解)』를 참조한다. 타이베이문사철출판사, 1988년, 74쪽.

이번 장에서 주목한 것은 제도의 이면에 함축된 사상 관념과 가치 체계이다.

춘추전국 시대는 예법이 무너지고 음악이 파괴되어 곳곳에서 제자백가가 일어나 시대적 폐단에 저항하고 세상을 구제할 방책을 속속 내놓았다. 그 가운데 '예'는 제자백가가 가장 중요하게 여기던 시대적 과제가 되었다.

후대 학자들은 하나같이 유가와 도가가 각각 주나라의 예법 제도와 문화를 긍정, 부정하는 양극단의 입장을 대표한다고 보았다. 나도 개인적으로 과거에는 이 같은 관점을 가지고 있었다. 그러나 이 문제를 좀 더 깊이 고민해보면 긍정과 부정으로 대립하는 양극단의 관점으로 유가와 도가의 문화관을 획일화한다면 지나치게 단순하고 모호한 방법이 아닐 수 없다.

선진 도가로는 노자와 장자, 황로의 3대 학파가 있지만, 그 가운데 장자학파가 유가의 예법관에 대해서는 비교적 선명한 대립 성향을 보였다. 그에 비해 공자와 같은 시대를 살았던 노자는 장자학파만큼 유가에 대립하지는 않았으며 전국시대 황로 학파에 이르러서는 오히려 사상의 융합을 지향하는 특성이 무척 두드러진다.

도가는 시기별로 서로 다른 발전 양상을 보였는데 '때에 따라 알맞게 변화하는 것'이야말로 도가의 큰 특징 가운데 하나이다.[2] 그러므로 선

---

④ 『순자(荀子)』 「예론(禮論)」에서는 '예란 귀천의 등급을 매기고 장유에 차등을 두며 빈부의 경중을 재어 각자 어울리는 대우를 하는 것이다(禮者, 貴賤有等, 長幼有差, 貧富輕重, 皆有稱者也)'라고 하였는데 이는 량치차오(梁啟雄)의 『순자간석(荀子簡釋)』을 참조한다(타이완 상무인서관, 1967년, 176쪽). 본문이 인용한 『예기』『좌전』『순자』는 출판 자료가 모두 위의 내용과 동일하므로 별도의 주석은 하지 않겠다.

2) 사마담의 『논육가요지(論六家要旨)』에서는 '때에 따라 알맞게 변화하는 것'

진 시대 도가는 예법 제도를 바라보는 각 분파의 시각이 어느 것 하나에 고정되어 불변했던 것이 아니라 노자, 장자, 직하 황로에 의해 점차 그 시야가 넓어졌다고 보면 된다. 이번 글에서는 노자와 장자, 직하 도가가 예를 바라보는 관점과 개념에 대해 깊이 있게 알아본다.

3-2. 노자의 예법관

노자는 사관이었던 만큼 예법에 통달했다. 그래서 『사기』에는 심지어 공자가 노자에게 예를 물었다는 기록이 나올 뿐 아니라 그 밖의 선진시대 고서에도 적잖은 기록이 보인다.[3] 이를테면 『예기』「증자문曾子問」의 기록은 특히 구체적이어서 여러 곳에서 공자가 노자에게 가르침을 청하여 상례喪禮를 어떻게 처리해야 하는지 묻는 내용이 나온다.[4]

을 중시하는 도가의 특징을 여러 차례 언급하였다. 이를테면 도가의 '때에 맞추어 이동하고 사물에 응하여 변화한다(與時遷移, 應物變化)' '때를 따라 일을 이룬다(因時爲業)' '시대의 변화를 준수한다(時變是守)'를 강조한 면이 그 예다. 이는 사마천의 『사기』 제130권 「태사공자서(太史公自序)」를 참조한다. 타이베이홍스출판사(臺北洪氏出版社), 1974년, 3289쪽, 3292쪽.

3) 『장자』의 「천지」「천도」「천운」「전자방」「지북유」편 등에 공자와 노자가 인, 의, 예, 도 등의 문제를 논한 내용이 나오며 『여씨춘추(呂氏春秋)』「당염(當染)」에는 '공자가 노자에게 배우다(孔子學於老聃)'라는 기록이 보인다. 본 글에서 『장자』를 인용한 부분은 모두 곽경번(郭慶藩)의 『장자집석(莊子集釋)』(타이베이화정서국, 1991년)을 참조하였다. 위에서 인용한 『여씨춘추』는 천치요우(陳奇猷)의 『여씨춘추교석(呂氏春秋校釋)』을 참조했다. 타이베이화정서국(臺北華正書局), 1991년, 96쪽.

4) 손희단의 『예기집해』 477쪽, 496쪽, 497쪽, 499쪽 참조.

『노자』는 총 두 곳에서 예를 언급하였는데 곧, 통행본通行本5) 제31장, 제38장이다. 『예기』「증자문」에는 공자가 노자에게 예의 의식과 절차에 관한 가르침을 청하는 기록이 나오지만 『노자』를 보면 노자6)가 관심을 둔 분야는 의식과 절차로서의 예가 아닌 정치 질서로서의 예임을 알 수 있다.

비록 『노자』에서 예가 거론된 부분은 많지 않지만, 노자에게 있어서 예는 그 철학적, 시대적 의미가 남달랐다. 『노자』 제31장에서는 상례喪禮를 언급하였지만 거기서 말하고자 한 것은 실제 상례의 의식과 절차가 아니라 상례를 통하여 전쟁이 인류에게 얼마나 참담한 재난을 가져왔는지 경계하고 삼가며 슬퍼하는 심정이었다.7) 그 외에도 예가 언급된 『노자』 제38장에서는 예를 인, 의, 도, 덕과 짝지어 논하였다. 전자가 예를 통해 시대적 비극을 안타까워하는 노자의 마음과 깊은 인도적 배려를 표현했다면 후자는 형이상의 도와 형이하의 예의를 연결함으로써 무위로 다스리는 '치도治道'의 이상이 현실 사회에 정상적으로 실현되기를 바라는 마음을 묘사했다.

제38장에서는 인仁과 의義를 함께 거론함으로써 예禮를 논하고 노자

---

5) 일반에게 유포되어 널리 통하는 책. 유포본(流布本).

6) 『노자』라는 책은 노자가 저술한 책으로 필자는 개인적으로 사마천의 『사기』의 노자 본전에 나오는 이 관점에 동의하며 이는 선진시대 고서, 이를테면 『장자』『순자』『여씨춘추』 등으로도 검증된다. 필자의 졸저 『노자 금주금역 및 그 평가(老子今註今譯及其評介)』(타이완상무인서관, 1997년) 2차 수정본 서문에서도 이 문제를 언급하였는데 추후 인용한 『노자』는 별도의 설명이 없이는 모두 이 판본에 근거한 것임을 알린다.

7) 『노자』 제31장에서는 '많은 사람을 죽이니 애통하여 울고 전쟁에서 이기더라도 상례로써 대한다(殺人之衆, 以哀悲泣之, 戰勝, 以喪禮處之)'라고 하였는데 이는 필자의 졸저 『노자 금주금역 및 그 평가』 173쪽 참조.

의 인의 사상을 통해 그의 예법관8)을 바라보았기 때문에 노자의 인의
사상, 혹은 인의와 예를 함께 거론한 부분은 특히나 사람들의 주목을
끌었다. 인의는 가끔 예의 범주에도 포함되어 둘은 서로 밀접한 관계에
놓여 있다. 따라서 노자의 예법 사상을 논하면서 그의 인의 사상을 다루
지 않을 수는 없다.

3-2-1. 『노자』의 인의 사상

통행본『노자』를 보면 노자는 '인仁'의 관념에 대해 상당한 모순적인
시각을 보인다. 제8장에서는 '남을 더불어 대할 때는 어질게 하기를 잘
해야 한다與善仁'라고 주장하여 사람과 사람 사이에 교제할 때 '인仁(어
짊)'을 중시했던 반면, 제19장에 와서는 돌연 '인을 끊고 의를 버린다絕仁
棄義'라는 표현을 쓴다. 이러한 모순은 노자학을 연구하는 학자들을 곤
혹스럽게 하였는데 최근에서야 호북성 곽점 지역의 전국시대 초나라
무덤에서 죽간본『노자』가 출토되면서 전후 사정이 밝혀지는 듯했다.
본래 통행본에는 '인을 끊고 의를 버리면 백성이 다시 부모에게 효도하
고 자식을 사랑하게 된다' 絕仁棄義, 民復孝慈라고 되어 있는데 곽점 죽간
본에는 같은 부분이 '위선을 끊고 거짓을 버리면 백성이 다시 부모에게
효도하고 자식을 사랑하게 된다' 絕僞棄詐, 民復孝慈라고 기록되어 있기
때문이다.

---

8) 대부분 학자는 통행본『노자』에 나오는 '인을 끊고 의를 버린다(絕仁棄義)'라
는 구절을 들어 노자가 예에 반대한다고 판단했으나 이는 성급한 관점으로
최근 후베이(湖北) 곽점(郭店) 고분에서 죽간 형태의 『노자』가 출토됨으로써
해당 관점이 재평가, 재인식되어야 할 필요성이 제기되고 있다.

곽점 죽간본『노자』는 비록 그 장절의 배치 순서가 다르지만, 내용은 통행본과 기본적으로 일치한다. 죽간본『노자』의 출토 연대가 마왕퇴馬王堆에서 출토된『노자』보다 1백여 년 앞서기 때문에 그것은 현존하는 가장 오래된 고서로서의『노자』이자 의심할 여지없이 최초의 원형에 가장 근접한 형태이다. 그래서 죽간본『노자』에 오늘날 통용되는 판본과 동일하거나 상이한 문구나 글자가 발견되기라도 하면 이내 학자들의 관심을 불러일으켰다. 그중에서 곽점 죽간본에서 '위선을 끊고 거짓을 버리면 백성이 다시 부모에게 효도하고 자식을 사랑하게 된다'라고 쓰인 부분이 후세 사람들에 의해 제멋대로 '인을 끊고 의를 버리면 백성이 다시 부모에게 효도하고 자식을 사랑하게 된다'라고 수정된 부분에는 특히나 사람들의 이목이 집중됐다.

'인을 끊고 의를 버리면 백성이 다시 부모에게 효도하고 자식을 사랑하게 된다'라는 문구는『노자』의 또 다른 문구인 '남을 더불어 대할 때는 어질게 하기를 잘해야 한다與善仁'라는 주장을 오랫동안 왜곡해왔고 노자학의 윤리적 이미지를 손상시켰다.9)

---

9) 통행본『노자』제19장에서는 '성스러움을 끊어버리고 지혜를 버리면 백성의 이로움이 백배나 더할 것이다(絶聖棄智,民利百倍)' '인을 끊고 의를 버리면 자식은 효성스럽고 부모는 자애로워질 것이다(絶仁棄義, 民復孝慈)'라고 되어 있는데 같은 부분이 곽점 죽간본에서는 각각 '술수를 끊고 궤변을 버리면 백성의 이로움이 백배나 더할 것이다(絶智棄辯, 民利百倍)' '위선을 끊고 거짓을 버리면 자식은 효성스럽고 부모는 자애로워질 것이다(絶僞棄詐,民復孝慈)'라고 서술되어 있다. '성스러움을 끊어버리고 지혜를 버리면 백성의 이로움이 백배나 더할 것이다'라는 부분은『장자』의「거협(胠篋)」,「재유」편에도 등장하는데「거협」에서는 '인과 의를 물리쳐 버린다(攘棄仁義)'라는 표현이 나온다. 이 때문에 우리는 곽점 죽간본의 '술수를 끊고 궤변을 버리면 백성의 이로움이 백배나 더할 것이다' '위선을 끊고 거짓을 버리면 자식은 효성스럽고 부모는 자애로워질 것이다'라는 표현이 각각 '성스러움을 끊어버리고

최근에서야 곽점 죽간본과 같은 진귀한 문헌이 출토됨으로써 그간 오해에 휩싸였던 노자학이 윤리적인 이미지를 회복할 수 있었고 사람들은 다시금 긍정적인 태도로 노자학의 예법 사상과 인의 사상을 고민하고 연구할 수 있게 되었다.

그 밖에도 『노자』의 또 다른 장에서 인의를 언급한 관점은 후대인에 의해 임의로 추가된 문구로 말미암아 본래의 의미가 왜곡되기도 했다. 통행본 제18장에서 '사람들이 큰 도를 잃게 되자 인과 의가 생겨났고 지혜가 나고 거짓이 생겨났다. 육친이 화목하지 못하고 효도와 자애가 생겨났다. 나라가 혼란에 빠지고 나서야 충신이 생겨났다大道廢, 有仁義, 智慧出, 有大僞, 六親不和, 有孝慈, 國家昏亂, 有忠臣'라고 한 부분이 그 예인데 곽점 죽간본과 대조해보고 나서야 비로소 통행본에 '지혜가 나고 거짓이 생겨났다智慧出, 有大僞'라는 문구가 추가되었음을 알게 되었다. 파생된 문구는 학자들로 하여금 해석할 때 쉽사리 오해하게 하여 '거짓大僞'과 '인의仁義'를 대등하게 바라보게 했고 이로 말미암아 마치 노자가 인의를 경시하는 것처럼 해석하는 오류를 범했다.

'육친이 화목하지 못하고 효도와 자애가 생겨났다. 나라가 혼란에 빠지고 나서야 충신이 생겨났다六親不和有孝慈, 國家昏亂有忠臣'라는 말은 가정이 불화하고 나라가 질서를 잃은 상황이 되어야만 효성이나 자애로움의 가치가 부각되고 충신이 귀해질 수 있다는 뜻이다. 후대 사람들이 제멋대로 덧붙인 '지혜가 나고 거짓이 생겨났다智慧出, 有大僞'라는 구절을 없애면 전체적인 문장 구조를 봤을 때 '큰 도大道'가 노자의 이상에서

지혜를 버리면 백성의 이로움이 백배나 더할 것이다' '위선을 끊고 거짓을 버리면 백성이 다시 부모에게 효도하고 자식을 사랑하게 된다'로 수정된 것으로 여긴다. 어쩌면 이는 장자의 후학 「거협」 일파의 사상과 관련이 있을지도 모른다.

가장 완전한 상태에 놓이게 된다. 하나의 큰 도가 흐르는 자연自然 상태에서 인의仁義는 본래 큰 도 안에 자연스럽게 녹아 들어가 있던 것이었다. 이는 마치 효성이나 자애가 육친의 화목함 속에 녹아 있고 충신은 나라의 평안한 환경 속에서 존재하는 것과 마찬가지다. 그러니 만일 이같은 조화롭고 화목한 상태에 변화가 일어나 육친이 불화하고 나라가 혼돈에 빠진다면 효성과 자애로움, 충신이 더욱 두드러지고 귀하게 여겨지게 될 것이다.

소위 '사람들이 큰 도를 잃게 되자 인과 의가 생겨났다'라고 한 것은 큰 도에 융합되어 있던 인의仁義의 원래 상태를 긍정하는 의미다. 인仁은 일종의 조화와 화목의 방식으로 자연스럽게 큰 도 가운데 융합되어 있었는데 이는 마치 물고기가 자유롭게 물속을 노니다 보니 '강물에서 서로의 존재를 잊은 채 살아가게 되는相忘於江湖[10]' 상태와도 같다. 이 때문에 인의와 효성, 자애로움과 같은 윤리 관계를 별도로 표면화하여 드러낼 필요가 없는 것이다.

바꾸어 말하면 이상적인 상태가 균형을 잃고 사회의 질서가 윤리 관계를 유지하던 기능을 상실함으로써 육친이 화목을 잃은 상황이 되어서야 비로소 효성과 자애로움, 인의 등의 덕성이 마치 추운 날 땔감처럼 그 귀한 가치를 발하게 된다.

종합해 보면, 곽점 죽간본을 통해서 『노자』 제18장과 제19장이 노자

---

10) 『노자』 제18장에 대해 왕필은 '만일 육친이 스스로 화목하고 나라가 스스로 다스려지면 효성이나 자애로움, 충신이 그 있어야 할 곳을 알지 못할 것이다. 물고기가 강물에서 서로의 존재를 잊고 사는 도가 있었기 때문에 (강물이 마른 뒤) 서로 마른 몸에 물기를 적셔주는 덕이 생겨났다'라고 주석을 달았는데 이는 『사부비요(四部備要)』(중화서국) 10쪽 참조. 또한 '강물에서 서로의 존재를 잊고 산다(相忘於江湖)'라는 말은 『장자』「대종사」편에 언급되었으며 곽경번의 『장자집석』 242쪽 참조.

가 인의나 효성, 자애로움을 배척하려 했던 것이 아니라, 도리어 인의와 효성, 자애로움이 사회화된 인간관계 속에서 갖는 긍정적인 역할을 역설했음이 증명된 셈이다.

3-2-2. 인, 의, 예와 도덕의 의존, 상생 관계

노자가 말한 형이상의 도가 현실 사회에 적용되어 분화하는 과정은 단계적으로 구분되는데 여기에는 가치의 단계가 반영된다. 그러나 일반적으로 학자들은 도의 분화 단계를 논할 때면 도덕과 인, 의, 예 사이의 관계에서 『노자』가 도덕의 가치만 긍정한 채, 인, 의, 예를 부정하는 양극단의 관점을 보일 뿐 그것들 사이의 전체적이고도 연쇄적인 관계는 소홀히 한다고 지나치게 과장한다. 통행본 제38장 역시 광범위한 오해를 불러일으키는 부분이다.

노자의 철학 체계에서는 '덕德'으로써 형이상과 형이하를 관통하게 하여 그것이 분리되지 않는 완전체가 되게 한다. 형이상의 도가 어떻게 인간과의 연관성이 생기는지 살피다 보면, 다름 아닌 '덕'이 형이상의 도가 인문화하여 발전하는 데 중요한 교량 역할을 함을 알 수 있다. 또한 '도'와 '덕'의 인문화 과정에서는 인, 의, 예가 인간관계를 연결하는 데 없어서는 안 될 중요한 윤리 기능을 한다. 제38장이 후대인으로부터 '덕경德經'의 첫 장으로 인정받게 된 것도 노자학이 세상을 다스리는 경세지학經世之學의 꿈을 품었음을 잘 대변한다.

『노자』 제38장은 두 가지 면에서 중대한 의의를 갖는데 하나는 도가 인의를 행함이 인간 본성의 스스로 그러한 자연에 합치해야 함을 묘사한 데 있다. 이는 마치 '새가 날아다니듯 자유자재하여 행적을 남기지 않을 뿐 鳥行而無彰[11]' '북을 두드리며 도망친 자식을 찾는 것' 擊鼓而求亡子[12]마냥 큰일이라도 난 듯 시끄럽게 떠들 필요가 없다. 두 번째 의의는 세상의 근원인 '도'가 모든 생기를 함축하고 있으며 '인' '의' '예'도 하나같이 그것들을 기른 모체인 '도'에 뿌리를 둔다는 데 있다. 도덕과 인, 의, 예 사이에는 일종의 연쇄적인 관계가 있다는 의미다. 일단 근원이 되는 모체에서 분리되는 상황이 발생하면 서로 긴밀하게 연결된 관계에 연쇄반응이 일어나므로 소위 '도를 잃은 후에 덕을 잃고 덕을 잃은 후에 인을 잃으며 인을 잃은 후에 의를 잃고 의를 잃은 후에 예를 잃는' 失道而後失德, 失德而後失仁, 失仁而後失義, 失義而後失禮[13] 상황이 되고 만다.

대도大道(큰 도)는 노자의 이상에서 가장 완전하고 아름다운 상태인데 이 같은 최상의 상황에서라야 인, 의, 예가 모두 대도에 융합되어 마치 '조개 속의 진주明珠在蚌中'[14]처럼 될 수 있다.

그러나 도를 현실에 적용하는 과정에는 필연적으로 단계적인 구분이

---

11) 『장자』 「천지」에서 인용하였으며 곽경번(郭慶藩)의 『장자집석(庄子集釋)』 421 쪽 참조.

12) 『장자』 「천도」편에서 인용하였으며 곽경번의 『장자집석』 479쪽 참조.

13) 『한비자(韓非子)』 「해노(解老)」에서 인용하였으며 천치여우(陳奇猷)의 『한비자집석(韓非子集釋)』(타이베이 한경문화공사, 1983년, 331쪽)을 참조한다. 본 글에서 인용한 『한비자』는 모두 해당 판본에 근거한다. 왕필(王弼)본과 하상(河上)본은 모두 '실(失)'이라는 글자가 네 번 없어져서 '도를 잃은 후에 덕이고 덕을 잃은 후에 인이며 인을 잃은 후에 의고 의를 잃은 후에 예다(失道而後德, 失德而後仁, 失仁而後義, 失義而後禮)'라고 되어 있다. 그러나 둘을 비교해 볼 때 『한비자』 「해노」편이 비교적 완전한 편이다.

14) 『노자』 제1장에 대한 하상공(河上公)의 주석으로 『노자하상공주(老子河上公註)』 2쪽과 『노자사종(老子四種)』을 참조한다. 타이베이대안출판사(臺北大安出版社), 1999년.

나타나게 된다. 소위 '도 - 덕 - 인 - 의 - 예'로 이어지는 과정은 '도'의 인문화가 '덕'을 통해 각각의 사물에 내재화하여 모든 개체의 본질과 특성이 되는 과정이기도 하다. 또한 '덕'은 한층 더 사회화하여 도를 인, 의, 예에 연결하니 이로써 인간 사회에서 인, 의, 예의 인륜적 역할이 무척 중요해진다.

『한비자韓非子』「해노解老」에 따르면『노자』의 도덕과 인, 의, 예의 관계는 긍정과 부정의 두 가지 면으로 해석할 수 있는데 이는 일반적으로 통행본에 근거하여 단순히 부정적인 의미로만 해석해 왔던 경향과는 사뭇 다르다. 한비자는 「해노」에서 도, 덕, 인, 의, 예의 다섯 사이의 관계에 대해 아래와 같은 전면적인 이해를 가졌다.

> 도는 축적되는 것이고 축적되면 효과가 있게 된다. 덕은 도의 효과이고 효과에는 충실함이 있으며 충실해지면 빛을 발한다. 인의 덕은 빛이고 빛에는 윤택함이 있으며 윤택해지면 일이 있게 된다. 의란 인이 할 일을 말한다. 일이 있으면 예가 있고 예에는 꾸밈이 있다. 예란 의의 꾸밈이다. 그러므로 말하길 '도를 잃은 후에 덕을 잃고 덕을 잃은 후에 인을 잃으며 인을 잃은 후에 의를 잃고 의를 잃은 후에 예를 잃는다.'라는 것이다.
>
> 道有積而德有功, 德者道之功. 功有實而實有光, 仁者德之光. 光有澤而澤有事, 義者仁之事也. 事有禮而禮有文, 禮者義之文也. 故曰 : 失道而後失德, 失德而後失仁, 失仁而後失義, 失義而後失禮.

여기서 말하는 도는 덕의 근본이고 덕은 인의 근본이며 인은 의의 뿌리이고 의는 예의 근원이다. 근본을 잃으면 뒤이어 계속해서 잃게 되니 다섯 개의 가치는 서로 뿌리를 두고 의존하는 관계인 셈이다. 통행본 『노자』(백서본 포함)와 『한비자』「해노」에서 근거로 삼은 판본을 서로 대조해보니 통행본에는 '실失'이라는 글자가 네 번 누락된 것을 볼 수 있는데 이는 해석상 큰 차이를 초래했다. 전자는 도, 덕, 인, 의, 예의 다섯 가치를 등급 순서로 배열함으로써 앞부분은 높이고 뒷부분은 낮추는 식으로 층층으로 가치를 구분한 반면, 『한비자』「해노」에서는 도, 덕, 인, 의, 예가 서로 없어서는 안 될 상호 의존하고 상생하는 관계임을 설명하는 데 주력했다.

3-2-3. 예의 내적 의미, 충심과 신의

노자의 도덕적 이상이 인간관계에 실현될 때는 인, 의, 예는 중요한 주축이 된다. 일반적으로 이 세 가지 가치 중, 인과 의는 내적인 규범, 예는 외적인 규범으로 여겨진다. 이 같은 관점은 왕필王弼에게서 시작되었다. 왕필은 예를 '외식外飾(외적 꾸밈)'으로 해석했는데15) 이는 『한비자』「해로」에서 '예의 외식은 내면의 실정을 표현하기 위함이다' 禮者, 外飾之所以論內也라고 한 것만큼 완전하지는 못하다.

예의 외적 꾸밈과 내면의 표현 단계 가운데 더욱 중시되는 것은 내면의 실정을 표현하는 쪽인데 이 같은 입장은 『노자』의 원뜻에 비교적 가깝다. 한비자는 '예로써 마음을 드러낸다' 禮以貌情16) '예를 행하면 무슨 일을 하든지 사람들의 꾸밈없는 마음이 통하게 된다' 爲禮者, 事通人之樸心者也17)라는 예리한 해석을 내놓았는데 이는 모두 『노자』의 원뜻을

---

15) 왕필은 인과 의는 내면에서 나오는 것인 반면 예는 '외식'이라고 여겼다. 『노자』 제38장 왕필 주석 참조. 중화서국 『사부비요』 11쪽 참조.

16) 천치요우 『한비자집석』 335쪽 참조. '모정(貌情)'은 내면의 마음을 표현한다는 말이며 '모(貌)'는 드러낸다, 표현한다는 뜻이다.

17) 천치요우 『한비자집석』 331쪽 참조.

비교적 깊이 있고 적절하게 전달한 말이다.

예가 내적 감정과 외적 꾸밈으로 나뉘는 것에 대해『노자』제38장에서는 소위 '저것을 버리고 이것을 취한다去彼取此'라는 표현을 통해 취사取捨의 태도를 분명히 하였다. 즉, 예의 내적 감정이 지닌 '도타움厚'과 '실함實'을 취한 반면 '깊이가 없고薄' '겉만 화려한華' 외적 꾸밈은 떨쳐 내었다.

예의 내적 감정도 종종 일정한 의식이나 꾸밈을 통해 외적 규범으로 구현되기도 하는데, 이러한 경우 예가 번잡해지거나 복잡다단해지는 결과를 피할 수 없다. 예가 번잡해지면 이내 원래의 진실함을 잃고 사람의 마음을 제약하는 수단으로 돌변하기 쉬우며 이것이 바로『노자』제38장에서 지적한 것처럼 '팔을 걷어붙이고 남을 잡아당기면서 (예를) 강요하는' 攘臂而扔之 상황이다.

노자는 인, 의, 예가 모두 대도 안에 녹아 들어가서 일부러 도덕 행위를 겉으로 드러내려 하지도 않아도 되는 상태를 최상으로 여겼다.

노자가 역설의 기법으로 위의 내용을 주장했던 것도 갈수록 인륜 도덕이 원래의 의미를 잃고 '팔을 걷어붙이고 남을 잡아당기면서 (예를) 강요하는' 상황이 노자 시대에 이르러 상당히 보편적인 현상이 되었기 때문이다. 이러한 현상은 예악禮樂이 붕괴한 시대상, 즉, 내적 감정에 충실하지 않고 외적 꾸밈으로 형식화되어 겉모습만 화려할 뿐 속은 비어 있는 거짓 예가 백성을 강제하는 도구로 전락하고 만 시대상을 반영하였다.『노자』제38장에서 소위 '무릇 예라는 것은 충실함과 신의가 얕아 나타나는 혼란스러움의 우두머리 같은 것이다' 夫禮者, 忠信之薄, 而亂之首라고 한 것은 예를 부정한 것이 아니라 당시 혼란스러운 시대상을 향해 내뱉은 침통함의 표현이었다. 이 같은 문제의식은 주나라의 예악과 전통이 붕괴해 가는 역사적 배경 아래서 어떻게 하면 사회의 인륜을 바로 세우느냐 하는 고민에 반영되었고, 이는 중대한 시대적 과제에 대한 철저한 반성이었다.

노자는 이 같은 시대적 과제를 깊이 고민한 끝에 예의 내실을 갖춰야 한다고 주장했는데, 다시 말해 예에 함축된 충심과 신의라는 내적 의미를 강조했다. 충심과 신의가 부족하면 사회의 혼란을 초래한다고 여겼기 때문이다. 그래서 그는 제도로써의 예를, 가치를 근거로 하는 도덕 범주로 전환하였다.

종합하면 노자의 예법관은 다음의 두 가지 방면에서 중대한 영향을 끼쳤다. 하나는 노자가 '충심과 신의'라는 덕성을 예의 중요한 내적 의미로 여겨 강조했다는 점인데 동시대의 공자와 마찬가지로 예를 심화하여 도덕 범주에 포함시킴으로써 중국 윤리학 역사를 개척한 공이 있다고 하겠다.[18] 다른 하나는 예의 인문화 과정에 있다. 노자는 예의 내실

---

18) 예의 내적 의미에는 이 같은 전환 과정이 있었다. 예는 본래 신에게 올리는 제사 의식에 기원을 두기 때문이다. 허신(許慎)의 『설문해자(說文解字)』에서는 '예(禮)는 리(履)다. 그러므로 신을 섬겨 복이 이르게 한다(禮, 履也, 所以事神致福也)'라고 하였다. 은주(殷周) 시대에는 '신을 섬겨 복이 이르게 한다'라는 측면이 강했던 예가 춘추시대를 거치면서 서서히 인문화하였고 그때부터 예란 신을 섬기고 조상에게 제사하는 것에서 인간을 중심에 두는 사상으로 전환하여 발전하였다. 이는 노자, 공자의 말에 모두 분명하게 드러난다. 공자의 사상 관념에는 일찌감치 예를 인문화하는 방향으로 전환하려는 추세가 보였지만 제사를 대하는 태도를 보면 여전히 예에 종교적 관념이 남아 있음을 알 수 있다. 이를테면 '신에게 제사하되 신이 있는 것처럼 하다(祭神如神在)' '신에게 공손히 하되 멀리하다(敬鬼神而遠之)'라고 한 부분이 그 예다. 반면 노자는 예를 완전히 인문화하여 변화시켰다. 위에서 인용한 내용은 단옥재(段玉裁)가 주석한 『설문해자(說文解字)』(타이베이 여명문화공사(臺灣黎明文化公司) 1988년, 2쪽과 『논어(論語)』의 「팔일(八佾)」과 「옹야(雍也)」, 주자(朱子)의 『사서장구집주(四書章句集注)』 64쪽, 89쪽 참조. 타이베이장안출판사(臺北長安出版社), 1990년.

을 무척 중시했는데 이 부분은 특히 장자에 이르러 더욱 크게 발전하게 된다.

3-3. 장자의 예법관

앞서 노자가 예 자체를 반대했다기보다는 오히려 예가 외적으로 형식화하는 과정에서 백성을 강제하는 도구로 전락하는 것을 반대했던 것이라고 설명한 바 있다. 노자는 예를 반대하지 않았을 뿐 아니라 도리어 예의 내적 의미를 심화하여 발전시켰고 예에 형이상학의 기초를 부여함과 동시에 예가 인문화 하는 방향으로 발전하도록 이끌었으며 충심과 신의로 예의 내실을 갖추게 했다. 그러함에도 '예'와 '도'는 여전히 서로 다른 차원에 속하여 서로 다른 정신적 함의를 갖는다.

도가가 도를 받들고 유가가 예를 높이는 것이 이 두 학파를 가르는 주요한 경계선이다. 설령 노자가 예의 내실을 긍정했다고 하더라도, 예와 도는 필경 그 기본정신에서 확연한 차이점을 보인다. 예의 역할이 주로 위아래 서열을 정하고 귀천을 나누는 데 있다는 점에서 예의 기본정신은 '구분'과 '다름'을 중시한다고 하겠다. 반면 도가 드러내고자 하는 것은 바로 '전체'이다. 만물의 근원인 '도'는 모든 생명을 만들어 낸 모체이다. 장자는 도에 끊임없이 생장하고 번성하는 우주적 생명뿐 아니라 자유롭고도 무한한 특성을 부여하였다. 『장자』「대종사」에서 '좌망'을 설명한 부분에서는 '큰 도와 같아진다' 同於大通 '큰 도의 변화와 함께하면 집착이 없어진다' 化則無常[19]라고 표현함으로써 도의 변화와 흐름, 그리고 대통大通의 경지를 말하였다. 이와 동시에 그 제물齊物의 관점에서 보면 예와 도의 구분이 더욱 선명해진다.

도가에서 말하는 도는 반드시 인간 사회에 적용되어 실현되어야 함을 강조하는데 그중에서도 장자의 도에서 말하는 인간성人間性은 사람의 마음에 더욱 가까이 다가가 실현된다. 사람의 마음과 본성, 감정을 발양함으로써 형식에 얽매이지 않는 생활 태도를 이루기 때문이다. 이런 면에서 장자의 예법관은 유가의 예법 정신이 '구별'을 중시함으로 말미암아 이질화, 외형화 되었던 것과 선명한 대비를 이룬다.

3-3-1. 『장자』「내편」의 예법관 : 안연하고 자적하여 잊는 경지

(1) '예의 본뜻禮意' – 진실한 내적 감정의 표출

『장자』「대종사」에 나오는 두 가지 우화에서는 장자만의 특수한 예법관을 엿볼 수 있다.

그중 하나는 자상호子桑戶의 상喪을 치르는 모습인데, 이 우화를 통해 장자는 마음속 감정의 진실함을 예의 내적 의미로 삼고 거기에 담긴 철학적 의미를 표현했다. 우화에서는 자상호가 세상을 떠나자 장자가 그 소식을 듣고 자공子貢을 보내어 장례를 돕게 한다. 그런데 자공이 장례식장에 가서 보니 어찌 된 일인지 자상호 생전에 그와 절친했던 벗 둘이서 노래를 부르며 거문고를 타는 것이 아닌가?

> 한 사람은 노래를 짓고 다른 한 사람은 거문고를 타며 서로 화음을 맞춰 노래를 부르고 있었다. "아, 상호여! 아, 상호여! 그대는 이미 참된 세계로 돌아갔는데 우리는 아직 인간 세상에 머물고 있구나!" 이를 지켜본

---

19) 곽경번(郭慶藩)의 『장자집석(莊子集釋)』 284-285쪽 참조.

자공은 서둘러 그들 앞에 나아가 이야기하였다. "감히 여쭙건대 주검을 앞에 두고 노래를 부르는 것이 예의인지요?" 그러자 두 사람은 서로를 바라보고 웃으며 말했다. "이 사람이 어찌 예의 본뜻을 알겠는가!"[20]

或編曲, 或鼓琴, 相和而歌曰 : 嗟來桑戶乎! 嗟來桑戶乎! 而已反其眞, 而我猶爲人猗! 子貢趨而進曰 : 敢問臨屍而歌, 禮乎? 二人相視而笑曰 : 是惡知禮意!

위의 광경과 그들의 대화에서는 유가와 도가가 예의禮儀를 대하는 태도가 서로 다름을 엿볼 수 있다. 장자는 유가가 추구하는 것이 일종의 외형화 된 의식과 절차라고 보았지만, 도가가 주목하는 것은 예의 내적 의미와 사람의 진실한 감정을 표출하는 일이다. 그래서 장자는 공자의 입을 통해 "그 사람들은 이 세상 밖을 노니는 자들이고 나는 이 세상 안에서 노니는 사람이다" 彼, 遊方之外者也, 而丘, 遊方之內者也[21]라고 말했다. 이 말은 도가가 예의 가르침을 초월한 반면, 유가는 예교의 속박을 받아들였음을 의미한다.

그렇다면 어째서 장자식의 도가에 대해 '이 세상 밖을 노닌다' 遊方之外라고 표현한 것일까? 인간 사회에는 우리를 구속하는 각양각색의 수많은 틀이 있는데 그것도 지나치게 많다. 예의 규범은 종종 인문 교화의 작용도 하지만 가끔은 사람의 마음을 옥죄는 울타리가 된다. 유가에서 말하는 관념의 감옥은 인생관을 편협하게 하니 더더욱 장자에게 받아들여졌을 리 없다.

'그대는 이미 참된 세계로 돌아갔는데' 而已反其眞에 나온 '참된 세계로 돌아가다'라는 표현에는 장자만의 독특한 생사관이 엿보인다. 장자

---

20) 곽경번의 『장자집석』 266~267쪽 참조.
21) 곽경번의 『장자집석』 267쪽 참조.

의 관념 속에서 죽음이란 본질적으로 '참된 세계로 돌아가는 것' 즉, '우주의 참된 경지로 회귀하는 것'을 뜻한다. 장자는 생명이란 기가 응집했다가 흩어져 사라지는 하나의 과정이라고 봤고 세상에 존재하는 만물 역시 '다른 사물을 빌려 한 몸에 의탁하는 것(다른 사물의 형체를 빌려 그와 한 몸이 되는 것)'이라고 여겼다 假於異物, 托於同體[22] 그러니 우주 전체는 하나의 기가 변화하여 흐르다가 서로 다른 측면에서 드러나는 것들의 총 집결체이고, 현상계의 모든 존재는 기가 모였다가 흩어져 흐르면서 드러나는 하나의 과정인 셈이다. 그러므로 장자가 장례를 바라보는 관점 역시 사실은 그의 이 같은 인생관에 바탕을 둔 것이며 그의 인생관 또한 그 기화론氣化論적 우주관에 편입하여 고찰한 결과물임을 알 수 있다. 그래서 장자는 생명에 대해 '하늘과 땅의 한 기운 속에 노닌다' 遊乎天地之一氣[23] '자연의 추이를 편안히 받아들여 변화를 따른다' 安排而去化[24]라는 태도를 보였다.

'화化(변화)'가 장자의 우주관을 이루는 기본 개념 중 하나라면 '유遊(노닐다)'는 장자의 인생관 중에서 지극히 높은 경지를 묘사한 모습이다. 장자는 우주란 끊임없이 생장하고 번성하는 큰 생명이며 사람은 우주라는 큰 생명 속에 우연히 살아가다가 종국에는 그 존재의 모체 속으로 회귀한다고 보았기 때문에 삶과 죽음도 변화와 흐름 속에서 표현되는 하나의 과정이라고 여겼다. 사람은 피할 수 없는 죽음 앞에 직면하면 '편안한 마음으로 때를 받아들여 거스르지 않고' 安時而處順[25] '자연의

---

22) 곽경번의 『장자집석』 268쪽 참조.

23) 곽경번의 『장자집석』 268쪽 참조.

24) 곽경번의 『장자집석』 275쪽 참조. 자연의 순리에 편안히 거하고 변화에 순응한다는 의미이다.

25) 곽경번의 『장자집석』 260쪽 참조. 『양생주(養生主)』를 참조하고 곽경번의

추이를 편안히 받아들여 변화를 따르는' 태도를 길러야 한다. 여기서 한발 더 나아가 장자의 사상을 통해서는 '삶이 다해 죽음을 맞을 때 즐거워할 수 있는' 마음을 배울 수 있다. 이에 대해 장자는 '삶을 좋다고 여기는 만큼 죽음도 좋게 여긴다' 善吾生者, 乃所以善吾死也[26]라는 철학적 의미가 깊은 명언을 남겼다. 따라서 '어떻게 해야 나의 삶을 좋다고 여길 수 있을까善吾生?'가 장자 철학 가운데 가장 중요한 명제라고 하겠다.

'유遊(노님)'는 장자의 인생 철학 가운데 가장 독특하고도 대표성을 가진 관념이다. 소위 '유'라고 하는 것은 개별 생명이 자유자재하는 경지를 말하는데 '유'는 주체의 정신이 곤궁함 속에서 자유를 얻어 이를 펼쳐내는 것이자 주체의 마음이 만물을 관조하면서 느낀 심미적 감정과 정서를 드러내는 것이다. 그러나 개개인의 생명이 자유자재하다는 전제하에, 사람이 장례를 포함한 모든 예의 규범을 대할 때, 본성과 다르다 못해 이를 배반하거나 거스르는 지경에 이른다면, 장자는 이들을 다 배척하였다.

장자는 『장자』「대종사」에서 자상호의 장례에 관한 우화를 통해 유가를 향해 "이 사람이 어찌 예의 본뜻을 알겠는가!"라고 반문하였다. 이 부분은 무척 중요한 대화로 다음의 두 가지 의미가 함축되어 있다. 첫째, 장자는 예 자체를 반대한 것이 아니라 예의 참된 내적 의미인 '예의 禮意(예의 본뜻)'를 중시했다. 둘째, 장자는 유가가 '그런 그들이 어찌 번거롭게 세속의 예를 행하여 뭇사람의 이목을 끌고자 하겠느냐?' 憤憤然爲世俗之禮, 以觀衆人之耳目[27]라고 말한 것을 탐탁지 않게 여겼다. 이러한

『장자집석』 128쪽 참조.
26) 『장자』「대종사」와 곽경번의 『장자집석』 242쪽, 262쪽을 참조.

적폐는 이미 그 뿌리가 깊어 장자 학파에게 중점적인 비난의 대상이
되었다.

(2) '예악을 잊다忘禮樂' – 편안히 자유자재하는 경지

『장자』「대종사」편은 예의 참된 내적 의의를 중시했다. 친구가 편히
살다 참된 세계로 돌아감을 향해 노래하고 거문고 치는 것은 사실 문상
객 내면의 참되고 진실한 감정을 드러낸 것이다.[28] 자상호의 우화를 통
해 장자가 예의 참된 내적 의미를 표현하고 예를 행하는 자의 진실한
감정을 드러내고자 했다면 「대종사」의 또 다른 우화, 즉, 안회顔回의 '좌
망坐忘'을 통해서는 예악을 행할 때 내면이 편안하고 자유자재하는 경
지에 이르렀음을 표현했다.

안회의 '좌망'에 관한 이야기는 안회가 몸과 마음을 수양하는 단계에
서 '예악을 잊고忘禮樂' '인의를 잊으며忘仁義' '육체를 떠나 지식을 버리
는離形去知' 과정을 통과한 뒤 마지막에는 '큰 도의 세계와 같아지는同於
大通' 단계에 이르게 되는데[29] 이는 개별 생명이 우주 생명과 융합하여
하나가 되는 정신적 경지를 묘사한 것이다. '잊는다忘'는 것은 일종의
자유자재의 경지이므로 소위 '예악을 잊는다'는 것은 예를 행하고 음악
을 함으로써 지극히 편안하고 자유로운 상태에 이르는 것이다. 소위 '인
의를 잊는다'는 것도 인의를 행함으로써 자유자재하여 지극히 편안함의
상태에 이르는 것을 의미한다.

---

27) 곽경번의 『장자집석』 268쪽 참조.

28) 참되고 진실한 감정(真情實感)은 펑여우란(馮友蘭)이 공자의 인(仁)을 묘사
하는 데 사용한 주요한 기초가 되었고 이는 『중국철학사신편(中國哲學史新編)』
인민출판사(人民出版社), 1982년, 129~135쪽 참조.

29) 곽경번의 『장자집석』 282~284쪽 참조.

‘좌망’ 1절의 ‘예악을 잊고’ ‘인의를 잊는다’는 부분에서 ‘잊는다’는 말을 과거에는 문자 그대로 ‘잊어버린다’라는 뜻으로만 해석했지만 사실상 ‘잊는다’는 것은 일종의 편안하고 조용한 심리 상태를 표현한 말이다. 이에 대해서는 『장자』「달생達生」에서 ‘발이 있음을 잊게 되는 것은 신발이 꼭 맞기 때문이고 허리가 있음을 잊게 되는 것은 띠가 꼭 맞기 때문이며 옳고 그름 따지기를 잊게 되는 것은 마음에 꼭 맞기 때문이다’ 忘足, 履之適也, 忘要(腰), 帶之適也, 知忘是非, 心之適也[30]라고 잘 해석해 놓았다.

「달생」에서는 ‘마음이 꼭 맞다心之適’ ‘하는 일마다 꼭 알맞다事會之適’라고 하였고 더 나아가 사람의 본성이 어딜 가나 맞지 않음이 없이 늘 알맞으면 ‘그 알맞음조차 잊어버리는忘適之適’ 자유자재의 경지에 이르게 된다고 하였다.[31] 따라서 ‘예악을 잊고’ ‘인의를 잊는다’는 말에는 예악과 인의를 행함으로써 평온함에 이르고 심지어 그 평온함조차 잊어버리는 경지에 이른다는 데 그 깊은 뜻이 있다. 이처럼 ‘평온함조차 잊어버리는 경지’에 대한 묘사는 『장자』외편에 연속적으로 나오는데[32] 이를테면 「천운」에서 인仁과 효孝를 행함으로 ‘잊는’ 경지에 이르렀음

---

30) 곽경번의 『장자집석』 662쪽 참조. ‘망요(忘要)’의 ‘요(要)’는 ‘허리(腰)’로 해석한다. 금본(今本)에는 ‘망시비(忘是非)’ 앞에 ‘지(知)’가 있으나 이는 후대에 추가된 것이다. 『장자금주금역(莊子今註今譯)』 493쪽 참조. 중화서국, 1983년.

31) 곽경번의 『장자집석』 662쪽 참조.

32) 지금까지 전해지는 『장자』는 내편과 외편, 잡편으로 나뉘어 장자학파 문집의 총체를 이룬다. 전통적으로 학자들은 내편을 이루는 일곱 편이 장자 본인의 사상을 대표하고 외편과 잡편은 장자 후학의 작품이라고 여긴다. 그러나 필자 개인적으로는 외편과 잡편 가운데도 몇 가지 문구는 책으로 만들어진 것이 시기적으로 비교적 이른 것을 봤을 때 장자 본인의 미완성 작품이거나 장자가 구술한 내용을 그의 제자가 받아 적은 것일 가능성이 있다고 본다.

을 묘사한 부분이 그 예다.

「천운」편에는 상商의 태재太宰가 장자에게 인仁에 대해 묻는 장면이 나온다. 그의 질문에 장자는 "지극한 인은 친함이 없습니다" 至仁無親라고 대답했다. 이번에는 태제가 '효孝'에 대해 묻자 장자는 이렇게 말하였다.

"존경하는 마음으로 효를 행하기는 쉽지만 사랑으로 효를 실천하기는 어렵고 사랑하는 마음으로 효를 실천하기는 쉬워도 부모로 하여금 평온케 하기는 어려우며 부모를 평온케 하기는 쉬워도 부모로 하여금 나를 걱정하지 않게 하기는 어렵고 부모로 하여금 나를 걱정하지 않게 하기는 쉬워도 천하를 평온하게 하기는 어렵습니다" 以敬孝易, 以愛孝難, 以愛孝易, 以忘親難, 忘親易, 使親忘我難, 使親忘我易, 兼忘天下難33)

이처럼 행함에 있어서 '잊는' 경지에 대한 묘사는 「산목山木」편에도 나온다. 「산목」편에는 이상적인 나라를 서술하면서 '덕을 세운 나라建德之國'는 백성이 진실하고 소박하다고 했다.

"덕을 세운 나라의 백성들은 묵묵히 일할 줄만 알지 자기 몫으로 저장할 줄 모르며 남에게 주기만 할 뿐 보답을 바라지 않습니다. 도리에 맞게 행동할 줄도 모르고 예를 받들 줄도 모르며 미친 듯 제멋대로 행하지만 큰 도를 벗어나는 법이 없습니다" 知作而不知藏, 與而不求其報, 不知義之所適, 不知禮之所將, 猖狂妄行, 乃蹈乎大方.34)

위의 이야기에서는 그 나라의 백성들은 '그 삶이 즐길 만하다'라고 하면서 마음이 하고자 하는 대로 뜻에 맞게 행한다고 했다. 소위 '도리에 맞게 행동할 줄도 모르고 예를 받들 줄도 몰라도' 사람들의 일거수일투족이 예의에 합치한다는 것이다.

---

33) 곽경번의 『장자집석』 498-499쪽 참조.
34) 곽경번의 『장자집석』 671-672쪽 참조.

3-3-2. 외편과 잡편의 예법관 : 본성과 천명의 진실함에 맡기는 것

앞서 「대종사」에서는 자상호의 장례에 얽힌 이야기를 통해 도가 인물들이 가진 독특한 생사관을 묘사하면서 '어찌 번거롭게 세속의 예를 행하겠는가'라고 하였는데 이러한 관점은 『장자』의 외편과 잡편에도 한껏 발휘된다. 「어부」편에서는 '참된 도를 귀하게 여긴다'라는 표현이 나오는데 이는 「대종사」에서 말하는 의미와 합치한다. 「어부」편에서는 이렇게 말했다.

> 진실이란 순수와 성실의 지극함이다. 순수하지 않고 성실하지 않으면 사람들을 감동하게 할 수 없다. 그러므로 억지로 곡하는 자는 비록 슬퍼하는 듯 보여도 애처롭지 않고 억지로 성내는 자는 비록 엄하게 보여도 권위가 서지 않으며 억지로 친하게 하려는 자는 비록 웃더라도 어울리지 못한다. 반면 참다운 슬픔은 소리 없이도 애처롭고 참다운 노여움은 드러나지 않더라도 위엄이 있으며 참다운 친함은 웃지 않아도 어울리게 한다. 참된 도가 안에 있으면 신묘한 작용이 밖으로 드러나니 이것이 참된 도를 귀하게 여기는 까닭이다.[35]
>
> 真者, 精誠之至也. 不精不誠, 不能動人. 故强哭者雖悲不哀, 强怒者雖嚴不威, 强親者雖笑不和. 真悲無聲而哀, 真怒未發而威, 真親未笑而和. 真在內者, 神動於外, 是所以貴真也.

'부모를 섬길 때는 부모의 마음에 꼭 맞게 하는 것을 위주로 한다. 공功을 이룸의 아름다움은 자취를 남기지 않는 데 있다. 그래서 부모를 섬길 때는 부모의 뜻에 꼭 맞게 할 뿐 방법은 따질 것이 없으며 술을 마실 때는 즐거우면 그만이지 술 담는 도구를 가리지 않으며 상喪을 치를 때는 슬퍼하면 그만이지 장례의 의식은 문제 삼을 것이 없다. 예라고 하는 것은

---

35) 곽경번의 『장자집석』 1032쪽 참조.

세속에서 인위적으로 만든 것이지만 참된 도는 하늘에서 받은 것이라 본디 그리하여 바꿀 수 없는 것이다. 그러므로 성인聖人은 하늘을 본받아 참된 도를 귀히 여겨 세속의 풍속에 얽매이지 않는다.'36)

事親以適爲主, 功成之美, 無一其迹也. 事親以適, 不論所以矣; 飮酒以樂, 不選其具也; 處喪以哀, 無問其禮矣. 禮者, 世俗之所爲也; 眞者, 所以受於天也, 自然不可易也. 故聖人法天貴眞, 不拘於俗.

「어부」에 나오는 위의 두 표현은 명백하고도 풍성한 표현으로 장자 학파와 유가 학파가 예를 바라보는 태도의 차이를 설명했다. 즉, 유가는 '세속의 풍속에 얽매이는' 반면 도가는 '참된 도를 귀하게 여긴다'는 것이 바로 예를 바라보는 유가와 도가의 서로 다른 태도인 셈이다.

「어부」에서는 유가가 '참된 도를 알지 못해 세속의 변화를 속속 받아들인다' 不知貴真, 祿祿而受變於俗37)라고 지적했다. 이 같은 비판은 장자 학파의 사상 전반을 관통하는데 그러한 경향은 외편의 「변무騈拇」와 「거협胠篋」, 그리고 잡편의 「도척盜跖」에 가장 극렬하게 나타난다.

일반적으로 학자들은 장자의 예법관을 논하면서 일부를 들어 전체를 판단하는 경향이 있다. 이를테면 외편과 잡편의 몇몇 글에서 표현이 가장 극렬한 부분을 취하여 장자학파의 관점 전체를 비약하여 표현하고 인, 의, 예, 락을 바라보는 장자학파의 시각을 부정적이라고 단정한 것이 그 예다. 사실 우리는 장자와 그 후학들이 인, 의, 예에 대해 긍정적인 입장을 보였다는 점과 장자의 후학들이 가장 극단적인 비판의 목소리를 내면서도 실제로 거기에는 깊은 긍정적인 의미가 함축되어 있다는 사실을 소홀히 여긴다.

---

36) 곽경번의 『장자집석』 1032쪽 참조.
37) 곽경번의 『장자집석』 1032쪽 참조.

장자의 후학이 예를 강하게 비판했던 것은 전국시대 말기, 예악의 붕괴 현상이 날로 심해지고, 일부 유학자는 '세속의 예'를 따르는 등 예가 갈수록 형식화되어 초창기와는 다른 형태로 이질화하는 현상이 갈수록 심해졌던 세태를 반영한다. 그래서 순자荀子조차 유가를 향해 '속유俗儒(속된 유가)' '천유賤儒(천한 유가)'로 칭하며 강하게 질책했다.38) 그런 것을 보면 장자의 후학이 쏟아내었던 격앙된 비판은 전혀 의미가 없었던 것은 아니며, 오히려 우리는 여기서 여러 가지 함축된 의미를 발견할 수 있다. 이에 대해서는 아래에서 자세히 설명하고자 한다.

⑴ 전국시대 말기의 사회문화를 반영하는 하나의 현상顯相

전국시대 유가의 예법 제도 수호는 물론 사회를 안정시키는 역할을 한 것은 사실이지만 그 폐단 또한 시대를 거듭하면서 곳곳에서 드러났다. 전국시대 중후반 장자학파는 이로 말미암은 흔한 문화적 폐단을 지적했는데 여기에는 아래의 몇 가지가 있다.

① '예는 서로 거짓을 꾸민다'

장자의 후학들은 일찍이 여러 차례 예에 관하여 언급하였는데 이를테면 '절도가 있으나 쌓여서 복잡해지는 것이 예다'39) '행위가 충실하고 인애仁愛로 관용하여 자연의 절도에 맞는 것이 예다'40)라고 한 것이 그

---

38) 순자는 『순자』「유효(儒效)」에서 '대유(大儒 : 막힘없는 유가)'와 '아유(雅儒 : 고지식한 유가)'를 언급하는 한편 현실 사회에 등장한 각양각색의 유학자를 강하게 비판하였고, 그들을 가리켜 「권학(勸學)」에서는 '산유(散儒 : 허튼 유가)' 「비상(非相)」에서는 '부유(腐儒 : 부패한 유가)', 「유효(儒效)」에서는 '천유(賤儒 : 천한 유가)' '속유(俗儒 : 속된 유가)'라고 표현하였다.

39) 『장자』「재유(在宥)」에서는 '절도가 있으나 쌓여서 복잡해지는 것이 예다(節而不可積者, 禮也)'라고 하였다. 곽경번의 『장자집석』 398쪽 참조.

예이다. 이는 객관적인 표현에 속하지만, 더 많은 경우 '예는 서로 거짓을 꾸민다' 禮相僞라고 하면서 질책하기도 했다.[41] 유학자에 대해서는 '헐렁하고 큰 옷에 넓은 폭의 얕은 띠를 매고 말을 비뚜로 하고 행동을 거짓으로 하며' 縫衣淺帶, 矯言僞行[42] 겉치레와 꾸민 말로 백성이 '참된 자연의 진실을 버리고 위선을 배우게 한다' 離實學僞[43]라고 비판하기도 했다. 이 같은 비판은 주로 예가 의식과 절차, 기교에만 과도하게 치중하고 겉만 화려할 뿐 속은 비어 있으며 형식화하다 못해 거짓의 경향을 띠게 되었다고 여긴 결과로 나왔다.

'예가 서로 거짓을 꾸미는' 상황은 이미 전국시대에 꽤 보편적인 현상으로 자리 잡았고 세월이 흘러도 그 추세가 수그러들지 않다가 잘 알려진 바와 같이 위진魏晉 시대에 이르러서는 명사들의 세속에 구애받지 않은 자유분방한 사조, 즉, '감정에 따라 행동하고' 觸情而行 '명교를 뛰어넘어 자연에 맡기는' 越名教而任自然[44] 등 위선을 없애고 참된 것을 추구하는 시대적 외침이 되었다.

② '예의에 밝으나 사람의 마음을 알지 못한다'

유가는 예의를 내세움으로써 사회에 중대한 교화의 역할을 감당했지만, 사람이 보고 듣고 말하고 행동하는 것을 예의 규범 안에 녹여내어

---

40) 『장자』「선성(繕性)」편에서는 '행위가 충실하고 인애로 관용하여 자연의 절도에 맞는 것이 예다(信行容體而順乎文, 禮也)'라고 했다. 곽경번의 『장자집석』 548쪽 참조.

41) 『장자』「지북유(知北遊)」. 곽경번의 『장자집석』 731쪽 참조.

42) 『장자』「도척(盜跖)」. 곽경번의 『장자집석』 996쪽 참조.

43) 『장자』「열어구(列禦寇)」. 곽경번의 『장자집석』 1050쪽 참조.

44) 혜강(嵇康)의 『석사론(釋私論)』, 『혜중산집(嵇中散集)』, 타이완 상무인서관(臺灣商務印書館)의 『사부총간(四部叢刊)』(정편 1979년) 29~30쪽 참조.

일반화하는 데 실패하였고[45] 이 때문에 사람의 마음을 통제하고 구속하는 '예교禮敎'[46]로 변질되고 말았다. 그래서 장자의 후학들은 유가의 도덕을 거듭 비판하면서 '사람의 마음을 흔들어댄다' 攖人之心[47] '무자비하게 해를 끼쳐서 내 마음을 어지럽힌다' 憯然乃憤吾心[48]라는 질책을 쏟아내었고 유가가 '예의 의식에는 밝지만, 사람의 마음을 알지 못한다'[49]라고 지적하였다.

③ 유학자가 시와 예를 근거로 남의 무덤을 도굴하다

『장자』「외물外物」에는 '유학자가 시와 예에 근거해서 남의 무덤을 도굴하는' 儒以詩書發冢[50] 이야기를 소개하면서 유생이 시와 예를 읊으면서 무덤을 도굴하여 구슬을 훔쳐내는 장면을 생동감 있게 묘사하고 있다. 여기서는 풍자와 비방의 솜씨를 한껏 발휘하여 예의 도덕이 수단으로 전락하고 만 시대상을 표현하였다. 유생이 시와 예를 읊으며 남의 무덤을 도굴하고 전항田恒이 인의仁義를 빙자하여 제齊나라를 도적질한

---

45) 『논어』「안연(顔淵)」에서 '자기의 욕심을 이겨내고 예로 돌아감을 인이라 하나……예가 아니면 보지 말고 예가 아니면 듣지 말며 예가 아니면 말하지 말고 예가 아니면 동하지 않는 것이다(克己復禮爲仁……非禮勿視, 非禮勿聽, 非禮勿言, 非禮勿動)'라고 한 부분을 참조한다. 『사서장명집주(四書章名集註)』본, 132쪽 참조.

46) '예교(禮敎)'의 표현은 『장자』「서원귀(徐元鬼)」와 곽경번의 『장자집석』834쪽 참조.

47) 『장자』「재유」와 곽경번의 『장자집석』373쪽 참조.

48) 『장자』「천운」, 곽경번의 『장자집석』 523쪽 참조. '궤(憒)'는 원래 '분(憤)'으로 표기되어 있던 것으로 모양이 비슷한 오자이다. 곽경번의 『장자집석』 523쪽 참조. 천꾸잉의 『장자금주금역』 384쪽 참조.

49) 『장자』「전자방」에서 '예의에 밝지만 사람의 마음을 알지 못한다(明乎禮義而陋知人心)'라고 한 부분 참조. 곽경번의 『장자집석』704쪽, 705쪽 참조.

50) 곽경번의 『장자집석』 927쪽 참조.

일은 그 예다.

『장자』「거협胠篋」에서는 예의와 법도가 상위층 인사에 의해 '도둑을 위해 재물을 쌓아둠盜積'으로써 오히려 '도둑을 지켜내는盜守' 수단이 되는 세태를 신랄하게 비판했다. 이 때문인지 '저 허리띠 장식을 훔친 자는 처형되지만, 나라를 훔친 자는 제후가 되니 제후의 가문에 어찌 인의가 있다고 하겠는가!' 彼竊鉤者誅, 竊國者爲諸侯, 諸侯之門而仁義存焉[51] 라는 천고에 길이 남을 명언도 나왔다. 오늘날 소위 '자유' '법치'라는 겉만 번지르르한 구호 아래 인의와 도덕, 성인의 지혜와 예법이 개인이나 특정 무리의 이익만을 위해 사적으로 도모되는 세태를 보면 예법의 수단화 폐단은 오히려 현대 사회에서 더욱 심해진 듯하다.

(2) 인간 본성에 관한 깊은 반성

『장자』의 외편과 잡편은 문장의 풍격이 명쾌하고 솔직하지만, 그 안에 함축된 의미는 내편의 완곡함과 심오함만 못하다. 그러나 외편과 잡편에는 예가 참된 내적 의미를 잃고 인간 본성을 역행하는 도구로 전락하였음을 설명한 기록이 적잖게 나온다. 장자의 후학들은 이를 배경 삼아 예법 제도와 문화가 인간 본성으로부터 분리되는 상황을 고민하고 우리에게 무척 소중한 사상의 소재를 제공해주었다.

외편에 수록된 「변무騈拇」와 「마제馬蹄」「거협」「재유」의 네 편은 당대 학자들로부터 사상의 풍격이 비슷한 작품들로 여겨졌다. 「변무」를 대표로 한 이들 작품의 취지는 사람의 도덕 행위가 인성의 스스로 그러한 자연自然에 합치하고 인정人情(인간 본래의 성정)에 순응해야 한다고 주장한다. 그러면서 유학자들을 향해 '몸을 구부려 예악을 행하고 안색을

---

51) 곽경번의 『장자집석』 350쪽 참조.

부드럽게 함으로써 인의를 실천하며' 屈折禮樂, 呴俞仁義52) 이로 말미암아 '태어날 때부터 가진 덕을 뽑아버려 스스로 그러한 본성을 막아버리고' 擢德塞性53) '생명을 해치고 스스로 그러한 본성을 상하게 하는' 殘生傷性54) 일을 초래한다고 지적하였다.

「마제」에서는 '질펀한 음악을 연주하고 번거롭게 예를 행하니 비로소 천하가 나누어지기 시작했다……타고난 성정의 진실함에서 떠나지 않았다면 어찌 예약을 쓸 필요가 있겠는가?' 澶漫爲樂, 摘僻爲禮, 而天下始分矣……性情不離, 安用禮樂55)라고 했는데 이처럼 맹렬한 비판에는 예가 인간 본성에서 박리되는 현상에 대한 깊은 우려가 감추어져 있다.

「변무」 등 네 편은 '천하의 사람들로 하여금 고생스럽게 그 본성을 괴롭히게 한다(「재유」)' 使天下瘁瘁焉人苦其性56)라고 하여 유가 윤리의 부정적인 측면을 드러냄과 동시에 어떻게 하면 인륜 규범이 인간의 참된 본성과 타고난 성정에 합치할 수 있을지에 관한 주장을 제시하기도 했다.

본성을 바꾸어 인의57)에 속하게 하면 반드시 '생명을 해치고 본성을 손상시키는' 殘生損性58) 결과를 초래한다. 그래서 장자의 후학들은 '생각하건대 아무래도 인의仁義는 인정人情(인간의 타고난 성정)이 아닌 것 같다'59)라고 하여 사람들로 하여금 깊이 생각하게 할 만한 말을 남겼다.

---

52) 곽경번의 『장자집석』 321쪽 참조.

53) 곽경번의 『장자집석』 314쪽 참조.

54) 곽경번의 『장자집석』 323쪽 참조.

55) 곽경번의 『장자집석』 336쪽 참조.

56) 곽경번의 『장자집석』 364쪽 참조.

57) 『장자』「변무」: '무릇 그 본성을 인의에 속하게 한 자(夫屬其性乎仁義者)'. 곽경번의 『장자집석』 327쪽 참조.

58) 곽경번의 『장자집석』 323쪽 참조.

인륜 도덕이 인간의 타고난 성정을 근거로 삼아야 한다는 말은 깊고 풍성한 의미를 지닌 주장이다. 장자의 후학들은 여기서 출발하여 '자연 그대로의 본성과 천명의 진실함에 맡기고' '본성과 천명 그대로의 진실함에 순응한다'라고 호소했다.[60]

'아무래도 인의는 인정이 아닌 것 같다'라고 한 것은 장자 후학들이 인의와 도덕을 무조건 부정했기 때문이 아니라 인륜 도덕이 인간의 본성과 타고난 성정에 부합해야 한다고 생각했기 때문이다.

종합하여 볼 때, 예법의 제도와 문화가 참된 모습을 잃고 사람의 본성을 비뚤어지게 한 점은 장자 후학들이 가장 주의하여 지목했던 시대의 과제였다. 그래서 『장자』의 외편과 잡편은 예법 문화를 인간 본성론의 범주에 포함시켜 고찰했다[61]는 점에서 중국 고대 철학 역사상 중대한 공헌을 하였고 이는 후대에 깊이 탐구해볼 만한 과제로 남겨졌다.

---

59) '생각하건대 아무래도 인의는 인정이 아닌 것 같다(意仁義其非人情乎)'라는 문구는 『장자』「변무」와 곽경번의 『장자집석』 317, 319쪽 참조.

60) '자연 그대로의 본성과 천명에 맡긴다(任性命之情)'는 『장자』「변무」와 곽경번의 『장자집석』327쪽을 참조하고 '본성과 천명 그대로의 생명에 순응한다(安性命之情)'라는 표현은 『장자』의 「재유」「천운」편과 곽경번의 『장자집석』 365~366쪽, 367쪽, 369쪽, 527쪽 참조.

61) 『장자』 내편에는 '성(性 : 스스로 그러한 본성)'의 개념이 등장하지 않지만 외편의 첫 장인 「변무」편에는 '성(性)'을 크게 다루었다. 그 후 외편의 '성(性)'과 내편의 '진(眞 : 참됨)'이 긴밀하게 결합함으로써 '진'은 인성론의 핵심 개념으로 자리 잡았는데 이는 도가 인성론의 큰 특징이기도 하다. 이에 관해서는 『도가문화연구(道家文化研究)』 제14호에 수록된 천징(陳靜)의 『참됨과 도가의 인간본성 사상』 78~88쪽 참조. 싼롄서점, 1998년.

3-4. 직하도가의 예법관

장자 후학들이 예를 바라보는 태도를 종합하여 보면 크게 세 가지 유형으로 나눌 수 있다.

첫째, 예란 개인의 참되고 실질적인 감정을 표현하는 것이라고 한 부류이다. 『장자』「대종사」에 나온 것처럼 '참됨으로 돌아가는返眞' 인생관은 외편과 잡편에 이르러 자연 그대로의 인간 본성에 맡겨 '참됨을 귀하게 여기는貴眞' 인생관으로 발전하는데 『장자』「변무」편과 「어부」편 등이 그 대표작이다.

둘째, 예란 행함으로 평안함에 이르고 자신을 구속하는 모든 것을 잊는 것이라고 한 부류다. 「대종사」의 좌망坐忘(조용히 앉아 자신을 구속하는 모든 것을 잊음)으로부터 「천운」편의 지극한 인과 효의 행위 끝에 그조차 도 잊게 되는 경지, 그리고 「산목」편에서 묘사한 '나라를 세우는 덕' 建國之德처럼 사람의 일거수일투족이 자연스럽게 예의에 합치되는 상황에 이르기까지, 이것들은 도덕 행위가 이를 수 있는 최고의 경지를 묘사한 것이다.

셋째, 현실의 인간 사회에 적용함으로써 인륜 도덕이 하는 사회적 역할을 긍정하는 부류이다. 「천운」편에서 '예의와 법도는 때를 따라 변한다' 禮義法度者應時而變라고 한 주장이 그 대표적인 예다.62) 이 같은 사고는 전국시대 중후반으로 갈수록 세력이 커진 황로 학파의 사조와도 맞물리는 면이 있다.

고대의 예법 제도(형벌 제도 포함)는 엄격한 등급의 성격을 가진다. 소위 '예는 밑으로 서민들에까지 이르지 않고 형벌은 위로 대부에까지

---

62) 곽경번의 『장자집석』 515쪽 참조.

미치지 않는다'禮不下庶人, 刑不上大夫라는 말은 예와 형법에 분명한 등급의 성격이 있음을 전형적으로 보여준다. 여기서 알 수 있듯이 '현동玄同(피아의 구분이 없는 오묘한 '같음')'을 강조했던 노자, 그리고 '제물齊物(모든 것은 고르다)'을 주장했던 장자가, 통치 수단으로써의 예와 형법에 대해 거리감을 느꼈으리라는 점은 충분히 이해된다. 전국시대 중후반에 이르러 예 제도가 붕괴함과 동시에 법 제도를 중시하는 사조가 일어나면서 심지어 장자의 후학들에게조차도 '예와 법'을 나란히 거론하는 '예법禮法' 관념이 생겨났다. 『장자』에는 '예와 법'을 병론한 부분이 두 차례 나오는데 이는 모두 「천도天道」편에 언급된다. '예법을 신분에 따라 차등하여 규정했던 일은……옛사람 가운데도 있다'禮法數度……古人有之63)라고 설명한 부분을 제외하고도 예법은 '다스림의 끝이다治之末'64)라고 했다. 우선 예법 개념이 출현했던 시대적 상황과 직하도가(혹은 '직하황로'로 칭함)가 예법을 도에 편입시켰던 흔적을 찾아보자.

3-4-1. 예법상제禮法相濟 - 예와 법은 서로 돕는다

⑴ 법제 사상의 흥기 - 사사로움을 버리고 공정함을 취하는 정신

'예와 법'을 나란히 거론했던 것은 전국시대 중후반, 예와 법을 겸하여 다스리고 강함과 부드러움을 조화롭게 사용하였던 시대적 경향을 반영한다. 그러나 이처럼 겸용했던 예와 법이 충돌에서 융합의 단계로 발전하기까지는 상당한 우여곡절을 겪어야만 했다.

---

63) 곽경번의 『장자집석』 473쪽 참조.
64) 곽경번의 『장자집석』 468쪽 참조.

춘추 시기에는 예와 법은 시행하는 과정에서 서로 충돌하였다. 동서양을 막론하고 고대에는 법률이란 비밀스러운 영역으로 귀족들에 의해 독점되었기 때문에 법조문도 일반에 공개되지 않았다.[65] 그러나 춘추시대에 이르러 법치法治를 주장하는 깨어 있는 인사들이 각국에서 잇따라 형법 조문을 반포했고 이는 예치禮治론자들의 강한 불만을 불러일으켰다. 이에 대해 역사서는 두 가지 유명한 사례를 소개하고 있다.

그중 하나는 기원전 536년의 일이다. 정鄭나라가 형법 조문을 마련하여 대중에 공개하자 진晉나라의 숙향叔向이 정나라의 자산子産에게 서신을 써서 반대의견을 냈다. 법을 만들어 공표하면 백성들이 직접 법조문을 따지려 들기 때문에 더는 통치자를 공경하지 않게 되고 서로 소송하려는 마음만 일며 저마다 형법서에서 증거를 찾아내려 들 것이라는 내용이었다.[66] 예치론자들이 법조문 공개를 반대한 것은 백성에게 소송하려는 마음이 생길 것을 우려했기 때문이다.

두 번째 사례는 기원전 513년의 일로 진晉나라가 솥을 주조하여 범선자范宣子가 쓴 형법서를 솥에 새겨 넣으려 한 것이 발단이 되어 생긴 갈등이다. 이 소식을 들은 공자孔子는 만일 백성이 솥을 보고 법을 알아 자신을 변호하게 된다면 귀족의 말을 따르지 않을 것이고 그렇게 되면 귀족의 지위가 심각한 도전을 받게 될 것이라고 했다. 공자는 이 같은 상황에 대해 "백성이 솥의 형법만을 살필 것이니 어찌 귀인을 존경할

---

65) 치우한핑(丘漢平)의 『선진법률사상(先秦法律思想)』, 타이베이삼민서국(臺北三民書局), 1965년, 61쪽 참조.
66) 『좌전(左傳)』 소공(昭公) 6년 : "백성들이 형법을 알게 되면 윗사람을 두려워하지 않고 하나같이 소송하려는 마음이 생겨 형법서에서 증거를 찾으려 할 것입니다(民知有辟, 則不忌於上. 並有爭心, 以征於書)" 양보쥔(楊伯峻)의 『춘추좌전주(春秋左傳註)』 1275쪽 참조.

것이며 귀인이 어찌 가업을 지킬 수 있겠는가? 귀천의 구분이 없어지면 어찌 나라를 다스리겠는가" 民在鼎矣, 何以尊貴? 貴何業之守? 貴賤無序, 何以 爲國67)라고 우려하였다. 공자가 귀족의 입장에 서서 예 제도를 수호하려 했던 심정이 그 말속에 묻어난다.

법의 공개화, 공평화가 실현되기까지 상당한 고충이 있었다. 춘추시대에는 법의 공개화에 대한 시대적 요구 아래 각국이 형법서를 반포하거나 형법을 새긴 솥을 주조하는 데 참여했다면 전국시대에 이르러서는 법에 대한 공평화 원칙 아래서 '법 집행에는 존비귀천의 구분이 없다' 刑無等級68) '법은 신분이 귀한 자에게 아부하지 않는다' 法不阿貴69) 등의 사상이 요구되었는데 이는 중국의 법제도 역사에 획을 그은 두 차례의 움직임이었다. '법은 신분이 귀한 자에게 아부하지 않는다'는 사조는 정치경제 발전의 추세를 역사적 배경으로 삼아 생겨났으며70) '사私를 버리고 공公을 취한다' 去私就公라는 정신이 사상 추진의 원동력이 되었다. 이 정신은 도가와 법가가 서로 격동하는 가운데 생겨난 것이다. '공公'의 관념은 제자백가 중 가장 먼저 노자가 제시하였고71) 그 뒤 황로 학파가 크게 발전시켰다. 이를테면 전국시대 초중반 저술되어 근래 마왕퇴 무

---

67) 『좌전』 소공 29년 조문, 양보쥔의 『춘추좌전주』 1504쪽 참조.
68) 『상군서(商君書)』 「상형(賞刑)」, 허링쉬(賀凌虛)의 『상군서금주금역(商君書今 註今譯)』 135쪽 참조. 타이완상무인서관, 1988년.
69) 『한비자』 「유도(有度)」, 천치여우(陳奇猷)의 『한비자집석(韓非子集釋)』 88쪽 참조.
70) 왕샤오보(王曉波)의 『중국고대의 변화하는 정국와 한비자(中國古代的變局 與韓非)』, 『한비 사상의 역사 연구(韓非思想的歷史研究)』 22쪽 참조. 렌징 출판공사(聯經出版公司), 1983년.
71) 『노자』 제16장 '항상함을 알면 포용하게 되고 포용하면 공정하고 공정하면 완전해진다(知常容, 容乃公, 公乃全)'. 『노자 금주금역 및 그 평가』 111쪽 참조.

덤에서 발견된 비단 서적인『황제사경』72)에 '순전히 공평하여 사사로움이 없다' 精公無私73) '다만 공정할 뿐 사사로움이 없다' 唯公無私74) '사사로움을 버리고 공정함을 세운다'75)라고 거듭 강조한 부분을 들 수 있다. 도가의 학파 가운데 '공公'을 높이지 않은 곳은 없었다.76) 노자의 도道는 본래 '공'의 객관적인 정신을 함축하고 있고 황로 학파 또한 법을 도에 편입하여 '도를 행하면 공평해진다'를 '법을 쓰면 공평해진다'는 개념으로 전환하여 발전시키는 데 철학 이론의 기초를 제공하였다.77)

---

72) 본인의 졸저 『황제사경금주금역(黃帝四經今註今譯)』에 수록된 졸문 「백서 저술 연대 등 문제에 관한 연구(關於帛書成書年代等問題研究)」29~45쪽 참조(타이완 상무인서관 1995년). 아래 인용 『황제사경』은 모두 해당 판본에 근거함.

73) 『경법(經法)』 「군정(君正)」,『황제사경금주금역』 123쪽 참조.

74) 『경법』 「군정」,『황제사경금주금역』 245쪽 참조.

75) '사사로움을 없애고 공정함을 세운다(去私而立公)'라는 표현은 『경법』의 「도법(道法)」과 「사도(四度)」에 나온다. 『황제사경 금주금역』 74쪽, 169쪽 참조.

76) 황로도가가 공(公)을 숭상했음은 백서 『황제사경』 외에도 『관자』 「내업(內業)」에 '한마디 말을 얻어 세상 사람이 듣게 한다. 공이란 이를 일컫는다(一言定而天下聽, 公之謂也)'라고 한 부분에서 알 수 있다. 대망(戴望) 교정본 『관자』 제2권, 타이완상무인서관, 1965년, 101쪽 참조. 『신자(愼子)』에서 '법령 제도와 예법 서적을 써서 공정의 도의를 세우며 무릇 공정함을 세움으로써 사사로움을 버린다(法制禮籍, 所以立公義也, 凡立公, 所以棄私也)'라고 한 부분도 그 예다. 타이완상무인서관, 『사부총간』 정편, 1978년, 2쪽 참조. 『갈관자(鶡冠子)』에서 「도단(道端)」에서 '사사로움을 폐하고 공정함을 세운다(廢私立公)'라고 한 부분과 『갈관자』 「도만(度萬)」에서 '법은 사사로움을 버리고 공정함을 취한다(法者使去私就公)'라고 한 부분도 있다(타이완상무인서관 『사부총간』 정편 1978년, 13쪽, 20쪽 참조).

77) 『장자』에도 도로써 공으로 삼는다는 말이 나오는데 『장자』 「칙양(則陽)」에서 '도라는 것은 그것들의 공정함이다(道者爲之公)'라고 한 부분이 그 예다. 곽 경번의 『장자집석』 913쪽 참조.

(2) '도생법(道生法)' – 도는 법을 낳는다

전국시대는 예가 주도하여 이끈 사회였지만 갈수록 법의 역할이 강조되기 시작했다. 법가를 시대적인 개척자라고 표현한다면 법치의 중요성을 부각했다는 면에서 황로학은 의심할 여지없는 중요한 역할을 했다. 『사기』에서는 '신자申子(신불해)의 학문은 황로에 뿌리를 둔다' 申子之學, 本於黃老 '한비韓非……돌아갈 궁극의 종착지는 황로이다' 韓非……歸本於黃老78)라고 하였는데 이는 주로 예법으로 다스리는 측면을 말한 것이다. 이에 대해서는 직하도가의 팽몽彭蒙이 제시한 '성법聖法(도를 품은 법)을 통한 다스림聖法之治'과 백서 『황제사경』「경법」에서 '도는 법을 낳는다道生法'라고 한 주장에서 그 단서를 찾을 수 있다.

『윤문자尹文子』에는 전병田騈과 송견宋鈃이 책을 읽다가 태평한 정국과 '성인의 다스림聖人之治' 사이의 관계를 논할 때 옆에 있던 팽몽이 태평함이란 '성인의 다스림'에 있지 않고 '성법의 다스림'에서 연유한다고 지적하는 이야기가 나온다. 팽몽은 둘의 다름을 이렇게 비교했다.

> 성인은 개인에게서 나지만 성법은 사리일의 이치에서 나온다. 사리는 개인에 의해 탄생하지만 개인의 의견이 사리인 것은 아니다. 개인은 사리를 낼 수 있지만 사리가 개인의 의견인 것은 아니다. 이런 까닭에 성인이 나라를 다스림은 혼자 다스리는 것이나 성법으로 다스리면 두루 다스려지지 않음이 없다.79)
>
> 聖人者, 自己出也; 聖法者, 自理出也. 理出於己, 己非理也; 己能出理, 理非己也. 故聖人之治, 獨治者也; 聖法之治, 則無不治矣.

---

78) 『사기』「노장신한열전(老莊申韓列傳)」 2146쪽 참조.
79) 『윤문자(尹文子)』참조, 타이완상무인서관, 『사부총간』 정편, 1979년, 8쪽 참조.

이는 직하도가가 법치法治와 인치人治를 구별하여 논의했음을 기록한 무척 귀중한 사상적 사료다. 인치의 폐해는 법치를 수면으로 나오게 한 중요한 계기가 되었다. 인치주의는 '지도자가 있을 때는 정치가 이뤄지나 집권자가 죽으면 그의 정사도 폐지된다' 人存政擧, 人亡政息80)라는 우려가 있으며 설령 지도자가 살아 있다고 하더라도 독단으로 치우칠 수 있는 폐단이 있다. 팽몽은 성인의 다스림이 쉽게 '독단의 정치'로 변질될 수 있는 결함을 예리하게 꼬집었고 인치와 법치의 다름도 지적했다. 즉, 인치는 개인의 의견에서 출발하지만, 법치는 사물의 이치에 근원을 둔다는 점이다.81)

팽몽의 '법은 사리에서 출발한다法自理出'라는 주장과 마왕퇴 백서 『황제사경』「경법」에 나온 '도는 법을 낳는다道生法'라는 명제는 같은 사상 맥락에서 발전하였다. 『황제사경』은 법치를 칭송하면서 법을 도의 범주로 편입시킨 사상의 특징을 충분히 드러내었다. 『황제사경』의 전체에서 '예禮'라는 글자는 보이지 않지만, 그 전반의 사상을 고려하면 『황제사경』은 귀하고 천함의 구별이 있는 예 제도와 예 문화의 특징을 강조한 면이 두드러진다.82)

---

80) 『중용(中庸)』에서 '그 사람이 있을 때는 정치가 이뤄지나 그 사람이 죽으면 정사는 폐지된다(其人存則政擧, 其人亡則政息)'라고 한 말에서 유래함. 주희의 『사서장구집주』 28쪽 참조.

81) 이는 앞서 『윤문자』에서 인용한 문구 '성인은 개인에게서 나지만 성법은 사리(일의 이치)에서 나온다(聖人者, 自己出也; 聖法者, 自理出也)'와 같은 의미.

82) 『황제사경』에서는 예 제도 가운데 귀천의 구별이 있는 핵심 관념을 거듭하여 강조하였다. 이를테면 『황제사경』「경법」의 「도법」편에서 '존귀와 비천에는 불변의 지위가 있다(貴賤有恒立(位))' '존귀와 비천 사이의 불변의 위치(貴賤之恒立(位))'라고 한 부분이다(73쪽, 74쪽). 『황제사경』「경법」의 「군정(君正)」편에서는 '귀천에는 구별이 있다(貴賤有別)' '귀함과 천함에는 등급이 있다(貴賤等也)' (112쪽)라고 하였고 「십대경(十大經)」의 「과동(果童)」편에서

전국시대 황로 도가의 저서는 원래 많았지만 대부분 유실되어[83] 현재는 대표성을 가진 중요한 저서만 전해진다. 그중 하나가 『황제사경』이고 다른 하나는 『관자』 4편(「내업」「심술」상, 「심술」하, 「백심」)이다. 『관자』 4편은 전문가와 학자들에 의해 직하도가의 대표작으로 여겨지고 『황제사경』는 출토 이후 보통 초楚나라 문화의 작품이라고 여겨졌으나 두 작품 모두 예법을 도에 편입하고자 했던 특징이 선명하게 드러난다. 『황제사경』이든 『관자』 「심술」 편이든 모두 예와 법이 도에 뿌리를 두고 있다고 하면서 형이상의 도를 형이하의 예법과 관통하여 하나를 이루게 했다.

3-4-2. 도는 '본체'이고 예법은 '작용'이다

(1) '예법상지禮法相持' – 예절과 법도는 서로 지탱해준다.

전국시대 황로는 시대적 환경의 필요에 의해 예법을 도에 편입하였고 형이상의 도를 형이하의 예법에 관통시켜 일체화했다. 그 예와 법이 모두 도에 뿌리를 두고 있다는 주장은 도를 체體(본체, 원리)로 삼고 예법을 용用(작용, 응용)으로 보는 관점이다. 이는 도가 사상의 역사에서 중대한 진전을 이뤘다는 의의를 갖는다.

는 '귀함과 천함은 반드시 참이다(貴賤必謹(審))(304쪽)'라고 하였다.
83) 직하도가에서는 전병(田騈), 접자(接子), 환연(環淵), 송견(宋鈃) 등이 많은 저서를 남겼다. 『한서(漢書)』 「예문지(藝文誌)」에는 도가의 저서에 대해 『전자(田子)』25편, 『첩자(捷子)』2편, 『연자(蜎子)』13편, 『송자(宋子)』 18편으로 기록하고 있는데 유독 선진 황로의 저서가 많이 산실되었다.

노자의 사상 계통에서는 도와 법은 어떠한 관련도 없다. 설령 도와 예가 관련된 부분이 있다고 하더라도[84] 직접적이지도 않을뿐더러 명확하지도 않다. 그런 면에서 직하도가는 가장 먼저 도덕을 예법과 나란히 언급한 학파였는데 이 부분은 『관자』「심술」 상편에 명확하게 드러난다.

> 비어서 없는 무형의 것을 일컬어 도라고 하고 만물을 스스로 그러함의 이치로 기르는 것을 덕이라고 한다. 군신과 부자, 인간 사이의 일을 일컬어 의라고 하고 신분의 높고 낮음, 읍함과 사양함, 귀천의 등급, 멀고 가까움의 체제를 예라고 한다. 복잡함이나 간소함, 크고 작음의 일이 하나의 도로 통하고 죽이고 벌하는 것을 일컬어 법이라고 한다.[85]
>
> 虛無無形謂之道, 化育萬物謂之德, 君臣父子人間之事謂之義, 登降揖讓, 貴賤有等, 親疏之體, 謂之禮. 簡物小未一道, 殺僇禁誅謂之法.

『심술』상편에서는 도와 덕, 의, 예, 법 등의 개념을 함께 나열하고 하나하나 설명하면서 예와 법, 도 사이의 관계를 아래처럼 하나로 꿰었다.

> 이런 까닭에 예는 의義에서 나오고 의는 이理에서 나오며 이理는 도道에서 나온다. 법도 그러므로 같은 곳에서 나온다……이런 까닭에 모든 일은 법으로 감독하고 법은 권權에서 나오며 권은 도에서 나온다.[86]

---

84) 『노자』 통행본 제38장 '그러므로 도를 잃은 후에 덕이요 덕을 잃은 후에 인이며 인을 잃은 후에 의요, 의를 잃은 후에 예다(故失道而後德, 失德而後仁, 失仁而後義, 失義而後禮)', 『노자 금주금역 및 그 평가』 194쪽 참조.

85) 『관자』제2권, 대망(戴望) 교정본 64쪽 참조.

86) '예는 의에서 나오고 의는 이에서 나오며 이는 도에서 나온다'는 금본(今本)에서는 '예는 의에서 나오고 의는 이에서 나오며 이는 마땅함에서 나온다(禮出乎義, 義出乎理, 理因乎宜)'라고 되어 있다. 왕인지(王引之)는 '예는 이에서 나오고 이는 의에서 나오며 의는 마땅함에서 나온다'라고 여겼다. 곽말약(郭沫若)의 『관자집교(管子集校)』(홍콩룽먼서국(香港龍門書局) 1973년) 644

故禮出乎義, 義出乎理, 理因乎道者也. 法者, 所以同出……故事督乎法,
法出乎權, 權出乎道.

　예와 법이 동일하게 '도'에서 나온다는 것은 예와 법을 도의 파생물로
여긴다는 의미이며 이 때문에 법치와 예의를 통한 교화를 동시에 활용
하기를 주장했다. 여기서는 황로도가가 세상을 경륜하는 일에 웅장한
뜻을 품고 시대적 흐름을 파악하여 사회의 변혁을 이끌기 위해 도를
귀착점으로 삼는다는 전제하에, 균형적 원칙으로써의 도를 예법이라는
프리즘을 통해 현실 사회의 곳곳에 적용했음을 알 수 있다.
　'예와 법'을 병용해야 한다는 시대적 요구 속에서 도가의 또 다른 일
파인 열자列子 학파도 마찬가지로 '예와 법은 서로 지탱해준다禮法相
持'87)라는 주장을 했다. 예와 법 가운데 어느 것을 주主로 삼고 어느
것을 보조로 삼을지는 당시에도 의견이 분분했다. 일부 학파는 법을 주
로 삼고 예를 보조로 삼아야 한다고 주장했는데 이에 관해서는 상앙商
鞅 이외에도 『관자』「임법任法」에 '소위 인의와 예악이라는 것은 모두
법에서 나온다' 所謂仁義禮樂者, 皆出於法88)라고 명확히 인식한 부분이 나
온다. 다른 학파는 예를 주로 삼고 법을 보조로 삼아야 한다고 주장했
다. 앞서 언급했던 『관자』「심술」 상편 이외에도 「추언樞言」편에서도 '법
은 예에서 나왔다' 法出於禮라고 분명히 말했다. 「추언」에서는 '법은 예
에서 나왔고 예는 다스림에서 나왔다. 다스림과 예는 도이다' 法出於禮,

쪽에는 왕인지 판본에 대해 '이는 마땅함에서 나온다'가 '이는 도에서 나온
다'가 되어야 한다고 하면서 '도'는 형태상 비슷하여 '의(宜)'로 오인되기 쉬
우니 이 부분의 인용문은 곽말약 본을 따른다고 했다.
87) 『열자』「주목왕(周穆王)」, 양보쥔(楊伯峻)의 『열자집석(列子集釋)』 65쪽 참조.
홍콩태평서국(香港太平書局), 1965년.
88) 『관자』「임법任法」 대망(戴望) 교정본 제2권, 90쪽 참조.

禮出於治. 治, 禮, 道也[89]라고 선언했다.

한漢나라 사람이 재편한 끝에 『관자』에 보존되어 전해오는 「추언」편은 직하도가의 중요한 작품 가운데 하나이다. 상술한 주장(「심술」상편 포함)을 통해 우리는 직하도가가 '예' 제도를 주체로 한 사회에서 '법'은 다만 보조적인 수단으로 그 운영적인 면을 도왔다고 여겼음을 알 수 있다.

(2) 예는 사람의 감정에서 비롯된다

예 제도를 근간으로 하는 사회에서 직하도가는 도를 근거로 하여 '법치'를 예의를 통한 교화의 보조수단으로 삼아야 한다고 주장했다.[90] 그 밖에도 예 제도와 문화가 겉치레와 이질화 끝에 붕괴하는 시대상에 대해 아래처럼 자성의 목소리를 내었다.

예라는 것은 사람의 감정에서 비롯하는 것이고 의의 이치에 따른다.[91]
禮者, 因人之情, 緣義之理.

간결하지만 통찰력 있는 이 말은 예 제도의 폐단을 정통으로 꼬집으면서 '인정에서 비롯되고' '의의 이치에 따른다' 등의 주장을 내세웠다. 이 주장은 세 가지 주요한 관점으로 귀결되는데 첫째는 직하도가가 사상사思想史에서 처음으로 '귀인貴因 (어떤 것이 비롯한 근원, 사물의 본래 면모를 중시함)'의 주장을 제시했다는 것이고 둘째는 백가쟁명百家爭鳴(제자백가가 자신들의 사상을 자유롭게 논쟁함) 사이에서 '정情(감정)'이라는 중요한 주제를 부각했다는 점이다. 마지막으로 예가 '감정에서 비롯한다'라고 함과 동

---

89) 『관자』「추언」 대망(戴望) 교정본 제1권 55쪽 참조.
90) 『관자』「임법」 대망(戴望) 교정본 제1권 55쪽 참조.
91) 『관자』「심술」상편, 대망(戴望) 교정본, 제2권, 64쪽 참조.

시에 '이치에 부합해야 한다'라고 하여 상호 견제로 균형점을 찾았다는 점이다. 이처럼 직하도가가 '인因(비롯함)' '정情(감정)' '이理(이치)'를 인성론의 범주에 포함시킨 것은 중국 고대 사상역사에서 무척 심원한 의의가 있다.

직하도가는 '인因(비롯함)'과 '인정因情(감정)에서 비롯함'이라는 관념을 예 제도와 문화에 편입시켜 고대 도가 철학의 내용을 더욱 풍성하게 하였다. '귀인貴因'설은 도가 학파 내부적으로도 발전 과정을 거쳤다. 『노자』에는 비록 '인因'이라는 글자가 등장하지는 않지만 '백성의 마음을 자기 마음으로 삼는다以百姓心爲心'92)라는 말 속에 '인因'의 중요한 내적 의미가 함축되어 있다. 반면, 전국시대에 이르러서는 도가 서적에 '인因'이라는 글자가 대거 등장한다.93) 이처럼 대거 등장한 표현은 노자가 '백성의 마음을 자기 마음으로 삼는다'라고 한 정치적 주장과 그 입장이 일치한다. '귀인'설은 '인인지심因人之心(사람의 마음에서 비롯함)' '인민지욕因民之欲(백성의 하고자 하는 마음에서 비롯함)'을 강조하였고 이 같은

---

92) 『노자』 통행본 제49장, 『노자 금주금역 및 평가』 234쪽 참조.

93) 백서 『황제사경』에는 '인(因)'이 23회 등장하고 『장자』에는 53회 보인다. '인(因)'이 많이 등장하더라도 이는 다만 스스로 그러한 자연에 순응한다는 의미를 표현한 것일 뿐 독립된 범주의 개념으로 발전하지는 못했다. 그러나 직하도가는 '귀인(貴因: 어떤 것이 비롯한 근원, 사물의 본래 면모를 중시함)' '인지술(因之術: 원인, 사물의 본래 면모를 찾아가는 기법)' '정인지도(靜因之道 : 사물의 스스로 그러한 원래 면모에 비추어 사물을 인식해야 한다)' 등 중요한 철학적 범주를 제시했을 뿐 아니라 '인(因)'에 대해 '인이라는 것은 자기를 버리고 사물 그 자체로 법을 삼는 것이다(因也者, 舍己而以物爲法者)'라고 설명했다. 이상은 『관자』 「심술」 상편과 『황제사경 금주금역』에서 각각 66쪽, 65쪽, 63쪽, 65~66쪽 참조. 바이시(白奚) 교수는 '황로는 '인'의 원칙을 인성론에 활용했다'라고 말했는데 이는 바이시 교수의 『직하학 연구(稷下學研究)』 103쪽 참조. 싼롄서점, 1998년.

'인인지심'과 '인민지욕'은 고대 민본사상의 기본 이념이 되었다. 여기서 우리는 '예'와 '인인지정因人之情(사람의 감정에서 비롯함)'의 연결 관계를 이야기하고자 한다.

본래 예는 신분의 귀천에 따라 차등 적용되었기 때문에 귀족의 입장에서 설계되어 통치 계층 간의 의식과 절도를 수호하고 윗사람이 아랫사람을 지배하기 위한 규범이었다. 그러나 춘추전국시대에 이르러 사회 계층 간에 큰 변동이 생기면서 일부 귀족은 평민으로 신분이 하락하기도 하고 평범한 백성이 경상대부로 신분 상승의 길을 걷기도 하였다. 이 같은 계급 간의 대변혁은 백성이 품은 사상의 해방을 유도했고 저마다 마음속에 품은 희망을 키우게 되었다. 그래서 예 제도와 문화 속에 '인因'의 개념을 제시, 다시 말해 예를 '백성의 마음을 자기 마음으로 삼는다'는 사상에 적용하고 이를 주요한 사유의 방향으로 삼았다.

당시 예가 겉치레로 변질하고 이질화하는 상황이 심각해지면서 예 제도와 문화는 거짓되고 사람의 감정을 거스르는 방향으로 흘러갔으며 갈수록 융통성 없고 가혹한 사회 규범이 되어 갔다. 이 때문에 직하도가는 '사람의 감정에서 비롯하다' '의의 이치에 따른다'라는 '인응지도因應之道'를 제시했고 예에 '감정'과 '이치'라는 새로운 개념을 수혈하였다. 예를 적용할 때는 사람과 사람 사이의 합리성을 고려해야 할 뿐 아니라 사람의 감정과 본성의 스스로 그러한 자연의 면모에 순응해야 한다. 만일 예에 감정情과 이치理라는 두 가지 방면이 부족하다면 후대에 이르러 비인성화된 '식인食人의 예교'라고 비판받게 된다.

직하도가가 제시한 예와 감정의 관계는 특히 주목할 만하다. '사람의 감정'으로써 '예'를 부드럽고 적절하게 변화시키는 일은 전국시대 중반 백가쟁명을 통해 여러 사상가가 절박하게 추구했던 시대적 과제였다. 도가의 각 학파는 하나같이 예에 내재된 감정을 무척 중시했다. 장자학파가 '자연 그대로의 본연의 감정에 맡기고任情' '본연의 감정을 온전히 다한다安情'라고 한 데서 '인의는 인정이 아닌 것 같다' 意仁義其非人情乎 라는 소리가 나왔고 직하도가에 이르러서는 '예는 사람의 감정에서 비롯한다'라고 분명히 밝히는 등, 예 제도와 문화는 도덕을 자각하는 것뿐 아니라 개인의 마음에 내재한 풍성한 감정에서 발원해야 함을 곳곳에서 드러냈다. 곽점에서 출토된 일서佚書(책 이름만 남아 있고 그 내용은 전해지지 않는 책) 『성자명출性自命出』이라는 책에서는 '도는 정情에서 시작한다' 道始於情 '예의 작용은 정情에 있다' 禮作於情94)와 같은 주목할 만한 명제들이 등장하는데 이는 예 제도와 문화가 위기 상황에서 '감정'을 주입하는 것이 얼마나 중요한지 알려준다.

3-5. 결론

선진 시대 제자백가의 예법관에 관해 말하자면, 오랫동안 학계에서는 보통 유가가 예를 수호하고 도가는 예에 반대한다는 관점을 유지해 왔는데 도가를 연구하는 학자들이라고 해서 예외는 아니었다. 그러나 도가의 원전을 한층 더 깊이 연구하다 보면 지금까지와는 전혀 다른 관점을 발견할 수 있다.

우선 반드시 이해해야 하는 것은 도가의 사유 계통에서는 형상계形上界와 형하계形下界가 서로 포용하고 비춰주어 하나의 전체를 이루어 분

---

94) 후베이성 징먼시 박물관(湖北省荆门市博物館)이 펴낸 『곽점초묘죽간(郭店楚墓竹簡)』 179쪽 참조. 문물출판사, 1998년.

리될 수 없는 사이라는 점이다. 예를 들면 『노자』 제38장을 해석해보면 도와 덕, 인, 의, 예에 이르는 다섯 가지 개념 중, 도는 형이상의 단계에 있으며 덕은 형이상의 영역과 형이하의 현실 세계가 연결된 중간에 위치하여 형이상의 도가 현실의 존재를 품는 모체가 되게끔 한다. 그리고 인간세계의 인륜과 서열을 유지하는 인, 의, 예는 상호 의존하여 존재하는 연쇄적인 관계를 갖는다.

　본 글을 이끄는 가장 중요한 사유의 단서는 이것이다. 즉, 도가가 예제도와 문화를 강하게 비판하였으나 그것은 사실 당시 사회에 보편적으로 존재했던 예의 외형화, 이질화 현상에 대한 비판일 뿐 예의 참된 내적 의미 자체를 거부한 것이 아니라는 점이다. 이 때문에 도가의 창시자인 노자로부터 시작하여 도가는 예의 참된 내적 본질을 중시했다고 볼 수 있다. 장자는 여기서 출발하여 '반진反眞(참된 본질로 돌아감)' '귀진貴眞(참된 본질을 귀하게 여김)'의 관점을 발전시켰고 내면의 감정을 드러내는 것을 예가 품어야 할 내적 본질로 삼았다. 직하도가는 더 나아가 '예는 사람의 감정에서 비롯된다'라는 주장을 펼침으로써 예의 형성과 제정이 모두 사람의 감정과 본성의 스스로 그러한 자연自然을 따라야 한다고 말했다. 참된 감정의 방면에서 말하면 장자의 관점은 원시 유가와 상호 통하는 면이 있고, 현실 사회 속 예의 기능을 중시한다는 측면에서 직하도가는 '유가와 묵자의 좋은 점을 취했다' 采儒墨之善95)는 특징을 가진다.

　필자는 도가 각 학파의 예법관을 논할 때 장자의 후학이 예 문화를 인성론에 편입하여 고찰한 데 중대한 의미를 둔다. 선진先秦 시대에는 인성론이라는 의제에 관해 맹자는 인간의 본성이 '선하다'고 주장했고

---

95) 사마담의 『논육가요지(論六家要旨)』에서 황로도가의 특징에 대해 평가한 말에서 인용함.

순자는 인간의 본성이 '악하다'고 한 것은 익히 아는 사실이지만 도가가 인간의 본성을 '참되다'고 한 것은 학계의 주목을 받지 못했다. 그 밖에 황로도가가 '인仁'의 개념을 인성론의 범주에 포함시킨 것도 주목할 만하다. 종합해 보면 도가의 예법관으로 말미암아 도가의 인성론 탐구가 파생되어 나왔다는 점은 깊이 연구해볼 만한 중대한 과제임은 분명하다.

위의 글은 1999년 5월 하순 네덜란드 레이던 대학의 아시아연구소가 개최한 '유가와 도가의 예에 관한 이론과 실천'이라는 주제의 세미나에 참가하면서 작성한 것으로 1999년 5월 9일 탈고한 뒤 8월 말에 수정을 거쳐 훗날 『한학연구漢學研究』제18권 제1호(타이베이 한학연구센터 2005년 6월)에 실렸다.

4. 충돌하는 세상을 조화롭게 하는 대화 – 노자의 조화관이 세상을 향해 던지는 메시지

오늘 우리는 노자가 만년에 정착하여 후학을 가르치던 지역인 시안西安에 와서 '세계와 화합하고 조화를 이루어 도道로 통한다'라는 구호를 주제로 한 『도덕경』포럼에 참석 중이다. 이 포럼의 중대한 의의 중 하나는 동서양의 학자가 한자리에 모여 노자의 지혜를 통해 우리가 직면한 소란스럽고 불안한 세상에 관해 성대한 문화적, 철학적 대화를 나누는 데 있다. 나는 일찍이 시안에서 개최되었던 노자 학술포럼에 여러 차례 참석하였지만, 이번 국제 학자 간의 대화는 그 어느 때보다 큰 시대적인 의의를 갖는다. 아래에서는 노자 사상의 현대적 의의를 큰 주제로 삼아 간단히 발언하고자 한다.

4-1. 지구온난화와 '도법자연'

최근 백여 년에 걸쳐 조금씩 형성되어 온 '지구촌'의 개념은 2천여 년 전의 노자와 장자가 제시했던 우주 의식, 천지 정신과 상응한다. 그러나 지난 세기 두 차례에 걸쳐 발발한 세계 대전으로 말미암은 각국의 분리, 분열과 대치, 충돌의 양상은 오늘날까지도 멈추지 않고 계속되고 있다. 이 때문에 충돌과 대화는 여전히 세계 각국 사람들에게 남겨진 중요한 과제가 되었다.

예로부터 지금까지 인류는 끊임없이 다음의 세 가지 충돌에 직면해 왔는데 그것은 사람과 자연 간의 충돌, 사람과 사람 간의 충돌, 그리고 사람과 자기 내면 사이의 충돌이다. 오늘날 인류는 과학기술 문명의 혜택을 톡톡히 누리고 있지만 이와 함께 온갖 형태의 충돌이 확대되고 악화하는 추세이다. 사람과 자연 간의 충돌은 인류가 생존에 필요한 지구 자원을 무분별하게 착취하고 약탈한 데서 생겨났다. 각자 삶의 경험을 돌이켜 보면 지구 생명에 대해 인류가 끼치는 훼손의 정도가 얼마나 심한지 깊이 깨달을 수 있을 것이다. 무분별한 벌목으로 거대한 산림이 사라지고 전원의 풍경이 순식간에 훼손되며 과거에 물놀이하고 배를 띄우던 하천도 갈수록 말라가는 등, 어린 시절 자연과 맺었던 친밀했던 관계는 이제 다시는 돌아갈 수 없는 추억으로만 남았다.

올 겨울방학은 세계 각지에서 이상 기후와 생태 악화 현상이 특히나 심각해져서 지구촌의 환경 위기 상황이 그 어느 때보다도 부각된 시기였다. 최근 보도에 따르면 1천여 명의 과학자로 꾸려진 '기후변화에 관한 정부 간 협의체'가 유엔에 보고서를 제출하기로 하였는데 거기에는 '세계 기후 온난화로 향후 20여 년 내 수억 명이 물 부족으로 고통받고 매년 1억여 명의 사람이 해수면 상승으로 살던 집이 침몰되어 보금자리를 잃게 될 것이다'라는 경고 내용이 포함되었다고 한다. 세계 온난화로 사람들의 삶은 심각한 영향을 받게 되었지만, 정작 그러한 지구온난화를 일으킨 원흉이자 주범은 다름 아닌 우리 인류 자신이다.

우리가 과거에 받았던 교육 시스템을 돌이켜 보면 인간은 노력을 통해 자연이나 운명을 극복하고자 했고 그러한 개척 정신을 높이 평가했다. 그러나 자연을 지배하려 했던 인간의 행동은 오늘날 대자연의 거센 보복이라는 부메랑이 되어 우리에게 돌아왔다. 이러한 상황을 보면 진위에린金嶽霖 선생이 주장했던 말을 떠올리게 된다.

> 서양에는 일종의 자연 정복을 향한 강렬한 희망이 있는데 마치 자연과 늘 전투하는 것과 같다. 이 같은 태도로 탄생한 결과물 중 하나는 인류 중심론이고 다른 하나는 자연순종론이다.……자연에 대한 일방적인 정복은 인간의 본성을 전보다 훨씬 독단으로 치닫게 하는 것 같다. 우리는 마땅히 신중하고 조심스럽게 행동해야 하며 제멋대로 자연 정복의 주장을 내세워서는 안 된다.……자연의 법칙은 인간의 이익을 위해 존재하지도 않을뿐더러 인간의 의지대로 효력을 잃거나 일시적으로 중단되지도 않는다. 만일 우리가 폐쇄적인 방법으로 자연을 정복하려 들었다가는 자연은 우리에게 거세게 보복하여 올 것이고, 그렇게 되면 오래지 않아 이곳저곳에 지진과 홍수, 산사태 등이 끊임없이 발생할 것이다.

이는 1943년 진위에린 선생이 쓴 영문 원고를 1985년에 첸껑선錢耕森 선생이 중역한 뒤「철학연구哲學硏究」에 게재한 글이다. 하늘까지 치솟은 거대한 쓰나미가 인도네시아를 덮쳤던 모습과 근래 북극의 빙산이 녹아 갈라지는 광경을 보면 60여 년 전 진위에린 선생의 경고가 떠오른다. 최근 지구온난화로 지구의 노화가 촉진되고 있는 상황도 나로 하여금 과거 노자가 했던 '사람은 땅을 본받고 땅은 하늘을 본받으며 하늘은 도를 본받고 도는 스스로 그러한 자연을 본받는다' 人法地, 地法天, 天法道, 道法自然라는 명언을 생각나게 한다. 확실히 근대 이후 인류 중심론의 편파적인 논조에 대해서는 '천지 본연의 자연성을 존중하는' 사고를 정비해서 대처해야 할 필요성이 있다.

4-2. 일방주의와 '수도동귀殊途同歸'

최근 백여 년간 사람과 자연 간 충돌의 역사는 유례가 없을 정도로 심각해졌고 산업 강국을 필두로 한 세계 각국은 '현대화'의 기치를 내건 채 빠른 속도로 지구 생명을 훼손하였으며, 인류가 서로를 해치는 참혹한 양상은 조금도 그 속도를 늦추지 않았다.

2차 세계 대전의 대규모 무력 학살로 5천만 명이 생명을 잃고 말았던 비참한 교훈을 얻은 뒤로도 오늘날 중동 지역에는 여전히 전쟁의 화마가 끊이지 않고 있다. 이러한 광경을 볼 때마다 니체가 '인류는 심각하게 병든 동물이다(『안티 크라이스트』)'라고 한 말이 생각난다.

인류의 역사를 돌아보면 어느 시대, 어느 곳에나 각자의 세계관과 인생관이 있었지만, 이것들은 크게 다음의 두 가지 유형으로 나뉨을 알 수 있다. 하나는 투쟁을 주요 노선으로 하는 인생관이고 다른 하나는 조화와 공존을 중시하는 세계관 및 인생관이다. 2차 세계 대전 이후에도 세계의 정세는 여전히 국력 지상주의 아래 몇몇 패권국에 의해 주도되고 있다. 오늘날 패권을 쥔 정치가들은 세계적인 범위의 군비 확장을 위해 고민하고 핵무기 비축으로 선점한 군사 우위를 빼앗기지 않기 위해 노력한다. 무력과 무력이 서로 마주한 끝에 오늘날 세계 각지에는 테러의 습격과 반테러 세력의 반격으로 말미암은 긴장감이 최고조에 이른 상태이다.

텔레비전에 보도되는 국제 뉴스에서 가장 자주 접하는 장면은 강대국이 자신들의 힘만 믿고 약소국을 공격하는 모습이다. 한쪽에서는 한 무리의 사람들이 어지럽게 흩어진 채 허리를 굽혀 땅에서 돌멩이를 주워서는 앞을 향해 던지고, 또 다른 한쪽에서는 최신식 기관총 등 무기로 무장한 군인들이 흩어진 무리를 향해 맹렬한 사격을 해대는 모습이 카메라 앵글을 통해 비친다. 현저하게 대비되는 두 집단의 모습은 오랫동안 반복적으로 우리에게 노출되었지만, 세계 사람들은 그때마다 어찌할 수 없는 무력감을 느낀다. 원한과 증오의 정서는 중동 지역으로부터 시작되어 종교와 종파를 따라 주변 지역으로 확산되었다.

과거 기독교 문화가 '평등'과 '박애'의 구호를 앞세워 전파되었듯, 오늘날 영미英美 정치와 군사 일방주의도 '자유'와 '민주'라는 듣기 좋은 말로 포장되었다. 미군은 바그다드 정권을 향해 가공할만한 위력의 '현대식' 무기로 화공전을 퍼부은 뒤, 무적의 탱크부대를 이끌고 이라크의 영토를 향해 파죽지세로 밀고 들어갔다. 노자는 이 같은 전쟁의 참상을 향해 일찍이 '군대가 주둔한 곳은 가시덤불이 자라 황폐해진다'師之所處, 荊生焉라고 형용하기도 했다.

오늘날 중동은 늘 군대가 주둔하여 사방에서 전쟁의 화염이 끊이지 않는 곳이다. 텔레비전에는 전쟁에서 가까스로 살아남은 부녀자가 남편과 아이의 시체를 옆에 두고 기자를 향해 "미국인은 우리에게 '자유'를 가져다줄 것이라고 말하지만……지금 우리에게 가져다준 것은 오히려 공포와 죽음입니다"라고 흐느끼는 장면이 나온다. 이제 미국 정부는 그들에게 감히 '민주民主'라는 명분을 내세우지는 못하는 듯하다. 왜냐면 '민주'는 다수결을 중시하는데 절대다수의 아라비아인이 수립하고자 하는 것은 이슬람교 정부이지 기독교 정권이 아니기 때문이다.

서로 다른 종교와 종파를 가진 사람 사이에는 처음에는 '사람들 사이의 내부적인 모순'에 불과한 갈등이 나중에는 결국 같은 하늘을 이고 살 수 없을 만큼 '적대적인 모순'으로 악화하곤 하는데 이는 동방 사람들에게는 쉽게 이해되지 않는 일이다. 왜냐면 2천여 년 전 중국 문화계에서는 '수도동귀殊途同歸' 즉, 길은 달라도 이르는 곳은 같다는 생각이 사람들의 마음속에 깊이 자리 잡고 있었기 때문이다. 기독교 문명과 회교 문화는 어차피 같은 '하나님'께 속하는데 아무리 종파 간의 신앙에 차이가 있다 하더라도 어째서 걸핏하면 병기를 서로 맞대고 싸우려 드는 것일까?

여기서 나는 노자가 말한 '과욕寡欲'의 현대적인 의의를 떠올려 보지 않을 수 없다. 설령 석유자원이 탐난다고 하더라도 이렇게 다른 나라의 영토를 침범해서 자원을 독점해서는 안 될 것이다. 이 같은 정치, 군사 일방주의는 어쩌면 문화 절대주의와 독단주의가 반영된 결과일 수도 있다.

중국 문화의 전통은 오랜 시간에 걸쳐 유가와 도가의 조화 사상의 영향을 받았는데 송나라, 명나라 이후 삼교합일三敎合一(유교, 도교, 불교가 융합함)의 추세가 형성된 뒤 천여 년의 세월이 흘렀다. 한위漢魏 이후 불교가 중국에 전해진 데도 도가가 연결고리 역할을 했다. 그 뒤 불교와 도교 사상이 오랜 시간에 걸쳐 서로 융합한 결과 우리는 오늘날 중국과 동남아 지역의 화교 사원에서 여러 신을 함께 모아둔 광경을 볼 수 있게 되었다. 도교 사원에서도 태상노군太上老君과 관세음보살이 함께 놓이고 앞뜰에는 공자상이 세워진 모습을 볼 수 있다. 이처럼 여러 신을 한데 모아둔 모습은 도가의 조화관이 구체적으로 반영된 결과이다.

4-3. '부드러움'을 귀히 여기고 겸손히 '낮은 곳'에 처하는 것의 현대적 의의

'911' 사태로 미국은 갑작스럽고도 불행한 재난을 겪었지만, 정부 지도자들은 정책 면에서나 자신과 견해가 다른 세력을 대하는 태도에서는 어떠한 반성도 하지 않고 폭력으로 폭력을 다스리는 수단을 쓸 뿐이었다. 그들은 미국 중심론을 강화하여 추진하면서 정치 방향과 군사 행동은 극단적인 일방주의로 치달았고 이러한 광경을 보며 나는 노자와 장자의 철학을 떠올리지 않을 수 없었다. 여기서는 노자가 말한 '부드러움을 귀하게 여기고 겸손하게 낮은 곳에 처할 줄 아는' 사상을 다스림의 방면에 적용하여 이야기해보고자 한다.

4-3-1. '큰 것이 아래가 됨이 마땅하다大者宜爲下'

『노자』제80장에서는 '소국小國'을 위한 다스림의 방책이 제시되었다. 그것은 '음식은 달고 의복은 아름다우며 거처는 편안하고 풍속이 즐겁다' 甘其食, 美其服, 安其居, 樂其俗라고 하여 백성의 경제생활 수준을 끌어올리는 것, 그리고 '온갖 문명의 이기가 있어도 이를 쓰지 못하게 한다' 使有什伯之器而不用라고 하여 힘을 자랑하지 않는 것이다. 그 밖에도 '설령 갑옷과 무기가 있어도 그것을 펼치지 않는다' 雖有甲兵, 無所陳之라고 한 것처럼 일부 방어용 무기는 사용하되 국민의 세금을 탕진하면서 불필요한 군비 확장 혹은 무기판매를 해서는 안 됨을 시사하는 문구도 나온다.

노자는 제80장에서 '소국과민小國寡民' 즉, '작은 나라에 적은 백성'이라는 주장을 통해 나라 다스리는 방침을 제시함과 동시에 대국大國을 향해서는 다양한 치국의 양책을 내놓기도 했다. 이를테면 제60장에서 '큰 나라를 다스리는 것은 마치 작은 물고기를 지지는 것과 같다' 治大國, 若烹小鮮라고 한 것이 그 예다. 물고기를 지나치게 자주 뒤집으면 이내 그 살이 으스러지는 이치이다. 노자의 말에 근거해서 오늘날 상황을 바라보면 '문화대혁명'과 같은 격동의 역사가 우리에게 같은 교훈을 준다. 뒤이어 『노자』 제61장에서는 나라와 나라 사이의 관계를 이야기하면서 세계가 평화롭게 공존할 수 있느냐의 여부는 큰 나라의 태도에 달려 있다고 하였다. 큰 나라가 강과 바다처럼 하류 쪽에 거하면 천하가 그곳으로 모여들기 때문이다.

> 큰 나라는 하류에 있어야만 천하 사람들이 모여든다. 천하가 돌아오는 암컷이요 암컷은 늘 고요함으로 수컷을 이기고 고요함으로 아래가 된다. 이런 까닭에 큰 나라이면서도 작은 나라의 아래에 거하면 곧 작은 나라를 취하고 작은 나라이면서 큰 나라의 아래에 거하면 큰 나라에 의해 취해진다. 그러므로 어떤 경우에는 아래에 거함으로써 취하고 어떤 경우에는 아래에 거함으로써 취함을 당하는데 큰 나라는 사람들을 다 거느리기를 원할 뿐이고 작은 나라는 다른 사람 밑으로 들어가 섬기기를 원할 뿐이다. 무릇 둘이 각자 그 원하는 바를 얻을 수 있다면 큰 나라는 마땅히 아래에 거해야 한다.
>
> 大國者下流, 天下之交. 天下之牝, 牝常以靜勝牡, 以靜爲下. 故大邦以下小邦, 則取(聚)小邦, 小邦以下大邦, 則取(聚)大邦. 故或下以取, 或下而取. 大邦不過欲兼畜人, 小邦不過欲入事人, 夫兩者各得其所欲, 大國宜爲下.

여기서는 나라가 크든 작든 마땅히 겸손하게 공존해야 한다고 강조한다. 큰 나라가 아래로 겸손히 행하여 작은 나라를 모을 수만 있다면 자연히 작은 나라로부터 신임을 얻어 그들이 귀순해 올 것이고 작은 나라가 만일 아래로 겸손히 하여 큰 나라를 받아들이면 자연스럽게 큰 나라의 보살핌과 평등한 대우를 받을 수 있다는 말이다. 나라와 나라가 공존하기 위하여 가장 중요한 것은 큰 나라가 먼저 겸손하게 아래를 품는 일이다. 뒤이어 『노자』 제66장에서도 '강과 바다가 모든 골짜기의 왕이 될 수 있는 것은 아래에 잘 거하기 때문이다. 이런 까닭에 모든

골짜기의 왕이 될 수 있다' 江海之所以能爲百谷王者, 以其善下之, 故能爲百谷
王라고 하여 큰 나라가 아래를 품으면 다투지 않는다는 이치를 다시
설명하였다. 노자가 큰 나라를 향하여 제시한 이 주장은 유엔 본부의
로비에 걸어놓기에 딱 좋은 이치가 아닐 수 없다.

4-3-2. '부드러움을 귀하게 여긴다貴柔'

전국시대 말기 『여씨춘추呂氏春秋』 학파는 노자 학설의 관점을 거론
하면서 '노자는 부드러움을 중시했다' 老聃貴柔라고 하였다. 현대를 살아
가는 우리는 매일같이 국제 뉴스를 통해 보도되는 강대국 정치 지도자
들의 말과 행동을 지켜본다. 강대국 지도자의 말과 행동거지를 보면 종
종 항상심을 잃고 거만하거나 강경하고 난폭한 모습이 보일 때가 있는
데 그럴 때마다 나는 노자가 제시한 '부드러움과 약함柔弱'으로 세상에
대처하는 이치를 떠올려 보곤 한다.

2003년 3월, 미군이 이라크를 침범한 뒤 텔레비전 화면에 나오는 부
시 대통령을 볼 때마다 서부 영화에서 카우보이가 걸핏하면 총을 뽑아
드는 모습이 오버랩되곤 했다. 미군이 바그다드를 점령한 뒤 부시가 군
장을 한 채 헬리콥터를 타고 중동 해변의 항공모함 갑판에 내려앉았을
때, 나는 그의 표정을 보면서 노자가 '살인이 많은殺人之衆' 전쟁에서
품어야 할 태도에 관해 한 말이 생각났다.

> 장차 천하를 취하고자 하면서 본연의 자연을 거슬러 행동한다면 나는
> 그것을 얻을 수 없음을 안다. 천하는 신령한 그릇이니 본성을 거슬러 할
> 수 없다. 본성을 거스르며 하려는 자는 패할 것이고 잡으려 하는 자는
> 그것을 잃을 것이다.(『노자』 제29장)

將欲取天下而爲之, 吾見其不得已. 天下神器, 不可爲也, 爲者敗之, 執者失之.

군사로 천하에 강자 노릇을 하지 않나니 그런 일을 본연의 자연으로 되돌리기 좋아한다. 군대가 머물던 자리에는 가시덤불이 돋아난다. 큰 군대가 일어난 뒤에는 반드시 흉년이 온다. 잘하는 사람은 구제할 뿐 감히 군대로 강자가 되려 하지 않는다. 구제하면서 자랑하지 않고 구제하면서 내세우지 않으며 구제하면서 교만하지 않는다.(『노자』제30장)

不以兵強天下. 其事好還. 師之所處, 荊棘生焉, 大軍之後, 必有凶年. 善有果而已, 不敢以取強. 果而勿矜, 果而勿伐, 果而勿驕.

무릇 군대는 상서롭지 못한 것이니 사람들은 혹 그것을 싫어하므로 도를 가진 사람은 거기에 처하지 않는다⋯⋯살인이 많으면 비통하고 애통하며 눈물을 흘리고 전쟁에서 이기더라도 상례로 처리한다.

夫兵者, 不祥之器, 物或惡之, 故有道者不處⋯⋯殺人之衆, 以悲哀泣之, 戰勝以喪禮處之.

이는 노자가 군대를 논하며 밝힌 인도주의적 호소이다.

어린 시절 나는 항일전쟁을 겪기는 했으나 후방 지역에 살았던지라 전쟁의 참상은 가끔 신문을 통해 보았을 뿐 직접 목격하지는 못했다. 그 뒤 1972년 여름, 미국의 캘리포니아 샌디에이고 대학 캠퍼스에 있으면서 두 차례 세계 대전 다큐멘터리를 보고 나서야 처음으로 일본군이 침략 전쟁 후 일으킨 난징 대학살의 참상을 알게 되었다. 다큐멘터리의 마지막 장면에서는 일본군의 칼날에 죽임당한 사람들의 시체가 커다란 트럭에 실려 나가는 장면이 나왔다. 그 뒤로는 텔레비전에서 야스쿠니 신사를 참배하러 가는 고이즈미 전 일본 수상의 표정과 태도를 볼 때마다 난징 대학살 당시의 참혹했던 광경이 하나하나 떠올랐다. 노자는 무력을 남용하여 전쟁을 일삼는 무리에게 이렇게 경고했다.

군대는 상서롭지 못한 것이다……전쟁에서 이기더라도 아름답게 여기지 않는다. 이를 아름답게 여기는 것은 살인을 즐기는 것이다.

兵者, 不祥之器……勝而不美, 而美之者, 是樂殺人.

4-4. 제물 정신과 '현동玄同'의 경지

권력은 적절하고 타당하게 활용해야 사람들이 따른다. 그러나 권력은 사람들을 오만하게 하기 쉽고 오만해지면 인류의 동정심을 잃게 하는데, 끝내는 남에게 손해를 끼치고 자신의 이익만 도모하거나 남과 자신 모두를 해롭게 하는 등 온갖 사단을 일으킨다. 노자의 '무위無爲' 학설은 바로 이처럼 권력을 전횡하고 남용하는 통치자를 향해 제시된 주장이다.

우리는 같은 지구상에서 서로 다른 나라에 살기 때문에 대화를 통해 공통의 인식에 이르도록 소통해야 한다. '911'사태를 비롯해서 중동 지역에서 끊이지 않는 현대판 '십자군 전쟁'은 충돌과 투쟁을 주요 노선으로 하는 정치 구조 탓에 얻게 된 필연적 결과이다. 이제 지구촌의 주인은 동방에서 들려오는 '도道'의 소리에 귀 기울여야 한다.

도가의 조화관은 인간관계에서의 화목과 공존만을 추구하는 것에 그치지 않고 우주적인 조화와 마음의 조화를 주장한다. 도가의 '삼화三和'는 장자의 말을 빌리자면 '천화天和' '인화人和' '심화心和'인데 이는 오늘날에도 여전히 '천뢰天籟'의 소리로 들린다.

같은 천체 안에서 서로 다른 민족으로 살려면 대화를 통해 조화를 추구함으로써 공통점을 확대하여 공존의 방향을 모색해야 한다. 노자와 장자의 '관점주의Perspectivism'에서는 인류는 서로 다른 시야를 가지고 있으므로 '서로 다르다면 그 안에서 공통점을 찾되 다른 부분은 그냥 놔둔다' 存異求同, 求同存異라고 한다.

'다름'이 존재한다는 말은 장자가 말한 소위 '서로 다른 관점에서 보면自其異者視之' 작게는 개인의 차이를 이해하고 크게는 다른 민족 문화의 특색과 생활방식을 존중하게 된다는 뜻이다. 이와 동시에 장자는 '도통위일道通爲一(도는 통하여 하나가 된다)'을 강조하였는데 그 까닭에 '같은 마음으로 보면自其同者視之' 전 인류가 공존하여 다채로운 세계가 될 수 있는 것이다. '도로써 서로 통하는' '조화로운 세계'가 도래하기를 기대한다. 이것이 바로 장자가 말한 '서로 높이고 서로 품는相尊相蘊' 제물 정신이자 노자가 말한 '현동玄同(오묘한 같음)'의 경지이다.

위의 글은 2007년 4월 중국도협中國道協이 주최한 시안 '국제 도덕경 포럼' 참석차 작성한 원고로 『중국도교中國道敎』 2007년 제4호에 실렸다.

5. 오늘날 문화적 위기를 향해 노자 철학이 주는 교훈

5-1. 철학 이론에서 현실 인생까지

『노자』에 나오는 수많은 다스림의 도는 심오한 철학 이치를 이론의 근거로 삼는다. 그러나 일반인은 『노자』 제1장을 펴면 나오는 '오묘하고 또 오묘한玄之又玄' 도를 접하자마자 무척 난해함을 느낀다. 나는 제1장의 첫 문구 '도는 도라고 말하면 진정한 도가 아니다道可道, 非常道'라는 문구를 발언의 출발점으로 삼고자 한다.

위에서 세 번 언급된 '도'라는 글자는 각각 다른 의미를 가지지만 서로 내적인 연결 관계를 갖는다. 첫 번째 '도'는 '천도天道'와 '인도人道'의 뜻을 함축한다. 하늘과 땅 사이를 운행하는 법칙('천도')과 사람과 일 사이의 일을 이루는 규범('인도')은 반드시 언어와 문자를 통해 표현되고 세워져야만 한다. 두 번째 '도'가 가리키는 것은 언어적 기능 측면의 의미이다. '도'라는 상형象形문자는 화하華夏 지역에 사는 무리가 머리를 쳐들고 대지에 곧게 서서 활동하여 공동으로 다채로운 역사를 만들어 냄을 상징하는 글자이다. 이는 '도'를 중국 문화의 상징이 되게 했다.

세 번째 '도'는 노자 철학의 가장 높은 범주에 해당한다. 첫 번째와 세 번째의 도 사이에는 현상계와 본체계(혹은 근원계)의 관계가 있는데 여기서 세 번째 도는 첫 번째 도의 근원이자 근본이 된다. 왕필의 말을 빌리자면 그것들은 '체體 - 용用' '모母 - 자子' 관계인 셈이다.

이 세 가지 '도'가 가리키는 영역은 서로 다르지만 공통으로 교차하는 기본적인 의미가 있으니 그것은 바로 '방법' '기준' '법칙'이다. 물론 여기에는 조화, 질서 등등의 의미도 함축되어 있다. '방법'의 측면을 설명하자면 이렇다. 노자는 대립 변증을 통한 사유방법을 제시하였는데 이를 현실 사회에 적용하면 사람들이 상대방의 존재를 인정하고 대립하는 양면이 상호 의존하는 관계임을 이해하는 것이다. 이렇게 해야만 단편적인 사고나 일방주의에 빠지지 않을 수 있다.

이 세 가지 도의 의미를 2천5백여 년이 지난 오늘날 새롭게 해석하면 그것의 새로운 의의를 발견할 수 있다. (1)첫 번째 '도'는 우리를 천도天道의 측면에서 반성하게 하여 천지간 자연의 운행 법칙에 더욱 주목하게 함으로써 인류 중심주의로 말미암은 과도한 자연 훼손, 파괴를 멈추고 환경과 지구 생명을 더욱 중시해야 함을 일깨워준다. (2)'인도人道'의 측면에서 보면 어떻게 해야만 조화의 질서를 세울 수 있을지가 세계가 공동 노력으로 나아가야 할 발전 방향이 된다. 2007년 4월, 시안에서 개최된 국제『도덕경』포럼에서 서구 매체들은 '중국위협론'의 분위기를 끊임없이 만들어 내었다. 그러나 우리는 '세계를 조화롭게 하고 도로써 서로 통한다'라는 구호를 선포함으로써 수십 년에 걸쳐 강령으로 삼아왔던 계급투쟁을 조화를 근본으로 삼는 방침으로 전환하였는데 여기에는 시대의 한 획을 긋는 의의가 있다. 세계 질서 구축에 참여하기 전에 우리 스스로 조화롭고 질서 있는 사회를 세우는 것이 우선이다.

올해 발생한 금융 쓰나미는 전 세계를 충격에 빠뜨렸다. 중국 경제가 활기찬 성장세로 세계 금융 위기를 안정시키는 역할을 하기는 했지만 본질적으로는 세계 질서를 다시 세우려면 문화의 지혜를 빌려야 한다. 러셀이 말했던 것처럼 세계 대전 이후 거론되는 경제 문제나 군사 문제는 그 뿌리를 파헤쳐보면 결국에는 문화적인 문제로 귀결된다. 따라서 각종 위기 속에서 국제 질서를 다시 세우려면 반드시 문화 문제로 회귀하여 거기서부터 반성해야 한다.

9월경 상하이를 방문한 적이 있었는데 최근 몇 년 사이에 차량이 늘고 지하철이 건설되는 등 하드웨어적인 면에서 빠른 속도로 실질적인 성장을 일궈낸 모습을 볼 수 있었다. 그러나 운전자의 난폭운전과 승객의 안하무인 태도는 교통질서를 혼잡하게 하여 국제적인 인식 개선에 장애가 된다. 세계 박람회 개최를 앞두고 예의 있고 질서 있는 시민의 태도를 갖추는 일은 국제 대도시로서 거듭나기 위한 무척 중요한 목표이다. 이런 면에서 우리는 다른 국제도시의 질서 있는 모습을 본받아야 한다. 가까운 타이베이시를 예로 들면 차량이 질서 있게 운행되고 승객 또한 고속철도 탑승 시 알아서 줄을 서는 등 자연스럽고 질서정연하게 교통 예절이 지켜지니 이 점은 상하이시가 배울 만하다.

5-2. 노자의 '치도'에 함축된 현대적 의의

(1) 치신지도治身之道(자신을 다스리는 도)의 현대적 의의

노자는 당시 사람들이 과도하게 물질을 추구하여 본성을 잃고 있다고 여겨서 『노자』 제12장에서 '갖가지 빛깔은 사람의 눈을 멀게 하고 갖가지 소리는 사람의 귀를 멀게 하며 갖가지 음식이 사람의 입을 버려 놓는다. 말을 달리며 사냥하는 것은 사람의 마음을 미치게 만들고 얻기 어려운 재물은 사람에게 훼방을 놓는다' 五色令人目盲, 五音令人耳聾, 五味 令人口爽, 馳騁畋獵令人心發狂, 難得之貨令人行妨라고 말했다.

현실 세계를 돌아보면 사람들의 마음이 물질을 추구하는 추세가 심각해지다 못해 거의 광적인 수준에 이르렀다. 이런 점에서 오늘날 대륙에 불고 있는 국학國學 열풍은 낙관적이라고 할 수 있으며 그 열풍이 사람의 내면을 교화하는 데 상당한 역할을 하리라고 본다. 『노자』 제59장에서는 '사람을 다스리고 하늘을 섬기는데 검약만 한 것이 없다' 治人事天, 莫若嗇라고 하여 자신을 다스리고 나라를 다스릴 때 '검약'이 필요함을 강조하였다. 사람들이 아껴 보호하고 기름을 통해 학문과 교양을 함양하고 힘을 비축함으로써 '거듭하여 덕을 쌓아야만' 重積德 생명의 에너지를 축적할 수 있고 또 그래야만 '뿌리가 깊고 단단하여 오래 살고 오래 본다' 深根固柢, 長生久視라고 본 것이다. 노자는 스스로 '겉으로는 갈옷을 입고 안으로는 옥을 품었다' 被褐懷玉고 형용했다. 노자가 말한 '검약'의 지혜가 상품 문화의 조류 속에서 길을 잃은 사람들에게 생명의 내적 의미를 충실하게 채우고자 하는 자각을 불러일으키길 바란다.

(2) 치국지도治國之道(나라를 다스리는 도)의 현대적 의의

『노자』가 말한 치신治身과 치국治國의 도는 주로 다스림의 도를 논한 것으로 나라를 다스리는 위정자들을 향해 제시된 가치다. 공자가 비교적 신하로서의 도를 많이 제시했다면 노자는 거의 군주가 갖춰야 할 도를 제시했다. 소국小國에 대해서는 노자는 '소국과민小國寡民'을 통해 자처하는 도, 다시 말해 자급자족이 가능하고 방위 능력이 충분한 상태

를 갖춰야 한다고 했지만, 노자의 치국이론은 많은 부분 대국大國을 대
상으로 설계된 것이었다. 그는 대국을 향해 '고요하게 아래에 처하는以
靜爲下 자세를 요구했다.

그러나 주변을 둘러보면 오늘날 대국이 일으키는 소요와 불안은 심
각한 수준이다. 최근 몇 년간 나는 방문하는 나라마다 반미反美의 정서
가 짙게 드리워진 것을 보게 되었는데 이는 미국이 노자가 말한 '큰
것은 아래가 됨이 마땅하다' 大者宜爲下라는 이치를 이해하지 못해서 생
긴 일이다. 중국의 역사만 돌아보더라도 그렇다. 만일 중국이 수십 년
전에 '큰 나라를 다스리는 것은 작은 물고기를 지지는 것과 같다' 治大
國, 若小鮮라는 이치에 주목하기만 했어도 '문화대혁명'이라는 참사가
발생하지는 않았을 것이다. 그밖에도 노자가 '늘 사람을 잘 구하고 늘
만물을 잘 구한다' 常善救人, 常善救物 '백성의 마음을 성인의 마음으로
삼는다' 以百姓心爲心라고 한 가르침은 나라의 지도자라면 마땅히 품어
야 할 도량과 포부이다.

노자는 비록 2천여 년 전을 살았던 사람이지만 지금 시점에서 봐도
그가 당시의 시대적 병폐를 깊이 고민했음을 느낄 수 있다. 노자 철학의
지혜는 오늘날 닥친 문화적 위기를 해결할 수 있는 깨달음을 준다.

5-3. 노자가 말한 '가도可道(도라고 할 수 있다)'의 중요성

노자가 말한 본원, 근원이 되는 형이상의 도는 세상 만물과 모든 일의
유래가 되는 근본 요인을 탐구하여 현실 세계에 적용하는 데 그만의
3특수한 의의가 있다. 특히 '911' 사태 이후 2003년, 나는 가끔 이 사건이

발생하게 된 근본적인 원인이 무엇인지 고민했다. 그 뒤 미국은 '반테러'를 명분 삼아 중동을 향해 전쟁을 일으켰지만, 사실 이것은 원인과 결과가 전도된 일이라 오늘날 미국 내에서도 반성의 여론이 일고 있다.

최근 6개월 동안 나는 관련 보도의 통계 수치를 통해 지금까지 미국이 참전을 위해 쏟아 부은 돈이 자그마치 9천억 달러에서 1조 달러를 넘어섰음을 알게 되었다. 이는 이미 한국전쟁과 베트남 전쟁의 경비 총액을 넘어섰고 제1차 세계 대전 당시 미국 참전비용의 세 배에 달하는 수준이다. 그 밖에도 미국은 중동 전쟁에서 5천여 명에 달하는 군사를 잃었다.

2009년 7월 8일 「연합보聯合報」는 「뉴욕타임즈」의 칼럼니스트인 허버트Herbert가 베트남 전쟁에서 사망한 미군 군인이 6만 명에 달하였을 뿐 아니라 이로 말미암아 사망한 베트남 국민 수는 2백만에서 3백만 명에 달하였다고 한 내용을 전달하여 보도했다. 당시 국방부 장관이었던 맥 나마라도 베트남 전쟁에 대한 인식과 대응이 심각하게 잘못됐었다고 고백했고, 이 때문에 허버트는 '지역 간 정치 논리에 전혀 개념이 없던 청년들이 어째서 사람을 죽이는 기계가 되었어야만 했던가?'라고 묻지 않을 수 없었다.

여기서 나는 노자가 제30장에서 '군사로 천하에 강자 노릇을 하지 않고' 不以兵强天下라고 한 것과 제31장에서 '무릇 군대는 상서롭지 못한 것이니……살인이 많으면 비통하고 애통하며 눈물을 흘린다' 夫兵者, 不祥之器……殺人之衆, 以悲哀泣之라고 한 말을 떠올리지 않을 수 없다. '어째서 전쟁을 하는지?'에 관한 문제는 미국의 깨어 있는 지식인들 사이에서 나오는 반성의 목소리이자 전 세계의 양심 있는 지식인들이 입을 모아 제기하는 의문이기도 하다.

그러나 깨어 있는 지식인과 양심 있는 작가들의 목소리는 지나치게 미약했다. 미국이 이라크를 향해 수십여 시간 동안 최신식의 미사일 폭격을 가한 뒤, 부시가 군장을 한 채 항공모함에 올라 우쭐대는 모습을 보는 순간 나는 노자가 제31장에서 한 말을 떠올렸다.

> 전쟁에서 이기더라도 아름답게 여기지 않는다. 이를 아름답게 여기는 것은 살인을 즐기는 것이다. 무릇 살인을 즐기는 사람은 천하에 뜻을 얻을 수 없다.
>
> 兵者, 不祥之器……勝而不美, 而美之者, 是樂殺人. 夫樂殺人者, 不可得志於天下矣.

나는 어릴 적 인지능력이 생기기 시작할 무렵부터 일본 전투기가 퍼붓는 폭격을 피해 몸을 숨기곤 했던 기억이 있다. 미국으로 건너간 뒤라야 난징 대학살을 다룬 다큐멘터리를 보게 되었고 거기서 일본군이 트럭 한가득 시체를 싣고 가는 몸서리쳐지는 광경을 보게 되었다. 그리고 최근에는 1~2년에 한 번씩 일본이 야스쿠니 신사에 참배하는 내용의 신문 보도를 접할 때마다 노자가 무력을 남발하는 자를 깨우치기 위해 했던 말을 떠올리곤 한다.

'911' 사태 이후 나는 갈수록 노자가 말한 '가도可道(도라고 말할 수 있음)'의 중요성을 느낀다. 오늘날의 관점에서 '가도'는 대화와 교화教化라는 두 가지 측면에서 말할 수 있는데 노자가 보여준 무언의 가르침과 공자가 말한 교화는 상호 보완적인 관계에 있다. 특히 문화대혁명 이후에는 '대화'의 중요성이 다시금 부각되기 시작했다. '도道는 도道라고 말하면 진정한 도道가 아니다' 道可道, 非常道에서 첫 번째 '도'가 세계적인 도량을 품었다면 세 번째 '도'는 일종의 우주적인 시야를 갖는다. 두 번째 '도'는 서로 다른 국가와 문화가 기존의 대항하는 관계에서 대화하는 사이로 전환해야 함을 강조하는데 그중에서도 특히 이질적인 문화 사이의 대화를 중시한다.

나의 두 자녀도 미국에서 교육을 받은 뒤 지금은 한어판공실漢語辦公室에서 '오경五經'을 번역 중이긴 하지만, 한편으로는 문화 보급의 측면에서는 『논어』와 『노자』의 번역이 오경보다 더욱 절실할 과제라는 생각이 든다. 중학생 이상이라면 『논어』의 내용 중 일부를 선별하여 읽으면 되는데 '선별'하여 읽어야 하는 이유는 일부 시의적절하지 않은 내용이 포함되어 있기 때문이다. 이를테면 '오직 소인과 여자는 기르기 어렵다'唯小人與女子難養也라고 한 부분이 그 예다. 대학생 이상은 『노자』를 읽되 『노자』의 모든 구절을 정독하는 것이 좋다. 우리 학생들이 서양의 고전을 읽듯 외국인 역시 중국의 경전을 많이 읽어야 한다. 왜냐면 니체가 말했듯 '역사의식이 지나치게 부족하면 알프스 산 아래에 사는 사람처럼 시야가 좁아질 수 있기' 때문이다.

5-4. 결론

노자가 말한 형이상학적 도와 만물은 공상共相(공통된 본질)과 수상殊相(남과 다른 특별함)의 관계에 있다. 여기서 나는 몇 가지 중요한 명제를 통해 노자 철학의 지혜가 주는 현대적인 의의를 종합하여 설명하고자 한다.

첫째는 도법자연道法自然, 즉, 도는 스스로 그러한 자연을 본받는다는 것이다. 세계화 시대를 맞아 상호 교류가 빈번해지는 상황에서 사람들은 개개인의 자발성과 자위성, 자주성을 존중하는 법을 배워야 한다.

둘째는 도생덕휵道生德畜, 즉, 도는 만물을 낳고 덕은 만물을 기른다는 이치다. 이와 관련해서 나는 노자의 '덕德'이 특히 중요하다고 생각한다. 노자는 덕을 가리켜 '낳으면서 소유하지 않고 행하면서도 의지하지 않으며 키우되 지배하지 않는 것' 生而不有, 爲而不恃, 長而不宰이라고 하여 사람들에게 창조 의지를 발휘하고 소유의 충동을 경계할 것을 권했다. '낳고' '행하는' 것은 백성을 위해 일한다는 뜻이고 '소유하지 않고' '의지하지 않음'은 탐욕과 부패에 반대하는 의미다. 베이징 포럼 개막식에서 나는 중국 공산당 간부 학교 학생이라면 『도덕경』을 필독해야 함을 정중하게 건의했다.

셋째는 도상무위道常無爲, 즉, 도는 항상 무위하다(행함이 없다)는 말이다. 노자의 '무위無爲'는 통치자의 유위有爲(인위적인 행함)와 망위妄爲(제멋대로 행함)를 겨냥하여 제시된 개념이다. 그는 권력의 전횡이 없어져야 한다면서 강국이 약소국의 정치에 간섭하는 것을 반대하였는데 이는 세계의 질서와 조화를 이끌어내는 데 적극적인 의의를 갖는 주장이다.

넷째는 진도약퇴進道若退, 즉, 앞으로 나아가는 도는 마치 물러나는 것과 같다는 이치다. 우리가 사는 세계화 시대는 전 세계가 경쟁하는 시대이기도 하다. 노자는 앞을 향해 매진하고 위를 향해 성장하는 식의 경쟁만이 유일한 선택 방안이 아님을 알려준다. 소위 '한 발짝 뒤로 물러서 보면 더 넓은 바다와 푸른 하늘을 볼 수 있다' 退一步海闊天空라는 말처럼 노자의 변증적 사유는 우리에게 색다른 시야와 깨달음을 준다.

다섯째, 도통위일道通爲一, 즉, 천지 만물은 도를 통하여 하나가 된다는 말이다. 장자는 '아무리 엉뚱하고 이상야릇한 것이라도 도를 통해 하나가 된다' 恢詭憰怪, 道通爲一라고 하였다.

세계화의 시대로 접어든 오늘날, 세계 질서의 구축은 이 시대를 살아가는 우리에게 맡겨진 중대한 과제이다. 그렇다고 해서 그 질서가 천편일률적인 '대동大同'의 세계를 만들어서는 안 되고 강대국의 가치관만을 유일한 기준으로 삼아서도 안 되며 서로 다른 인종의 문화적 특수성을 없애버려서는 안 된다. 오히려 이질적인 문화와 대화함으로써 개별적인 특수성과 개성이 유지된다는 전제하에 서로 융합하여 크게 통하는 '대통大通'의 세계를 만들어가야 할 것이다.

위의 글은 2009년 11월 '베이징 포럼' 참석을 위한 발언문이며 훗날 팡융(方勇)이 책임편집한 「제자학간(諸子學刊)」 제4호(상하이고적출판사, 2010년 12월)에 수록되었다.

6. 도법자연道法自然과 도통위일道通爲一

오랫동안 우리는 모두 노자가 개체의 생명을 중시했음을 특히 강조해 왔다. 그러나 최근 나는 소비를 자극하는 서양의 생산 시스템으로 말미암은 각종 폐단, 즉, 개체의 개성을 무시한 획일화 경향이 공중도덕의 부재로 이어지는 문제에 주목하였다. 따라서 공통점과 특수성, 보편과 개별의 측면에서 도법자연과 도통위일의 사상을 논해보고자 한다.

6-1. 도법자연道法自然

『노자』는 제25장에서 '사람은 땅을 본받고 땅은 하늘을 본받으며 하늘은 도를 본받고 도는 스스로 그러한 자연을 본받는다' 人法地, 地法天, 天法道, 道法自然라고 라고 하였다. 러셀은 『중국의 문제』라는 책에서 개성과 자유라는 시각에서 이 화제를 논하였는데 그의 말은 이렇게 시작된다.

비록 노자, 공자는 기원전 6세기를 살았지만, 그들은 오늘날 중국인이 가진 개성적 특징을 그때 이미 갖추고 있었다……중국에서 가장 오래된 성인인 노자는 도가의 창시자다……나는 공자보다 노자의 철학에 관심이 더 많다. 그는 모든 사람과 모든 동물, 더 나아가 세계 만물이 자기만의 특정한 자연의 방식과 방법을 갖고 있다고 여겼다……장자는 오히려 그의 스승보다 더 큰 관심을 받는 인물이다. 그 둘이 제시한 철학은 자유의 철학이다.

러셀이 여기서 말한 '모든 사람과 모든 동물, 더 나아가 세계 만물이 자기만의 특정한 자연의 방식과 방법을 갖고 있다'라고 표현한 것이 바로 '도법자연'이다. 즉, 도는 자연을 따르고, 자기 존재의 활동방식에 근거해서 자유롭게 운행하며 이로써 도의 자발 정신을 구현하는 것이다. 그러나 도법자연은 단순히 개별 생명이 자족自足, 자발自發, 자위自爲하는 형태로만 나타나는 것이 아니라 전체와 개체 간의 상호 소통과 융합의 형태로도 구현된다. 사람은 땅의 도타움과 하늘의 높고 원대함을 본받고 도의 자발 정신을 따른다. 여기서 우리는 자연이란 개별 생명의 스스로 그러한 본성을 발휘하게 하는 것이고 도는 전체의 완전함이자 일종의 보편성과 공통성을 가지는 것이라고 이해할 수 있다.

도는 세상 만물과 모든 일을 탄생시킨 원류이다. '도는 하나를 낳고 하나는 둘을 낳고 둘은 셋을 낳고 셋은 만물을 낳는다. 만물은 음을 업고 양을 안아 충만한 기운으로 조화를 이룬다' 道生一, 一生二, 二生三, 三生萬物라고 하였듯이 세상 만물이 아무리 천차만별이라고 하여도 형이상학의 근원 측면에서 보면 공통의 근원인 '도'로 거슬러 올라갈 수 있다. 이와 동시에 도는 마찬가지로 세상 만물과 모든 일이 존재하게 된 본원이자, 만물이 그 자체의 특성에 근거해서 운행하게 된 근거가 되므로 도가 만물을 낳고 덕은 만물을 기른다고 했다. 비록 도가 '낳으면서 소유하지 않고 행하면서도 의지하지 않으며 키우되 지배하지 않는' 生而不有, 爲而不恃, 長而不宰 형상 없는 것이긴 하지만 도는 만물이 나고 자라며 성숙하는 과정에서 무시로 제 역할을 한다.

'도'는 지극히 크고 지극히 넓어 모든 다양성을 하나로 통섭하는 능력이 있고, 이로 말미암아 어느 한 부류만 가진 공통점이 아닌, 세상 만물이 공통적으로 가진 보편의 가치가 될 수 있었다. 일반 사물을 추상화하는 작업을 하다 보면 어떤 한 부류의 사물이 가진 공통점이나 보편적인 면만을 인식하게 된다. 그런데 그 인식조차 일정한 틀 안에 갇힌 것이라서 해당 틀 밖의 외연과 외부 사물의 개별적인 특성은 무시되곤 한다. 그러나 오직 '도'를 거치면 개별 사물의 특수성이 보장된다는 전제하에 그 전체적인 보편성까지 두루 인식할 수 있게 된다.

6-2. 도통위일道通爲一

『장자』는 만물의 스스로 그러한 본성과 개체의 특수성을 발휘해야 함을 유달리 부각해서 「대종사」에서는 도가 '어느 것에도 의지함 없이 스스로 근본으로 삼는다' 自本自根라고 했고 「재유」에서는 '만물은 저절로 생육된다' 物固自生 「추수」에서는 '만물은 저절로 변화한다' 物固自化라고 강조했다. 이를테면 「전자방」에서 '하늘이 저절로 높고 땅이 저절로 두텁고 해와 달이 저절로 밝은 것' 天之自高, 地之自厚, 日月之自明을 말하고 「추수」에서 하백河伯과 해약海若이 네 번째 대화를 통해 각 사물의 '타고난 본성이 다름殊性' '각자 가진 기능이 다름殊技'을 강조한 것이 그 예다. 가장 유명한 것은 「지락」에 나온 '노후양조魯侯養鳥'[1])의 우화인데 여기서는 개별 생명의 차이를 존중하는 것이 얼마나 중요한 의의를 갖는지 분명하게 이야기 한다.

물론 모든 개체는 천차만별의 특수성을 가지기 때문에 장자도 「변무」에서 '오리의 다리가 비록 짧아도 그것을 이어주면 걱정할 것이요 학의 다리가 비록 길어도 그것을 자르면 슬퍼할 것이다' 鳧脛雖短, 續之則憂, 鶴脛雖長, 斷之則悲[2]라고 했다. 그러나 한편으로 그는 인간이 우주와 인생 속에서 갖는 공통성에도 주목했다.

우선 장자는 인간의 본성을 두 가지로 풀이했다. 「경상초庚桑楚」에서 그는 '본성이란 생명의 바탕이다' 性者, 生之質也[3]라고 하였는데 이 명제는 고자告子가 '타고난 것이 본성이다' 生之謂性[4]라고 한 자연인성론을 따른 것으로 선악이라는 도덕 관념은 인성의 타고난 바탕이 아니라 사람이 후천적으로 사회 활동을 하는 과정에서 형성된 본성이며 이것이야말로 생명의 본질이 됨을 주장했다. 이는 사람이 가진 공통성의 측면에서 말한 것이다. 그리고 「천지」에서는 도덕론의 입장에서 성명관性命觀 (본성과 운명, 천성과 천명의 인식)을 이끌어 내었고 이로써 본성의 근원과 본체를 위해 그 형이상학적 존재의 근거를 찾아내었다.

태초에는 무無만 있었고 유有는 없었으며 이름조차 없었다. 일一이 여기에서 생겨나 일一은 있었지만 아직 형체는 없었다. 만물이 일一을 얻어서 생겨났으니 이를 덕德이라고 한다. 아직 형체가 없으나 구분이 있기는 하지만 선명하게 보이는 틈은 없으니 이를 가리켜 명命이라고 한다. 움직

---

1) '노나라 제후가 바닷새를 데려와 술과 음악, 음식으로 접대했으나 새는 슬퍼하다가 이내 죽고 맘.

2) 鳧脛雖短, 續之則憂, 鶴脛雖長, 斷之則悲.

3) 性者, 生之質也.

4) 生之謂性.

여서 만물을 낳고 만물이 이루어져 이치가 생겨나니 이를 일컬어 형形이라고 한다. 형체가 정신을 보유하게 되어 각각의 고유한 법칙을 갖게 되니 이를 일컬어 성性이라고 한다.……성性을 닦아 덕德으로 돌아가면……자연에 대한 위대한 순응에 통하게 된다.

泰初有無, 無有無名. 一之所起, 有一而未形. 物得以生, 謂之德; 未形者有分, 且然無閒, 謂之命; 留動而生物, 物成生理, 謂之形; 形體保神, 各有儀則, 謂之性.……性修反德……通乎大順.

만물이 변화하여 발전하는 과정은 무無에서 유有로의 순환이 반복하여 운행되는 과정이고 이 과정에서 덕德과 명命(운명), 형形(형체), 성性(본성)의 몇 단계를 거치게 되는데 이것이 만물의 공통성이다. 그러나 이와 동시에 장자는 '형체가 정신을 보유하게 되어 각각의 고유한 법칙을 갖게 되니 이를 일컬어 성性이라고 한다'라고 지적하였다. 도가 만물을 낳아 만물에 형체를 부여하였지만, 개별 생명은 각자의 특수성을 가지고 본성의 내용으로 삼을 수 있다. 그래서 장자는 본성을 설명할 때 본성의 보편성과 함께 그 안의 특수성도 강조했다. 「칙양」에서 '만물은 서로 그 이치가 다르지만 도는 어느 쪽에도 치우치지 않고 공평하다' 萬物殊理, 道者爲公라고 말했듯이 각 사물은 우주 속에서 그 존재만의 특수성을 가지는 한편, 도를 통해서 모든 사물이 일종의 보편성을 갖게 된다.

장자는 우주 속 모든 사물의 형상은 생기가 넘쳐흘러 각자의 능력을 드러낸다고 보았다. 각각의 존재 사이에는 비교 불가능한 차이점과 대립성이 있는데 어떻게 하면 이들을 서로 통하여 융합하게 할 수 있을까? 이 때문에 개별 생명의 가치를 밝히고 개체 간에 상호 교류하여 서로 주체가 되도록 하는 것은 장자가 한발 더 나아가 고민해야 하는 중요한 문제였다.

장자는 개별 생명의 생존 의의와 가치를 긍정하여 설명한 뒤 개체의 다양성과 큰 도의 전체성 사이의 관계를 언급했다. 그래서 「제물론」에서는 이 문제를 상세하게 다루어 '아무리 이상야릇한 것이라도 도를 통하여 하나가 된다' 恢詭憰怪, 道通爲一라고 함으로써 다양한 개체 생명이 우주라는 큰 생명 속에서 서로 통한다고 하였다. 그리고 '도를 통해 하나가 됨을 알면 자기가 옳다고 고집하지 않고 모든 것을 자연의 섭리에 맡긴다' 知通爲一, 而寓諸庸라는 말을 통해 우주라는 대 생명 가운데 무수한 개별 생명이 각자의 독특한 기능을 발휘하고 이것들이 한데 모여 다채로운 세계를 이룬다고 설명했다.

6-3. 보편과 개별의 관계와 교훈

서양에서는 처음에 '도'를 'god'으로 번역하였는데 이는 그들이 도를 조물주, 하나님과 유사하다고 여겼기 때문이다. 그러나 중국의 '도'라는 개념은 종교에서 말하는 하나님의 개념과는 다르다. 이런 면에서 서양에 비해 공자나 노자가 더욱 강한 인문정신을 함축한다고 볼 수 있다.

서양 철학에서 하나님은 창조 의지 외에도 절대성과 권위성을 갖는데 이는 도의 '현덕玄德(깊고 묘하여 드러나지 않는 덕)'과는 크게 다른 부분이다. 도라는 관념은 사물의 성장과 성숙 과정에서 '낳으면서 소유하지 않고 행하면서도 의지하지 않으며 키우되 지배하지 않는다' 生而不有, 爲而不恃, 長而不宰라고 주장한다. 반면, 서양 철학의 관념은 일종의 우상주의와 권위주의, 그리고 절대주의로 치우치는 경향이 있다. 이는 화이트헤드의 말을 빌리자면 '자연의 양극화' 'being과 nonbeing 간의 양극화'

를 만들기 쉽다. 중국철학에서 도道와 물物의 관계는 일종의 군중과 개인의 관계이자 전체와 부분, 보편과 특수의 관계여서 만물은 도로 말미암아 존재하고 도는 만물에 다양하고 특수한 개성을 부여한다.

그 밖에도 서양 철학에 비해 중국철학에서 말하는 도와 사물의 관계에는 일종의 경지설이 함축되어 있다. 이를테면 『장자』에서 '홀로 천지의 정묘하고 신묘한 작용과 함께 서로 왕래한다' 獨與天地精神相往來라고 말한 것이 그 예로 개별 생명이 우주 생명으로 흘러 들어가 내용을 확장하여 정신적 경지를 끌어올린다는 말이다. 이처럼 개체의 특수성을 보편성이라는 큰 흐름 가운데 둠으로써 특수성으로 하여금 위로 상승할 공간을 주고 변치 않는 항구한 가치를 갖게 한다는 것은 중국철학의 크고 중요한 특징 가운데 하나이며 개체의 정신과 생명, 마음의 안정에 대해 중대한 의의를 갖는다.

그래서 『회남자淮南子』「요략要略」에서는 '그러므로 도만 말하고 세상사를 말하지 않으면 세상과 어울리지 못하고 세상사만 말하고 도를 말하지 않으면 자연의 변화와 함께 노닐 수 없다' 故言道而不言事, 則無以與世浮沈; 言事而不言道, 則無以與化遊息라고 하였다. 도道와 물物 사이는 떼려야 뗄 수 없는 불가분의 관계이자 개별과 전체 간의 상호 관계이다. 이에 비춰보면 서양 철학의 현상계는 고정된 형체나 영원불변함 없이 끊임없이 변동하므로 니체도 말하기를 전 세계는 하나의 유기적 생명의 연결체라고 했다.

의식의 측면에서 개체를 특히 강조하면 개체가 이끄는 의식을 무척 두드러지게 하고 유아론唯我論, 독단론의 경향을 강하게 하여 나치주의, 민중영합주의 등이 생겨나기 쉽다. 현실 생활에서 개체의 생명이 부각되는 것은 물론 인문적 관심이 높은 탓이기도 하지만 개체만 중시할 뿐 집단과 개인 사이의 상호 포용 관계나 개체와 세계 사이의 상호 소통의 관계를 소홀히 여기는 탓일 수도 있다.

'도법자연'과 '도통위일'에 관한 토론은 단순히 만물의 생존에 관한 내재적인 근원을 탐구하고 천차만별인 만물의 탄생원인을 알아내기 위함만은 아니다. 오히려 세계화 물결의 충격 속에 살고 있는 현대인들에게 이 세상에는 역사와 문화, 생활방식이 다른 민족, 정치 제도와 사회 가치를 달리하는 국가가 수도 없이 존재함을 일깨운다. 세계적인 시야에서 볼 때 각양각색의 사람이 서로 연결되어 하나의 전체가 된다면 이 특수하고도 다양한 문화의 전달 매체를 어떻게 인식하고 인정해야 할까? 각각의 민족과 집단이 같은 마음이 되어 서로 이해한다는 토대 위에서 대화하고 소통하는 것, 즉, 장자가 말한 '도통위일'이 그 방법이 될 것이다. 이는 '이 때문에 사사로운 방법을 쓰지 않고 자연의 도에 맡긴다' 爲是不用而寓諸庸라는 말이 제시하는 중요한 과제이기도 하다.

위의 글은 '노자 - 문헌과 사상'이라는 주제의 국제 학술포럼에서 발표용으로 작성된 원고이다. 베이징대학교 국제한학가 연구기지, 2010년 9월 6일

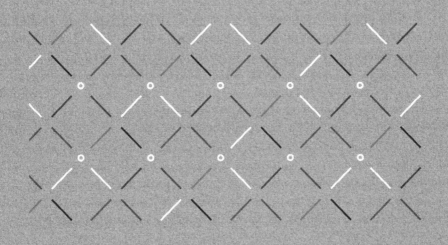

下편

노자와 장자의 인문사상

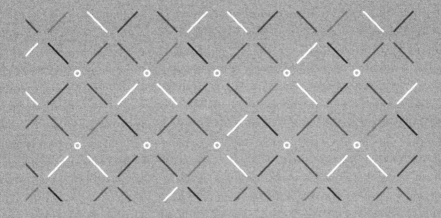

1. 도道 – 정신적 고향

노자와 공자는 같은 시대를 살면서 은주殷周 시대 이래의 문화 전통을 공동으로 계승했다. 노자의 사상은 그 자체의 창의성과 독자성도 탁월하지만, 한편으로는 이전 시대의 유산을 계승한 면도 있다. 그가 계승한 것은 공자와 마찬가지로 은주 시대 이래의 인문사상이며 그가 새로 만들어 낸 것은 형이상학의 도에 관한 이론이다. 그의 형이상의 도에는 풍부한 인문정신이 함축되어 있다. 우리는 노자와 장자가 제시한 중요한 명제, 이를테면 노자가 '도법자연'과 '낳으면서 소유하지 않고 행하면서도 의지하지 않으며 키우되 지배하지 않는다' 生而不有, 爲而不恃, 長而不宰라고 한 말을 비롯해서 장자가 '소리는 구멍이 스스로 취하는 것이지만 구멍으로 하여금 소리를 내게 하는 것은 그 무엇인가!' 咸其自取, 怒者其誰邪라고 한 말을 들어 서양에서 말하는 만물을 주재하는 하나님과 비교함으로써 노자와 장자 사상에 함축된 인문적 의의를 살펴보고자 한다.

1-1. 도의 근본성과 그 인문적 의의

중국 문화의 핵심이 되는 관념을 한 글자로 표현한다면, 혹은 중국철학의 최고 범주를 하나의 개념으로 총괄한다면, 가장 적절한 표현은 바로 '도'가 아닐까 싶다.

도는 본래 사람이 걷는 길을 의미하는 단어였지만 점차 기예나 방법, 일의 이치, 법칙, 조화, 질서 등을 뜻하는 의미로 확장되었다. 이 같은 의미는 선진先秦 제자諸子에 의해 광범위하게 사용되다가 오늘날까지 전해진 것이다. 노자가 중국철학의 창시자로 인정받을 수 있었던 것도 바로 위의 문화적 의의를 가진 '도'를 최고의 철학적 범주로 끌어올렸기 때문이다. 즉, 도를 우주의 근원이자 만물의 뿌리로 격상했기 때문이다.

'도'의 근본 의미는 훗날 장자에 의해 계승되었다. 예를 들어 『장자』 「대종사」에서 도를 가리켜 '스스로 근본으로 삼는다' 自本自根라고 한 것을 보면 장자 또한 도에 '근원'의 의의를 부여하였음을 알 수 있다. '도'를 만물의 근본으로 삼는다는 것은 노자와 장자에게 있어서 어떤 의미일까? 노자와 장자에게 도는 비단 생장의 근원이 될 뿐만 아니라, 인간사의 가치적 근원이자 인간의 모든 제도, 군왕의 하는 일의 근거가 된다. 이를테면 『노자』 제51장에서 '도는 만물을 낳고 덕은 만물을 길러주며 물物은 만물이 형체를 갖추게 하고 세勢는 만물을 이루어준다. 이런 까닭에 만물은 도를 받들고 덕을 귀하게 여기지 않음이 없다' 道生之, 德畜之, 物形之, 勢成之, 是以萬物莫不尊道而貴德라고 한 문장을 들 수 있다. 여기서 노자가 말한 '덕'은 도가 사물에 내재하도록 하는 가치적 근거이다. 『노자』 제25장에서 '뒤섞인 가운데 만물이 이루어졌으니 하늘과 땅보다 먼저 생겨났다. 고요하고도 텅 비었으며 홀로 서서 바뀌지 않고 두루 운행하며 쉬지 않으니 천하의 어미가 될 만하다' 有物混成, 先天地生,

寂兮寥兮, 獨立不改, 周行而不殆, 可以爲天下母라고 한 것도 예로 들 수 있다. 여기서는 노자가 도의 초월성을 말하는 한편 도를 '천하의 어미' 즉, 모든 가치의 원류로 바라보고 있음을 설명한다.

상술한 노자의 표현에서 알 수 있듯이 도는 물론 만물을 생성해 낸 근원이자 뿌리라는 초월성을 가지지만 더욱 중요한 것은 가치의 근원으로서 갖는 의미이다. 도가 가치의 근원이라는 말에는 도의 근본성에 함축된 인문적 의의가 묻어난다. 바꾸어 말하면 인간 사회의 제도나 조화로운 인간사도 모두 도가 구현된 결과물이다. 예를 들면 『노자』 제28장에는 '통나무가 해체되어 곧 그릇이 된다' 樸散則爲器라는 말이 나오는데 여기서 '그릇'이 인간 사회의 제도와 규범을 뜻한다면 '통나무가 해체되는' 과정은 도가 적용되어 실현되는 과정을 가리킨다. 즉, 인간 사회의 제도와 규범은 도가 실현되는 과정을 통해 이루어진 결과물이라는 말이다. 제도 외에도 조화로운 인간사 역시 도가 구현된 결과다. 『장자』 「대종사」에서는 '물고기는 강과 호수에서 서로를 잊고 사람은 도술의 세계에서 서로 잊고 산다' 魚相忘乎江湖, 人相忘乎道術라고 하였는데 여기서 '서로를 잊고 산다'라는 말은 인간사의 조화로움과 자유자재함을 가리키며 장자에게 있어서는 이것이야말로 도가 구현되는 자유자재의 경지인 셈이다.

매듭을 짓자면 노자와 장자가 말하는 도의 근본성은 두 가지 방면에서 인문적 의의를 드러낸다. 하나는 도가 인간의 제도와 인간사의 가치적 근원이 된다는 점이며, 다른 하나는 이상적인 제도와 규범, 그리고 조화로운 인간사가 바로 도가 구현되는 지점이라는 부분이다.

1-2. 도의 창조성과 그 인문적 의의

노자와 장자에게 있어서 도는 만물을 창조하는 것이지만 이 같은 창조는 지고지상至高至上의 창조력이나 주재력主宰力을 가리키는 게 아니고, 만물을 스스로 생장하여 발전하게 하는 일종의 개방적이고도 기원적인 의미로 보는 편이 낫다. 왕필은 『노자』 제10장의 '만물을 낳고生之' '만물을 기른다畜之'라는 부분을 해설하면서 '만물의 본성을 속박하지 않으며 그 덕을 막지 않는다' 不禁其性, 不塞其德라고 표현함으로써 만물을 스스로 운행하고 발전하게 하는 도의 개방성을 깊이 있게 해석했다. 그 밖에도 『노자』 제10장에서는 '행하면서도 의지하지 않으며 키우되 지배하지 않으니 이를 일컬어 오묘한 덕이라고 한다' 爲而不恃, 長而不宰, 是謂玄德라고 하였다. 소위 '행하면서도 의지하지 않고 키우되 지배하지 않는다'라는 말은 도란 만물이 자유롭게 생장하여 발전하게 할 뿐, 간섭하거나 지배하려 들지 않는다는 말이다. 도의 이 같은 특징이 바로 통치자가 백성을 대할 때 마땅히 지녀야 하는 가치인 '오묘한 덕', 즉, '현덕玄德'인 셈이다.

도가 만물이 자라는 것을 간섭하거나 지배하지 않는다는 특성은 백성을 간섭하지 않고 그들이 자연의 본성을 따라 생존하고 활동하게 한다는 정치사상에도 반영되었다. 이러한 정치사상은 노자의 무위사상이 구현된 결과물이자 도의 창조성에 함축된 가치이기도 하다. 노자는 이러한 정치사상을 거듭 언급하였다. 이를테면 『노자』 제37장에서 '도는 언제나 무위하지만 하지 못함이 없으니 후왕이 그것을 잘 지키면 만물이 저절로 교화될 것이다' 道常無爲, 而無不爲. 侯王若能守之, 萬物將自化라고 한 것을 들 수 있다. 여기서는 군왕이라면 마땅히 간섭하거나 지배하지 않고 무위하는 도의 특성을 본받아 '백성의 마음을 자기 마음으로 삼고' 以百姓心爲心 이로써 백성이 스스로 본성을 따라 생활하게끔 도와야 한다고 지적한다. 그 밖에 노자는 제57장에서 '내가 무위하면 백성이 저절로 교화되고 내가 고요함을 좋아하면 백성이 저절로 바르게 되며 내가 일삼음이 없으면 백성이 저절로 부유해지고 내가 무욕하면 백성이 저절로 소박해진다' 我無爲而民自化, 我好靜而民自正, 我無事而民自富, 我無欲而民自樸라고 했다.

'무위하고' '고요함을 좋아하며' '일삼음이 없고' '무욕하는 것'이란 군왕이 자기 뜻대로 백성을 주도하지 않는 무위사상을 가리키며 '저절로 교화되고' '저절로 바르게 되며' '저절로 부유해지고' '저절로 소박해지는 것'은 백성이 그 생명 본연의 모습과 본질을 자유롭게 펼칠 수 있게 됨을 뜻한다.

노자의 사상 가운데 도가 만물을 처음 생겨나게 했다는 말은 사실 만물이 스스로 운행하고 생장하여 발전하게 했다는 뜻인데 이러한 개방성은 바로 노자가 말한 '오묘한 덕' 즉, '현덕'을 가리킨다. 도가 만물로 하여금 스스로 운행하여 발전하게 한다는 특징을 정치로 확장하면 군왕은 백성이 그 생명 본연의 스스로 그러한 본질을 실현하게 한다는 의미로 볼 수 있다. 이처럼 간섭하거나 지배하려 들지 않는 개방적인 특성은 도의 창조성이 보여주는 인문적 의의이다. 장자에 이르러 도의 창조성은 한 단계 더 예술화 과정을 거치게 되는데 장자는 도는 살아 있는 것을 생성하며 이 살아 있는 것은 살아 있는 것을 만들어 낸다고 봤다. 그래서 『장자』「대종사」와 「천도」에서는 '온갖 형태를 다 조각하고도 기술이 뛰어난 체 하지 않는다' 刻雕眾形而不爲巧라고 하여 천지의 큰 아름다움을 드러내었다. 장자가 도에 예술적 특성을 부여한 것은 후대의 산수시와 산수화 등에 나타나는 미적 의미의 발전에 영향을 끼쳤다.

1-3. 도의 변화함과 그 인문적 의미

노자는 제25장에서 도를 가리켜 '두루 운행하며 쉬지 않는다' 周行而
不殆라고 하여 도가 두루 돌다가 처음부터 다시 시작하는 변동성을 가
짐을 설명함과 동시에('돌아가는 것이 도의 움직임이다' 反者道之動 만물
이 생존하고 발전하는 법칙을 드러내었다. 장자는 만물이 변화함에 더
욱 주목하여 『장자』「대종사」에서는 '수없이 변화하여 처음부터 일정함
이 없다' 萬化而未始有極 「지락」에서는 '만물이 모두 생성되어 변화한다'
萬物皆化라는 논점을 제시했다.

장자가 말한 '대화大化(크게 변화함)'의 관점은 한 단계 더 나아가 몇
가지 철학적 의미로 확장되는데 그중 첫째는 우주 만물은 끊임없이 변
화한다는 것이다. 이에 관해서는 『장자』「지북유」에서도 '신기한 것은
냄새나고 썩은 것으로 바뀌고 냄새나고 썩은 것은 다시 신기한 것으로
바뀐다' 神奇化爲腐朽, 腐朽復化爲神奇라고 했다. 따라서 고정적이고 정태
적이며 대립적인 가치판단과 시비是非의 구별만을 가지고 사물을 인지
하는 것은 적절치 않다.

장자는 『장자』「대종사」에서 이렇게 말했다.

> 무릇 앎은 의거하는 바가 있어야 합당할 터인데 그 의거하는 바가 유독
> 정해지지 않았다. 그러니 어찌 내가 말한 하늘이 사람이 아닌지, 내가
> 말한 사람이 하늘이 아닌지 알 수 있겠는가.
>
> 夫知有所待而後當, 其所待者特未定也. 庸詎知吾所謂天之非人乎? 所謂
> 人之非天乎?

여기서 '유독 정해지지 않았다'라는 말은 만물이 끊임없이 변화한다
는 뜻인데 이는 정태적인 인지나 이원화한 구별과는 대립하는 개념이

다. 예를 들어 하늘과 사람을 이원화하여 판단해서는 만물의 진실을 선명하게 아는 것이 근본적으로 불가능하다. 그래서 장자는 인위적인 선입견이나 편견에 대해 반성하는 관점을 보이기도 했다.

둘째, 장자의 변화관은 생명이 변화를 통찰하고 변화에 참여하며 변화에 순응하여 변화에 만족해야 한다는 관화觀化, 참화參化, 순화順化, 안화安化의 가치와 이상을 통해 삶과 죽음의 구별을 초월하는 것이다.

1-4. 도의 완전성과 그 인문적 의의

노자는 '도가 하나를 낳았다道生一'라고 했는데 여기서 '하나一'는 완전함, 전체의 의미를 갖는다. 그리고 장자도 '도는 통하여 하나가 된다' 즉, '도통위일道通爲一'을 통해 도의 완전성을 분명히 밝혔다. 그러나 노자와 비교해 봤을 때 장자가 말한 도의 완전성은 개별과 전체 사이의 조화로운 관계를 더욱 구체적으로 발전시켰다고 하겠다. 이를테면『장자』「덕충부」에서 장자는 '다르다는 관점에서 그것을 바라본다' 自其異者 視之라고 말하는 한편 '같다는 관점에서 그것을 바라본다' 自其同者視之 라는 관점을 동시에 제시한 것을 예로 들 수 있다. 즉, 다르다는 관점에서 바라보면 '간과 쓸개도 초나라와 월나라처럼 먼 사이' 肝膽楚越라는 인간적인 시각을 긍정함과 동시에 같다는 관점에서 보면 '만물이 모두 하나' 萬物皆一라는 우주적이고도 총체적인 시야를 강조한 것이다.

장자가 말한 도의 특수함과 완전성 간의 조화에 대해서는『장자』「제물론」에서 '아무리 엉뚱하고 이상야릇한 것이라도 도를 통해 하나가 된다' 恢詭憰怪, 道通爲一라고 한 부분이 가장 핵심이다. 세상 만물은 천차만별이고 사람들은 서로 대립하고 충돌, 분열, 격리되지만 '도'라는 세계에서 보면 모두 통하여 한데 모인다는 말이다. 한곳으로 모여 같게 하는 도의 대통성大通性은 『장자』「대종사」에 나오는 '좌망坐忘'의 우화에서도 '큰 도의 세계와 같아진다' 同于大通라는 구절로 다시 등장한다.

「제물론」에 나온 '아무리 엉뚱하고 이상야릇한 것이라도 도를 통해 하나가 된다'라는 말은 『장자』「칙양」에서 더 깊이 이론화되고 철학 명제의 형식을 부여받아 '만물은 서로 그 이치가 다르지만 도는 어느 쪽에도 치우치지 않고 공평하다' 萬物殊理, 道者爲公라는 말로 구체화됐다. '만물은 각각의 속성이 다르다'라는 명제는 만물의 특수한 존재 형태와 그 운행 법칙에 이론의 기초를 제공해 주었다. 그리고 '도는 그중 하나만 사사로이 사랑하지 않는다' 즉, '도는 그것의 공정함이다' 道者爲之公라는 말은 개별의 특수성을 가진 만물의 이치가 전체의 도 가운데 통합된다는 말로 도가 모든 존재를 아우르는 전체로서 갖는 의의를 설명한다.

1-5. 도의 경지와 그 인문적 의미

노자와 장자가 말한 도는 인간이 최종적으로 실현하는 삶의 경지로서의 의의를 가지며 그 경지는 천지합일天地合一의 정신을 지향한다. 노자가 제25장에서 '사람은 땅을 본받고 땅은 하늘을 본받으며 하늘은 도를 본받고 도는 스스로 그러한 자연을 본받는다'라고 한 말은 사람이 도를 본받아 도의 내적 의미를 실천하는데 이것이 생명이 이르러야 할 최종적인 경지라는 뜻이다. 장자에게 있어서 생명이 이르러야 할 곳은 '붕새가 날개를 펴듯' 자적하며 즐기는 소요逍遙의 경지이다.

그 경지에 이르려면 생명은 전환의 과정을 거듭해야 한다. 『장자』「인간세」에서 '사물의 소리를 귀로 듣지 않는' 無聽之以耳 단계에서 '마음으로 듣지 않는' 無聽之以心 단계, 그리고 다시 '기氣로 듣는' 聽之以氣 경지에 이르기까지 거듭하여 전환하는 '심재心齋'의 경지, 그리고 「대종사」에서 거듭된 '잊음忘' 끝에 이루는 '좌망坐忘'의 경지, 마지막으로 여우女偊가 거듭하여 '잊기사'을 위해 들였던 시간[1] 등은 하나같이 생명으로 하여금 최종적으로 소요의 경지, 즉, 도의 경지에 이르게 한다. 그러나 장자가 말한 도의 경지는 신앙의 숭고한 대상이나 사변적으로 탐구해야 할 절대 진리처럼 인간에게서 멀리 떨어져 있는 고고한 세계가 아니고 우리의 실제 삶 속에서 실천을 통해 도달할 수 있는 참된 경지이다. 「천하」에서는 장자의 경지를 언급하면서 '홀로 천지의 정묘하고 신묘함과 더불어 왕래하지만, 만물 위에 선 채 오만하게 흘겨보지 않고 옳고 그름을 따져 추궁하지 않으며 세속과 더불어 산다' 獨與天地精神往來而不敖倪於萬物, 不譴是非, 以與世俗處라고 말했는데 이는 장자의 경지론에 함축된 인문정신이 그대로 표현된 말이다.

---

1) 남백자규(南伯子葵)가 여우(女偊)에게 "당신의 나이는 상당히 많은데 안색은 마치 어린아이와 같은 비결은 무엇입니까?"라고 묻자 여우가 대답했다. "내가 복량기(卜梁倚) 같은 사람에게 그 비결을 알려주었는데 그는 과연 3일이 지난 뒤에 천하를 잊어버렸다. 이미 천하를 잊어버린 뒤 내가 또 그를 지켜보니 7일 후에 모든 사물을 잊어버렸다. 이미 모든 사물을 잊어버리자 내가 또 그를 지켜보니 9일이 지난 뒤에 자기의 삶을 잊어버렸다. 이미 삶을 잊어버린 이후에 아침 햇살과 같은 경지에 도달하였고 아침 햇살과 같은 경지에 도달한 이후에는 홀로 우뚝 선 도(道)를 볼 수 있었다. 홀로 우뚝 선 도를 본 뒤에는 시간의 흐름을 다 잊어버릴 수 있었고 시간의 흐름을 잊은 이후에 죽지도 않고 살지도 않는 경지에 들어갈 수 있었도다."

1-6. 결론

노자와 장자가 말한 도는 세상 만물의 생명의 근원이자 근거가 된다. 이 점은 노자와 장자가 인간 생명의 근원을 중시했음을 증명한다. 인생은 바로 이 근원에 대한 고찰과 추구가 필요하다. 마치 정판교鄭板橋가 「영죽咏竹」이라는 시에서 '청산이 소나무를 꽉 물어 놓아주지 않으니 본디 바위틈에 뿌리를 내렸네. 천 번 부딪고 만 번 때려도 오히려 굳세어질 뿐 동서남북 어느 바람에나 몸을 맡기네' 咬定靑山不放松, 立根原在破巖中. 千磨萬擊還堅勁, 任爾東南西北風라고 노래한 것처럼 말이다. 삶이 비바람의 곡절을 넉넉히 견뎌낼 뿐 아니라 좌절하면 할수록 더욱 용감해질 수 있는 것은 삶의 근원을 찾아내어 이를 붙들었기 때문이다. 노자와 장자의 생명감이 반드시 이처럼 치열했던 것은 아니지만 그 둘은 생명의 활력이 도의 생명 근원 가운데 끊임없이 이어져 계속됨을 긍정하였다.

노자는 '뿌리로 돌아감歸根'과 '운명으로 회귀함復命' 그리고 '이미 자식을 알았다면 이를 통해 다시 그 어미를 지킨다' 旣知其子, 復守其母라고 하였는데 여기서 말한 '뿌리'나 '운명', '어미'는 모두 노자가 생명의 근원을 중시했음을 반증하는 표현이다.

생명의 근원을 지향하는 것 외에도 노자와 장자의 도는 천지 만물의 끊임없는 순환, 왕복, 이전, 변화, 그리고 다원적이고도 풍성한 조화와 총체적 성질을 지향한다. 도는 이처럼 흐르고 변하면서도 조화롭고 총체적인 의미를 갖는데 사실 이것은 일종의 우주적인 시야이다.

이 같은 우주적 시야에는 개인의 자아 중심 경향이나 인류 중심주의의 이기성과 편협함이 없다. 노자와 장자의 도론道論에서 생명이란 붕새가 날개를 펴는 것처럼 무한한 광활함을 가진다. 그러나 그렇다고 해서 그 광활함이 세속을 경시하는 것은 아니고 포용하는 도량으로 나와 다름을 감싸 안고 생명을 동정하며 이를 통해 큰 어짊大仁과 더없이 자비로운至慈 인문적 배려를 드러낸다.

위의 글은 본래 「중국도교中國道敎」 2011년 제5호에 실린 내용임.

2. 중국철학에서의 도가 정신

동주東周1) 시기, 인류는 전에 없는 위기로 내몰렸지만, 선진先秦 제자諸子는 인문정신이 도탑게 쌓인 문화의 토양 위에서 인류를 해방할 도를 고민하였고 이를 통해 백가쟁명百家爭鳴이라는 사상가들의 황금기를 맞게 되었다. 당시 도가와 유가, 묵가, 법가는 천인天人 관계, 내성외왕 등의 철학 주제를 비롯해서 중中을 숭상하고 조화를 추구하는 인생 태도 등을 제시하였는데 저마다 자기만의 의견을 뽐낼 뿐만 아니라 서로의 사상을 교류하기도 하였다. 이렇게 서로 통하는 부분에 대해서는 역대 철학가들의 부연과 설명이 덧붙여지면서 세계 문명 가운데서도 중국만의 독특한 철학 정신으로 탄생하게 되었다.

다수의 중국철학 선배들이 중국의 철학 정신을 언급하였는데 이를테면 장따이녠張岱年 선생은 '중국철학의 기본 정신'을 말하면서 가장 중요한 네 가지, 즉, 천도생생天道生生, 천인합일天人合一, 인격가치人格價

---

1) 주(周)나라가 기원전 771년 견융의 난을 피해 동쪽의 낙읍으로 도읍을 옮긴 뒤 주나라를 일컫는 말.

値, 그리고 이화위귀以和爲貴를 열거하였다.[2]

그 밖에도 위둔캉余敦康 선생은 진위에린金嶽霖, 펑여우란馮友蘭, 슝스리熊十力에 이르는 세 명 철학자의 관점을 종합하여 설명하면서 "그들의 말에 따르면 중국철학의 정신은 일종의 대립에서 통일을 추구하는 정신이자 천인天人 분리에서 천인합일天人合一을 이끌어내는 정신이며 일종의 우주적 의식과 인문적 정서의 지극히 높고 밝음을 갖추어 중용中庸을 말하는 정신이다. 또한 하늘의 강건함과 땅의 유순함이 결합한 총체적인 아름다움이 넘치는 정신이다"라고 표현했다.[3]

또한 팡둥메이方東美 선생이 강단에서 중국철학 정신을 논할 때 철학의 내적 정신을 붙들어야 한다고 강조한 것도 그 예다. 그는 철학은 단순히 한 가지 노선 위에서만 발전한 것이 아니라고 지적하면서 이렇게 말했다.

중국에서는 모종의 철학 사상 체계가 성립하려면 어쨌든 형이상과 형이하가 서로 관통하여 연결되어야 하고 그 뒤 다시 형상학조차 초월하여 내적 형상학으로 발전한다. 유가에서는 제아무리 도덕적 성취가 높더라도 그것보다는 반드시 '타고난 사람다움을 실현踐形'하는 것을 더욱 중시한다. 즉, 가치와 이상을 현실 세계와 실제 인생 속에 완전하게 실현해야 한다는 말이다. 도가는 물론 상당히 초월적인 면이 있긴 하지만 가장 높은 경지에 도달하면 다시 도를 출발선으로 삼아 아래로 흐른다고 했다. 그래서 '도는 하나를 낳고 하나는 둘을 낳고 둘은 셋을 낳고

---

2) 『심령과 경계(心靈與境界)』에 수록된 장따이녠 선생의 『중국철학발전의 길과 전망』 참조. 산시사범대학출판사(陝西師範大學出版社) 2008년 129쪽.
3) 『내성외왕의 관통(內聖外王的貫通)』에 수록된 위둔캉의 『중심축으로 돌아가야 할 때─진위에린, 펑여유, 슝스리 선생의 역과 도에 관한 탐구(回道軸心時期─金嶽霖, 馮友蘭, 熊十力先生關於易道的探索)』, 쉐린출판사, 1997년, 550쪽.

셋은 만물을 낳는다' 道生一, 一生二, 二生三, 三生萬物라는 말이 나왔다. 이처럼 도가의 이상도 마찬가지로 반드시 현실의 삶과 연계되어야만 한다.[4]

선진 유가와 도가는 같은 기원에서 시작하였다가 시간이 흐르면서 각각 나뉘어 흘렀는데 대립과 교차, 회합의 과정을 거친 끝에 한위漢魏 이후 점차 중국 문화와 철학을 각각 대표하는 학파로 자리 잡았다.

위에서 말한 각 학파의 관점은 기본적으로 한漢나라와 송宋나라 이후 유가와 도가가 한데 모여 종합적으로 형성된 중국철학의 기본정신이다. 장따이녠 선생이 중국철학의 기본정신으로 열거한 네 가지를 예로 들어보면 유가와 도가에 각각 독특한 인격의 가치가 함축되어 있음을 알 수 있다. 유가는 '이화위귀以和爲貴' 즉, '조화를 귀하게 여긴다'라는 관점을 제시하였는데 이는 주로 사람과 사람 사이의 조화 관계에 주목한 것인 반면, 도가는 인화人和를 중시한 것 말고도 우주의 조화로부터 마음의 조화까지 다루었다. 각 학파가 공통으로 언급한 '천인합일天人合一' 에 관해서 말하자면 그 사상의 경지는 주로 장자에게서 시작되었다. 소위 '천도생생天道生生'[5] 사상은 공자나 맹자가 아닌 노자와 장자에 뿌리를 두었으며 '도생만물道生萬物'[6]의 관념은 노자가 먼저 제시한 뒤 뒤이어 장자가 도를 향해 '생생자生生者'라고 설명했다. 「역전易傳」에서 사용한 '생생生生'이라는 말도 장자를 직접 계승하여 나온 개념이다. 이 때문에 천도가 '생생生生'한다는 관념은 『노자』와 『장자』, 『주역』의 삼현三玄이 일맥상통하는 사상인 셈이다.

---

4) 팡둥메이 『원시유가와 도가의 철학(原始儒家道家哲學)』, 타이베이여명문화사업주식회사(臺北黎明文化事業股份有限公司), 1983년, 18쪽.
5) '하늘의 도는 살아있는 것을 낳는다.'
6) '도는 만물을 낳는다.'

여기서는 노자와 장자 사상 가운데서 도가 철학 정신의 가장 독특한 면이라고 할 수 있는 네 가지, 즉 (1)포용의 도량 (2)개성 존중 (3)제물 정신 (4)이질적인 것과의 대화에 관하여 설명하고자 한다.

2-1. 포용의 도량

춘추전국은 중국철학이 시작된 시기로 문화사적으로 선대를 계승하여 발전시킨 공자와 철학의 창시자인 노자가 함께 살았던 시대다. 춘추 시대 말경에는 노자의 현사玄思(실제를 떠난 형이상학적 공상)와 명상의 지혜가 공자의 '가르침에는 차별을 두지 않는다' 有敎無類라는 회인誨人(다른 사람을 가르침) 정신과 영향을 주고받은 끝에 마침내 중국 고대 문화철학의 서막을 열게 되었다.

노자와 공자가 사상적으로 서로의 이채로움을 발산했던 것을 볼 때마다 나는 『장자』「전자방」에 소개된 우화 하나를 떠올리게 된다. 이 우화에서는 온백설자溫伯雪子가 제齊나라로 가던 중 노魯나라에서 묵었는데 공자가 와서 뵙기를 청하였다. 처음에 온백설자는 "중국의 군자는 예의에는 밝으나 사람의 마음을 아는 데는 어둡다고 들었다" 吾聞中國之君子, 明乎禮義而陋於知人心라고 말하며 그와 만나길 원치 않았다. 이는 장자가 도가의 인물인 온백설자의 입을 통해 유가의 장점이 '예의에 밝음'에 있고 단점이 '사람의 마음을 아는 데 어둡다'라는 점을 지적한 것이다. 그러나 온백설자와 공자의 만남이 성사된 뒤 도리어 둘은 상대방을 칭찬하였다.

이 우화에서 장자는 중언重言(유명한 사람의 입을 통해 필자 자신의 말을 하는

짓)의 기법을 통해 '공자가 노자에게 예를 묻는'7) 광경을 묘사하였다. 이는 공자와 노자, 이질적인 대상 간의 만남과 대화를 통해 포용과 관용의 정신을 표현한 것으로 이 같은 시도는 중국철학 역사상 최초라고 할 수 있다.

『장자』「천하」에서는 노자 사상의 풍격을 서술하면서 노자가 '언제나 만물을 너그럽게 대하고 남에게 모질게 대하지 않으니 궁극에 도달하였

---

7) 공자와 노자 간의 만남에 관한 역사적 사실은 선진 시대의 고서에 여러 차례 기록된 바 있다. 『장자』외에도 유가의 전적인 『예기(禮記)』「증자문(曾子問)」에는 네 차례에 걸쳐 기록되어 있으며 『여씨춘추』「당염(當染)」편에도 '공자가 노자에게서 배웠다(孔子學於老子)'라는 표현이 나온다. 우화의 내용은 이렇다. 온백설자가 제(齊)나라로 가는 길에 노(魯)나라에 숙박하였다. 노나라 사람 중 만나기를 청하는 이가 있었는데 온백설자는 말했다. "안 된다. 내가 들은 바로는 중국(노나라)의 군자는 예의에는 밝지만 인간의 마음을 헤아리는 데는 서투르다고 하니 나는 만나고 싶지가 않다." 제나라로 갔다가 돌아오는 길에 또 노나라에 들렀더니 앞서 그 사람이 만나기를 다시 청해 왔다. 온백설자는 말했다. "먼젓번에도 나를 만나자고 청해 왔고 이번에도 나를 만나자고 청해 왔으니 이는 반드시 나를 깨우쳐 주려는 모양이구나." 그러고는 나가서 그 사람을 만나고 들어오더니 탄식했다. 이튿날도 그 사람을 만나고 들어오더니 탄식을 했다. 이것을 보고 종이 물었다. "매번 손님을 만나시고 오실 때마다 반드시 들어와 탄식하시니 어찌 된 일입니까?" 온백설자가 말했다. "내가 전에도 '중국의 사람은 예의에는 밝지만 인간의 마음을 헤아리는 데는 서투르다'라고 말하지 않았느냐. 어제부터 나와 만난 자는 나아갔다가 물러섬이 하나하나가 곱자와 그림쇠로 잰 듯이 법도에 맞고 침착하고 의연하면서도 자유자재한 모습은 마치 용이나 범과 같았다. 또 나를 간하는 것은 자식이 아비를 대하듯 했고 나를 타이르는 것은 아비가 자식을 대하듯 했다. 그래서 탄식한 것이다." 이번에는 공자가 온백설자를 만나고 왔지만 한마디도 하지 않았다. 자로가 이상히 여기고 물었다. "선생님은 온백설자를 꽤 오래전부터 만나고 싶어 하지 않으셨습니까? 그랬건만 막상 만나고 오시고도 아무 말씀도 하지 않으시는 것은 어째서입니까?" 공자가 대답했다. "그분 같은 인물은 도를 갖추고 있음을 한눈에 알 수 있었노라. 그러니 말을 할 필요가 없다."

다고 할 만하다!' 常寬容於物, 不削於人, 可謂至極라고 하여 그를 높였다. 전국시대 말기 『여씨춘추』「귀공貴公」에서는 '천하는 한 사람의 것이 아니라 하늘 아래 사는 모든 사람의 것이다' 天下非一人之天下也, 天下之天下也라는 획기적인 주장을 하였고 노자의 포용적이고 위대한 '지공至公(지극히 공정함)' 정신을 크게 칭찬했다. 또한 '활을 잃은 초나라 사람'8)에 관한 고사를 들어 노자와 공자의 도량을 논하고 둘이 가진 관대함의 차원이 다름을 세밀하게 지적했다. 즉, 공자는 나라와 종족을 초월하는 시야를 가졌다면 노자는 천지를 품는 도량이 있었음을 드러낸 것이다.

노자는 '포용'과 '공정'의 정신을 주장하면서 상도常道를 이해하고 단단히 지켜야만 모든 것을 포용할 수 있으며 모든 것을 포용해야만 도량이 넓고 공평하며 도량이 넓고 공평해야만 만물에 두루 미칠 수 있다고 하였다.9) 그는 또한 성인聖人은 자신의 의견을 고집하지 않고 백성의 의견을 자기의 의견으로 삼으며 선한 사람에 대해서는 선한 사람으로 대하고 선하지 않은 사람에 대해서도 선한 사람으로 대해야만 사람들로 하여금 모두 선함을 지향하게 할 수 있다고 했다. 그리고 신뢰를 지키는 사람도 믿고 신뢰를 지키지 않는 사람도 믿음을 가지고 대해야만 사람들로 하여금 믿음을 지키게 한다고도 했다.10) 이는 모두 백성을 향한

---

8) 『여씨춘추』「귀공」: '형인(荊人 : 초나라 사람) 가운데 활을 잃은 자가 있었는데 웬일인지 그것을 찾으려 하지 않고 도리어 이렇게 말했다. "형인이 잃었다면 또 다른 형인이 얻을 터인데 무엇 하러 찾겠는가?" 공자가 그 말을 듣고 말했다. "'형(荊)'자를 뺐다면 좋았을 것을." 노자가 이 말을 듣고 말했다. "'인(人)'자를 빼도 되었을 것을" 그러므로 노자가 가장 공정하다.(荊人有遺弓者, 而不肯索, 曰 : 荊人遺之, 荊人得之, 又何索焉? 孔子聞之曰 : 去其 "荊"而可矣. 老聃聞之曰 : 去其 "人"而可矣. 故老聃則至公矣)

9) 『노자』제16장 : '항상한 도를 알면 포용하게 되니 포용하면 공정하게 되고 공정하면 두루 미치지 않음이 없게 된다.(知常容, 容乃公, 公乃全)

노자의 너그러운 동정심과 애정에서 우러나온 말이다.

포용과 공정을 향한 노자의 정신은 그의 도량 넓고 포용력 있는 사상의 인격에서 비롯된 것이다. 『노자』 제16장에서 '강과 바다가 모든 골짜기의 왕이 될 수 있는 것은 아래에 잘 머물기 때문이다' 江海之所以能爲百谷王者, 以其善下之라고 했듯이 관용과 겸손한 수용은 바로 노자가 가장 모범으로 삼았던 인격의 기개이다. 노자의 강과 바다와 같은 도량, 그리고 개의치 않고 물러나 자신을 기르며 평온함 가운데 깊은 뜻을 탐색하는 가운데 보인 소박하면서도 성실한 인격적 특징은 후세에 광범위하고도 심원한 영향을 끼쳤다.

노자가 품은 넓은 도량은 이전 시대에는 볼 수 없었던 우주적인 시야에서 비롯하였다. 노자의 사상과 시야에서 가장 특출난 점 두 가지를 들자면 하나는 그가 최초로 만물의 존재 근거를 '도'에서 찾았다는 점이다. 그의 도론 가운데 우주생성론과 본체론은 역대 철학가들에 의해 계승되어 발전되었다.[11]

또 다른 특출난 점은 바로 노자가 '서로 대립하면서도 서로 이루어주

---

10) 『노자』 제49장 : '성인은 고정된 마음이 없으니 백성의 마음을 자신의 마음으로 삼는다. 뛰어난 자에 대해서는 나는 그를 뛰어난 사람으로 대하고 뛰어나지 않은 사람에 대해서도 마찬가지로 나는 그를 뛰어난 사람으로 대하니 이것이 덕 있는 자의 뛰어남이다. 믿음직한 사람에 대해서는 나는 그를 믿고 믿음직하지 못한 사람에 대해서도 나는 그를 믿으니 이것이 덕 있는 자의 믿음이다.(聖人無常心, 以百姓心爲心. 善者, 吾善之; 不善者, 吾亦善之; 德善. 信者, 吾信之; 不信者, 吾亦信之; 德信)

11) 장따이녠 선생이 '전국시대 초반에서 청(淸)나라에 이르기까지 '도'는 모두 중국철학의 가장 높은 범주였는데 이 가장 높은 범주는 노자가 제시한 것이었다. 그러므로 노자가 중국철학 역사상 가장 숭고한 역사적 지위를 갖는다는 주장은 긍정되어야만 한다'라고 한 말을 참조. 『중국철학 역사에서 노자의 지위에 관하여 논함(論老子在哲學史上的地位)』『심령과 경지』 187쪽.

는相反相成' 변증 사상을 체계적으로 활용했고 이를 통해 인류의 시야를 확장하고 사람들의 사고 수준을 심화하였다는 점이다. 노자는 세상사는 반복하여 교차, 변화하고 대립하는 면이 늘 상호 운행한다고 보았다. 그래서 『노자』 제58장에서는 '화는 복이 기대는 곳이요, 복은 화가 숨어 있는 곳이다' 禍兮福之所倚, 福兮禍之所伏라고 했다. 노자의 이러한 경험적 지혜는 우리가 인생의 역경을 이겨내고 부담을 떨쳐내는 데 도움을 준다.

노자는 사물의 앞면은 뒷면의 요인을 감추고 있다고 하였는데 이러한 양면적 사유는 단편적으로 사고하려는 습성을 없애는 데 도움이 된다. 노자의 역방향 사유는 사물의 드러나는 모습에서부터 숨겨진 면까지 통찰할 수 있게 하고 겉으로 보이는 구조에서부터 심층적인 속 구조까지 꿰뚫어 보게 하여 사람들로 하여금 전대미문의 다차원적인 사유 영역을 열게 했다.

개방적이고 폭넓은 사유와 관용의 도량은 서로 연결된 관계이다. 노자의 역발상 사유와 양방향 사고는 『장자』에서 한 층 더 발전된 모습을 보인다. 이를테면 「제물론」에서 '모든 존재는 저것 아닌 것이 없으며 모든 존재는 이것 아닌 것이 없다. 저것의 입장에서는 안 보이지만, 이쪽의 입장에서 보면 알게 된다. 이런 까닭에 저것은 이것에서 나오고 이것은 저것으로 말미암는다. 이것이 바로 저것과 이것이 상호 관계 속에서 성립한다는 설이다' 物無非彼, 物無非是. 自彼則不見, 自是則知之. 故曰彼出於是, 是亦因彼. 彼是方生之說也라고 한 말을 들 수 있다. 장자는 모든 사물은 서로 기대고 함축하는 양방향의 관계에 놓여 있다고 여겨 독단론과 절대주의에 대한 반대를 기초로 노자의 상대성 사상을 더욱 광범위하게 발전시켰다.

장자와 맹자는 끊임없이 이어지는 전화戰火 속에서 백성이 도탄에 빠졌던 전국시대 중반, 동시대를 살았던 인물들이다. 그들은 각자 독특한 형태의 심학心學을 구축하여 생명에 대한 관심과 배려를 주제로 삼았던 시대사조를 한데 결집했다. 그러나 두 사람은 다른 사상을 관용하는 면에서 선명한 대비를 이루었다. 장자는 노자의 '포용'과 '공정'의 정신을 계승하여 '모든 구멍이 성난 소리를 내뱉지만萬竅怒呺' '불어대는 소리가 일만 가지로 갖지 않으며吹萬不同' '명철한 인식으로 판단하는 것보다 나은 것이 없다莫若以明'라는 개방적인 마음을 강조하여 여러 사상가의 서로 다른 주장을 관용하고 받아들이는 태도를 보였다.

반면, 맹자는 위도衛道 즉, 통치적 지위를 갖는 사상 체계를 수호하는 데 급급하여 '무의, 무필, 무고, 무아毋意, 毋必, 毋固, 毋我, 즉, 자기 뜻대로 하려는 자의가 없고 기필코 해야 한다는 생각이 없으며 강행하려는 고집이 없고 사사로움이 없다는 공자의 겸허한 정신을 계승하지 못하였다. 거기다 『논어』「위정爲政」편에 나온 '이단에 주력하면 해로울 뿐이다'攻乎異端, 斯害也矣라는 말을 확대해석한 나머지 양주楊朱나 묵적墨翟 등이 속한 다른 학파를 맹렬히 비판하는 등12) 자신과 다른 학파를 관용하는 도량을 보여주지 못하였다.13)

---

12) 『맹자』「등문공(滕文公)」: '양주와 묵적의 학설이 천하에 가득 차서 천하의 학설이 양주에게 돌아가지 않으면 묵적에게 돌아갔네. 양씨는 자기만을 위한 위아설(爲我說)을 주장했으니 이는 임금을 무시하는 것이요, 묵씨는 똑같이 사랑하는 겸애설(兼愛說)을 주장했으니 이는 아버지를 무시하는 것이다. 임금과 아버지를 무시하는 것은 금수이다.(楊朱、墨翟之言盈天下; 天下之言不歸楊則歸墨. 楊氏爲我, 是無君; 墨氏兼愛, 是無父也; 無父無君是禽獸也)

13) 장따이녠 선생은 맹자가 자신과 다른 이를 배척하는 태도에 대해 일찍이 비판하여 '맹자는 양주와 묵적을 배척하고 그들이 임금도, 아비도 없는 금수라고 욕함으로써 편협한 태도를 보였다'라고 하였다.(『맹자와 장자에게서 보는 학파논쟁(從孟、莊看學派論爭)」, 『심령과 경계』 278쪽 참조) 팡둥메이 선생도 맹자를 향해 '학술적인 입장을 떠나서 양주와 묵적의 잘못을 지적하고

맹자가 자신과 다른 의견을 배척한 것은 훗날 한유漢儒(한나라 유학자)가 '다른 사상은 물리치고 오로지 유학만을 숭상한다'罷黜百家, 獨尊儒術라고 목소리 높이는 데 영향을 끼쳤고, 훗날 동중서董仲舒는 다양한 사상의 발전을 억누르는 문화 전제 정책을 발표하였다. 그러나 다른 한편에서는 회남왕淮南王 유안劉安이 노자와 장자의 관용하는 도량을 계승하여 여러 사상가가 경진하게 함으로써 누구나 사상을 자유롭게 펼칠 길을 열어주기도 했다. 그래서 회남왕은 『회남자』「태족훈泰族訓」에서 '하늘은 한때에만 머물지 않고 땅은 한 가지 이로움에만 그치지 않으며 사람은 한 가지 일에만 구애되지 않는다. 그러므로 하는 일에 실마리를 많이 두지 않을 수 없고 나아가는 데 방법을 달리하지 않을 수 없는 것이다. 오행은 기가 다르지만 모두 적절히 조화하고 육예는 과목이 다르지만 모두 도를 함께 한다'天不一時, 地不一利, 人不一事, 是以緒業不得不多端, 趨行不得不殊方. 五行異氣而皆適調, 六藝異科而皆同道라고 하였다. 반면, 동중서는 『대책삼對策三』에서 '여러 육예의 과목과 공자의 학술에 들어 있지 않은 것들은 모두 그 도를 막아서 나오지 못하게 하여야 한다'諸不在六藝之科, 孔子之術者, 皆絶其道, 勿使並進라고 선포하였다. 정면으로 대립하는 이 두 사상은 유가와 도가 사이에 자주 보이는 문화 일원주의와 문화 다원론이 서로 교차하여 병립하여 나아가는 길을 열었다.

한漢나라 때 도가가 펼쳤던 광활했던 학풍은 위진魏晉 시기에 이르러

임금도 아비도 없다고 질책하였으며 홍수와 맹수에 빗대었다. 사실 묵가의 사상은 종교적인 면이든 철학이나 학술적인 면이든 모두 중요한 성과가 있는 데도 맹자는 일거에 그들의 가치를 말살했다……맹자에게는 호연지기가 있지만 관용하는 마음은 부족하여 중국 학술사상 '도통(道統)' 관념이라는 악례를 창시한 사람이다.'(『신유가18강의(新儒家十八講)』여명문화사업주식회사, 2004년, 42쪽.)

신新 도가에 의해 발양되었다. 정시正始 연간에 왕필은 유가의 경학이 붕괴하고 제자학이 흥기하는 새로운 시대를 맞아 황로黃老 도가의 '수도동귀殊途同歸(길은 달라도 이르는 곳은 같다)'의 뜻을 계승[14], '득의망언得意忘言(뜻을 깨달았으면 말은 잊는다)'의 해석법을 제시하여[15] 『주역』과 『노자』 『장자』의 삼현三玄을 융합하고 공자와 노자가 서로 통하는[16] 광활한 학술적 시야를 보여주었다. 삼현의 깊고 풍성한 사변적이고도 추상적인 철학 사유로 말미암아 수많은 역대 철학가가 삼현이 제시한 논제와 사상 관념, 방법을 빌려 각자 이론의 주춧돌로 삼았다.

노자와 장자에서 왕필에 이르기까지 관용의 도량이 만들어 낸 넓고 탁 트인 학문의 풍격은 이질 문화인 불교학이 중원中原[17]에 순조롭게 정착하게 하였고 그 뒤 송유宋儒(송나라 유학자) 또한 불교와 도교의 형상

---

14) 왕필은 『노자지략(老子指略)』에서 법가, 명가, 유가, 묵가, 잡가 등 각 사상가의 장점과 단점을 언급하면서 『주역』「계사전(繫辭傳)」과 사마담의 『논육가요지(論六家要指)』의 취지를 계승하여 '길이 비록 다를지라도 반드시 그 귀결은 같게 하고 생각이 비록 다를지라도 반드시 그 이르는 곳은 균일하게 한다(途雖殊, 必同其歸; 慮雖百, 必均其致)'라고 하였다.

15) 왕필은 『주역약례(周易略例)』「명상(明象)」에서 '말로 상을 파악한다(尋言觀象)' '상으로 뜻을 찾는다(尋象觀意)' '상을 얻었으면 말은 잊는다(得象忘言)' '뜻을 얻었으면 상은 잊는다(得意忘象)' 등의 명제를 제시했다. 그 가운데 '뜻을 얻었으면 상은 잊는다'는 왕필이 경전을 풀이하고 자기만의 철학 체계를 구축하는 표현방법이다. 졸문『득의망언의 표현방법에서부터 계보학 방법에 이르는 응용(拙文從得意忘言的詮釋方法到譜系學方法的應用)』, 『중국철학과 문화(中國哲學與文化)』제5호, 2009년, 3~27쪽 참조

16) 왕필 『논어석의(論語釋疑)』: '도는 무(無)를 일컬으며 통하지 않음이 없고 연유하지 않음이 없다.(道者,無之稱也,無不通也,無不由也)'라고 한 부분이 그 예다. 러우위례(樓宇烈)의 『왕필집교석(王弼集校釋)』 624쪽 참조, 타이베이 화정서국, 1992년.

17) 지리학적으로는 중국 문화의 발상지인 황하(黃河) 중상류의 남북 양안(兩岸) 지대를 지칭하는 말이지만 중화(中華)의 중심이자 중국을 의미하는 말로 쓰임.

학 이론을 통해 우주 본체론을 구축할 수 있었다. 그래서 당나라와 송나라 이후 유가, 불가, 도가는 병존과 교차, 융합을 통해 '도'를 중심 사상18)으로 삼는 철학사를 형성할 수 있었다.

2-2. 개성 존중

중국철학사에서 중심 사상이 된 노장의 도가 품은 자주성과 자발성, 그리고 관용과 공평의 정신은 경험적인 세계에 적용되고 실현될 때 비로소 현실 삶에서 활동하는 철학 이론의 근거가 된다. 그래서 유가와 묵가가 사회생활을 강조할 때 이와 동시에 노자와 장자의 개성 자각, 독립 정신 또한 시대가 필요로 하는 외침이 되어 천고에 울려 퍼지게 되었다.

관용과 자유, 평등과 교류, 개성 존중이 삶 속 공공정신으로 자리 잡은 지금, 노자와 장자가 경전에서 언급했던 생명은 끊임없이 우리를 향해 새로운 의의를 방출해내고 있다. 러셀은『중국문제』에서 개성과 자유의 시각에서 노자의 '도법자연'을 이렇게 설명했다.

---

18) 진위에린(金嶽霖)『도를 논하다(論道)』: '모든 문화권에는 그 기저에 중심 사상을 가지고 있고 모든 중심 사상에는 그 기저에 가장 숭고한 개념, 가장 기본적인 동력이 있다……중국의 저변에 깔린 중심사상은 아마도 유가, 도가, 묵가가 겸하여 이루어진 것이 아닐까 싶다.' '중국 사상에서 가장 숭고한 개념은 아마도 '도'일 것이다. 소위 도를 행하고, 도를 닦으며 도를 얻는다는 것은 모두 도를 최종 목표로 한다. 사상과 감정의 양쪽 방면을 이루는 가장 기본적인 원동력은 마찬가지로 '도'일 것이다.'(상무인서관, 1985년, 15~16쪽.)

노자, 공자는 비록 기원전 6세기를 함께 산 사람들이지만 그들은 오늘날 중국인이 갖고 있는 개성적 특징을 이미 갖추고 있었다……중국 최초의 성인은 노자이며 그는 도가의 창시자이다……나는 그의 철학을 공자와 비교하는 것에 흥미가 있다. 그는 모든 사람과 모든 동물, 더 나아가 세계 만물이 모두 자기만의 특정한 자연의 방식, 방법을 가지고 있다고 여겼 다……장자는 그의 스승에 비해 더욱 흥미로운 인물이다. 그들이 제시한 철학은 자유의 철학이다.[19]

러셀이 '모든 사람은 자체의 특정한 방식을 가진다'라고 한 말은 바로 노자가 말한 '도법자연'의 뜻과 통한다.[20] '도법자연'은 스스로 그러한 자연을 따르는 것일 뿐 아니라 스스로 존재하는 활동방식을 준행하는 것이다. 그 자체에 존재하는 방식에 근거해서 자유롭게 운행하는 것, 그것이 바로 도의 자발 정신을 구현하는 것이다. 원문을 통해 『노자』가 표현하고자 했던 중요한 의의를 살펴보자.

도가 크고 하늘이 크며 땅이 크고 사람 또한 크다. 우주 안에 네 가지 큰 것이 있는데 왕 또한 그 가운데 하나의 자리를 차지한다. 사람은 땅을 본받고 땅은 하늘을 본받으며 하늘은 도를 본받고 도는 스스로 그러한 자연을 본받는다.(『노자』 제25장)

道大, 天大, 地大, 人亦大. 域中有四大, 而王居其一焉. 人法地, 地法天,

---

19) 러셀 『중국문제』 친위에(秦悅) 역. 쉐린출판사(學林出版社), 1996년, 148~149쪽.

20) 졸문 『도가의 인문정신』에서 '도법자연'에 대하여 이처럼 풀이한 바 있다 : '노자가 말한 도법자연은 바로 하상공(河上公)이 말한 '도성자연(道性自然 : 도의 본성은 스스로 그러한 것이다)'이다. 소위 '도성자연'이란 장자의 관점 을 빌린 것으로 도는 그 자체가 근본이고 뿌리이며 스스로 하고 스스로 이 룬다는 말이다. 이로써 도성자연은 도의 자주성, 자위성, 그리고 사람이 도를 본받는다는 자연성을 천명하고 인간에 내재된 고유의 자발성, 자유성을 발휘 한다.' 『도가문화연구(道家文化研究)』 제22편, 싼렌서점, 2007년, 75~123쪽.

天法道, 道法自然.

　원문에서 노자는 두 가지 중요한 내적 관점을 제시했다. 그중 하나는 노자가 사람의 지위를 우주의 네 가지 큰 것 가운데 하나로 격상했다는 점인데 이는 사상사에서 전례가 없는 획기적인 사고이다. 다른 하나는 노자가 사람으로 하여금 땅의 도타움과 하늘의 고원함, 그리고 도의 자주적이고 자위적인 정신을 본받게 하였다는 점이다. 이 두 가지 관점은 서양 종교가 하나님의 절대적인 권위를 높이고 사람을 그 피조물로 여기는 모습과는 대비되며, 인문사상 발전 역사에서 노자가 갖는 특수한 의의를 더욱 부각시킨다.

　도와 만물의 자발 정신을 밝히는 측면에서 노자는 한발 더 나아가 이렇게 말한다.

> 도가 높고 덕이 귀한 것은 대저 누가 명령하지 않아도 항상 자연스럽게 그렇게 된다. 그러므로 도는 만물을 낳고 덕은 만물을 기르며 자라게 하고 기르며 형체를 만들어주고 바탕을 이루어주며 먹을 것을 주고 덮어준다. 낳으면서도 소유하려 하지 않고 행하면서도 의지하지 않으며 키우되 지배하지 않으니 이를 일컬어 오묘한 덕이라고 한다.(『노자』 제51장)
>
> 道之尊, 德之貴, 夫莫之命而常自然. 故道生之, 德畜之; 長之育之; 亭之毒之; 養之覆之. 生而不有, 爲而不恃, 長而不宰, 是謂'玄德'.

　상술한 원문에서 노자는 세 가지 중요한 철학적 의미를 제시했다. 첫째는 도와 덕이 높고 귀한 것은 도가 이 세상에 창조의 기능을 발휘하고 덕은 기르는 역할을 다 했기 때문이라는 관점이다. 둘째로 노자는 도를 높임과 동시에 덕을 귀하게 여기는 사상을 제시했다. 덕을 귀하게 여긴다는 것은 개인의 의식이 중시된다는 의미이며 이 덕은 '낳으면서

도 소유하려 하지 않고 행하면서도 의지하지 않으며 키우되 지배하지 않는' 정신을 갖는다. 그래서 노자는 이러한 덕을 가리켜 '오묘한 덕'이라고 칭찬하면서 개체의 독특성을 높이 샀다. 셋째, 노자는 도의 '명령하지 않음' 즉, 만물을 간섭하지 않고 스스로 행하도록 맡기는 특성을 제시했다. 도의 '명령하지 않는' 정신은 서양 종교 철학에서 말하는 '절대명령'과 선명한 대비를 이루어 도가의 인문정신을 가장 극명하게 드러내 준다. 노자의 '도법자연'에서 장자의 '만물수리萬物殊理(만물은 서로 그 이치가 다르다)' (『장자』「칙양」)에 이르는 이 중요한 명제들은 개체에 특유의 존재 방식을 부여함으로써 철학 이론을 든든하게 뒷받침한다. 노자가 개체의 자유자재한 활동을 주장하며 제시한 '자연自然' '자화自化' 등의 사상은 훗날 장자에 이르러 더 크게 발전하게 된다.

장자는 『장자』「대종사」에서 도의 '자본자근自本自根(어느 것에도 의지함 없이 스스로를 근본으로 삼는다)'을 강조하고 「재유」에서는 '물고자생物固自生(만물은 저절로 생육된다)', 「추수」에서는 '물고자화物固自化(만물은 저절로 변화한다)'를 제시했다. 『장자』는 만물의 스스로 그러한 본성과 개개인의 특수함을 발휘해야 한다고 각별히 강조하였다. 이를테면 「전자방」에서 '하늘이 저절로 높고 땅이 저절로 두텁고 해와 달이 저절로 밝은 것' 天之自高, 地之自厚, 日月之自明, 그리고 「추수」에서 하백河伯과 해약海若이 네 번째 대화에서 각 사물의 '타고난 본성이 다름殊性' '각자 가진 기능이 다름殊技'을 강조한 것이 그 예인데 무엇보다 유명한 것은 「지락」에 나온 '노후양조魯侯養鳥'의 우화21)이다. 여기서는 개별 생명의 차이를

---

21) 『장자』「지락」: '옛적에 해조(바닷새)가 노나라 교외에 날아와 머물러 있었는데 노나라 제후가 맞이하여 묘당에서 주연을 베풀고 옛 음악을 연주하며 태뢰의 음식을 갖추어 요리상을 차려내었다. 그런데 새는 눈이 어질어질하고 걱정과 슬픔에 감히 한 점의 고기도 먹지 않고 한 잔의 술도 마시지 않다가

존중하는 것이 얼마나 중요한 의의를 갖는지 분명하게 설명한다.

　도가의 개성 존중과 주체성 수립, 그리고 상호 주체가 된다는 주장에
이르기까지, 이 모든 것은 장자의 사상에서 유달리 강조되는 부분이다.

2-3. 제물정신

　『장자』「소요유」에서 주체성과 자유를 강조했다면 「제물론」에서는
개체를 존중하고 주체성을 세우며 상호 주체가 되는 부분에 관해 설명
했다. 소위 '제물齊物'은 같지 않은 가운데 같음, 특수함과 다름 속에서
하나로 통하는 부분을 구하는 것이다. 물론 도가는 개인을 중시하는 면
이 강하긴 하지만[22] 전체적인 협동 관계도 마찬가지로 중시한다. 「제물
론」에서 말하는 삼뢰三籟는 천뢰天籟, 지뢰地籟, 인뢰人籟가 내는 서로
다른 소리가 한데 모여 하나의 조화로운 대악장이 연주되는 것이다.

　「제물론」의 주제는 만물이 평등하다는 생각을 밝히는 데 있다. 예로

　사흘 만에 죽고 말았다. 이는 노나라 임금이 자신을 기르는 방법으로 새를
　기르려 했을 뿐, 새를 기르는 방법으로 해조를 기르지 않았기 때문이다. 무
　릇 새를 기르는 방법으로 새를 기르는 사람은 마땅히 깊은 숲 가운데 그를
　깃들게 하고 너른 들판에서 날게 하며 강과 호수에 떠다니게 하고 미꾸라지
　나 피라미를 먹게 하며 같은 부류의 새들을 따라다니다가 함께 머물게 하는
　등 있는 그대로 만족스럽게 지내게 해야 한다.(昔者海鳥止於魯郊, 魯侯禦而
　觴之於廟, 奏九韶以爲樂, 具太牢以爲膳. 鳥乃眩視憂悲, 不敢食一臠, 不敢
　飲一杯, 三日而死. 此以己養養鳥也, 非以鳥養養鳥也. 夫以鳥養養鳥者, 宜
　棲之深林, 遊之壇陸, 浮之江湖, 食之鰍鰷, 隨行列而止, 委蛇而處)

22) 펑여우란 『삼송당전집(三松堂全集)』제4권, 허난인민출판사(河南人民出版社),
　　2000년, 90쪽.

부터 지금까지 '자유'와 '평등'은 늘 인류가 추구하고자 하는 이상적인 지향점이 되어 왔는데 장자도 「추수」에서 '도의 관점에서 보면 만물에는 귀하고 천함이 없다' 以道觀之, 物無貴賤라고 하였다. '만물에는 귀천이 없다'라는 것은 인간 정치와 사회 속 등급 차이의 관념을 깨뜨리고자 제시된 말이다. 이러한 이상은 오랜 전제정치 체계와 종법 봉건제도 역사의 진행 과정에서 늘 사람의 마음을 설레게 했다. 청나라 말 중화민국 초기, 이 같은 생각은 당대의 막을 수 없는 인문 사조가 되어 '자유' '민주'라는 사상 관념을 불러들였고 이와 동시에 그것들을 노장의 모체 문화와 결합하는 데 주력하였다. 장태염章太炎은 「제물론」에서 '평등'의 사상을 찾아내어 도가와 결합하였다. 이처럼 「제물론」은 자유와 평등의 요소를 함축하고 있을 뿐 아니라 우리는 그 안에 함축된 수많은 당대의 철학 문제, 이를테면 보편과 특수의 문제를 비롯해서 현실 생활 속 군중과 개인의 관계 문제를 발견할 수 있다.

「제물론」의 취지는 앞장에서 이미 서술하였으므로 여기서는 '제물' 정신을 두 가지 방면에서만 설명한다. 하나는 '제齊(같음)'와 '부제不齊(같지 않음)'의 문제이고 다른 하나는 특수함과 보편, 전체와 개인의 문제이다. 간략하게 서술한다.

(1) 제(齊)와 부제(不齊)의 문제

맹자는 농가農家의 관점을 비판하면서 일찍이 '만물이 똑같지 아니한 것이 만물의 실정이다' 物之不齊, 物之情也(『맹자』「등문공滕文公」상편)라고 하였다. 반면, 장자의 제물 정신은 만물이 같지 않다는 생각을 토대로 이루어졌다. 『장자』「제물론」의 시작 부분에서는 돌연 '천뢰' '지뢰' '인뢰'의 명제가 등장하는데 이 삼뢰三籟는 '같음'과 '같지 않음'을 설명하고자 빗댄 개념이다. 장자는 삼뢰 중에서 하늘과 사람의 소리, 즉, 천뢰와 인뢰에 대해서는 허사虛寫23)하였고 지뢰에 대해서는 '모든 구멍이 성난 소리를 내뱉는다'萬竅怒號라고 하여 실사實寫24)하였다. 그중 장자는 '모든 구멍이 성난 소리를 내뱉는' 지뢰와 '불어대는 소리가 일만 가지로 갖지 않은'吹萬不同 천뢰의 이미지에 의탁하여 인간 세상에서 논쟁이 물밀 듯 쏟아져 나오는 상황을 형상화했다. 장자는 개방적이고 넓은 도량25)만 있으면 누가 한 주장이든지 다 그만의 시각에서 의의를 가지며 나와 다른 의견도 그만의 특수한 가치를 가진다고 여겼다.

「제물론」에는 그 주제가 되는 사상을 표현하는 몇 가지 문구가 나온다. '모든 사물은 본래 그러한 바를 지니고 있고 모든 것은 본래 가능한 바를 가지고 있으니 어떤 사물이든 그렇지 않은 바가 없고 어떤 사물이든 가능하지 않은 바가 없다'物固有所然, 物固有所可. 無物不然, 無物不可라는 구절은 제물 정신이 제대로 표현된 부분이다. 즉, 모든 개별 생명은 모두 그만의 존재 의의를 가지고 그만의 생명 가치를 방출해 낼 수 있음을 긍정하는 말이다.

(2) 전체와 개별의 관계

장자는 우주 안의 모든 물상은 생명력이 넘쳐흘러 각자의 기능을 드러낸다고 여겼다. 그러나 개별 존재는 상호 비교할 수 없는 차이성과 대립성을 가지는데 이들을 어떻게 하면 서로 통하게 하고 융합할 수 있을까? 이 때문에 개별 생명의 가치를 강조함과 동시에 개인 간의 상

---

23) 간접적, 암시적, 상징적, 함축적인 묘사하는 것.
24) 실물이나 실경, 실황을 묘사하는 것.
25) 「제물론」에 나오는 중요한 구절인 '모든 구멍이 조용해진다(衆竅爲虛)' '명철한 인식으로 판단하는 것보다 나음이 없다.(莫若以明)' '열 개의 태양이 동시에 뜬다(十日並出)'는 모두 개방적인 마음을 반영한 표현이다.

호 교류와 회합을 통해 서로 주체가 되는 것은 장자가 한발 더 나아가 깊이 고민해야 하는 중요한 문제였다. 이를 통해 개별 생명의 존재 의의와 가치를 인정하여 서술한 뒤 장자는 뒤이어 개인의 다양성과 대도大道의 전체성 간 관계를 언급하여 고전 철학의 지극히 중요한 명제인 '도통위일道通爲一(천지 만물의 도는 통하여 하나가 된다)' 사상을 제시하였다. 이에 관한 원문의 의의를 통하여 그 안에 함축된 현대적인 의의를 찾아보자.

> 그러므로 이를 위하여 풀줄기와 나무 기둥, 문둥이와 서시를 예로 들자면 세상의 온갖 엉뚱하고 이상야릇한 것에 이르기까지 도를 통해 하나가 된다. 오직 통달한 사람이라야만 도를 통해 하나가 됨을 안다. 이 때문에 사사로운 방법을 쓰지 않고 자연의 도에 맡긴다.
>
> 故爲是擧莛與楹, 厲與西施, 恢詭憰怪, 道通爲一. 唯達者知通爲一, 爲是不用而寓諸庸.

위의 구절에서는 개별에서 출발하여 보편을 말한 뒤, 다시 보편에서 돌아 나와 개별을 말하였다. '아무리 엉뚱하고 이상야릇한 것이라도 도를 통해 하나가 된다'라는 말은 수많은 개별 생명이 우주라는 큰 생명 안에서 서로 통하게 된다는 뜻이다. '도를 통해 하나가 됨을 알면 자기가 옳다고 고집하지 않고 모든 것을 자연의 섭리에 맡긴다'라고 한 것은 우주라는 큰 생명 속에 사는 무수한 개별 생명이 각자의 독특한 기능을 발휘하고 이것이 한데 모여 다채로운 세계를 이룬다는 뜻이다.

『제물론』의 '도를 통해 하나가 되니 자기가 옳다고 고집하지 않고 자연의 섭리에 맡긴다'라는 철학 이치는 세계화 사조의 충격 속에 사는 현대인에게 적잖은 깨우침을 준다. 오늘날 우리가 사는 세계에는 역사와 문화, 생활방식이 다른 수많은 민족, 그리고 정치 제도와 사회 가치가 다른 국가들이 모여 산다. 세계적인 관점에서 보면 전 세계 각양각색의 사람이 이미 상호 연결되어 하나의 전체가 된 셈이니 그렇다면 이 특수하고도 다채로운 문화 집단을 어떻게 인식해야 할까? '도통위일'이 야말로 서로 다른 종족과 집단이 상호 공감과 이해의 토대 위에서 대화하고 소통하는 것이며 이것이 바로 '사사로운 방법을 쓰지 않고 자연의 도에 맡긴다'라는 말이 제시한 중요한 과제이다.

『제물론』의 뒷부분에는 구작자瞿鵲子와 장오자長梧子간의 대화로 된 우화26)를 통해 만물이 '상존相尊(서로 귀하게 여김)' '상온相蘊(서로 포용함)' 해야 함을 주장하는 우화가 나온다. 오늘날 세계의 각 종족과 집단이 서로 존중하고 포용하는 길을 추구하는 것이 바로 장자가 말한 제齊와 부제不齊가 서로 기대는 '제물濟物' 정신이다.

---

26) 구작자(瞿鵲子 : 겁많은 까치 선생)가 장오자(長梧子 : 오래 된 오동나무 선생)에게 물었다. "제가 공자에게서 들으니, 성인은 속된 일을 하지 않고 이익을 구하지도 않으며 해를 피하지 않고 사람들이 구하는 것을 즐거워하지 않으며 도를 일부러 따르려고 하지 않고 말없이 말을 하고 말하면서 말하지 않고 속세를 떠나 먼 곳에서 노닌다고 하였습니다. 공자는 이 말이 허망하기는 하지만 오묘한 도와 통하는 길이라고 했는데, 선생께서는 어찌 생각하시는지요?" 여기에 장오자는 이렇게 대답했다. "이런 말은 황제(黃帝) 정도 되는 사람이 들어도 알아듣지 못할 것인데 공자 같은 양반이 어찌 알겠는가? 달걀을 보고 새벽을 알리는 닭 울음소리 듣기를 바라고 화살만 보고 새 구이를 생각하며 침 흘리는 것과 같다네. 성인은 해와 달과 이웃하고 우주를 옆구리에 끼고 노닐며 만물과 하나가 되어 혼돈 속에 몸을 맡기고 천한 것도 존귀하게 여긴다네. 만물을 있는 그대로 옳다고 여겨 붙들어 포용하지. 삶과 죽음, 옳고 그름을 넘어서서 무한한 자연의 운행에 자기를 맡기는 것만이 우리가 무한한 자유를 얻을 수 있는 길이라네."

2-4. 이질적인 것과의 대화

1993년 열린 제19차 세계철학대회는 폐막 행사에서 1995년을 '세계 관용의 해'로 지정함을 정중하게 선포하였다.[27] '911' 사태 이후 2003년을 기점으로, 세계화의 추세 아래 사는 우리는 서로 다른 국가와 민족, 즉 이질 문화에 대한 '관용'적인 대화가 필요함을 더욱 절실히 느낀다.

역사를 돌이켜보면 중국의 철학사에서는 서로 다른 학파 간 이질적인 것에 관한 대화가 늘 있었음을 알 수 있다. 중국철학이 시작된 초창기에 도가, 유가, 묵가, 법가의 각 학파는 서로의 이론을 가지고 다투기도 하고 하나로 회합하기도 하였다. 철학의 시작 단계에서 공자와 노자, 즉, 유교와 도가의 창시자가 나눴던 대화는 중국 철학사에서 서로 다른 학파가 이질적인 것과 나눈 대화라는 훌륭한 선례를 남겼다.

공자와 노자는 중국 문화와 중국철학에서 가장 대표적인 인물로 비록 학술 관점이 다르기는 하지만[28] 삶의 이상을 추구하는 부분에서는 그 종착지가 같다. 노자는 '도를 받들고 덕을 귀하게 여긴다'尊道而貴德라고 했고 공자는 '도에 뜻을 두고 덕에 근거한다'志於道,據於德라고 주장한 것을 보면 노자와 공자가 말한 도와 덕은 내적 의미와 단계가 다르지만 상호 보완하고 통하는 관계임을 알 수 있다. 바로 『한서漢書』「예문지藝文志」에서 말한 것처럼 제자백가의 학설은 '서로 반대되면서도 서로 이뤄주는相反相成' 사이인 셈이다.

진위에린 선생은 그의 저서 『도를 논하다論道』의 서론에서 모든 문화

---

27) 텅셔우야오(滕守堯) 『대화이론(對話理論)』, 타이베이양지문화(臺北揚智文化), 1995년, 9쪽.

28) 『여씨춘추(呂氏春秋)』「불이(不二)」에서는 '노자는 유(柔 : 부드러움)를 중시하고 공자는 인(仁 : 어짊)을 중시했다'라고 함.

권에는 그만의 중심 사상이 있고 그 중심 사상에는 가장 숭고한 개념이
자 가장 기본이 되는 동력이 있다면서 중국의 중심 사상은 바로 '도'라
고 주장했다. '도'는 중국 문화의 핵심이 되는 관념일 뿐 아니라 노자와
장자를 거치면서 중국철학의 최고 범주로 격상되었으며 2천여 년을 이
어오면서 역대 철학자 가운데 '도'라는 중심 사상에 기대지 않고 사유하
는 이가 없을 정도로 중대한 사상으로 자리 잡았다.

모든 존재의 기초이자 우주 질서가 되는 '도'의 개념은 맨 처음 노자
에 의해 제시된 뒤『장자』를 거쳐 확대, 보충되었는데 다음의 두 가지
중요한 방향으로 발전하였다. 하나는 노자 때는 객관적 실체로서의 의
의에 머물렀던 '도'가 장자에 의해 주체적 정신의 경지로 격상된 과정이
고, 다른 하나는 노자의 '오묘하고 또 오묘한' 玄之又玄 형이상의 도가
장자를 거쳐 민간에까지 보편화하여 각 사람의 마음에 적용, 실현된 과
정이다.29)

「지북유」에는 동곽자東郭子가 장자에게 도를 묻는 대화문30)이 나오
는데 여기서 장자는 '도'의 '무소부재無所不在(없는 곳 없이 어디에나 있음)'한
성격과 '도물무제道物無際(도는 사물을 있는 그대로 인정하여 사물과 경계가 없음)'
학설을 제시한다. 도의 '무소부재'함은 후대에까지 심원한 영향을 끼친

---

29) 『인간세(人間世)』 : '도는 오직 마음을 비우는 곳에 응집된다. 마음을 비우는
    것이 마음의 재계이다.(唯道集虛 虛者 心齋也)
30) 동곽자가 장자에게 도라는 것이 어디에 있는 것인지 묻자 장자는 "없는 데
    가 없소.(無所不在)"라고 대답했다. 동곽자가 좀더 구체적으로 알려달라고
    청하자 장자는 "땅강아지나 개미에게 있소"라고 말했다. 그렇게 하찮은 데
    있을 리 없다는 동곽자의 물음에 장자는 한 술 더 떠서 돌, 논의 피, 기와,
    벽돌, 심지어 똥이나 오줌에도 있다고 하였다. 할 말을 잃은 동곽자에게 장
    자는 이렇게 말했다. "도는 사물을 대할 때 사물의 존재 그대로 인정하므로
    사물과 경계가 없소이다."

다. 이를테면 불교의 '초목성불草木成佛'[31], 도교의 '모든 중생은 도성道性을 가진다'[32] 선종禪宗의 '물을 긷고 땔 나무를 베는 것 가운데 오묘한 도가 아님이 없다' 擔水砍柴,無非妙道. 태주泰州 심학心學[33]의 '백성이 일상에서 쓰는 것이 도이다' 百姓日用是道 등의 말도 다 장자에 그 뿌리를 둔다.

노자와 장자의 '도'는 역대 철학자들이 따르고자 했던 중심 사상이 되었다. 도는 다양한 의미를 함축하지만 보통 철학에서 늘 말하는 세계와 만물의 근원으로서의 의미를 제외하고 나는 개인적으로 '도'는 다음의 네 가지 중요한 의미를 함축하고 있다고 여긴다. 그것은 바로 '도'의 창조성과 과정성, 완전성과 경계성이며 대략적인 뜻은 아래와 같다.

(1) '도'의 창조성에 관해 말하자면 '도가 만물을 낳는다道生萬物'는 사상이 가장 먼저 노자에 의해 제시된 이래 장자는 '도'를 일컬어 '살아 있는 것을 생성한다生生者'라고 하였으며 '생생生生'의 도는 '하늘과 땅을 덮어주고 실어주며 온갖 형태의 사물의 모양을 조각하므로' 覆載天地, 刻雕衆形 '어짊仁'과 '의義'가 큰 예술 활동이라고 칭송했다. 『주역周易』 「역전易傳」에서 '생생'을 써서 역易의 도를 해석한 부분도 바로 장자의 '생생자' 관념을 전승한 것이다.[34] 『노자』와 『장자』, 『주역』의 삼현三玄

31) '자연도 부처가 될 수 있다'라는 뜻. 송나라 시대 천태종의 승려 지례(知禮 : 960~1028년)이 제시한 유명한 명제로 도가 사상과 그 이치가 일맥상통한다. (자세한 내용은 손이해(孫以楷) 주편 『도가와 중국철학』송대권(宋代卷), 88~94 쪽 참조. 베이징인민출판사, 2004년.)

32) 모든 중생과 축생(畜生), 과생(果生), 돌멩이에 이르기까지 모두 도성(道性)을 갖는다.(一切含識, 乃至畜生果生石者, 皆有道性)

33) 유학의 한 학파로 마음을 우주 만물의 근본으로 보고, 마음을 수양하고 실천에 의하여 성인에 가까워지려는 사상이다.

이 이끈 동일한 학술 맥락과 사상 아래서 '생생불식生生不息(끊임없이 낳고 번성함)'은 중화민족 정신을 대표하는 상징으로 자리 잡았다.

(2) '도'의 '경계성境界性'에 관해 말하자면 개별 생명은 가치의 지향점이나 활동영역에서 모두 서로 다른 범주를 갖는다. 어떤 것은 육체적 자아에 한정되기도 하고 어떤 것은 사회적 자아로 뻗어 나가기도 하며 또 어떤 것은 개별적 존재에서 우주적 자아로 확대되기도 한다. 유가에서는 개별 존재로서의 자아는 가정을 통해 사회적 자아로서 책임을 다하게 된다고 했고 도가에서는 장자가 개별 생명의 가치를 중시하여 개별적 존재로서의 자아가 우주적 자아로 발전한다고 했다. 여기서 우리는 장구한 역사 문화 속에서 유가와 도가는 서로 보완 관계에 있었음을 알 수 있다. 예를 들면 장자가 말한 만물일체萬物一體의 경계는 장재張載의 『서명西銘』에 이르러 '만민은 나의 동포이고 만물은 나와 함께 한다'라는 의미의 '민포물여民胞物與'35) 정신이 되었으니 묵자의 겸애兼愛 사상과 장자의 천인일기天人一氣,36) 맹자의 '노오로, 유오유老吾老, 幼吾幼'

---

34) 『주역』 「역전」의 「계사(繫辭)」편에서는 '천지의 큰 덕을 일컬어 생(生)이라고 한다(天地之大德曰生)'라고 하였는데 이 사상적 관념은 『장자』에서 유래했다. 이를테면 「달생」편에서 '천지는 만물의 부모다(天地者, 萬物之父母也)'라고 한 부분과 「지락」편에서 '천지가 서로 합하여 만물이 다 화생(化生 : 변화, 생성)한다(天地相合, 萬物皆化生)'라고 한 것이 그 예다. 천지 만물의 덕과 만물의 '화생' 사상은 『장자』에는 여러 차례 등장하며 「역전」에는 가끔 나온다.

35) 첸무 선생은 "『서명』 대이론은 만물일체를 말할 뿐 사실상 그 이론은 유가의 설이 아니다.……맹자는 인류의 동정심 확대를 주장했을 뿐, 천지 만물이 본래 일체였음을 말하지는 않았다.……만물일체(萬物一體)를 말한 이는 장자와 혜시(惠施)이다."(『중국학술사상사(中國學術思想史論叢)』제5호에 수록된 첸무 선생의 「염계(濂溪) 백원(百源) 황거(橫渠)의 이학(理學)」61~62쪽 참조, 안후이교육출판사(安徽教育出版社), 2004년.)

36) 천지 만물은 서로 다르긴 하지만 그 체(體)가 하나이므로 나의 기(氣)가 순

: 내 집안의 노인을 공경하면 그것이 다른 집 노인들에게까지 미치게 되고 내 아이를 보살피고 사랑하는 마음이 다른 집 아이에게까지 미치게 되면 천하가 잘 다스려진다라는 윤리 사상을 합침으로써 다양한 관점의 융합을 보여준다고 하겠다.

(3) '도'의 '과정성'과 '완전성'에 관해 말하자면 노자와 장자는 우주를 하나의 크게 변화하고 발전, 생장하는 과정이라고 여겨서 '갔다가 되돌아오는 것은 도의 움직임이다'反者道之動 '두루 운행하여 쉬지 않는다'周行而不殆 등, 도의 본체가 두루 운행하며 다시 시작하는 변동성을 가짐을 표현했다. 장자는 '끝없이 변화하니 시작도 없고 끝도 없도다'萬化而未始有極라고 하여 우주 만물이 쉴 없이 움직이고 변화한다고 하였으며 '썩은 것은 다시 변하여 신기한 것이 된다'腐朽復化爲神奇(『장자』「지북유」) 라고도 했다. 장자는 '도'의 과정성을 통해 우주의 크게 변화하여 운행함, 그리고 도의 완전성('도통위일')을 통해 우주는 끊임없이 변화한 끝에 서로 연결되어 하나의 전체가 됨을 자세히 설명하였다.

도를 통해 바라보면 세계는 끊임없이 낳고 번성하는 유기적인 전체이므로 하늘과 사람도 서로 분리된 것이 아니며 형이상과 형이하도 상호 관통하는 연결체이다. 중국 철학사에서 '도와 사물은 경계가 없다'道物無際라는 유기적 전체의 우주관은 노자와 장자로부터 시작된 뒤 역대 수많은 철학자를 거쳐 보완, 발전 과정을 거친 끝에 중국철학의 중심 사상으로 자리 잡게 되었다.

동서양의 문화와 철학은 세계관이든 인생관이든 사회 제도나 생활방

(順)하면 천지의 기도 역시 순하고, 음양이 화하며 풍우(風雨)가 유순하고 온갖 생명체들이 저마다의 본성을 잘 발휘하는 반면에, 나의 기가 어그러지면 천지의 기도 어그러져 자연의 운행이 질서를 잃게 된다는 것.

식이든 확연한 차이를 보인다. 20세기에 들어선 이래 '도'를 핵심으로 하는 중국 문화와 '로고스Logos'를 중심으로 하는 서양 철학 사유는 화이트헤드Whitehead의 시대에서 하이데거Heidegger까지 노장老莊사상과 소통함으로써 동서양 이질 문화 간 대화의 통로를 열었다.

1929년 화이트헤드가 『과정과 실재』를 막 완성하였을 때 하버드대학에서 연구 중이던 허린賀麟 선생과 셴여우딩瀋有鼎, 셰여우웨이謝幼偉가 함께 그를 방문하였다. 그때 화이트헤드는 중국인이 지금도 여전히 노자와 공자의 고전을 읽는지의 여부에 관심을 보였는데 왜냐면 그는 "문화에는 계속성이 있어서 새로운 문화를 만드는 일도 고전의 전통과 분리하여 생각할 수 없다"라고 여겼기 때문이다. 그리고 그는 그의 저서에 중국의 천도관天道觀[37])이 함축되어 있다고 말했다. 화이트헤드의 유기체적 세계관과 서양 전통철학의 '자연 양극화'를 비판하는 관점은 팡둥메이 선생의 일련의 저술에 분명하고도 예리하게 드러나 있다.[38])

당대에 서양 철학자 하이데거가 노장 개념의 깨우침을 받아들인 일은 중국과 서양의 학자 모두에게 좋은 일이다. 수많은 사상을 주고받던 주제 가운데 개인적으로 가장 마음에 든 것은 하이데거가 장자의 '호상관어濠上觀魚(호수 위에서 물고기를 보다)'[39]) 이야기를 해석한 부분이다. 하이데거는 1930년 이전에 이미 『노자』와 『장자』를 읽었고 같은 해에 '진리의 본질'이라는 주제로 한 차례의 강연을 하였으며 해당 강연의 초고에서 『노자』 제28장에 나온 '밝음(흼)을 알아 그늘(검음)을 지킨다' 知其

---

37) 『현대 서양철학 강연집(現代西方哲學講演集)』에 수록된 허린의「화이트헤드」 참조.(인민출판사, 1984년, 103쪽.)
38) 완샤오핑(宛小平)의 『팡둥메이와 중서 철학(方東美與中西哲學)』 제13장 참조.(안후이대학출판사, 2008년, 207쪽.)
39) '호상관어'의 구체적인 내용은 320쪽 본문 참조.

白, 守其黑라는 구절을 인용하여 진리의 가려짐과 드러남의 관계를 설명
하였다.[40] 다음날, 하이데거는 친구의 집에서 열린 한 토론회에서 '공동
존재共同存在(Mitsein)'[41]의 문제를 설명하였는데 이는 '한 사람이 타인의
입장에 서서 타인을 이해할 수 있는가'와 관계된 문제였다. 그때 하이데
거는 문득 장자가 떠올라 친구에게 『장자』의 독일어 번역본을 요청했고
하이데거는 현장에서 「추수」편 중 장자와 혜자가 '물고기의 즐거움魚之
樂'에 관해 나눈 대화를 낭독하였다. 이 고사를 통해 하이데거는 사람들
이 활짝 열린 개방적 진리관을 이해하여 비로소 진리의 본질을 파악할
수 있게 했다. 진리의 본질은 자유이자 일종의 물아상망物我相忘, 즉, 자
연의 만물과 내가 서로의 존재를 잊을 정도로 하나가 되는 열린 경지das
Offne[42]로 들어가는 일이다.

　하이데거 이후 적잖은 유럽 철학자가 '서양 중심론'을 반성하고 고민
하였는데 이는 동서양 철학이 서로 대화할 수 있는 좋은 발판을 마련해
주었다. 이 같은 철학적 대화를 현실 세계에 적용, 실현하려면 세계적
관점에서 동서양은 자신과 다른 이질 문화와 다양하고 다층적으로 대화
하고 교류해야 할 것이다.

　중국과 서양문화 사이에서 이질 문화 간의 대화를 가장 잘 유도할만
한 인물로는 장자만 한 이가 없다. 『장자』라는 책에서 알 수 있듯이
그는 끊임없이 이질적인 것과의 대화를 통해 인간의 철학과 이치를 표
현하고자 했다.

---

40)　중쩐위(鐘振宇)의 『독일철학계의 새로운 도가 해석—Heidegger와 Wohlfar을
　　사례로』, 『중앙대학인문학보』 제34호, 2008년, 37쪽.

41)　더불어 있음. 함께 거기에 있음. 타인과 더불어 있음.

42)　라이셴중(賴賢宗)의 『도가 선종과 하이데거의 교섭(道家禪宗與海德格的交
　　涉)』, 타이베이신원펑출판주식회사(臺北新文豐出版股份有限公司), 2008년, 311쪽.

중국의 이질 문화간 교류의 역사에서 장자의 사상은 일찍부터 그 훌륭한 역할을 감당해왔다. 불교사상이 중국에 들어올 때도 도가는 불교를 맞이하여 안내하는 역할을 했고 불교와 만난 장자의 사상은 수隋나라와 당唐나라 시대에 이르러 찬란한 문화를 꽃피웠다. 북송北宋 시대 유학은 확실히 불교와 노자를 배척하였지만, 장자 사상은 은연중 인용되어 이론 구축이나 정신적 경지 향상에 막대한 역할을 하였다.

오늘날 우리는 불교나 유교보다 더욱 이질적인 색채가 짙은 서양문화를 마주 대하고 있다. 중국과 서양의 대화는 유가와 불가, 도가가 공동으로 짊어져야 할 일이다.[43] 그 가운데 장자의 사상이 가장 핵심적인 역할을 하는 이유는 그만의 탁 트인 도량과 심미적 마음이 우리가 사는 이 세계에서 가장 부족한 부분이기도 하고 그가 가진 우주적 시야는 세계화의 관점에 가장 잘 대처할 수 있으며 그가 주장한 자유 정신과 제물 사상은 가장 현대적인 의의를 갖기 때문이다.[44]

위의 글은 2009년 7월 중순, 타이완 중국철학회 및 푸런대학(輔仁大學) 철학과가 주최한 '제16회 중국철학대회'에서 7월 9일 주제강연을 위해 작성된 발표문이다. 7월 1일 초고가 완성되고 11일 수정을 거쳐 8월 24일 탈고하였다.

---

43) 최근 1세기 이래 인류의 탐욕은 산업화와 지구 오염을 초래했고 이는 끊임없이 지구 생명을 훼손하고 있다. 이로 말미암은 결과는 전 인류가 공동으로 책임져야 한다. 사실상 2천여 년 전 장자는 이미 '노후가 새를 기름(魯侯養鳥)' '혼돈의 죽음(混沌之死)' '설결이 왕예에게 물음(齧缺問王倪)' 등의 우화를 통해 '인류의 자기중심 사고'가 다른 종의 생명을 무시하고 침해하게 됨을 지적했다. 인류의 책임을 공동으로 부담하는 일에서, 도가의 생활 지혜는 끊임없이 전 세계를 향해 그만의 소리를 내고 있다.
44) 본 단락의 말은 졸저 『장자금주금역』(중화서국, 2009년, 7쪽.) 최신 개정본에 나온 것으로 금번 주제 발언의 맺음말로 삼는다.

3. 도가의 인문정신 –
제자백가의 인문 사조와 그 뿌리에서 시작하여

들어가기

선진先秦 시기 철학가인 노자, 공자, 묵자, 맹자, 장자, 순자, 한비자는 인문 사조가 격동하여 일어났던 당시 문화 전반에서 두각을 나타내었는데 흡사 니체가 소크라테스 이전의 철학자를 묘사한 것처럼, 놀랄 정도로 이상적인 철학 집단, 마치 '하나의 커다란 돌덩이에 조각한 군상'과도 같은 철학 집단이 탄생했다.[1]

그러나 학계 인사들은 문화와 철학의 문제를 고민할 때면 뭐든지 단일화하려는 경향을 보인다. 이를테면 '인문人文'이라는 주제가 나오기만 하면 그것을 유가의 범주에 집어넣으려 할 뿐, 유가 외의 다른 학자들의 사상에 함축된 각양각색의 인문적 요소는 배척하려 든다. 이 같은 경향은 어쩌면 학자들이 자신도 모르는 사이 '자연自然'[2]과 '명교名敎'[3]를

---

[1] 니체 『그리스 비극 시대의 철학』, 저우궈핑(周國平) 옮김, 상무인서관, 1994년.
[2] 객관적 존재로서의 자연뿐만 아니라 '스스로 그러하다'라는 의미의 추상적 자연을 가리킨다. 즉 만물의 원리적인 개념이고 인간의 이상적 목표인 본성

분리했던 위진魏晉 시대 학풍의 영향을 받은 탓일지도 모른다. 그래서 그들은 인문 교화를 유가만의 전유물로 착각하고 도가를 '자연'의 범주에만 한정하려 드는 것이다.

사실상 선진 시기에는 자연과 교화教化, 천도天道와 인도人道, 인간사 사이는 서로 포용하고 함축하는 관계였지 동한東漢에서 위진魏晉에 이르는 시기처럼 첨예하게 대립하는 사이는 아니었다. 도가의 창시자인 노자를 예로 들면 그는 늘 천도天道에 근거하여 인간사를 밝혔다. 물론 노자는 가장 먼저 형이상의 도론을 주장하긴 했지만, 그의 최종 목적은 여전히 인도人道를 중건하는 일이었고 도가가 가장 숭상한 자연 역시 물리적 자연이 아니라 인문적 자연이었다. 마찬가지로 도가는 교화의 영역도 배척하지 않았다. 그래서 노자와 장자는 '말 없는 가르침' 不言之教을 주장하였고 '은연중 감화하여 변화함' 潛移默化을 강조하여 더욱 깊이 있는 인격 승화의 기능을 갖추었다. 사상 면에서 보면 춘추시대 이후 노자학으로부터 전국시대 중반 이후의 장자학, 그리고 널리 그 장점이 받아들여진 황로학에 이르기까지 하나같이 그 안에 풍성한 인문 요소를 함축하고 있어서 유가와 묵가, 명가 법가의 제자백가와도 배척하지 않고, 오히려 서로 빛을 발산하며 밝혀주는 관계가 되었다.

본 강연에서 다룰 중점 내용은 다음과 같다.

(1) 중국과 서양의 철학을 비교하면 서양의 사상계가 '하나님'을 모든 가치의 근본과 원칙으로 삼고 있음을 알 수 있다. 서양의 역대 철학가들은 고도의 이성 사유 능력을 보이기는 하지만 그 사상 체계를 구축할

을 뜻함.

3) 이름(名)에 맞추는 것(教)으로, 사회의 질서를 위해 군주는 군주답게, 신하는 신하답게, 자식은 자식다운 정명(正名)의 길을 주장하여 윤리 도덕을 기본으로 한 제도 옹호적 태도를 가짐.

때는 조물주를 내세워 이론의 최종 보증처로 삼으려 했고 플라톤에서 칸트와 스피노자에 이르기까지 하나같이 '환영 숭배 증상'에서 벗어나지 못했다.

그러던 것이 19세기의 니체에 이르러서야 비로소 '신은 죽었다'라고 선포하기에 이른다. 니체는 이 말에서 서양의 전통철학에는 과도한 신학의 피가 주입되었다고 지적했다.[4] 이와 비교하면 중국의 문화 전통과 철학 정신에는 다양성을 갖춘 인문 사조가 샘솟는다.[5] 중국철학은 노장老莊에서 시작하여 천신天神 상제上帝의 관념을 그 형이상의 도론에서 배제하였고, 이 때문에 그 인문사상이 백가쟁명 가운데서도 더더욱 도드라질 수 있었다.

(2) 세계 문화사의 시각에서 보면 중국 인문사상은 그만의 무척 독특한 역사적 지위를 갖는다. 서양의 사상계를 보면 근대에 들어서야 신본

---

4) 니체는 말했다. "우리의 모든 철학의 혈관에는 신학자의 혈액이 있다."(『안티크라이스트(The antichrist)』 제8장)

5) 사람들이 인문사상을 이야기할 때면 늘 '인문정신'과 '인문주의'라는 용어를 혼용한다. '인문정신'이라는 말은 '인문'과 '정신'으로 이루어지는데 가장 먼저 전국 시대의 고전에 등장하고 '정신'이라는 말은 장자가 처음 만들어 『장자』에 자주 보이며 '인문'이라는 단어는 노자와 장자 자연관의 영향을 받은 「단전(象傳)」에 등장한다. 그러나 '인문주의'는 서양의 Humanitism을 번역한 용어로 인본론(人本論)을 통해 근대 유럽 문단에서 오랫동안 사상계를 옭아맸던 신본(神本)의 관념을 반대하고 개성 해방과 현실 생활 중시, 인간 행복 추구를 주장함으로써 교회가 내세우는 내세설과 금욕주의, 그리고 사람은 처음부터 죄업을 갖고 태어난다는 교의를 부정했다. 이와 동시에 인문주의는 사람과 사람 사이의 평등과 자유 의지, 그리고 사람의 품성과 소양이 사람의 지위를 결정한다고 주장했다. 중국 고대의 '인문사상과 인문정신'은 서양 근대의 '인문주의'와 비슷한 논점이 많지만, 그 문화적 전통은 사뭇 다르다. 본문은 중국 선진 시기 인문사상의 연원과 발전을 논하는 데 한정하고, 그중에서도 도가라는 사상 노선에 주요한 초점을 맞춘다.

사상에 대항하는 '인문주의'와 '인본주의'가 등장했지만, 중국은 일찌감치 기원전 6세기에서 기원전 3세기에 이르는 시기에 이미 선진 제자백가 시대의 정신인 인문 사조가 대거 나타나기 시작했다.

(3) 도가, 유가, 묵가, 법가에 이르는 선진 시대 여러 사상가는 각기 다른 사상 형태의 인문적 요소를 형성하였고 춘추시대 말부터 전국시대 말에 이르는 시기에는 이들 인문 요소가 한데 모여 하나의 시대사조를 이루었다. 유가, 묵가, 도가, 법가의 인문사상은 문화 영역에서 각자의 이채로운 특색을 발산하였는데 그중에서도 도가는 여기서 한발 더 나아가 문화적 단계에 머물러 있던 인문사상을 철학적 이론 차원의 인문정신으로 끌어올렸다.

3-1. 철학 초반 인본사상의 시작

선진 제자의 인문사상은 춘추전국시대에 이르러 한데 합쳐지면서 강력한 시대사조를 이루었는데 이는 당시의 격동했던 정치사회의 환경적 요인 외에도 오랜 세월에 걸쳐 무르익고 성숙했던 역사적 요인이 작용하였다. 여기서는 먼저 은주殷周 시대 이래 인본의 관념이 나타나게 된 사상의 단서를 찾아보고자 한다.

3-1-1. 은주 시대 사상문화의 두 가지 노선

필자는 철학과에서 수학하며 늘 강의실에서 팡둥메이 선생이 후스胡

適 선생을 비판했다는 소리를 들었다. 후스 선생이 쓴 중국 고대 철학사는 단편적인 역사여서 제자백가를 출발선으로 삼았을 뿐 그들의 사상의 뿌리가 되는 연원까지 거슬러 올라가지는 못했다는 내용이었다. 그래서 나는 선진 제자의 인문 사조를 논할 때면 많은 시간을 들여 고대 인문 사조가 형성된 역사적 실마리를 규명하려고 노력했고, 『시경』『서경』『역경』 등의 전적과 『좌전』『국어國語』 등의 문헌에서 철학사 초반의 사상, 문화의 노선을 두 가지로 뽑아내어 정리했다. 하나는 주공(周公)에서 공자에 이르기까지 윤리적 사고의 인도관人道觀이 형성된 과정이고, 다른 하나는 은殷나라에서 주周나라에 이르는 시기 자연주의 천도관天道觀이 형성된 과정이다. 노자는 둘을 종합해서 그것들을 그의 우주 본체의 도론 안에 통합하였다. 각각의 내용을 간략하게 서술하면 아래와 같다.

(1) 주공과 공자의 윤리적 사고 속 인도관 형성

중국 문화 속 문자의 기록은 은殷나라 때로 거슬러 올라간다. 은대에는 세계 문화 역사상 가장 독특한 형태의 종교가 등장하였는데 그것은 바로 조상 숭배이다. 선조를 섬김은 종법宗法 윤리의 관념을 만들어냈고 이는 은대의 복사卜辭(점친 내용을 기록한 것)[6]에 이미 '덕德' '예禮' '효孝' 등의 글자가 등장했음을 통해 알 수 있다. 은나라 사람들이 '효孝'를 하나의 덕목으로 여겼던 것은 주목할 만한 부분이다. 왜냐면 노자가 '효자孝慈(부모에 대한 효와 자식에 대한 사랑)'를 강조하고 공자가 '효제孝悌(부모에 대한 효와 형제에 대한 우애)'를 제시하기는 했지만, 이 효도라는 관념의 뿌

---

6) 은대에는 점을 칠 때 거북껍질이나 소뼈에 구멍을 뚫거나 불로 지져 거기에 생기는 갈라짐을 보고 길흉(吉凶)을 판단한 뒤 그 길흉의 내용을 새겨 놓았는데 이것이 복사(卜辭)다.

리를 가장 이르게는 은나라 이전 시대까지 거슬러 올라갈 수 있게 되었기 때문이다.

은나라 사람들은 조상 숭배로 종법 윤리 관념을 형성하였고 은나라 정권을 무너뜨린 주나라는 문왕文王의 아들인 주공周公 단旦이 선도적으로 은나라의 문화를 계승했다.7) 그는 한편으로는 하늘에 대한 신앙에서 정치를 도덕과 결합하여 '덕으로써 하늘을 받든다' 以德配天라는 이론 아래 '덕을 숭상함으로써 백성을 보듬어 안는다' 敬德保民라는 사상을 제시했다. 다른 한편으로는 예禮를 만들고 악樂을 지어 하나의 완전한 의식과 규범 제도를 구축했는데 소위 '주례周禮'나 '주공지전周公之典'은 '존존尊尊'8) '친친親親'9)의 윤리 관념을 근간으로 삼았다. '친친'은 주로 가정에서의 윤리를 중시하여 친족 간의 자慈(사랑), 효孝(효도), 우友(우애), 제悌(공경) 등의 덕목을 발휘하는 것이고 '존존'은 주로 신하와 백성이 군주를 향해 충직함과 양순함을 드러내는 것이다.

주공은 은나라 사람의 조상 숭배적 종교신앙을, 혈연을 기초로 하는 종법제로 전환하였고 종법 윤리 관념을 피라미드식 등급 제도에 적용하여 군신君臣과 부자父子, 존비尊卑와 귀천貴賤을 기반으로 한 예의 제도를 마련하였다. 주공의 정치 윤리화, 즉, 종법 윤리를 제도화한 조치는 후대의 유가와 중국 문화에 말할 수 없이 큰 영향을 끼쳤다. 니체는 플라톤을 향해 '그리스도보다 먼저 난 그리스도교'라고 말했는데 이 말을 주공에게 적용하자면 주공은 '유가보다 앞서 난 유자'라고 표현할 수 있겠다.

---

7) 왕국유(王國維)의 『왕국유 유서(王國維遺書)』에 수록된 「은주제도론(殷周制度論)」참조. 상하이고적출판사(上海古籍出版社), 1983년.

8) 존귀한 자리에 있는 사람을 존귀하게 대우함.(군주를 정점으로 하는 신분 관계에 따라 높고 낮음을 정함)

9) 마땅히 가까이해야 할 사람을 친하게 대우함.(혈연을 기반으로 한 관계)

⑵ 은주 문화 속 자연주의 천도관의 형성

은나라 사람들의 조상 숭배로 등장한 종법 윤리 관념은 주공이 예약을 만들어 제도화함으로써 정치, 사회의 각 계층에 보급되었고 이러한 윤리 중심 사고의 인도관人道觀은 공자에 이르러 더욱 부각되었다. 그 밖에도 은주 시기에는 또 다른 형태의 사상 노선이 움트기 시작했는데 그것은 자연의 뜻을 담은 천도관天道觀이었다. 이는 주나라의 백양보伯陽父, 숙흥叔興 등 사관史官의 해석을 거쳐 춘추시대 말기 사관인 노자에 이르러 더욱 발전하였다.

은나라 사람의 조상 숭배로 시작된 종법 윤리 관념 외에도 또 다른 방면의 문화적 성취는 바로 천문天文과 역산歷算에 관한 지식의 탄생이다. 당시의 정교하고 아름다운 모습을 간직한 채 출토된 청동기 유물을 보면 은나라 기물 문화의 높은 발전 수준에 감탄하지 않을 수가 없다. 은나라 사람은 이 같은 하드웨어적인 문화 영역 외에도 소프트웨어적인 분야에서도 놀랄만한 수준을 자랑했다. 은나라 시대에 정밀한 수준의 역법曆法이 시작된 것을 보면 은나라 사람들이 자연의 지식을 어떻게 받아들였는지 충분히 짐작할 수 있는데[10] 이는 훗날 주나라의 천도관과 자연관의 발전으로 이어지게 된다. 몇 가지 예를 들어 설명한다.

① 괵문공虢文公은 음양陰陽의 기운을 통해 봄철의 우레가 발동하여 겨울잠 자던 동물이 깨어남을 설명하였다.

『국어國語』「주어周語」에는 주선왕周宣王이 적전籍田(임금이 직접 경작하

---

10) 대량으로 출토된 갑골문에는 '농업 생산과 천문 기상, 의약 위생, 거주 환경 등이 모두 꾸밈없이 기록되어 있다.' 후허우쉬안(胡厚宣)과 후쩐위(胡振宇)의 『은나라와 상나라의 역사(殷商史)』 참조. 235~319쪽, 상하이인민출판사, 2003년.

는 땅)의 예를 행하지 않자 재상이었던 괵문공이 음과 양, 두 기운의 작용을 설명하며 간언하는 내용이 나온다. 그는 "양기陽氣가 모두 위로 올라와 땅이 비옥해지고 생기가 넘치게 된다"라고 했는데 이는 양의 기운이 위로 올라옴을 통해 대지가 윤택해지고 토질이 부드러워짐을 설명한 것이다. 그는 또 "음양이 분포하면 봄철 우레에 겨울잠 자던 동물들이 깨어난다"라고 했는데 이는 음양의 두 기운이 고르게 퍼짐을 통해 봄철 우렛소리에 겨울잠 자던 동물들이 깨어나는 광경을 묘사한 것이다. 여기서 음양과 기氣의 결합을 통해 사물이 변화하는 원인을 설명한 것은 중국 고대 사상사에서 최초로 보이는 문헌 기록이라고 할 수 있다.

② 백양보伯陽父는 음양이 질서를 잃었다는 말로 지진이라는 자연현상을 해석하였다.

주유왕周幽王 2년에 서주西周의 삼천三川(한수, 위수, 낙수) 유역에 모두 지진이 발생했다. 주나라 대부인 백양보는 양기陽氣가 밑으로 깔리면 천지의 기운이 정상적인 질서를 잃게 되는데 지진은 천지의 기운이 균형을 잃기 때문에 생기는 것이라고 하면서 "양기가 아래에 깔려 밖으로 나오지 못하고 음기가 이를 압박하여 상승하지 못하게 하니 이 때문에 지진이 있게 된다. 지금 산천이 진동하는 것은 양기가 발설할 만한 정상적인 위치를 잃고 음기가 꽉 막힌 결과이다"陽伏而不能出, 陰迫而不能蒸, 於是有地震, 今三川實震, 是陽失其所而鎭陰也라고 했다. 이는 중국 역사상 최초로 음양의 두 기운이 대립하여 균형을 잃음을 통해 자연현상의 변화 원인을 풀이한 문헌 기록이다.

③ 숙흥叔興은 음양의 상호 작용을 통해 자연계의 이상 현상을 설명하였다.

『좌전』 희공僖公 16년의 기록을 보면 기원전 644년 봄, 송宋나라에 옥玉 운석이 떨어졌다는 내용이 나오는데 이는 원래 유성이 쏟아진 것을 빗댄 것이고, 여섯 마리의 익조鷁鳥가 뒤로 날아서 송나라의 도성을 지나갔다는 기록도 있는데 이는 원래 강풍이 부는 자연현상을 묘사한 것이다. 송나라의 양공襄公은 내사內史 숙흥을 불러 이 두 가지 사건이 길한지 흉한지, 그리고 무슨 일의 징조인지 물었다. 숙흥은 나라의 군주가 이를 묻는 것은 옳지 않다고 여겼지만 양공에게는 다른 말로 답한 뒤 물러나서 사람들에게 "이는 단순히 음양의 두 기운이 상호 작용한 결과일 뿐 길흉과는 무관하다. 길흉은 본래 사람의 행위로 말미암은 것이다" 是陰陽之事, 非吉凶所在也. 吉凶由人라고 말했다.

위의 사례에서 우리는 선진 제자백가 이전 시대에는 자연주의 천도관이 사상의 한 노선을 이루어 서서히 발전해갔음을 알 수 있는데 노자에 이르면 자연관이 형성되면서 성숙단계에 들어선다. 그 특징은 아래의 세 가지를 들 수 있다.

① 하늘을 인격화하는 경향이 해소되어 천도天道가 자연의 본래 의미로 돌아갔다.

『노자』 제79장에서는 '하늘의 도에는 사사로운 친함이 없다' 天道無親라고 했는데 이는 제5장에서 '천지는 특별히 어질지 않고 자연의 섭리 그대로 맡긴다' 天地不仁라고 한 말과 같은 이치며 자연계의 운행과 변화는 사람의 의지나 희망과는 무관하다는 뜻이다(왕필과 하상공도 천지는 '자연에 맡긴다'라는 이치로 주석했다). 노자는 [의지적意志的] 하늘과 [주재적主宰的] 하늘의 관념을 없애고 한발 더 나아가 하늘은 도덕행위를 하지 않음도 지적했다.

② 천인天人의 시야로 윤리 중심 사고의 한계를 뛰어넘었다.

노자는 천인동류설天人同類說[11]과 천인감응설天人感應說[12]에 반대하였으나 하늘과 인간의 분리, 단절을 주장하지는 않았다. 오히려 그가 쓴 도덕경의 중심 의제는 다스림의 도를 논하는 것이었으므로 윤리 중심 사상의 한계를 뛰어넘기 위해 늘 인간사를 통해 천도를 견인했으며 천도에 의탁하여 인간사를 밝혔다. 그는 인도人道에 관심을 가졌으나 인간의 존재 문제를 우주라는 중심축으로부터 분리시켜 생각하지 않았는데 이는 천도天道를 거의 말하지 않은 공자가 인간의 문제를 독립적인 영역으로 고민한 것과는 관점 상 현저하게 대비된다. 그의 사유 세계에서는 하늘과 인간의 관계는 상호 호응하므로 제81장에서 '천도는 만물을 이롭게 할 뿐 해치지 않으며 성인의 도는 일을 할 뿐 사람과 다투지 않는다' 天之道, 利而不害, 聖人之道, 爲而不爭라고 했다. 천도와 인도가 상호 함축하고 포용하는 관계라는 점은 노자가 인생철학을 논하는 하나의 중요한 사유 방식이기도 하다.

③ 천도와 인도를 형이상의 도에 편입하였다.

형이상의 도는 천도와 인도를 받아들여 함축하므로 노자의 도에는 천문 운행의 법칙과 인간 사회의 규칙이 함축되어 있다. 이처럼 노자는 은주 시대 이래 점진적으로 형성된 인도관과 천도관을 종합하여 형이상학적 도의 사상 노선과 이론 체계에 편입시켰다.

---

11) 모든 존재는 근본적으로 기(氣)로 구성되어 있으므로 기라는 기초 위에서 보면 하늘(자연)이나 인간도 동질성을 지닌다는 내용.

12) 하늘(자연)과 인간은 같은 유(類)이므로 상호 교류 및 감응 현상이 일어날 수 있다는 내용.

3-1-2. 서주 인문사상의 맹아와 인본 사상의 출현

주공이 정치적으로 중요한 공을 세웠음은 앞에서 이미 언급하였다. 그는 예악을 만들고 완전한 전장 제도를 만들었으며 봉건제를 완성하고 동도東都(동쪽의 수도)인 성주成周[13])를 건설하였는데 이를 통해 고대 외왕 外王[14])이 갖춰야 할 도의 모범이 되었다. 여기서는 그의 천명관天命觀이 고대 사상사에서 어떤 의의를 갖는지 몇 가지 말로 간략히 설명하고자 한다.

(1) 주나라 초기 천명관 속 인문정신

주나라는 은나라를 이긴 뒤 문화적 수준이 비교적 높았던 은례殷禮(은 나라의 예법)를 계승하였지만, 주공을 대표로 하는 왕족은 천명이 무상無 常(늘 일정한 항상성이 없음)함을 경계했다. 그래서 『시경』「문왕文王」에서는 '천명은 일정하지 않다' 天命靡常라고 했고, 하늘을 신뢰하기 어려워 왕 업을 유지하는 일도 쉽지 않은 탓에 『시경』「대명大明」에서는 '하늘은 믿기 어려운지라, 쉽지 않은 것이 왕 노릇 함이다' 天難忱斯 不易維王라고 하기도 했다. 주공의 사상은 주로 『상서尚書』[15])와 『시경』에 보이는데 『서경』「소고召誥」에 나오는 '은나라를 교훈으로 삼는다' 監於有殷라는

---

13) 주(周)나라의 수도가 낙읍(洛邑)에 있었을 때의 칭호로 주나라의 국운이 융 성하였던 시기를 말함.

14) 외왕(外王)은 밖으로 임금의 덕을 갖춤을 의미하며, 이는 내적으로 성인의 인품을 갖춘다는 의미의 내성(內聖)과 상응한다. 이 둘을 합한 내성외왕(內 聖外王)은 안팎으로 각각 성인과 왕의 덕을 갖춘 이상적인 제왕의 모습을 뜻한다.

15) 주공의 사상은 『상서』의 「강고(康誥)」「소고(召誥)」「낙고(洛誥)」「다사(多士)」 「무일(無逸)」「군석(君奭)」「다방(多方)」「입정(立政)」 등에 보인다.

기록처럼 주공이 은나라의 멸망을 교훈 삼았음을 공통으로 기록하고 있다. 그는 천명이 누군가에게 정권을 안겨줄 때는 조건이 따르는데 그 조건은 바로 '덕을 숭상함으로써 백성을 보듬어 안는 것' 敬德保民임을 깊이 깨달았다. 그래서 그는 통치자라면 응당 도덕의 수양에 힘써야 한다고 호소하는 한편 『서경』「주서周書」의 「재재梓材」에 나왔듯 왕업을 유지하기 위해서는 '백성을 보듬어 안아야 함保民'도 강조했다.

백성을 보듬어 안음은 형사刑事를 신중히 처리하고 어진 이를 등용하며 위아래 계층이 서로 위하고 보살피는 것이다. 이렇듯 천명이 제시한 조건은 물론 다스림의 내용을 규범화하는 것이었지만, 역으로 하늘의 성격도 규정하기도 했다. 이를테면 『맹자孟子』「만장萬章」 상上에서 '『서경』「주서周書」의 「태서泰誓」에서 이르기를 하늘이 보는 것은 우리 백성들을 통해서 보는 것이고 하늘이 듣는 것은 우리 백성들을 통해서 듣는 것이다' 天視自我民視, 天聽自我民聽라고 한 말이 그 예다. 천의天意를 얻음은 민의民意를 통해 표현되므로 천의의 내용도 민의를 얻음으로써 규정되는 셈이다.[16]

주공의 천명관天命觀에 표현된 인문정신은 『상서』에 나오는 두 가지 말로 요약할 수 있는데 이는 각각 「군석君奭」에 나오는 '하늘은 믿을 수 없다' 天不可信와 「강고康誥」편에 나온 '백성의 정서나 실정은 대략 알 수 있다' 民情大可見라는 문구다. 그 천명론에서는 '백성의 정서나 실정'을 살피는 것을 가장 중요한 일로 보았고 이것이 3천 년 전 주공이 후대 사람에게 남긴 가장 소중한 인문 자산이기도 하다.

---

16) 천꾸잉의 『고대의 외침·은주시대 관방사상 개황(古代呼聲·殷周時代官方思想 概況)』, 타이베이더화출판사(臺北德華出版社), 1978년.

(2) 서주 말기 이래 인본 사상의 출현

서양의 근대 인본주의가 신권神權에 대항하는 의미에서 탄생하였듯 주대周代에 일찌감치 무르익었던 인본사상도 천신天神의 권위가 무너진 데 그 기원을 두고 등장했다. 주나라 사람이 가졌던 천제天帝 신앙의 변천사는 정치사회의 흥망성쇠, 그리고 혼란한 정국을 다스리는 일과 떼려야 뗄 수 없는 밀접한 관계에 있는데 이러한 정황은 『시경』 속 여러 편의 시에서도 분명하게 드러나 있다.

서주西周17)가 태평성세를 누리고 있을 때는 여전히 상제上帝의 위대함을 칭송하였는데 『시경』 「황의皇矣」에서도 '위대한 상제가 위엄 있게 세상에 임하였다' 皇矣上帝, 臨下有赫라고 노래하였다. 그러나 주나라 말기에 재난과 변란이 빈번하게 발생하면서 백성의 삶이 궁핍해지자 상제는 점차 그 반복무상함으로 말미암아 규탄의 대상이 되었다. 『시경』 「울류菀柳」에서 '상제가 심히 위세를 부린다' 上帝甚蹈라고 한 것이 그 예다.

여유厲幽18) 시대에는 사람들의 마음속에 상제란 포학한 존재로 여겨져서 『시경』 「탕蕩」에서도 '포악한 상제' 疾威上帝라고 묘사되었다. 이는 상제에 인왕人王(제왕)의 이미지가 반영된 탓인데 『시경』 「시월지교十月之交」에서 유왕幽王을 풍자하여 '백성이 받는 재앙은 하늘이 내린 것이 아니로다. 면전에서는 좋은 말만 하다가 돌아서서 미워하는 데만 오로

---

17) 주(周)나라를 서주(西周)와 동주(東周)로 나눌 때 기원전 11세기 설립되어 서안(西安)을 도성으로 했던 시대를 서주(西周), 기원전 771년 수도를 낙양(洛阳)으로 옮긴 이후의 주나라를 동주(東周)라고 함.

18) 주나라 10대 왕인 여왕(厲王)과 12대 왕인 유왕(幽王)을 통칭하는 말로 폭정으로 망국의 길을 앞당긴 인물의 대명사가 되었다. 여왕은 억압을 견디지 못한 제후와 백성들에 의해 왕위에서 쫓겨났으며, 유왕은 향락과 주색에 빠져 정사를 돌보지 않다가 견융의 침략을 받아 여산 기슭에서 살해되었다.

지 힘쓰는 사람들 때문에 생기는 것이다' 下民之孽, 匪降自天. 尊沓背憎, 職競由人라고 표현된 것을 보면 알 수 있다. 주나라 왕실이 동쪽의 낙양으로 천도한 이후 신권은 왕권과 정비례하여 쇠락하였고 신과 인간 사이의 주종관계 또한 완전히 전복됨에 따라 인본사상이 출현하게 되었다. 이에 관해서는 아래의 획기적인 몇 가지 관점을 그 증거로 들고자 한다.

① 계량이 백성은 신의 주인이라는 관점을 제시하다.

춘추시대 초기 수국隋國의 대부였던 계량季粱은 신과 백성의 관계에 새로운 관점을 제시하였다. 그래서 『좌전』「환공桓公」 6년에는 그가 "이른바 도道란 백성에게 충忠하고 신에게 신信하는 것입니다. 윗사람이 백성을 이롭게 하기를 고민하는 것이 충忠이요, 축사祝史(제사를 맡은 관원)가 거짓 없이 신에게 고하는 것이 신信입니다" 所謂道, 忠於民而信於神也. 上思利民, 忠也. 祝史正辭, 信也라고 말하는 장면이 나온다. 이처럼 계량은 '충忠'과 '신信'을 인도人道의 주요 내용으로 삼았는데 이는 노자가 '충신忠信'을 '예禮'의 주요 내적 의미로 여긴 것과 맥락을 같이 한다.[19] 그러나 계량이 제시한 '신信'은 '축사가 거짓 공덕을 신에게 아뢰는' 祝史矯擧以祭 것에서 느끼는 바가 있어 나온 말이다. 계량은 축사에 관한 이야기를 통해 두 가지 중요한 논점을 제시했다. 하나는 백성을 이롭게 하는 것이 충이라는 것이고 다른 하나는 백성이 주主가 되고 신이 종從이라는 관점이다. 그래서 그는 "윗사람이 백성을 이롭게 하기를 고민하는 것이 충입니다" "무릇 백성은 신의 주인입니다"라고 했다. 이때 유가와

---

19) 『노자』 제38장에서는 '무릇 예라는 것은 충실함과 신의가 얕아 나타나는 혼란스러움의 우두머리 같은 것이다.(夫禮者, 忠信之薄, 而亂之首)'라고 하여 예가 함축하는 주요한 내용으로 충신(忠信)을 제시하였으며 충신이 부족하면 재앙이 닥친다고 하였다.

도가가 가리키는 '충'의 대상은 후대에 이르러 서로 다른 방향으로 발전하였는데 일반 선비 신분에서 버슬에 나아감을 추구했던 유학자들은 군주에게 충성하는 방향으로 이를 발전시켰고 도가에서는 백성을 이롭게 하는 것에 주안점을 두어 '충'의 사고를 발전시켰다. 고대 사상사에서 계량은 최초로 '백성을 이롭게 함'을 '충'으로 여긴 관원이었으며 이러한 정치 윤리는 상당히 현대적인 의의가 있다. 또한 '백성'이 '신의 주인'이라는 관점은 고대 인본 사상 발전 역사상 최초로 비친 한 줄기 빛이었다고 하겠다.

② 태사 은嚚이 '신은 사람에 의지하여 행한다'라는 관점을 제시하다

기원전 662년, 괵虢나라에 신이 내려왔다고 알려지자 태사 은嚚이 평하여 이르기를 "장차 나라가 흥하려면 백성의 의견을 좇고 나라가 장차 망하려면 신의 말을 듣는다. 신은……사람에 의지하여 행한다" 國將興, 聽於民, 將亡, 聽於神. 神……依人而行라고 했다. 태사 은은 비록 무신론자는 아니었지만, 신령이 사람이나 사물을 좌지우지한다는 생각은 부정했다. 이는 계량이 백성을 신의 주인으로 삼았던 관점과 일치한다. 태사 은과 계량은 모두 신의 위력에 뒤덮임을 거부하고 민의로 돌아가야 함을 주장했는데 그들이 보여준 백성을 무겁게 여기고 신을 가볍게 여기는 '중민경신重民輕神'의 사상은 선진 제자백가 인문사상의 뿌리가 되었다.

③ 자산의 천인상분天人相分 사상

기원전 524년, 정鄭나라 등 여러 곳에서 화재가 발생하여 대부 비조裨竈가 나라의 보물을 바쳐 화를 몰아내야 한다고 건의하자 자산子産은 자연재해가 미신 활동으로 이어지는 것에 반대하고 나섰다. 하늘의 '도'와 신의 뜻은 아득하여 먼 것이라 믿을 수 없는데 사회와 인간사는 도리

어 가까운 것이니, 이 둘은 서로 이어질 수 없다는 이유에서다. 자산은 '하늘과 인간은 두 개의 서로 독립된 개체여서 각각 객관적인 운행 법칙을 따라 움직이므로 서로 간섭하지 않는다'라는 의미의 천인상분天人相分의 관점을 가지고 있었다. 그래서 사회와 인간사를 버리고 천신의 도움을 청하는 것에 반대했고 『좌전左傳』「소공昭公」 18년 편에 "천도는 멀고 인도는 가까운 것이므로 서로 미칠 수 있는 것이 아니다" 天道遠, 人道邇, 非所及也라는 명언을 남겼다.

이상의 서술에서는 서주 말기에서 춘추시대에 이르는 시기, 신권神權이 쇠락하고 인본사상이 흥기하던 시대적 추세가 잘 드러난다. 이와 같은 인본사상 및 인문정신의 발전 역사는 '신에게 공손히 하되 멀리한다' 敬鬼神而遠之라고 했던 공자의 말이 등장하게 된 연원을 보여주며 노자의 도가 '최고신보다 앞선 것' 象帝之先이 된 사상 노선의 흔적도 엿볼 수 있다.

은주殷周에서 춘추春秋에 이르는 시기는 철학의 전기前期이다. 철학의 전기에는 인문사상이 일어나면서 노자와 전국 제자백가가 일어나 주나라 문화를 계승한 것을 바탕으로 창조적인 방향으로 전환해나갔다.

3-2. 선진 제자백가 시대의 정신 : 대거 등장한 인문 사조

3-2-1. 도가, 유가, 묵가, 법가가 품은 인문적 내용의 특징

선진시기 제자백가가 세계 문화사적으로 특별하고도 이채로운 역사로 여겨지게 된 것은 인문 의식이 고조되어 인문사상이 선진 제자의 시대 정신으로 자리 잡고 제자백가가 각기 다른 형태의 인문사상을 뽑아내는 것이 하나의 시대적 사조가 되었기 때문이다.

선진 제자가 제시했던 서로 다른 형태의 인문사상에 대해서, 여기서는 도가와 유가, 묵가, 법가를 예로 들어 설명한다.

(1) 노장老莊 사상에 함축된 인문적 내용의 특징

중국철학 시대의 서막을 연 노자는 도와 사물의 관계라는 중요한 의제에 있어서, 문화적 차원에 머물러 있던 인문사상을 철학의 영역에 끌어들였고 현상계에서 한발 더 나아가 만물의 본원과 근본의 도를 깊이 탐구하였으며 '도道'를 통해 '물物'의 내적 의미를 풍성하게 채웠다.

그밖에도 노자는 '위학爲學(학문을 함)'과 '위도爲道(도를 닦음)'의 두 가지 길을 제시했다. 그래서 '학문하는 것은 매일 채우는 일이다' 爲學日益라고 하여 지식이 쌓일수록 외부 세계에 대한 인식이 날로 명확해진다고 했으며 '도를 닦는 것은 매일 비우는 일이다' 爲道日損라고 하여 주체가 수양을 통해 자기만의 주관과 선입견, 탐욕을 점차 줄여나간다고 했다. 그러나 '위학'과 '위도'의 관계는 노자의 사유 세계에서 서로 맞물리기 어려운 두 가지 영역으로 분리되는 듯하다. 그러나 장자에 이르면 『장자』「지북유」에서 도는 '없는 곳이 없다' 無所不在 '사물을 초월하여 존재함이 없다' 無乎逃物라고 하여 도道와 물物이 서로 분리되지 않는다는 주장이 제시되었다. 그리고 장자는 수많은 생동감 넘치는 우화, 이를테면 『장자』「양생주養生主」의 '소를 잡는 포정庖丁解牛'[20]이라든지 「달생」

---

20) 포정(庖丁)이 문혜군(文惠君)을 위해서 소를 잡는데, 손으로 쇠뿔을 잡고 어깨를 소에게 기대고 발로 소를 밟고 무릎을 세워 소를 누르면 처음에는 칼질 소리 휙휙 울리며, 칼을 움직여 나가면 쐐쐐 소리가 나는데 모두 음률에 맞지 않음이 없었다. 문혜군이 말했다. "아! 훌륭하구나. 기술이 어찌 이런

의 '매미 잡는 구루자狗偻承蜩'21), '나무 조각의 달인 재경梓慶削木爲鐻'22) 등의 이야기를 통하여 인간이 전문적이고 정밀한 기예를 써서 도

경지에 이를 수 있는가!" 포정이 칼을 내려놓고 대답했다. "제가 좋아하는 것은 도(道)인데, 이것은 기술에서 더 나아간 것입니다. 처음 제가 소를 해부하던 때에는 눈에 비치는 것이 온전한 소가 아님이 없었습니다. 그런데 3년이 지난 뒤에는 소 한 마리 전체는 보이지 않게 되었습니다. 지금은 제가 신(神)을 통해 소를 대하고, 눈으로 보지 않습니다. 감각 기관의 지각 능력이 활동을 멈추는 대신 신묘한 작용이 움직이면 자연의 결을 따라 커다란 틈새를 치며 커다란 공간에서 칼을 움직이되 본시 그러한 바를 따를 뿐인지라, 경락(經絡)과 긍경(肯綮)이 칼의 움직임을 조금도 방해하지 않는데 하물며 큰 뼈이겠습니까? 솜씨 좋은 백정은 일 년에 한 번 칼을 바꾸는데 살코기를 베기 때문이고, 보통의 백정은 한 달에 한 번씩 칼을 바꾸는데 뼈를 치기 때문입니다. 지금 제가 쓰고 있는 칼은 19년이 되었고, 그동안 잡은 소가 수천 마리인데도 칼날이 마치 숫돌에서 막 새로 갈아낸 듯합니다. 뼈마디에는 틈이 있고 칼날 끝에는 두께가 없습니다. 두께가 없는 것을 가지고 틈이 있는 사이로 들어가기 때문에 넓고 넓어서 칼날을 놀리는 데 반드시 남는 공간이 있게 마련입니다. 이 때문에 19년이 되었는데도 칼날이 마치 숫돌에서 막 새로 갈아낸 듯합니다. 비록 그렇지만 매번 뼈와 근육이 엉켜 모여 있는 곳에 이를 때마다 저는 그것을 처리하기 어려움을 알고, 두려워하면서 경계하여, 시선을 한 곳에 집중하고, 손놀림을 더디게 합니다. 그 상태로 칼을 매우 미세하게 움직여서 고기가 이미 스륵 하면서 뼈에서 해체되어 마치 흙이 땅에 떨어져 있는 듯하면, 칼을 붙잡고 우두커니 서서 사방을 돌아보며 머뭇거리다가 제정신으로 돌아오면 칼을 닦아서 간직합니다." 문혜군이 말했다. "훌륭하다. 내가 포정의 말을 듣고 양생(養生)의 도를 터득했다."

21) 공자가 초나라를 가는 중에 막대기로 매미를 잡는 구루자, 즉 곱사등이 노인을 만나게 됐다. 구루자는 매미를 한 마리씩 잡는 것이 아니라 여러 마리씩 마구 쓸어 담았다. 하도 신기해서 공자가 구루자에게 매미 잡는 비결을 물었다. 구루자는 "평소 막대기 위에 구슬을 여러 개 올려놓고서 떨어뜨리지 않는 연습을 거듭하다 보니 막대기 위에 구슬을 여러 개 겹쳐도 떨어지지 않을 경지에 이르렀고 매미도 저를 사람으로 느끼지 못할 정도가 되었기 때문입니다."

22) 목수 경(慶)이 나무를 깎아 북을 올려놓는 도구인 거(鐻)를 만들자, 보는 사

의 경지에 이를 수 있음을 묘사했다.

이렇게 '위학'과 '위도'의 두 영역을 서로 연결하니 주체로 하여금 최고의 경지로 향할 수 있게 하는 통로가 마련되었다. 장자의 철학 세계에서 주체의 정신적 경지를 끌어올려 우주 생명이 보편적으로 운행되는 경지에 이르게 하니 이로 말미암아 중국 고대의 인문사상은 상당히 풍성한 세계로 확장될 수 있었다.

(2) 공맹孔孟 사상이 함축한 인문적 내용의 특징

노자와 동시대 혹은 조금 더 늦은 시대를 살았던 공자는 비록 철학적으로 중요한 의제는 다루지 않았지만, 문화적으로는 그 누구도 따라잡을 수 없을 정도로 지대한 영향을 끼쳤다. 공자는 주공 단旦의 존존尊尊, 친친親親, 경덕보민敬德保民의 종법 윤리 사상을 계승하여 개인과 공동체의 도덕을 발휘하게끔 독려하였다. 맹자는 공자의 인륜 사상을 이어받았지만, 사람의 도덕 역량을 분발시키는 데는 더 큰 힘을 발휘했다.

람마다 귀신이 만든 것이라고 의심할 정도로 솜씨가 정교했다. 노(魯)나라 제후도 그것을 보고 "너는 무슨 기술로 이렇게 만들었느냐"라고 물었다. 목수 경이 답하여 말하였다. "제가 거를 만들 때는 일찌감치 기운을 소모하는 것이 아니라 목욕재계하여 마음을 평온하게 갖습니다. 이렇게 3일을 준비하면 보상에 대한 욕심이 없어지고, 5일간 준비하면 비방이나 명예, 교묘함과 졸렬함을 생각하지 않게 되며, 7일 동안 준비하면 문득 저 자신이 사지(四肢)가 있고 형체가 있는 존재라는 사실도 잊게 됩니다. 그때가 되면 조정의 권세에 대한 욕심도 없어지고, 교묘한 기술에만 집중하여 마음을 어지럽히는 외물의 유혹도 완전히 사라집니다. 그런 뒤에야 산림 속으로 들어 나무의 천성을 살펴 형태가 최고인 것을 찾아낸 뒤 마음속으로 만들어 낼 거를 구상합니다. 그런 뒤에 손을 대기 시작하는데요, 그렇지 못할 때는 그만둡니다. 이렇게 만들면 나무의 천성과 저의 천성이 일치합니다. 제가 만든 가구가 귀신이 만들었다고 의심받는 것도 이런 까닭입니다."

'존존' '친친'은 종법 봉건사회를 지탱하는 두 가지 큰 기둥으로 사회적 측면에서는 민심을 잡아주고 인간관계를 화목하게 하는 역할을 했지만, 정치적으로는 시의적절하지 않은 수많은 폐단을 낳아 예법 제도, 즉, 봉건제도는 주로 봉건제, 세습제, 등급제를 포함하게 되었다. 공맹은 기본적으로 옛 제도를 옹호하였으므로 공자는 '옛 친구를 버리지 않는다'(『논어』「태백」) 故舊不遺(『論語』「泰伯」)라고 했고 맹자도 '세신世臣(세습 신하)' '세록世祿(대대로 받는 녹봉)'을 유지해야 한다고 주장했다. 그러나 종법의 '친친' 정치는 일찌감치 '덕이 없는 자가 군주의 총애를 받는(『국어』「주어」 상편)' 少德而多寵(『國語』「周語」上) 폐단을 초래했다. 유가와 묵가는 계급을 바라보는 관점에서는 현저한 차이를 보였다. 묵가는 '나라 안의 모든 사람과 사방 먼 곳의 백성' 國中之衆, 四鄙之萌人 '농업과 상공에 종사하는 사람' 農与工肆之人의 이익과 소망을 대변하였기 때문에 유가 사상의 보수성과 기득권 계층을 보호하는 불합리성에 강한 의혹을 제기하지 않을 수 없었다.

(3) 묵자 사상이 함축한 인문적 내용의 특징

묵자는 귀족 혈연 정치의 폐단, 즉, '임금이나 대신들의 골육과 가까운 사람, 연고 없이 부귀한 사람, 용모가 아름다운 사람만을 등용하고'(『묵자』「상현」 하편, 이하 인용처 동일) 王公大人, 骨肉之親, 無故富貴, 面目美好者, 則舉之(『墨子』「尚賢」下) '아첨하는 자들을 신하로 삼으며 종족과 부형, 친지들을 우두머리로 앉히는' 立便嬖以爲左右, 置宗族父兄故舊以爲正長 상황을 지적했다. 귀족의 독재가 '골육과 가까운 자'에 의해 이뤄짐으로써 연고 없이 부귀를 누리고 이 같은 무리가 나라 경륜이라는 대계를 이끄니 그것은 마치 '벙어리를 사신으로 부리고 귀머거리를 악사로 삼는 것' 瘖者而使爲行人, 聾者而使爲樂師과 같다는 것이다. 조정에는 지혜와 역량이 '벙어리와 귀머거리' 수준인 이들로 가득했고 '가까운 자들로 이루어졌을 뿐 능력이 탁월하지 않은' 親而不善 정치계의 현상을 목도한 묵자는 상현尙賢(어진 이를 높임)과 사능使能(능력 있는 자를 등용함)의 주장을 내세운다. 그는 '상현'의 이론에서 '관리라고 해서 늘 고귀한 것은 아니고 백성이라고 해서 끝까지 비천한 자는 없다' 官無常貴, 民無終賤라는 혁신적인 구호를 외친다.

묵자는 침통한 심정으로 통치 계급을 향해 '천하의 백성이 사용할 재화를 고갈시킨다'(『묵자』「비공」하편) 竭天下百姓之財用(『墨子』「非攻」下) '백성들이 입고 먹을 재물을 축내고 빼앗는다'(「비락」상편) 虧奪民衣食之財(『墨子』「非樂」上) '윗사람은 그 즐거움을 누리지 못하고 아랫사람은 그 고통을 견디지 못한다'(「칠환」) 上不厭其樂, 下不堪其苦(『墨子』「七患」)라고 비판하였다. 우리 주변을 돌아봐도 지금까지 권세 잡은 자들의 친인척들은 특권을 이용하여 각종 내부 거래를 도모하여 국민의 재산을 착취하고 권력의 핵심을 부정부패의 온상으로 전락시켰다. 이 같은 세태는 사람들로 하여금 '세상의 기풍이 날로 못 하다!' 世風日下!라고 한탄하지 않을 수 없게 한다. 폐단을 도려내고자 하는 묵자의 정신은 인도주의를 향한 호소로 가득했고 특히 '겸애兼愛(평등한 사랑)'와 '비공非攻(침략 전쟁 반대)'의 학설에는 현대적인 의의도 다분했다. 그래서 패권을 앞세워 약소국을 깔보고 백성을 해치며 전쟁을 수시로 일으키는 강대국의 행위를 따끔하게 질책하여 '그 나라의 변경에 침입하여……그들의 성곽을 무너뜨리고……그 나라 백성을 찔러 죽이며 그 나라의 노약자를 죽인다'(『묵자』「비공」) 入其國家邊境……墮其城郭……勁殺其萬民, 覆其老弱 '사람을 죽이는 것도 많으면 만萬 단위에 이르고 적어도 천千 단위에 이른다'(「비공」중편) 殺人多必數於萬, 寡必數於千라고 비판했다. 이는 마치 강대국이 중동을 향해 걸프 전쟁을 일으키는 오늘날의 국제 정세와도 같다.

묵가는 '예는 아래로 서민의 단계까지 내려가지 않는다'禮不下庶人라
는 말로 대표되는 예의 한계성을 초월하여 '만민의 이익萬民之利'을 수
호하는 입장에서 만물을 사랑하여 사람들을 이롭게 하는 사상의 기초를
확립하였다. 이로써 묵가의 인문정신에서 뿜어져 나오는 빛은 인도주의
와 민본사상, 그리고 그것이 제창하는 박애 정신의 측면에서 유가를 한
참이나 압도했다고 하겠다.

(4) 법가 사상이 함축한 인문적 내용의 특징

제자백가 중 법가는 가장 논쟁거리가 많은 학파이다. 하나는 사상적
측면의 폐단에 관한 논쟁이고 다른 하나는 유학자의 심적 상태를 잘못
이해한 데서 나온 논쟁이다. 법가의 폐단은 적지 않다.[23] 주요한 내용만
꼽자면 입법권이 군주에게서 나온다는 점과 법령실시의 동일성 요구로
사상의 획일화가 초래됐다는 점을 들 수 있다.

법령이 애초에 군주에 의해 탄생했다는 태생적 문제는 이미 장자에
의해 의문이 제기됐던 부분이기도 하다. 그는 『장자』「응제왕」에서 '임
금 된 자가 자기 마음대로 법령과 제도를 만들어낸다'『莊子』「應帝王」: 君
人者以己出經式義度라고 하여 임금이 자기 뜻대로만 법도를 제정한다고
지적했다. 그리고 이런 식으로 천하를 다스리면 '맨발로 바다를 건너고
맨손으로 강을 파고 모기에게 산을 짊어지게 하는 것' 涉海鑿河, 而使蚊負
山과 같다고 했다. 법도와 조례의 제정은 민심에 부합해야 한다는 관점
은 한대漢代 도가에 이르러 『회남자淮南子』를 통해 더욱 명확하게 제시
되었다. 『회남자』「주술主術」에서 '법法은 의義에서 생겨나고 의는 뭇사

---

23) 졸저 『고대의 외침(古代呼聲)』에 수록된 「법가 사상 술평(法家思想述評)」
참조.

람이 적합하다고 여기는 것에서 생기며 뭇사람에게 적합한 것은 인심에 합치하니 이것이 다스림의 요체이다' 法生於義, 義生於衆適, 衆適合於人心, 此治之要也라고 한 말이 그 예다.

　법가 사상은 시대적인 필연성에 의해 탄생하였다. 서주의 예법 제도는 혈연관계를 기초로 하는 씨족 봉건사회에는 적합했다. 그러나 씨족 기반의 사회조직은 점차 국가라는 사회조직으로 확대되었고 전국 시대에 이르러서는 사회구조가 크게 변화하면서 법 제도가 보편적이고 효율적으로 실시되었다. 그 결과 법치法治는 인치人治 차원의 예법 제도를 대체하여 인간관계를 유지하고 권력 기구를 운영하는 시스템으로 자리 잡게 되었다. 이를 통해서 보면 법가와 유가 사이의 사상적 대립은 실상 씨족사회와 국가적 사회가 시행한 인치와 법치 사이의 다툼을 상징한다고 하겠다.

　역사적으로 보면 도가, 묵가, 법가를 막론하고 유가의 덕치주의가 집권층과 혈연관계의 가까운 자들에게만 한정되었던 폐단을 비판하지 않은 학파가 없었다. 그중에서도 법가의 질책이 가장 심했다. 그래서 상앙商鞅은 '가까운 사람을 친하게 대하는 사람은 사적인 이익을 좋아한다' '가까운 사람을 친하게 대하는 사람은 사적인 일을 도道로 여긴다'(『상군서』「개색」) 親親而愛私, 親親者, 親親而愛私(『商君書』「開塞」)라고 하여 유가의 '가까운 사람을 친하게 대하는 것이 인仁이다' 親親爲仁라는 생각이 정치적으로는 권력과 부귀 사이에 사덕私德을 주고받는 일로 이어지기 쉬움을 지적했다.

　이 때문에 씨족사회에서 국가사회로 진입한 뒤, 종법 윤리에서 예사로운 일로 여겨졌던 '사덕私德'과 사회 공동체의 이익을 수호했던 '공덕公德'은 오랜 역사를 통해 인치와 법치의 들고 남 속에서 서로 규합하거나 충돌하였다. 역대 사인士人들은 유가가 제창한 친족 중심의 '사덕'에 대해서는 많은 부분 인정했지만, 법가가 주장한 사회 공동체 차원의 '공덕'에 대해서는 동정적인 공감이나 이해가 부족했는데 이는 학계에서도 보편적으로 있어 온 현상이다.

그러나 어찌하든 법가가 내세웠던 법치 정신은 여전히 인문 세계의 중요한 문화 자산이 되었다. 이를테면 법가의 변고變古 사상(『한비자』「오두」)에서 '반드시 사람의 성정을 바탕으로 출발하여' 必因人情(『韓非子』「五蠹」) 입법해야 함을 주장하고 '사사로운 마음을 버리고 나라의 법을 따른다'(「유도」) 去私曲就公法(『韓非子』「有度」), '공리'(「팔설」) 公利(「八說」), '공과 사의 구분을 분명히 한다'(「식사」) 明於公私之分(『飾邪』), '법은 신분이 귀한 사람에게 아부하지 않는다'(「유도」) 法不阿貴(『有度』), '죄가 있으면 큰 벼슬아치라도 형벌을 피할 수 없다'(「유도」) 刑過不避大臣(『有度』)라고 주장한 것은 오히려 오늘날 정치사회 환경에 더욱 부합할 정도로 풍성한 현대적인 의의도 갖는다.

법가는 인문사상을 법치의 토대 위에 구축함으로써 '사대부에게는 형벌을 내리지 않는다' 刑不上大夫라는 특권층 비호 관념을 깨뜨렸다. 이처럼 법치에 깃든 인문人文의 정신은 오늘날 가장 시대적인 의미가 농후한 문화 자산이 되었다.

3-2-2. 제자백가가 주목한 사회문화적 주제

선진 시기 사상가들은 인문사상의 기조 속에서 각자의 이채로움을 발산하였는데 그 과정에서 그들이 주목했던 주제와 관점에 대해 몇 가지 예를 들어 설명한다.

(1) 사람이 우주 속에서 갖는 지위

춘추시대에는 신권이 쇠락하고 인본사상이 흥기하는 가운데 노자 사상이 등장하면서 신과 사람의 관계가 획기적으로 바뀌었다. 노자는 신을 '도'의 이상적 범주에서 몰아냄과 동시에 사람에게는 우주 속 '네 가지 큰 것' 가운데 하나라는 지위를 부여했다. 『노자』 제25장에서 '이름 지을 수 없는 영역에 네 가지 큰 것이 있으니 사람은 그 가운데 한 자리를 차지한다'『老子』二十五章: '域中有四大, 人居其一焉'라고 한 것이 그 예다. 장자는 여기서 더 나아가 사람의 정신적 생명을 천지의 경지로 끌어올렸다. 『장자』「천하」에서 '홀로 천지의 정밀하고도 신묘한 작용과 더불어 왕래한다'『莊子』「天下」: '獨與天地精神往來'라고 한 말을 보면 알 수 있다. 장자의 뒤에 나오는 순자荀子도 도의道義의 측면에서 사람이 '천하에서 가장 귀하다'最爲天下貴라고 인정했다.

(2) 민본(民本)과 인도(人道)의 호소

사람의 지위가 격상되면서 백성의 소망과 요구는 위정자들이 가장 먼저 살펴야 하는 요소가 되었다. 노자는 위정자들이 마땅히 '백성의 마음을 자기 마음으로 삼아야 한다'(『노자』 제49장) 以百姓心爲心(『老子』四十九章)라고 외쳤고 맹자는 여기서 더 나아가 '백성이 가장 귀중하고 사직은 그다음이며 군주는 가볍다'(『맹자』「진심」 하편) 民爲貴, 社稷次之, 君爲輕(『孟子·盡心下』)라는 시대 초월적인 주장을 남긴다. 이처럼 백성을 무겁게 여기고 군주를 가볍게 여기는 사상은 오랜 세월을 거치면서 고대 동방사회에 영향을 끼쳤다. 선진 제자백가의 사상 가운데 인류의 상황과 처지에 대해 절실하고도 깊은 인도적인 관심을 보인 사례는 그 밖에도 많다. 전쟁의 화마 속 백성들의 비참한 상황에 대해 특별한 관심을 가졌던 묵자는 백성이 '굶주림과 추위, 질병에 개천이나 도랑에 굴러 떨어져 죽은 자가 셀 수 없이 많았다'(『묵자』「비공」하편) 饑寒凍餒疾病而轉死溝壑中者, 不可勝計也(『非攻下』) '머무는 곳이 안정되지 않고 밥 먹는 것도 때에 맞지 아니하며 굶었다가 과식하는 등 절도가 없어 백성이 길에서 병들어 죽는 경우가 셀 수 없이 많다'(「비공」중편) 與其居處之不安, 食飯之不時, 饑飽之不節, 百姓之道疾病而死者, 不可勝數(『非攻中』)라고 하였다. 이처럼 『묵자』 속의 글자와 행간이 하나같이 인도적 호소를 함축하고 있다.

(3) 예와 법의 변론

'예'는 단순히 의식적인 면만을 가리키는 것이 아니고 개인의 행위 준칙과 사회 규범이 확장하여 전장 제도로 구축된 것이다. 서주에서 시작된 예법 제도는 고대 사회 문화가 고도로 발전하였음을 보여주지만, 시대가 변화하면서 혈연관계를 축으로 삼는 종법 제도와 봉건귀족이 주축이 되는 등급제도는 날로 그 폐단을 드러내기 시작했다. 춘추시대 말기는 역사서에서 소위 '예악이 붕괴됐다' 禮崩樂壞라고 표현하는 시대가 되었고 이에 따라 법 제도에 대한 요구도 날로 거세졌다. 정치적으로 예와 법의 운행은 자산子産(기원전 약 580년~기원전 522년) 시대에 이르러 전무후무한 사상의 발전을 가져왔다.

자산은 '향교를 허물지 않음'24)으로써 백성들 사이의 여론을 강제로

---

24) 원문은 '不毁鄉校'. 정(鄭)나라의 곳곳에는 관리와 사대부 등이 모여 학문을 닦고 교제하는 장소인 향교가 있었는데 점차 향교의 성격이 변질되어 여러 사람이 모여 불만 불평을 늘어놓는 정치 활동 장소가 되었다. 이들은 당파를 형성하여 세력화한 뒤 급기야 폭동까지 일으켰고 그 폭동으로 자산의 아버지인 자국이 죽기까지 했다. 대부 연명이 자산의 마음을 미리 짐작하고 그가

막지 않고 개방하여 지식인들이 조정을 향해 내놓는 비판에 귀 기울였다. 그리고 주형서鑄刑書, 즉, 정鼎(솥)에 형법을 주조하여 공표함으로써 정치 개혁을 단행하였지만, 수구파의 경계심과 두려움을 불러일으켰다. 진晉나라의 대부 숙향은 정鄭나라가 법률을 제정하여 공표하는 조치를 향해 서신으로 권고했다. "백성들이 형법이 있음을 알게 되면 윗사람을 두려워하지 않게 되고 두루 쟁송하려는 마음이 일어납니다⋯⋯"(『좌전』소공 6년) 民知有辟, 則不忌於上, 並有爭心⋯⋯(『左傳』昭公六年) 이에 대해 자산은 "나는 이 법으로 세상을 구제하려는 것입니다" 吾以救世也라고 회신할 뿐이었다. 숙향은 백성들이 법률이 있음을 알게 되면 법에 따라 일을 행할 뿐 관원들을 두려워하지 않을 뿐 아니라 법 조항을 따져가며 항의하고 쟁송하게 될 것을 우려했다. 그러나 오래지 않아 숙향의 진나라도 시대적 사조의 흐름을 막을 수 없어 마찬가지로 정鼎을 주조한 뒤 범선자範宣子가 제정한 형서를 새겨넣고 공표하였다. 그러자 공자도 무척 불안해하며 말하였다. "백성들이 정에 새겨진 법률 조문을 보고 범법의 상황을 알게 되면 어찌 귀족을 높이 받들겠는가? 그렇게 되면 귀족들이 어찌 가업을 지킬 수 있겠는가? 귀천에 등차가 없다면 어찌 나라가 다스려지겠는가?"(『좌전』 소공 29년) 民在鼎矣, 何以尊貴? 貴何業之

적극 찬성하리라 생각해서 향교의 폐지를 건의했다. 그러나 자산은 이를 거절하면서 이렇게 말했다. "향교를 왜 없애려고만 하는가? 그곳에서 권력자의 정책을 논의하고 우리가 듣기 싫은 소리를 한다고 없애려 하는가? 나는 그곳의 소리를 더 들어야 한다고 생각한다. 좋은 점은 유지하고 잘못된 점은 고치면 된다. 아무리 백성들을 위한 정치를 한다고 해도 그들의 목소리를 모두 들을 수는 없다. 백성들의 목소리를 막는 것은 넘치는 홍수를 막겠다고 둑을 쌓고 물길을 다른 데로 유도하기 위해 길을 내는 것과 같은 것이다." 자산은 여론, 즉 백성의 언로를 개방함으로써 백성을 위하는 진정한 정치의 완성을 꾀한 것이다.

守? 貴賤無序, 何以爲國(『左傳』昭二十九年)

춘추전국시대에는 각 학파가 예법 제도의 결점을 검토하였다. 우선 노자는 '무릇 예라는 것은 충실함과 신의가 얕아 나타나는 것이다'大禮者, 忠信之薄(『老子』三十八章)라고 하여 '예'에 '충심과 믿음'이 부족함을 지적했다. 그 뒤를 이어 장자도 '예란 도를 거짓으로 꾸민 것이고 혼란스러움의 우두머리이다'(『장자』「지북유」) 禮者, 道之華而亂之首也(『知北遊』)라고 지적했다. 묵자는 『묵자』「비유」하편에서 '예악을 번거롭게 꾸며서 사람들을 음란하게 하고 오랫동안 상복을 입고 거짓으로 슬퍼하게 함으로써 부모를 속인다. 운명을 내세워 나태하고 가난하게 있으면서도 고상한 척 버티고 있으며 근본을 버리고 할 일을 버린 채 태만하고 편안하게 지낸다' 繁飾禮樂以淫人, 久喪僞哀以謾親, 立命緩貧而高浩居, 倍(背)本棄事而安怠傲(『墨子』「非儒」下)라고 하여 유가를 비판했다.

유가와 법가는 각각 예법 제도와 법 제도를 수호하는 입장을 고수했다. 예와 법이 이론에서 실제 운영에 이르는 과정에서 충돌을 일으키면 이 둘을 겸하여 고려하는 태도를 취하였는데 황로 도가와 순자가 대표적이다. 황로의 고일서古佚書[25]인 『황제사경』은 첫머리에 요지를 밝혀 이르기를 '도는 법을 낳는다道生法'라고 했다. 황로는 '법'을 노자의 '도' 론에 접목함으로써 법의 근원이 공평하고 공정하며 공개적인 이론 토대를 갖게 하였다. 직하 도가는 여기서 더 나아가 예와 법을 도에 접목하여 한편으로는 도와 예, 법의 관계를 도의 체용體用 관계[26]로 보았고, 다른 한편으로는 형이상의 '도'를 '덕'에 통과시켜 인간의 가치에 대한

---

25) 오래전 이미 흩어져서 없어진 책.

26) 졸저 『직하도가 대표작 - 관자 4편 완전해석』 138~144쪽 참조, 타이베이싼민서국(臺北三民書局), 2003년.

요구로 적용하여 도가 '의' '예' '법' 등 사회 규범으로 하여금 형이상적 이론 근거를 갖게 하였다. 그래서 예와 법을 도에 편입하여 이르기를 '예란 사람의 감정에서 비롯되고 의의 이치를 따른다……이런 까닭에 모든 일은 법으로 감독하고 법은 권權에서 나오며 권은 도에서 나온다' 禮者, 因人之情, 緣義之理……故事督乎法, 法出乎權, 權出乎道라고 했다. 직하 도가는 예와 법이 도의 연장선상이라고 여겨서 도의 규칙 아래서 법 제도와 예의 교화의 사회적 기능을 주장했다. 직하 황로로부터 깊은 영 향을 받은 순자는 '융례隆禮' 즉, 예를 극진히 존중함과 동시에 '중법重 法' 즉, 법을 무겁게 여겨야 한다고 주장함으로써 예와 법 사이의 모순을 치도治道에서 하나로 통일시켰다.

선진 시기 예와 법의 다툼은 인치와 법치의 핵심 주제와도 관계되어 있어서 원시 유가와 법가의 각 학파가 대립하게 된 원인이 되었다.

맹자는 덕치德治를 추구하였지만 인치人治의 전형화 현상을 극으로 치닫게 했는데 순舜의 효행을 묘사할 때도 과도하게 선양함으로써 효도 孝道의 절대화를 초래했다. 그가 언급한 '요순우탕문무堯舜禹湯文武'[27]와 '성인의 세대聖人之世'는 한유韓愈와 송나라 이학자 정이程頤 등으로 하 여금 이단적 사상을 강하게 배척하게 하는 도통설道統說의 시발점이 되 었다. 맹자가 전형과 모범으로 삼은 인치에 대해 장자학파 관점주의 perspectivism는 강력한 의문을 제기했고(『장자』「외편」, 「잡편」에 다수의 논증이 등장함) 장자는 「소요유逍遙遊」에서 '먼지나 때, 쭉정이나 겨와 같은 몸의 찌꺼기 정도로도 요임금이나 순임금 따위를 빚어낼 수 있다' 塵垢粃糠, 將猶陶鑄堯舜者也라는 말을 하기도 했다. 이는 유가의 우상주의 를 비판했다는 데 의의가 있다. 맹자가 말한 성인의 다스림은 5백 년을

---

27) 요왕, 순왕, 우왕, 탕왕, 문왕, 무왕.

채워야 왕자王者(왕도정치를 행하는 사람)가 일어난다[28]고 했는데 그렇다면 그 이외의 날들은 백성들이 언제 끝날 줄 모르는 암울한 사회를 살았다는 의미인가? 인치에만 의존하면 '집정자가 살아있는 동안에는 그의 정치가 관철되지만, 집정자가 죽으면 그가 추진했던 정사도 폐지되는' 人存政擧, 人亡政息 파국을 면할 수 없다. 이 때문에 어떻게 하면 인치와 법치를 적절하게 결합하는가 하는 것은 오늘날까지도 사람들을 깊은 고민에 빠지게 하는 문제이다.

종합하면 선진 시대 제자백가 가운데 인간 세상을 향해 관심 어린 눈을 돌리지 않은 이가 없었고 사회를 향한 깊고 도타운 배려를 품지 않은 이가 없었으니 노자와 장자도 예외는 아니었다. 노자는 저서에서 다스림의 도를 말하고자 했고 장자도 '내성외왕의 도'(『장자』「천하」) 內聖外王之道(『莊子·天下』)를 제시했다. '내성외왕'의 이상은 격동하여 불안했던 시대에 등장하여 사인들이 마음속에 품었던 인간에 대한 관심이자 사회를 향한 책임감이며, 역대 지식인들이 스스로 단련하고 사회적 역할을 감당하기 위해 동경했던 최고의 이념이 되었다. 다시 말해 선진 제자백가는 인문적 관심과 배려가 깃든 사상의 기저 속에서 제각각 사상과 의견을 펼쳤고 이것들이 한데 모여 하나의 시대사조를 이루었다.

제자백가가 인간성 탐색과 사회적 관심이라는 전제 아래 논의했던 의제는 많은 부분 정치사회의 범주에 속하였다. 이를테면 전쟁이나 평

---

28) 『맹자』「진심(盡心)」하편: '요순으로부터 탕에 이르기까지가 오백여 년이니, 우(禹)와 고요(皐陶) 같은 이는 요순의 도를 보아서 알았고 탕 같은 이는 들어서 알았다. 탕으로부터 문왕에 이르기까지가 또 오백여 년이니, 이윤(伊尹)과 래주(萊朱) 같은 이는 보아서 알았고 문왕 같은 이는 들어서 알았다. 문왕으로부터 공자에 이르기까지가 오백여 년이니, 태공망(太公望)과 산의생(散宜生) 같은 이는 보아서 알았고 공자 같은 이는 들어서 알았다.'

화와 같은 문제, 왕도와 패도가 덕으로 말미암았는지, 힘으로 말미암았는지에 관한 문제, 군주의 권력과 민심의 향배를 공고히 하는 문제, '세습 신하'의 자리나 '거대한 저택'을 수호하고 '농업과 공업, 상업에 종사하는 사람'의 입장을 지키는 문제, 논두렁을 파고 정전제井田制를 회복하는 문제, 의義와 이利의 문제, 사덕私德과 공덕公德의 문제, '사랑에 등차가 있고 없고'에 관한 문제 등이 그 예다.

공자와 맹자, 묵자, 한비자 등 각 학파가 내놓은 학설은 많은 부분 사상사나 문화사의 과제에 속한다. 일부 논점은 비록 그 안에 철학적 의미를 함축하고 있긴 하지만, 아직 철학적인 문제의식은 형성되지 않은 상태였다. 철학 개념이 형성된다는 것은 은연중에 함축되어 있던 implicit 개념이 선명하게 드러나는explicit 과정이며 철학 문제로 발전한다는 것 또한 보이지 않던 문제가 선명하게 드러나는 과정이라고 할 수 있다. 예를 들면 『논어』에서 '선생님(공자)의 문장文章(덕이 밖으로 드러난 것)은 들을 수는 있으나 선생님이 인간의 본성과 천도에 관해 말씀하신 것은 듣지를 못했다' 夫子之文章, 可得而聞也; 夫子之言性與天道, 不可得而聞也(『論語』「公冶長」)라고 하였는데 여기서 '본성'과 '천도'는 공자의 사상적 관념에서 함축되어 감춰진 제재이다. 공자는 '천도' 사상을 드러내지 않고unthematic 은연중 함축하였을 뿐 이것을 드러내놓고 논의하지 않았다. 공자의 인생관은 우주론을 토대로 세워진 것이 아니니, 철학 관점에서 말하자면 공자는 형이상학의 이론 체계를 세운 적이 없을 뿐 아니라 이러한 형태의 철학 문제의식을 품었던 적이 없다고 할 수 있다.

3-3. 공자의 문화적 인문사상과 노자의 철학적 인문사고

한위漢魏 이후 유가와 도가는 오랜 역사를 통해 각각 중국 문화와 중국철학을 대표하는 학파로서의 지위를 갖게 되었다. 정확히 말하자면 유가는 문화 방면의 주류라는 위치를 얻었고 도가는 철학 분야에서 주축이 되는 지위를 점하였다. 아래에서는 먼저 유가 학파의 창시자인 공자가 내세웠던 덕치주의에 함축된 인문사상을 설명한 뒤, 공자와 노자의 윤리 사상을 대비함으로써 중국철학의 문을 연 노자의 인문사상이 어떻게 문화적 차원에서 철학적 특색을 갖춘 이론으로 발전하였는지 살펴보고자 한다.

3-3-1. 공자 윤리의 중심이 되는 인문사상의 특징과 한계

공자가 철학 분야에서 일궈낸 창조성과 이론 구축은 노자에 뒤지지 않지만, 문화적인 면에서 끼친 영향은 그 누구도 따라오지 못할 정도로 지대하다. 천룽지에陳榮捷 선생은 『중국철학문헌선편中國哲學文獻選編』 제2장 「공자의 인문주의」에서 공자가 문화 영역에서 갖는 중요한 지위를 철학의 입장에서 논평하였다.

> 일반적으로 말하기를 공자는 중국 문화를 빚어내었다고 하는데 이는 조금도 의심할 여지가 없는 관점이다. 그러나 범위를 압축해서 공자가 중국철학의 특질을 만들어냈다는 말, 다시 말해, 그가 이후의 중국철학 발전 방향을 결정했다거나 중국철학 발전의 양식을 만들어냈다고 하는 관점은 지나치게 과장된 듯싶다.
> 공자가 옛것을 이어받아 전한 전달자인 것은 확실하지만, 동시에 그는

창조자創造者이기도 했다. 그러나 전문적인 지식 측면에서 보자면 그는 철학자는 아니었다.

공자는 철학자가 아니었지만 만일 그가 없었다면 중국철학은 원래 모습과는 다른 방향으로 흘러갔을 것이 분명하다.

천룽지에 선생은 '공자가 중국 문화를 빚어냈다'라는 입장에는 동의하지만, 전문적인 철학의 시각에서 보면 '공자는 철학자는 아니다'라고 했는데 이러한 관점은 상당히 정확하다.

현재 우리 학계는 문화와 철학에 대한 구분이 대부분 뒤섞여 명확하지 않아, 철학사학자들도 『논어』를 공자가 말한 문화적 내용과 철학이 혼합된 책으로 여긴다. 그러나 팡둥메이 선생만은 유독 이 같은 다수의 의견에 반대하여 『논어』는 단순히 격언格言을 모아놓은 학문일 뿐, 철학 문제와는 관계가 없다면서 이렇게 말했다.

『논어』라는 책은 학문적 분류로 따지자면 우주 발생론이나 우주론의 문제를 논하지 않을 뿐 아니라 본체론의 순리純理 문제를 다루지도 않고, 본체론을 초월한 최후의 근본 문제를 논하지도 않으며 가치 방면에서도 도덕 가치나 예술 가치, 종교 가치 등 각종 가치를 포함한 보편 가치론을 말하지 않는다. 그렇다면 『논어』는 '순리철학純理哲學'으로 분류될 수 없으니 도대체 어떤 학문이라고 여겨야 할까? 실제 삶의 체험에 근거해서 간략하고 짧은 언어를 써서 표현해낸 말, 소위 '격언집'인 셈이다! 이리하여 그의 학문은 '격언학'이라고 칭한다.

팡둥메이 선생은 전문적인 철학의 관점에서 봤을 때 『논어』를 상술한 학문 유형으로 분류했다. 『논어』에는 비록 형이상학적 사고가 부족하지만, 그것이 중국 사회문화에 끼친 영향만큼은 다른 어떤 고전이나 사상도 넘어설 수 없다. 우리는 『논어』가 표현한 공자의 언행과 서양 윤리학자의 것을 대비하여 그만이 가진 특색을 들여다보려 한다.

소크라테스와 예수는 서양사회의 도덕 관념의 뿌리를 이루는 양대 주춧돌이라고 할 수 있다. 공자의 윤리 사고를 주요 내용으로 삼는 인문 사상과 비교해 볼 때 예수의 언행은 명백하게 신본주의에 속한다. 소크라테스는 신본론자로 구분할 수는 없지만 '신유神諭(신의 교훈)'를 고양하여 신성한 소리에 이끌리고 영혼 불멸을 굳게 믿으며 또 다른 세계에서의 생활이 행복한 삶이 되리라는 것을 의심하지 않았다(플라톤의 『변명 The Apology』 참조). 소크라테스와 공자를 비교하면 소크라테스는 '신권에 의해 가려지고 뒤덮였고' 공자는 '신권에 의해 가려지고 뒤덮인 요소를 벗어냈다'라는 측면에서 현저하게 대비된다. 분명한 것은 약 1백여 년을 앞서 살았던 공자가 흩뿌렸던 인문정신은 소크라테스를 한참이나 앞섰다는 점이다. 인류가 신권에 뒤덮였던 시대를 살 때 『논어』에는 '공자께서는 괴이한 일, 힘으로 하는 일, 어지러운 일, 귀신에 관한 일은 말씀하지 않았다'(「술이」) 子不語怪力亂神(『述而』)라고 했다. 이러한 이성적 사유의 태도는 비록 서양에까지 전달되지 못했지만, 중국 사회에 심원한 영향을 끼쳤다. 공자가 말한 '신에게 공손히 하되 멀리하라'(「옹야」) 敬鬼神而遠之(「雍也」)라는 태도는 중국 사상계에서 안개처럼 아득했던 요소를 제거하는 사회적 기능을 했다. 공자는 또한 '아직 삶도 제대로 모르는데 죽음을 어찌 알겠느냐'(「선진」) 未知生, 焉知死(「先進」)라고 함으로써 몽매함을 일깨우고 이성과 지혜가 빛을 발하는 인문적 사고를 하였는데 이런 점에서 공자는 신의 뜻이 안내하는 대로만 따랐던 소크라테스가 결코 따라잡을 수 있는 존재가 아니었다.

공자의 사상은 '덕성의 앎德性之知'이라는 영역에서 두드러진다. 그의 윤리 사상의 가장 핵심적인 것은 '인仁(어짊)'의 학설이다. 그래서 보통 학자들이 즐겨 인용하는 공자의 귀중한 명언 두 개가 있는데 하나는

'자신이 하고자 아니하는 바를 다른 사람에게 강요하지 마라'(「안연」)
己所不欲, 勿施於人(「顔淵」)이고 다른 하나는 '자신이 일어서고자 하면 남
을 일으켜 세우고 자신이 통달하고자 하면 남이 통달하게 한다'(「옹야」)
己欲立而立人, 己欲達而達人(「雍也」)이다. 어진 마음이 우러나와야만 자기
의 마음으로 미루어 남을 헤아리는 태도를 보인다는 것은 줄곧 세상
사람들에게 칭송받아온 주장이다. 그러나 자기 마음을 헤아리는 사람이
만일 자기중심으로 흐르면 그것은 『장자』「지락」에 나오는 '노후가 새를
키움'과 「응제왕」에 나오는 '혼돈의 죽음'과 같은 불행한 결과를 맞이하
게 된다. 이 때문에 나는 「안연」에서 공자가 말했던 '군자는 남의 장점
을 키워준다' 君子成人之美 '사해四海 안에서 모두 형제다' 四海之內,皆兄弟
也라는 문구를 더욱 선호하는 편이다.

　유가와 도가의 시조라고 할 수 있는 공자와 노자는 꾸밈없이 소박했
다는 점에서 그 인격적 특성이 유사하다. 『논어』에서는 아래와 같이 소
박하게 공자를 묘사한다.

　　거친 밥에 물 마시고 팔을 굽혀 베개 삼아도 그 가운데 즐거움이 있다.
　　의롭지 않으면서 부귀해지는 것은 내게는 뜬구름과도 같다.(「술이」)
　　飯疏食飲水, 曲肱而枕之, 樂亦在其中矣! 不義而富且貴, 於我如浮雲.(「述
　　而」)

　　책 읽기를 너무 좋아해서 먹는 일도 잊고 학문을 즐김에 걱정도 잊으며
　　늙는 것조차 알지 못한다.(「술이」)
　　發憤忘食, 樂以忘憂, 不知老之將至矣!(「述而」).

　이는 공자의 삶과 사람됨을 가장 진실하게 반영한 문구로, 잔잔하고
소박한 삶 가운데 세속을 초월했던 인격의 풍모를 드러낸다. 또한 공자

는 '배우기를 싫어하지 않고 남을 가르치기를 게을리하지 않는다'(「술이」) 學而不厭, 誨人不倦(『述而』)라는 교학의 태도와 '가르침에 있어서 차별을 두지 않는다'(「위공령」) 有敎無類(『衛靈公』)라는 교육 정신을 보여주어 역대 지식인들로부터 '지성선사至聖先師: 성인의 경지에 이른 위대한 선생'라는 존호로 받들어졌다.

중국 교육 역사상 '아성亞聖'의 지위에 오른 맹자는 언변이 막힘이 없었지만, 사람들은 그의 기氣가 이理를 넘어선다는 느낌을 받았다. 공자와 맹자를 비교하면 나는 공자가 말한 '강직하고 과감하며 소박하고 입이 무거움이 어짊에 가깝다'(「자로」) 剛毅木訥近仁(『子路』)라는 말이 더욱 마음에 와닿는다. '소박하고 입이 무거움'에서 느껴지는 올곧음과 인내는 공자가 말한 다음의 두 구절을 더욱 찬탄하게 한다. '삼군을 통솔하는 장수를 빼앗을 수는 있어도 한 필부의 강한 의지는 빼앗을 수 없다'(「자한」) 三軍可奪帥也, 匹夫不可奪[志]也(『子罕』), '날이 추워진 뒤에야 소나무와 잣나무의 푸르름을 알게 된다'(「자한」) 歲寒然後知松柏之後凋也(『子罕』) 맹자는 끊임없는 변론으로 인仁과 의義를 논하였으나 늘 사람들에게 자신의 도덕 교훈을 받아들이도록 강요한 면이 있다. 이에 반해 공자는 끊임없이 생동감 있게 도덕을 권면하면서도 그 또한 알아듣기 쉬워 사람들이 스스로 기쁘게 받아들였다.

공자는 '임금이 신하를 부림은 예로써 하고 신하가 임금을 섬김은 충심으로 한다'(「팔일」) 君使臣以禮, 臣事君以忠(『八佾』)라고 하는 등 도덕관이 상대적으로 분명한 편이었다. 맹자도 '나를 놓아두고 그 누가 있으랴!' 舍我其誰라는 기개를 보였지만 사람들로부터 극찬을 이끌어내기는 어려웠다. 그리고 그는 순舜임금을 우상화하여 효도를 비 인성적인 지경에 이르게 하였는데 이로써 송나라 이후 유가 계통에 도통道統의 그림자가 따라다니는 결과를 초래하고 말았다. 군신 관계에서 맹자는 공자가 말한 도덕의 상대적인 사상을 인용하여 『맹자』「이루」에서는 '임금이 신하를 자신의 손과 발처럼 여기면 신하는 임금을 제 배와 가슴처럼 여기고 군주가 신하를 개나 말처럼 여기면 신하는 군주를 길에서 만난 사람처럼 여기고 군주가 신하를 지푸라기나 풀처럼 여기면 신하는 군주를 도둑이나 원수처럼 여깁니다' 君之視臣如手足, 則臣視君如腹心; 君之視臣如犬馬, 則臣視君如國人; 君之視臣如草芥, 則臣視君如寇讎(『孟子』「離婁」)라고 하기도 했다. 이는 고대 전제정치 제도 아래서는 보기 드문 관점이다. 그러나 안타깝게도 원시 유가 도덕의 상대주의는 송나라와 명나라의 신新 유가에 이르러 도덕 절대주의로 변질되고 말았다.29)

---

29) 유가는 맹자가 심성(心性)을 도덕의 근원으로 본 것에서 시작하여 북송에 이르러서는 정이(程頤)가 불교와 도교의 본체론 사상, 사조의 영향을 받아 '성(性)은 이(理)다'라는 학설을 내놓았고, 이에 따라 도덕의 근원이 되는 '심성'을 본체화하여 '이(理)'를 보통의 높은 위치에 두고 언급하였다. 그러면서 '성(性)은 곧 이(理)다'라는 주장 아래 한편으로는 도덕의 뿌리에 영구성, 보편성, 절대성의 근거를 부여하고 다른 한편으로는 타고난 정욕을 억눌렀다. 이렇게 하여 정(情)과 이(理)가 겸비되어 완전한 인격을 이루었던 것을 해체하여 혈육감이 결여된 과부나 홀아비와 같은 상태로 만들었다. 이학자(理學者)가 도덕을 일반화한 것의 폐해에 대해서는 대진(戴震)에 이르러서야 비로소 『소증(疏證)』「권(權)」하편에서 '천리(天理)와 인욕(人欲) 사이의 관계에 관한 논증은 사람을 죽이고 해치는 도구가 되었다(此理欲之辨, 適成忍而殺人之具)'라고 규탄했다. 대진은 송나라 유학자들이 이(理)로써 사람을 죽였다고 질책했으며 『소증』「이(理)」상편에서는 '사람이 법을 따라 죽으면 그를 가련히 여기는 이가 있을진대, 이(理) 때문에 죽으면 누가 그를 불쌍히 여기겠는가(人死於法, 猶有憐之者; 死於理, 其誰憐之)?'와 같은 명언도 남겼다.

3-3-2. 공자와 노자가 말한 인륜적 관념의 교차점

중국철학의 아버지로서 노자는 중국 문화에서 영원히 본받아야 할 모범이 된 공자와 동시대를 살았다. 그 두 사람의 사상의 뿌리는 같지만, 거기에서 갈라진 물줄기의 방향은 달랐다. 같은 문화적 뿌리와 동시대 인문 사조의 영향 아래서, 노자가 저술한 『노자』와 제자들이 공자의 언행을 기록한 『논어』에서는 노자와 공자의 인륜 사상은 같으면서도 다른 곳이 무수히 많음을 알 수 있다. 여기서는 몇 가지 예를 들어 설명하고자 한다.

⑴ 공자가 노자의 '덕으로 원수를 갚는다'라는 관점을 논하다.

『논어』「헌문」에는 이런 내용이 나온다. '누군가 말하기를 "덕으로 원수를 갚음은 어떠합니까?"라고 하자 공자께서 말씀하시기를 "무엇으로 덕을 갚겠는가? 정직으로 원한을 갚고 은덕으로써 은덕을 갚아야 한다"라고 하셨다' 或曰"以德報怨"何如?" 子曰: "何以報德? 以直報怨, 以德報德"(『論語』「憲問」) 「헌문」에서 '누군가 말하기를或曰'이라고 된 부분은 곧 노자가 한 말을 가리킨다. 이 말은 통행본 『노자』 제63장의 '크든 작든 많든 적든 덕으로 원수 갚기를 덕으로써 한다' 大小多少, 報怨以德라는 말에서 나왔다. 이 관점은 『노자』 제49장과 제27장의 의미와 일치한다. 제49장에서는 '뛰어난 자에 대해서는 나는 그를 뛰어난 사람으로 대접하고 뛰어나지 못한 자에 대해서도 나는 또한 뛰어난 사람으로 대접하니 이것이 덕을 가진 자의 뛰어남이다. 믿음직스러운 자에 대해 나는 그를 믿고, 믿음직스럽지 않은 자에 대해서도 나는 또한 그를 믿으니 이것이 덕을 가진 자의 믿음이다' 善者, 吾善之; 不善者, 吾亦善之; 德善. 信者, 吾信之; 不信者, 吾亦信之; 德信라고 하였고 제27장에서는 '성인은 늘 사람을 잘

구하는 까닭에 사람을 버리지 않고 늘 만물을 잘 구하는 까닭에 버려지는 물건이 없다' 聖人常善救人, 故無棄人; 常善救物, 故無棄物라고 하였다. 이 구절들은 모두 노자가 사람을 대하고 사물을 접할 때 포용적이고 넓은 도량을 품었음을 보여준다. 그러나 공자는 '덕으로 원수를 갚는다'라는 관점에 찬동하지 않고 '정직으로 원한을 갚고 은덕으로 은덕을 갚는다'라고 주장했다.

노자 학파의 학자인 천주陳柱와 옌링펑嚴靈峰의 견해에 따르면 제63장의 '원수 갚기를 덕으로써 한다'라는 구절이 앞뒤 문장과 의미적 연관성이 없으므로 제79장은 착간錯簡(죽간의 순서를 잘못 엮음)30)으로 추정된다. 해당 문장을 제79장의 첫 구절에 포함시키면 '커다란 원한은 풀더라도 반드시 앙금이 남게 마련이니 (원수 갚기를 덕으로 함을) 어찌 잘했다고 하겠는가?' 和大怨, 必有餘怨, [報怨以德] 安可以爲善?가 되어 그 의미가 공자의 주장에 더욱 가까워진다.

(2) 노자와 공자가 인仁과 효자孝慈를 보는 관점

전국 시대 말기 학자들이 제자 학설의 특징을 언급할 때면 일찍이 '노자는 유柔(부드러움)를 중시하고 공자는 인仁(어짊)을 중시했다'(『여씨춘추』「불이」) 老聃貴柔, 孔子貴仁(『呂氏春秋』「不二」)라고 했다. 학계에는 노자를 반윤리주의자로 오해하는 이들이 더러 있지만 사실상 노자는 '자애로움'과 '검소함' '다투지 않음'이라는 세 가지 보배(제67장) 我有三寶, 持而保之, 一曰慈, 二曰儉, 三曰不敢爲天下先(『老子』六十七章)를 제창한 것 말고도 '인仁'에 대해서도 높이 평가했다.

통행본 제8장에서 노자는 사람과 사람 사이의 교제는 진실함과 성실

---

30) 천꾸잉의 『노자 주역 및 평가(老子註譯及評介)』 제79장(주석) 참조.

함, 사랑이 있어야 함을 강조하면서 '남과 더불어 할 때는 인仁을 잘해야 한다' 與善仁라고 했다. 제38장에서는 '높은 인仁을 가진 사람은 인을 행하되 그것을 인이라고 자랑함이 없다' 上仁爲之, 而無以爲라고 했는데 이는 가장 높은 인은 사랑의 행위를 표현할 때도 내면에서 자연히 흘러나온다는 뜻이다. 장자는 가장 높은 단계의 인이란 편애하는 법이 없다고 여겨서 '큰 인仁은 인仁하지 않다' 大仁不仁라고 했는데 이는 『장자』「천운」에 나오는 '지극한 인은 친함이 없다' 至仁無親(『莊子』「天運」)와 같은 맥락이다. 「대종사」에서는 '나의 스승이여! 만물을 세세하게 하나하나 만들어내고도 의로운 체하지 아니하고 은택이 만세에 미쳐도 스스로 인仁한 체하지 아니한다' 吾師乎, 𩐁萬物而不爲義, 澤及萬世而不爲仁라고 하여 체도體道의 정신을 표현했다. 은택이 만세에 미쳐도 스스로 인한 척 않고 만물을 만들고도 스스로 의라고 여기지 않는다고 한 것은 「천지」에서 '단정하게 행하면서도 그것을 의라고 할 줄 모르고 서로 사랑하면서도 그것을 인이라고 할 줄 몰랐다' 端正而不知以爲義, 相愛而不知以爲仁라고 한 말과도 같다. 노자와 장자가 말한 인의의 행위는 사람의 스스로 그러한 본성에서 나왔기 때문에 소위 「천지」에서 '행동함에 자취가 없다' 行而無迹(『莊子』「天地」) '새처럼 자유롭게 다니면서 흔적이 없다' 鳥行而無彰(『莊子』「天地」)라고 말한 것처럼 스스로 드러내거나 자랑하여 형식화할 필요가 없다.

노자로부터 장자학파가 형성되기까지 1~2백여 년간 본디 사회와 민심을 연결하고 유지하는 역할을 했던 인의도덕仁義道德은 통치 계급에 의해 편취되어 '도적의 몸을 지키는데' 도용되었다.(『장자』「거협」, 이하 출처 동일) 守其盜賊之身(『莊子』「胠篋」) 장자의 후학들은 권력의 핵심층이 '인의'라는 미명을 '탐욕스러운 부패집단'의 외관을 꾸미는데 도용한다며 통탄해했다. 이런 맥락에서 「거협」편에 적힌 '혁대 고리를 훔친 자는 죽임을 당하지만, 나라를 훔친 자는 제후가 된다'竊鉤者誅, 竊國者爲諸侯, 諸侯之門而仁義存焉라는 말은 오늘날까지 명언이 되어 널리 전해지고 있다.

성인의 지혜와 예법은 원래 권력의 악용을 막아 백성을 안전하게 보호하기 위한 것이었지만 여전히 도적들이 제위를 찬탈하는 반역의 정국은 역사적으로 끊임없이 발생했다. '저울을 만들어 무게를 재면 저울까지 아울러 훔치고 부새符璽를 만들어 믿음의 증표로 삼으면 부새까지 훔치며 인의를 만들어 바로잡으려 하면 인의까지 훔친다'爲之權衡以稱之, 則並與權衡而竊之; 爲之符璽以信之, 則並符璽而竊之; 爲之仁義以矯之, 則並仁義而竊之라는 말처럼 오늘날에도 주변을 둘러보면 이 같은 광경을 심심치 않게 볼 수 있다. 이 때문에 분개한 장자학파는 솥이 끓어오르는 것을 막으려면 타고 있는 장작을 꺼내야 하듯 근본적인 문제 해결을 위해 '성스러움을 끊고 지혜로움을 버려야 큰 도둑이 그칠 것이며 보옥을 던져버리고 구슬을 버려야 작은 도둑이 일어나지 않는다……인의를 물리쳐서 버리면 천하의 덕이 비로소 하나가 된다'絕聖棄知, 大盜乃止; 擿玉毀珠, 小盜不起; ……攘棄仁義而天下之德始亦同矣라는 말을 남겼다.

노자와 공자의 시대에는 인의仁義와 성지聖智가 통치자의 목적을 이루기 위한 도구로 도용되었지만 그나마 장자의 시대만큼 심각한 수준은 아니었기 때문에 '남과 더불어 대할 때는 어질게 하기를 잘해야 한다與善仁'라는 주장이 제시되기도 했다. 그러나 이 주장은 통행본『노자』제19장에 나오는 '인을 끊고 의를 버린다絕仁棄義'라는 말과는 모순을 이룬다. 그리고 그 모순은 1998년 5월 베이징문물출판사北京文物出版社에서 곽점郭店의 초나라 무덤에서 출토된 죽간을 발표하기까지도 이어졌다. 사람들은 출토된 죽간을 통해 전국 시대 죽간본『노자』발췌본에는 원래 '아는 체하기를 그만두고 말만 앞세우기를 버린다면 백성에게 이로움이 백배가 되며 교묘함을 끊고 이익을 버리면 백성의 이로움이 백배가 된다. 위선을 끊고 거짓을 버리면 백성이 다시 효도하고 사랑하게 된다' 絶智棄辯, 民利百倍. 絶巧棄利, 盜賊無有. 絶僞棄詐, 民復孝慈라고 기록되어 있음을 알게 된다. '아는 체하기를 그만두고 말만 앞세우기를 버린다 絶智棄辯' '위선을 끊고 거짓을 버린다絶僞棄詐'가 최초 판본의 기록에 근접한 표현이지만, 어쩌면 전국 시대 후기에 이를 전사하는 과정에서 '성스러움을 끊고 지혜를 버린다絶聖棄智' '인을 끊고 의를 버린다絶仁棄義'로 왜곡되었을 수 있다.

이 왜곡의 흔적은 『장자』「거협」에 그 사상적 맥락이 나온다. 『노자』 통행본이 제멋대로 '인을 끊고 의를 버린다'로 수정된 뒤 제8장의 '남과 더불어 대할 때는 어질어야 한다'라는 관점과 서로 모순을 이룬 채 오늘날까지 근 2천여 년 동안31) 와전되어 온 셈이다.

---

31) 고서를 전사하는 과정에서는 종종 전사자가 원문을 수정하는 현상이 발생하곤 한다. 이를테면 『예기(禮記)』「치의(緇衣)」가 전사자에 의해 내용이 수정된 사례를 들 수 있다. 최근 잇따라 곽점본과 상박본(上博本 : 상해박물관에 보관된 판본) 「치의」가 발표되고 있는데 우리는 죽간본과 전세본(傳世本 : 기존에 전해져 온 판본)을 서로 비교하여 학계에서도 주목할 만한 몇 가지 사례를 발견하였다. 첫째, 전세본 「치의」는 전사자에 의해 약 4백여 자가 추가됐다. 둘째, 죽간본 「치의」는 『시경』『서경』을 인용하였을 뿐 『역경』은 언급하지 않았다. 셋째, 죽간본 「치의」의 각 장의 단락의 체계가 일치하지 않는다. 즉, 서두에서 '자왈(子曰)'로 시작한 뒤 뒤이어서는 먼저 『시경』을 인용하고, 그다음으로 『서경』을 인용한 것이 그 예다. 그러나 전세본은 늘 인용한 『시경』『서경』 앞뒤 문구를 이동하고 많은 부분에서 『서경』속 문구를 추가로 인용하였는데 전사자는 제멋대로 글자를 덧붙여 이르기를 "『역경』에서는 '그 덕을 항구하게 지키지 않으면 혹 수치가 이른다. 부인은 길하고 지아비와 자식은 흉하다(『易』: '不恒其德, 或承之羞. 恒其德貞, 婦人吉, 夫子凶)'"라고 했는데 이것이 한나라 유학자가 전사할 때 원전을 덧붙이거나 수정한 흔적이다. 출토된 죽간본과 전세본을 비교해 보면 통행본 『노자』가 전

사람을 사귀고 사물을 다루는 방면에서 노자는 '남과 더불어 대할 때는 어질게 하기를 잘해야 하고 말할 때는 믿음직스럽게 하기를 잘해야 한다' 善與仁, 言善信라고 하였는데 이는 공자 윤리의 핵심 관념과 일치한다. 공자는 '인仁'을 말하면서 '어진 이는 남을 사랑한다'(『논어』「안연」) 仁者愛人(『論語』「顏淵」)라고 하였고 '군자는 근본에 힘써야 하니 근본이 확립되면 도가 생겨난다. 부모에게 효도하고 형제간에 우애하는 것은 인을 행하는 근본이다'(『논어』「학이」) 君子務本, 本立而道生, 孝弟也者, 其爲仁之本與(『論語』「學而」)라고 했다. 공자는 '부모에게 효도하고 형제가 우애하는 것'을 '인仁의 근본'이라고 했는데 이는 은나라 시대의 조상 숭배와 주나라 시대의 덕치주의를 완성한 종법 윤리의 기초이다. 물론 공자는 '인'의 덕행에 대해 새로운 수많은 설명을 남겼지만 '마땅히 친해야 할 사람과 친한 것이 인이다' 親親爲仁라는 관념을 통해 '널리 사람들을 사랑하는' 泛愛衆 정신을 종족의 범위 내로 축소하여 한정한 면이 없지 않다.

노자는 일찍이 '인'과 '효'를 나란히 거론함으로써 공자와 같으면서도 다른 관점을 보였다. 즉, '인의'를 그의 형이상학적 도론 가운데 포함시킴으로써 인의 이론의 기초를 확대하였다. 통행본 제18장의 초간본과 백서본에는 '대도大道가 무너지면 어찌 인의가 있을 수 있겠는가. 육친이 화합하지 못하면 어찌 부모를 향한 효도와 자식을 향한 사랑이 있을 수 있겠는가?' 大道廢, 安有仁義; 六親不和, 安有孝慈라고 했는데 그 의미는 인의는 원래 자연스럽게 대도 속에서 융합되는 것이고 효도와 자애로움도 육친의 화목한 관계 속에 드러난다는 것이다. 마치 물고기들이 큰

사자에 의해 변동된 정황을 발견할 수 있는데 이는 금본(今本) 『치의』에 못지않게 심각하다.

강과 넓은 호수에 살면 굳이 서로의 몸을 적셔줄 필요 없이 각자의 존재를 잊고 살게 되는 경지와도 같다.[32]

노자는 인의가 대도大道 가운데 함축되어 있다는 관점을 제시했다. 그리고 그 '도'는 '없는 곳이 없기'(『장자』「지북유」) 때문에 장자는 가장 높은 단계의 인의란 사적인 정에 치우치지 않는다는 뜻에서 '큰 인仁은 인仁하지 않다'라고 했다. 노자는 인의관仁義觀 외에도 '백성이 다시 효도하고 사랑하게 된다民復孝慈'라는 관점을 제시하였는데 이처럼 '효도와 자애'의 관념을 강조하고 더욱이 특수한 의의를 부여한 것을 보면 공자와 동일하게 은주殷周 문화에서 인간관계의 인문화 전통을 계승하였음을 알 수 있다. 그러나 노자는 공자가 가정 윤리의 사고 중심에 집착했던 것과는 달리 그 같은 한계에서 벗어나 주나라 문화 전통을 계승함과 동시에 전대미문의 창조적인 철학적 전환을 가능하게 했다.

(3) 노자와 공자 모두 충심과 신의를 중시함

노자와 공자는 모두 위정자들이 백성에게 신임을 얻고 인간관계에서 하는 말에 신의가 있어야 한다고 강조했다. 그래서 '충심과 신의를 주主

---

32) 통행본 제18장에는 '어찌 인의가 있을 수 있겠는가(安有仁義)'와 '육친이 화합하지 못하면(六親不和)'의 두 문구 사이에는 '지혜가 나오니 큰 위선이 있게 되었다(智慧出, 有大僞)'라는 문구가 파생되어 있다. 이 때문에 '인의'와 '큰 위선'이 대칭 관계를 이루면서 인의를 경시하는 해석이 나오게 되었고 그 다음에 나오는 구절에서 효도와 자애의 행위를 긍정하는 입장과도 일치하지 않은 관점을 보이게 되었다. 그러나 곽점에서 출토된 죽간본에는 '지혜가 나오니 큰 위선이 있게 되었다'라는 구절이 없어서 해당 장(章)의 전체적인 구조 면에서 비교적 타당하게 보인다. 해당 장 전체에서 세 개의 대칭 구절은 제19장과 일치한다. 이에 관해서는 졸저 『노장신론(老莊新論)』(수정본)에 수록된 졸문 「도가의 예법관」을 참조한다. 타이베이우난도서공사(臺北五南圖書公司), 2006년.

로 삼고 나만 못한 사람을 벗으로 삼지 않는다' 主忠信, 無友不如己者 '벗과 더불어 사귈 때 말함에 신의가 있어야 한다'(『논어』「학이」) 與朋友交, 言而有信(『論語』「學而」)라고 했다. 노자는 '세 가지 보배' 등 각종 덕행 가운데서도 성실과 신의 문제에 가장 큰 관심을 보였다. 『노자』에서는 '신의'를 열다섯 차례나 언급함으로써 모든 덕의 머리로 삼았다. 이를테면 '말할 때는 믿음직스럽게 하기를 잘한다' 言善信 '가볍게 승낙함은 반드시 믿음이 적은 것이다' 輕諾必寡信 '신실한 말은 아름답지 못하고 아름다운 말은 신실하지 못하다' 信言不美, 美言不信라고 한 것이 그 예인데 이 말들은 공자의 '벗과 더불어 사귈 때 말함에 신의가 있어야 한다'라는 말과 함께 천고의 세월을 통해 사람들의 마음에 길이 남을 명언이 되었다.

노자는 '충성과 신의'가 예법 제도 사회의 도덕 가운데 가장 중요한 덕행이라고 여겨서 '예란 충실함과 신의가 부족하여 나타나는 혼란스러움의 우두머리 같은 것이다' 禮者, 忠信不足, 而亂之首라고 하였다. '충忠'에 대한 노자의 해석은 몇 개의 서로 다른 단계로 나뉜다. 첫째는 백성을 이롭게 하는 것을 일컬어 충이라고 한다. 이를테면 『좌전』「환공」 6년의 기록에서 계량季梁의 말을 인용하여 '윗사람이 백성을 이롭게 하기를 생각하는 것이 충이다' 上思利民, 忠也(『左傳』「桓公」六年)라고 한 것을 들 수 있다. 둘째, 신하와 백성이 나라의 군주를 향해 품는 충정이 충이다. 후대 유학자들이 벼슬길 나서기에 열을 올리게 되면서 점점 충실의 덕행이 충군忠君의 방향으로 유도되기는 했지만, 신실한 덕행을 주장한 것은 유가와 도가 모두 계층의 구분을 두지 않았다.

노자와 공자가 주장한 '충심과 신의'는 현대적인 의의도 갖는다. '자기가 할 수 있는 바를 다 하는 것을 일컬어 충이라고 한다' 盡己之謂忠와 '백성을 이롭게 하는 것을 충이라고 한다'라는 주장은 오늘날 사람들에게 가장 널리 알려진 '국민을 위해 봉사한다' 爲人民服務 '백성을 대신해서 실제 일을 한다' 替百姓做實事라는 구호와 같은 맥락이며 요즘 선거문화에 많이 나타나는 '말에 신용이 없는' 言而無信 상태를 가리키기도 한다. 신의를 저버림이 위정자들의 행위에서 가장 부각되는 정치적 특성이 된 지는 이미 오래다. 이 때문에 위정자들의 성실함과 신의 문제는 민중이 가장 간절하게 기대하고 요구하는 공공 윤리가 되었다.

『노자』에는 세 가지 보배(검소함과 자애로움, 다투지 않는 덕)와 성실, 신의를 특별히 높이는 것 외에도 포용과 겸비, 도타움, 소박함, 진실함, 마음을 비움, 부드러움 등 여러 가지 덕행이 생동감 있게 묘사되어 있다. 한마디로 말하면 노자와 공자는 윤리 사상 면에서 서로 보완하고 통하는 부분이 지극히 많은데 이는 주나라 문화를 계승한 그들의 공통된 특징이기도 하다. 노자가 사회문화 방면에 끼친 영향은 공자33)에 한참 미치지 못하지만, 철학 사유 측면에서 끼친 영향은 그 끝을 알 수 없을 정도로 심원하다. 이 때문에 노자의 '도를 통해서 바라보는' 以道觀之 인문사상에는 광활한 우주적 시야와 너그러운 도량의 인문적 관심과 배려가 있으며, 이로 말미암아 고대 도가만의 특수한 형태의 인문정신을 창조해낼 수 있었다.

---

33) 공자가 사회문화적인 면에서 끼친 영향은 노자를 한참이나 앞섰다. 각종 매체가 보도를 통해 외국에서 중국어를 배우는 사람의 수가 전 세계적으로 3천만 명에 달하고 해외 각지에서 속속 '공자학원'의 이름으로 설립된 교학기관이 이미 1백여 곳에 달한다고 알리는 것을 보면 공자가 교육면에 끼친 영향이 오늘날까지도 지속되고 있음을 알 수 있다. 또한 공자 본인의 사상을 객관적으로 살펴보면 그는 주나라 문화를 확대 발전시켰지만 새롭게 창조한 면도 있었다. 그러나 그의 '창조 전환'은 역시나 문화 영역에 머무를 뿐 철학 이론의 단계까지는 미치지 못하였다.

3-4. 노자의 인문 세계

3-4-1. '도를 통해 바라보는' 인문적 시각

노자는 문화적 측면의 인문사상을 철학의 영역으로 이끈 최초의 인물이었다. 우주의 규모를 통해 사람의 존재 의의를 파악한 것은 노장이론과 사유의 큰 특색 가운데 하나이다.

노자는 도를 인문 세계 속 존재가 활동하는 이론적 근거로 삼았다. 우선 그는 천도天道로써 인간사를 밝히고 인도人道를 위해 천도를 찾아내어 행함과 일의 귀착점으로 삼았으며 더 나아가 천도와 인도를 그 형이상의 도론 가운데 편입시켰다.

이제 『노자』 제1장을 펼치면 그 안에 함축된 다양한 철학적 의미가 우리의 눈 앞에 펼쳐질 것이다. 그는 첫머리에서 이렇게 요지를 밝혔다.

'도는 도라고 말하면 진정한 도가 아니다. 이름을 이름으로 부르면 진정한 이름이 아니다.'

'이름이 없음은 천지의 시작이고 이름이 있음은 만물의 어머니다.'

도라고 말할 수 있는 '도'란 언어로 표현할 수 있는 도리, 즉, 현상계의 존재 형태와 그 운동의 질서, 법칙을 말하며 '진정한 도'란 만물을 만들어 낸 근본이자 만물 존재의 근거가 되는 형이상의 도를 가리킨다. 『노자』의 첫 장에 나오는 이 말에는 이 같은 중요한 철학 문제가 함축되어 있다.

⑴ 도道와 물物의 사이의 철학적 문제

도와 물物 사이의 관계 문제는 다시 말하면 본체와 현상 사이의 문제로 세계 철학 역사에서도 중요한 문제라고 할 수 있으며 중국철학 역사에서는 노자에 의해 가장 먼저 제시된 문제이다. 인간은 이 세상에 머리도 근본도 없이 태어난 존재가 아니다. 노자의 도론은 바로 이러한 인간의 존재를 위하여 그 존재의 근원을 찾는 것이며 인간의 활동을 위해 활동의 근거를 모색하는 과정이다.

노장의 '도'론은 '물物'의 세계에 인문화한 철학과 '도'를 부여함으로써 인문정신의 경지를 끌어올리는 철학이다. 선진 시대 이후 노장 철학 중 도물道物 관계를 다룬 이론은 지금까지 2천여 년 동안 중국철학의 주요 노선 중 하나가 되었다.[34]

(2) 세계 본원의 철학적 문제

중국과 서양, 인도의 3대 철학 계통은 고대 세계 철학의 서막을 열었고 그것은 바로 세계 본원과 관계된 문제이다. 우리가 익히 알고 있는 그리스 철학사상 최초의 철학가인 탈레스는 물이 만물의 근원이라는 철학 문제와 답변을 내놓았고 노자는 '무無'와 '유有'가 만물의 시작이라는 관점을 제시했다. '무'는 '도'의 무형성, 무한성을 빗댄 것이고 '유'는 '도'의 실존성을 비유한 것이다. 이로써 노자는 '물'보다 더욱 추상적인 도를 세계의 근원으로 제시했다. 도가의 본원, 근본, 본체 사유의 이끎 아래 사람들은 표면의 상象에서 실질의 상을 찾고 겉으로 드러난 상에서 가려진 상을 탐구하며 이로써 인문 세계의 내적 함의를 심화하였다.

(3) 말로는 속성을 설명할 수 없는 도체의 철학적 문제

노자는 '이름을 이름으로 부르면 진정한 이름이 아니다'라고 하였는

---

34) 천꾸잉의 『도물(道物) 관계의 문제를 논하다 : 중국철학 역사상의 하나의 주요 노선』, 『타이완대학교 문사철학보』제62호, 2005년

데 이는 본체, 즉, 도체道體는 말로는 그 속성을 표현할 수 없다는 문제와 관련되어 있다.

노자는 첫 번째 장章에서 언어의 기능과 한계 문제를 언급하였고 장자는 여기서 한발 더 나아가 말과 뜻의 관계 문제를 부각하였다. 그는 인문 세계에서 언어와 문자는 서로의 사상과 감정을 소통하는 중요한 통로라고 여겼다(『장자』「천도」: '세상 사람들이 도라고 하여 귀하게 여기는 것은 서책이지만, 서책은 말에 지나지 않는다. 말에는 중요한 것이 있으니 말이 귀하게 여기는 것은 뜻이다') 世之所貴道者, 書也, 書不過語, 語有貴也. 語之所貴者, 意也(『莊子』「天道」). 그러나 도의 영역, 즉, 본체계本體界로 들어가면 '말로는 뜻을 다 전하지 못하게 된다' 言不盡意 「천도」에서 '뜻이 따르고자 하는 것은 말로는 전할 수 없는 것이다' 意之所隨者, 不可言傳也(『莊子』「天道」)라고 한 것이 그 예다.

언어로 표현하는 것에 관한 문제는 노자에 의해 처음 제시된 뒤 장자가 이를 확대하여 밝혔고 위진魏晉시대 현학玄學에 이르러서는 '말로 뜻을 온전히 드러낼 수 있는가' 言意之辯라는 중요한 의제를 형성하였다. 옛사람은 소위 '글을 묶어 뜻이 도달한다' 詞約旨達 '말에 기탁하여 뜻을 드러낸다' 寄言出意라고 하여 언어와 문자의 신묘한 기능을 통해 깊이 함축된 의미를 탐구하였다. 도가가 제시한 '말과 뜻'의 의제는 역대 시인과 철학자, 예술가들이 잇따라 서로 다른 형태의 정신적 경지를 개척하도록 도왔다.

노자는 말로 설명할 수 없는 도체의 속성에서 확대하여 정치 인생 영역의 또 다른 의제인 '말하지 않는 가르침不言之敎' 즉, 교화를 통하여 은연중에 감화하는 작용을 다루었다. 장자는 '뜻을 얻으면 말을 잊음' 得意忘言을 주장하여 '말 너머의 뜻' 言外之意을 강조하고 언어라는 매개 혹은 언어를 초월한 매개를 통해 인생의 참뜻에 도달한다고 봤다.

『노자』의 첫 페이지를 열면 그의 이론적 사유가 문화의 분야에서 철학의 영역으로 진입함을 알 수 있다. 노자는 중국철학의 아버지로서 '물物'의 세계에 '도道'론을 구축하여 도를 인문 세계의 본원이자 근본으로 삼았고 이를 통해 중국의 근본론과 우주론의 서막을 열었다. 이와 비교해보면 공자의 윤리 사상은 주로 문화적 측면에 머물러 있고 그의 전 인생에 걸쳐 우주 본원론이나 우주생성론의 문제의식은 가져본 적이 없었으니 당연히 형이상의 근본론이나 본체론 등의 사상 관념은 더더욱 없었을 터이다.[35] 이 때문에 원시 유가는 우주적 삶의 문제에서 근원적인 철학 탐구가 부족하여 도가와 비교해 봤을 때 그 인문정신의 깊이가 얕다고 하겠다.

3-4-2. 우주적 시야의 인문적 관심

노자는 최초로 중국 우주론을 창시하여 인간이 관심을 가진 다양한 사고를 자신의 우주적 시야 속으로 편입시켰다.

자산子產이 이르기를 천도天道는 너무 멀고 인도人道는 가깝다고 했다. 멀다 함은 우리가 헤아릴 수 없음을 일컫는다. 공자는 이러한 사상

---

35) 펑여우란 『중국철학사(中國哲學史)』의 첫 편인 「자학의 시대(子學時代)」에서는 비록 공자를 중국철학사의 개척자라고 잘못 인식한 면이 있지만, 공자 학설을 논할 때 '중국 문화에 대한 공자의 공헌' 부분을 상세히 설명한 반면, 철학 분야에서 공자의 사상적 연관성에 대해서는 한마디도 언급하지 않았다. 펑여우란 선생은 공자가 소크라테스와 상당히 유사하다고 하면서 "그는 우주적 문제에 관심이 없었다"라고 했다. 또한 그는 『서론(緖論)』에서 "우주론과 인생론은 서로 분리될 수 없는 밀접한 관계에 있고 철학의 인생론은 모두 그 우주론에 근거한다"라고 말하였는데 이에 따르면 공자는 '그 우주론에 입각'하여 그 인생론을 수립할 수 없었던 셈이다.

을 이어받아 인도를 논할 뿐 천도는 말하지 않았지만, 노자는 그의 철학 체계에서 천도에 의탁하여 인도를 드러냈고 천도와 인도를 그 형이상의 도론 가운데 통합하였다.

노자는 도를 통해 하늘과 사람 사이의 관계를 연결했고 장자는 이를 계승하였다. 도가 사상에서 하늘과 인간을 바라보는 관점은 중국만의 특수한 인문 정서를 만들어 냈다. 형이상의 도가 인문 세계에 실현됨으로써 얻은 몇 가지 중요한 의미는 각각 아래와 같다.

(1) 도는 우주 생명에 함축된 인문적 의미이다.

노자는 만물은 도에서 창조되어 나왔다고 했다(『노자』 제51장 : '도는 만물을 낳고 덕은 만물을 길러준다'). 道生之, 德畜之(『老子』 五十一章) 도는 만물을 낳고 또 만물의 안에 존재하여 그 본성('덕')을 이룬다. 도가는 도란 만물의 생명을 만들어 내는 창조자이며 이 때문에 장자는 그것을 일컬어 '조화造化' '조물자造物者'(『장자』「대종사」)라고도 했다. 따라서 노장의 도가 인간 내면에 풍성하게 자리 잡으면 인간의 정신적 경지도 높아진다.

노자의 '위도爲道(도를 추구함)'는 각각의 생명이 가진 사심이나 편견과 같은 장애 요인을 줄여나가는 것이며 다른 한편으로는 자기 생명의 동력을 발휘하는 것이기도 하다. 노자의 위도는 도를 인생에 펼쳐 내는 적극적인 측면이며 이는 곧 니체의 창조력 의지와도 통한다. 예를 들면 『노자』 제59장에서는 '색嗇'을 중점적으로 논하였는데 '색'은 아끼고 보양한다는 뜻으로 생명을 비축하는 의지와 에너지, 혹은 동력이라는 의미로 해석될 수 있다.

해당 문장의 뜻은 이렇다. '나라를 다스리고 양생하는 일은 생명의 에너지를 비축하는 것만큼 중요한 것이 없다. 생명의 에너지를 비축하는 것은 일찌감치 준비하는 것이다. 일찌감치 준비하는 것은 생명의 동력을 부단히 쌓는 것이고 생명의 동력을 부단히 비축하면 생명의 의지력이 이기지 못함이 없다. 생명의 의지력이 이기지 못함이 없다는 것은 그의 에너지를 가늠할 수 없다는 말이다.'[36]

노자는 도체道體란 영원히 운행한다고 여겨서 그것이 '두루 다니면서도 위태롭지 않다'(『노자』 제25장) 周行而不殆(『老子』二十五章) '마치 있는 듯 없는 듯하면서 면면히 이어져 그것을 아무리 써도 수고롭지 않다'(『노자』 제6장) 綿綿若存, 用之不勤(『老子』六章)라고 했다. 그런 까닭에 천도에 베풀면 곧 '하늘의 운행이 굳세고' 天行健 인도에 베풀면 '스스로 힘쓰기를 쉬지 않게 된다' 自強不息고 했다. 노자는 도로 가득 찬 천지는 마치 제련에 쓰이는 풀무와도 같아서 '비어 있으나 마르지 않고 움직일수록 더욱 솟아 나온다'(『노자』 제5장) 虛而不竭, 動而愈出(『老子』五章)라고 했다. 이 때문에 우주 생명의 '움직일수록 더욱 솟아나는' 특성은 인류에게 끊임없이 생장하고 번식하게 하는 창조의 유전자를 부여하였다. 노자는 그 밖에도 '힘써 행하는 사람은 뜻이 있으며 스스로 이기는 사람은 강하다'(『노자』 제33장) 強行者有志, 自勝者強(『老子』三十三章)라고 했는데 이는 태만하지 않고 노력하는 사람은 의지력이 충만함을 드러낸 말이다. 여기서 니체가 말한 '초인은 끊임없이 자신의 잠재능력과 의지를 발휘하고 창조의 의지를 사용하여 자아를 끌어올리는 사람이다'라고 한

---

36) 『노자』제59장에 "사람을 다스리고 하늘을 섬기는 일은 아끼는 일보다 나은 게 없다. 대저 오로지 아끼는 것을 일컬어 일찌감치 따른다고 하니, 일찌감치 따름을 일컬어 덕을 쌓는다고 한다. 거듭 덕을 쌓으면 이기지 못할 것이 없고 이기지 못할 게 없으면 그 끝을 알지 못한다(治人事天, 莫若嗇. 夫唯嗇, 是謂早服; 早服謂之重積德; 重積德則無不克; 無不克則莫知其極)"라고 했다. 상세한 주석은 졸저 『노자 금주금역 및 평가』를 참조한다.

말이 떠오르는데 노자가 '스스로 이기는 사람은 강하다'라고 한 대상이 바로 여기에 해당한다.

(2) 도가 만물의 근본이라는 말의 인문적 의미

노자의 근본론[37]이 생명의 각 장소에 운용되는 것에 관해서는 암컷 창생설과 귀착복명설이 있다. 예를 들면 『노자』 제6장에서는 '골짜기의 신령은 죽지 않으니 이를 신비한 암컷이라 일컫는다. 이 신비한 암컷의 문을 하늘과 땅의 뿌리라 일컬으니 마치 있는 듯 없는 듯하면서 면면히 이어져 그것을 아무리 써도 수고롭지 않다' 谷神不死, 是謂玄牝. 玄牝之門, 是謂天地根, 綿綿若存, 用之不勤라고 하여 암컷창생설을 언급하였다. 여기서 노자는 도를 '천지의 근원'으로 여기고 도체가 막힘없이 두루 통한다고 했다. 이는 마치 깊고 오묘한 모성과도 같아 신묘한 생식 능력을 가져 만물을 낳아 기르니 만물이 끊임없이 생장하고 번식하게 하는 작용이 끝없이 이어진다.

또한 『노자』 제16장에서는 도가 근본으로 돌아가 비축하는 능력이 있음을 말하면서 '만물이 함께 자라나는데 나는 돌아옴을 볼 뿐이다. 무릇 만물은 무성하게 자라나 뒤엉키지만, 각각 제 뿌리로 다시 돌아갈 뿐이다. 뿌리로 돌아감을 일컬어 정靜이라고 하고 정을 일컬어 복명復命

---

37) 만물의 존재의 근거가 되는 근본론은 『노자』에서 시작되었다. 중국철학은 위진(魏晉) 시대의 왕필(王弼)에 이르면 양한(兩漢 : 전한과 후한) 시대의 생성론과 구성론을 주류로 삼은 우주론을 본체론의 방향으로 전환하였다. 왕필에서 곽상(郭象)에 이르기까지 비록 형이상과 형이하의 '유(有)' '무(無)'의 내적 의미에 대해 서로 다른 해석을 내놓았지만 위진시대 현학자들이 부각시킨 본체론의 사유방식은 송나라와 명나라에 직접적인 영향을 끼쳐 이학(理學)과 심학(心學)의 형이상 이론을 구성하는 토대가 되었다.

이라고 한다' 萬物並作, 吾以觀復. 夫物芸芸, 各復歸其根. 歸根曰靜, 靜曰復命라고 했다. 여기서 말한 '뿌리로 돌아간다歸根' '복명復命'은 우주 만물의 생명은 끝을 경험하면 이내 다시 처음으로 돌아가 다시 활동을 시작함을 의미한다. '복명'은 생명의 근본이 되는 곳으로 회귀하여 에너지를 비축하고 새롭게 다시 시작하는 것이다. 이 같은 귀근복명설歸根復命說은 최근 발표된 상해박물관 소장 전국 시대 초간본『항선恒先』에 새롭게 제시되어 있다.『항선』에는 '그 하고자 하는 욕망을 만들어 낸다' 生其所欲 '그 하고자 하는 욕구에 돌아가 실현한다' 復其所欲라고 되어 있는데 전자는 욕망을 생명의 원동력으로 보았고 후자는 생명 동력이 새로워져서 다시 시작하여 끊임없이 솟아남을 강조했다.[38]

노자는 근본론을 인생 수양에 적용하여 '뿌리를 깊고 단단하게 하며 오래 살고 오래 보는 도라고 한다' 深根固柢, 長生久視之道라고 말했다. 이 학설은 후대 양생론자들에 의해 받들어져 후대 도교의 정精, 기氣, 신神 양생설이 더욱 폭넓게 전해지게 했다. 그리고 장자가 '뿌리를 깊이 박고 지극한 도를 편안히 여기며 때를 기다렸으니 이것이 몸을 보존하는 도리이다'(『장자』「선성」) 深根寧極而待, 此存身之道也(『莊子』「繕性」)라고 한 말은 생명의 지혜를 함양하는 데 주력함으로써 스스로 처신하고 때에 순응한다는 뜻이다

도가의 근본론은 인문 세계에 적용, 실현되면서 개별 생명으로부터 민족의 생명에 이르기까지 깊은 영향을 끼쳤다. 생명의 근원은 창조력의 원천이자 이를 발양하는 힘의 동기가 되며 민족 문화를 전승하는 역사라는 큰 흐름으로 회귀하여 개개인을 편하게 거하게 하는 심적 고

---

38) 『노장신론(老莊新論)』(수정본)에 수록된 졸문「초간본 <항선>의 우주 연화론과 이성복욕설(楚簡<恒先>之宇宙演化論及異性復欲說)」을 참조한다.

향이라고 할 수 있다.

(3) 도성자연道性自然의 인문적 함의

노자는 도를 통해 천지 사이에 있는 인간의 지위를 끌어올렸고 '도법자연道法自然 (도는 스스로 그러한 자연을 본받는다)'라는 명언을 남겼다. 노자는 도의 본성은 '자연自然(스스로 그러함)'이라고 했고 '도는 늘 무위한다' 道常無爲라고 했는데 여기서 '자연自然(스스로 그러함)'과 '무위無爲(행함이 없음)'는 노자 사상의 가장 높은 지도 원칙이 되었다. 사람들은 오랫동안 노자를 언급하면서 대부분 그가 '자연'을 중심사상으로 삼고 '무위'를 지향점으로 삼았다고 여겨왔다. 확실히 도가 가진 스스로 그러한 자연의 특성과 행함이 없는 무위의 특성이 인문 세계에 적용, 실현된 것에는 그만의 특수한 의의가 있다. 우리는 먼저 '도법자연'이라는 말에 함축된 인문자연의 의의를 말하고자 하는데 이를 위해서 먼저 그 문장의 맥락적 의의를 이해해야 한다. 『노자』 제25장에는 이러한 중요한 관점이 나와 있다.

> '도가 크고 하늘이 크며 땅이 크고 사람 또 한 크다. 우주 안에 네 가지 큰 것이 있는데 사람은 그 가운데 하나의 자리를 차지한다. 사람은 땅을 본받고 땅은 하늘을 본받으며 하늘은 도를 본받고 도는 스스로 그러한 자연을 본받는다.'(『노자』 제25장)
>
> 道大, 天大, 地大, 人亦大. 域中有四大, 而王居其一焉. 人法地, 地法天, 天法道, 道法自然.

노자는 우주 속에 네 가지 큰 것이 있다고 보았는데 사람을 그 네 가지 큰 것 가운데 하나로 여겼다. 이렇게 사람이 우주 속에서 갖는 지위를 부각한 것은 중국 사상사에서는 거의 최초라고 할 수 있다.

고대인의 눈에는 천지란 만물의 부모로 보였다. 하늘이 이처럼 높고 크니 이는 마치 『논어』에서 '높고 크도다! 오직 하늘만이 크다'(「태백」) 巍巍乎, 唯天爲大(「泰伯」) '하늘은 사다리로 오를 수 없다'(「자장」) 天之不 可階而升也(「子張」)라고 형용한 것과도 같다. 노자가 사람을 천지와 마찬 가지로 높은 위치에 둔 것은 사람이 정신적 생명과 사상적 생명을 발휘 할 수 있다는 점을 높이 샀기 때문이다.

사람의 지위를 높인 것은 역대 도가의 저서에서 여러 차례 관찰된다. 이를테면 열자列子가 이르기를 '하늘이 낳은 만물 중 오직 사람이 귀하 다'(『열자』「천서」) 天生萬物, 唯人爲貴(『列子』「天瑞」)라고 한 것과 『회남자』 「천문」에서 '기어 다니며 부리로 숨 쉬는 것 가운데 사람보다 귀한 것은 없다' 跂行喙息, 莫貴於人라고 한 것, 그리고 상수向秀가 『난양생론』에서 '대저 사람은 형체를 받아 만들어지고 자라서 만물과 함께 있으니 생명 이 있는 것 가운데 가장 신령하다' 夫人受形於造化, 與萬物並存, 有生之最靈 者也라고 한 것을 예로 들 수 있다.

노자는 '사람은 땅을 본받고 땅은 하늘을 본받으며 하늘은 도를 본받 고 도는 스스로 그러한 자연을 본받는다' 人法地, 地法天, 天法道, 道法自然 라고 했다. 노장 철학의 도道와 물物, 두 개의 차원에 근거해서 해석하자 면 천지는 '물物'의 범주에 속한다. 이 때문에 우리는 먼저 '사람은 하늘 과 땅을 본받는다'의 내적 함의를 논하고 그 뒤로는 '사람은 도를 본받 는다'와 '도는 스스로 그러한 자연을 본받는다'의 의미를 이야기하고자 한다. 천지의 특징은 『노자』에서 '하늘과 땅은 영원토록 변함이 없다' 天長地久(제7장), 하늘의 맑음과 땅의 안녕(제39장), 천지근본설(제6 장), 모체근원설(제1장, 제25장)을 받들어 숭상한 것에 나오는데 이는 사람이 천지를 본받는 일의 하나의 방향이기도 하다.

장자의 관점에 의하면 사람이 천지를 본받음은 두 가지 의미를 갖는

데 하나는 하늘의 높고 드넓음과 땅의 도탑고 무거움을 본받는 것이
고39) 다른 하나는 하늘의 약동함과 널리 행함, 그리고 땅의 고요함과
평온함을 본받는 것이다.40) 장자에 이르면 소위 '천지도 나와 함께 살고
만물도 나와 하나이다'(『장자』「제물론」) 天地與我並生, 而萬物與我爲一(『莊
子』「齊物論」)라는 관점이 나오는데 이것이 바로 도가에서 말하는 '천지정
신天地精神'이 도달해야 할 최고의 경지다.41)

'도를 본받는法道' 일은 사람의 정신적 경지를 끌어 올린다. 사람이
천지를 본받는 데서 한발 더 나아가 도를 본받는다는 것은 사람의 생명
의 경지를 천지 정신에서 무한한 우주의 정신적 경지로 끌어올리는 여
정이다. 노자가 말한 '도법자연道法自然(도는 스스로 그러한 자연을 본받는다)'
은 바로 하상공河上公이 주석을 통해 말한 '도성자연道性自然(도의 본성은
스스로 그러하다)'과 같다. 소위 도성자연이란 장자의 관점을 빌리자면 도
란 '스스로 근본으로 삼아 저절로 행하여 저절로 이뤄지는 것' 自本自根,
自爲自成的42)이다. 따라서 도성자연은 도의 자주성과 자위성, 인법도人
法道(사람은 도를 본받는다)의 자연성, 즉, 사람 안에 함축된 본연의 자발성
과 자유성을 충분히 드러내는 일이다.

이 때문에 '도성자연道性自然(도의 본성은 스스로 그러하다)'과 '인분유도人
分有道(사람은 각자 도를 가진다)'의 학설이 함축한 자연성에는 아래와 같은

---

39) 『장자』「전자방(田子方)」: '하늘이 스스로 높고 땅이 스스로 두터운 것과 같
다(若天之自高, 地之自厚).'
40) 『장자』「천도(天道)」: '움직일 때는 하늘과 같고 고요히 머물 때는 땅과 같다
(其動也天, 其靜也地).'
41) 『장자』「천하(天下)」: '홀로 천지의 정신과 왕래한다(獨與天地精神往來).'
42) 『장자』「대종사」편의 '자위(自爲: 스스로 행함, 저절로 되어감)'와 「천지」편, 「천도」
편을 참조한다.

특수한 의의가 담겨 있다.

① 사람의 자유성을 확대한다.

'인법도人法道(사람은 도를 본받는다)'의 측면에서 이야기하자면, 도의 본성은 스스로 그러하므로 사람이 도를 본받는다는 것은 곧 그 본성을 본받는 것이다. 도라는 것은 자유로운 영역이므로 사람이 그 본성을 본받으면 이내 누구나 자유자재의 정신적 낙원에 이를 수 있게 된다.

② 사람의 타고난 본연성에 맡기고 순응한다

'도생만물道生萬物(도가 만물을 낳았다)'의 측면에서 이야기하자면 도는 만물을 창조하였으므로 모든 생명에 특별함과 이채로움을 부여했다. 『노자』에서는 '도는 만물을 낳고 덕은 만물을 기른다……도가 높고 덕이 귀한 것은 대저 누가 명령하지 않아도 항상 스스로 그러하게 된다'(『노자』 제51장) 道生之, 德畜之……道之尊, 德之貴, 夫莫之命而常自然(『老子』五十一章) 도의 정신 가운데 귀하게 여겨지는 것은 '누가 명령하지 않아도 항상 스스로 그러하다'라는 부분이다. 이는 남을 간섭하지 않음으로써 모든 사람이 그들 본연의 본성에 순응하여 자기 자신을 만들어나간다는 의미이다.

③ 사람의 창조 의지를 발휘하고 소유욕을 버린다.

노자는 도를 통해 사람들이 자주성과 자발성, 창조 의지를 발휘하고 마음속 소유욕을 버려야 한다고 거듭 주장했다. 위에서 인용한 『노자』 제51장의 '도는 만물을 낳고……누가 명령하지 않아도 항상 스스로 그러하다'라는 문구는 '도'가 창조하는 기능을 가지지만 지배하려는 의지는 펼치지 않는다는 의미이다. 이 뒤에 나오는 문장에서는 도가 인문 세계에 '낳되 소유하지 않고 행하되 의지하지 않으며 키우되 지배하지 않으니 이것을 일컬어 오묘한 덕이라고 한다' 生而不有, 爲而不恃, 長而不宰, 是謂玄德와 같은 정신을 부여한다고 분명히 강조했다.

인문 세계에서 개별 생명은 자기만의 특질과 능력을 가지는데 자기만의 창조 역량을 발휘하여 불필요한 소유욕과 지배 충동을 삼가는 것이 바로 덕이다. 『노자』는 형이상의 도가 인문 세계를 관통하는 과정에서 사람들을 향해 '낳고도 소유하지 않고 키우되 지배하지 않는' 정신을 길러야 한다고 반복해서 강조한다.[43]

'낳고도 소유하지 않고' '행하되 의지하지 않으며' '공을 이루되 공덕을 자처하지 않는다'라는 명언이 함축한 의의는 노자의 인생 철학 가운데 가장 적극적인 의미를 가지며 오늘날과 같은 현대 생활에 가장 필요한 문화유산이라고 할 수 있다.

---

[43] 이를테면 통행본 『노자』 제2장에서 '낳으면서 소유하지 않고 행하면서도 의지하지 않으며 공을 이루면서도 자처하지 않는다(生而不有, 爲而不恃, 功成而弗居)', 제3장에서 '무위를 하다(爲無爲)', 제10장과 제51장에서 '낳으면서 소유하지 않고 행하면서도 의지하지 않으며 키우되 지배하지 않는다(生而不有, 爲而不恃, 長而不宰)', 제34장에서 '공적을 이루면서도 자기 것으로 취하지 않고 만물을 입히고 기르면서도 주인 노릇 하지 않는다(功成而不有, 衣養萬物而不爲主)', 제81장에서 '이롭게 할 뿐 해롭게 하지 않는다(利而不害)' '행하되 다투지 않는다(爲而不爭)'라고 한 부분을 예로 들 수 있다.

3-5. 장자의 인문 세계

위에서는 노자와 공자의 윤리 사상을 대비함으로써 문화 영역의 공자 사상과 비교하여 철학 영역의 노자 사상을 병론하였다면 여기서는 장자가 노자 철학을 전환하여 발전시킨 것을 통해 장자 인문사상의 깊이와 특이점을 도출하고자 한다.

3-5-1. 장자가 노자의 무급무위無及無爲 사상을 전환, 발전시키다.

만약 철학의 유형을 개념적 형태와 상상의 형태로 나눈다면 『노자』는 개념 철학에 속하고 『장자』는 상상 철학에 속한다고 볼 수 있다. 노자와 장자는 모두 도가의 진영에 속하지만, 문제와 형태, 철학의 정신 면에서 전혀 다른 풍격을 보인다. 중국철학의 창시자인 노자의 중요 학설은 모두 그 뒤를 잇는 계승자(장자, 황로파)에 의해 발전되었는데 그 요체인 도덕道德, 유무有無, 자연무위自然無爲 등의 학설은 장자학에서 더욱 깊이 있게 전환, 발전하였다. 여기서 몇 가지 예를 들어보자.

(1) 노자 도체道體의 '무無'가 변화하여 정신세계의 무한성無限性으로 발전함

중국에서 한 쌍의 독특한 철학 범주로 자리 잡은 '유有'와 '무無'의 세계는 처음에는 노자로부터 시작되었다. 『노자』에서는 본체계本體界와 현상계現象界라는 두 가지 서로 다른 차원의 세계를 각각 '유'와 '무'라고 일컬었다. 하나는 형이상의 도체道體가 가진 실존성('유')과 도체의 무형, 무한성('무')을 의미하고, 다른 하나는 현상계의 현상顯相(드러난 상)과 은상隱相(숨은 상), 혹은 물상物象 가운데 형적形積(형상이 쌓임)과 허공虛

空(텅빈 공간)을 가리킨다. 이 둘은 대립하여 상반상성相反相成(서로 반대되지만 서로 도와 일을 이룸)의 관계, 즉, 유무상생有無相生(유와 무는 서로 낳음)의 관계를 형성한다. 장자는 노자의 '무'를 계승하였으나 많은 부분 그것을 전환하여 발전시켰다.

『노자』 통행본 제40장에는 '천하 만물은 유에서 나오고 유는 무에서 나온다'天下萬物生於有, 有生於無 '유는 무에서 나온다'라는 명언이 나오는데 이는 사람들로 하여금 무에서 유가 나온다는 창조 의지와 창업 정신을 불러일으킨다. 장자 또한 이러한 관념을 계승했던 까닭에 도를 일컬어 '살아있는 것을 생성하는 것生生者'[44]이라고 했다.

장자는 노자가 말한 '유'와 '무'(특히 '무')에 몇 가지 의의를 더하여 전환, 발전시켰다.

① 장자는 도체道體의 '무'를 부각하고 은연중 '유'를 만물로 해석하였다. 이를테면 「천지」편에서 만물의 생성과정을 언급하면서 '태초에 무無가 있었지만 유有도 없고 이름名도 없었다'泰初有無, 無有無名라고 한 것이 그 예다. '태초에 무가 있었다'라는 말을 통해 도체가 형태도, 이름도 없는 상태임을 부각하였다. 그리고 '유도 없고 이름도 없었다'라는 말에서 '유'와 '이름'을 나란히 나열하였는데 이는 노자가 본래 도체道體로 여겼던 '유'를 '만물'로 낮춘 것이고 왕필이 본말本末과 모자母子, 체용體用설을 통해 '무'와 '유'를 설명하게 된 발단이 되었다.[45] 이는 전문적인

---

44) '살아있는 것을 생성하는 것(生生者)'은 『장자』「대종사」를 참조한다. 「천지」편에서는 '태초에 무(無)가 있었고……만물이 일(一)을 얻어서 생겨났다……움직여서 만물을 낳는다(泰初有無……物得以生……留動而生物)'라고 하여 '무'의 창조적 의의를 다루었다.
45) 왕필은 본체계와 현상계를 통해 노자의 '무(無)'와 '유(有)'의 범주를 해석했

철학 주제에 속하므로 잠시 접어둔다.

② 장자는 노자의 본원론이나 생성론의 '무'와 '유'를 시공간의 무한
성으로 확장하였다.

이를테면 「제물론」에는 "처음이라는 말이 있었고 처음에 '처음이라
는 말이 아직 있지 않았다'라는 말이 있으며 처음에 '처음에 처음이라는
말이 아직 있지 않았다'라는 말도 아직 있지 않았다. 유라는 말이 있고,
무라는 말이 있으며, 처음에 '무라는 말이 아직 있지 않았다'라는 말이
있으며, 처음에 '처음에 무라는 말이 아직 있지 않았다는 말이 아직 있
지 않았다'라는 말이 있다" 有始也者, 有未始有始也者, 有未始有夫未始有始也
者. 有有也者, 有無也者, 有未始有無也者, 有未始有夫未始有無也者라는 말이 나
온다. 이 구절의 맥락적 의미를 살펴보면 그것은 단순히 우주 기원에
관한 문제를 논하고자 한 것이 아니다.[46] 오히려 노자의 철학 주제를

고 본체계를 현상계의 근본으로 보고 '이무위본(以無爲本 : 없음으로써 근본
을 삼음)'의 학설을 제시했다. 그 학설은 위진(魏晉) 시대에 귀무파(貴無派)와
숭유파(崇有派)의 구분을 초래했다. 송(宋)나라에 이르러서는 주돈이(周敦頤)
가 『태극도설(太極圖說)』에서 '무극에서 태극이 된다(自無極而爲太極)'라고
말하고 주희는 이를 바꾸어서 '무극이 태극이다(無極而太極)'라고 했다. 그
러나 심학파(心學派) 육구연(陸九淵) 등에 의해 이는 여전히 노학(老學)의
논지라고 평가받아 심학(心學)과 이학(理學) 양 학파의 쟁의를 불러일으켰는
데 이는 모두 왕필이 노자를 해석하면서 확장된 '이무위본(以無爲本 : 없음으
로써 근본을 삼음)' 학설에 기인했다. 그러나 왕필은 '무(無)'와 '유(有)'를 기
준으로 형상(形上)과 형기(形器)의 두 세계를 나누었는데 이 부분은 『노자』
의 원래 뜻과는 부합하지 않는다. 이에 관해서는 『타이완대학 문사철학보』
(제62기, 2005년)에 수록된 졸문 「도와 물의 관계 문제를 논하다 : 중국철학사
상 하나의 주요 노선」을 참조한다.
46) 이 문제를 대하는 장자와 노자의 다른 점은 장자는 노자처럼 처음부터 세계
본원에 관한 문제와 답을 제시한 것이 아니었다(『노자』 제1장 : '이름 없음은

빌려서 '무'를 '처음'의 개념으로 여기는 것을 넘어서서, '무무無無(무도 없다)'조차 '아직 없는未始' 경지로 거슬러 올라갔고 이로써 끝도 한도도 없는 시공간의 관념을 만들어 냈다. 중국철학 역사에서 장자는 처음으로 세상 사람들에게 우주란 시작도 끝도 없음을 밝혀내었던 철학가인 셈이다.[47] 장자가 무한한 특성의 우주관을 개척한 것은 사람의 도량을 넓히고 시야를 개척하며 사상의 공간을 넓게 확장하였다는 점에서 의의가 있다.

③ 장자는 노자가 말한 우주 본체의 '무無'를 주체主體의 가장 높은 정신적 경지로 전환하였다.

예를 들면 「지북유」편에는 '광요光曜가 무유無有에게 묻다'라는 우화

천지의 시작이요 이름 있음은 만물의 어미다(無名天地之始, 有名萬物之母)'). 장자의 태도는 「제물론」에서 '육합(六合 : 천지사방) 이외의 세상에 대해서는 성인은 그냥 두고 논하지 않는다(六合之外, 聖人存而不論)'라고 한 것과 「칙양(則陽)」편에서 '말로 다 표현할 수 있는 것과 앎으로 이르는 것은 기껏해야 만물의 성질을 탐구하여 밝히는 것에 지나지 않는다. 참다운 도를 통찰하는 사람은 만물이 사멸해가는 이 세상 밖의 것을 좇지 않고 만물이 생성하여 일어나는 기원을 탐구하지 않는다. 이것이 바로 논의가 멈추어야 하는 영역이다(言之所盡, 知之所至, 極物而已. 睹道之人, 不隨其所廢, 不原其所起, 此議之所止)'라고 한 데서 엿볼 수 있다.

47) 『장자』에서는 우주가 시작도 끝도 없음을 반복하여 강조한다. 예를 들면 「추수(秋水)」편에서는 '도에는 끝도 없고 시작도 없지만, 사물에는 사멸도 있고 생성도 있다(道無終始, 物有死生)'라고 했으며 「지북유」편에서는 '옛날도 없고 지금도 없으며 시작도 없고 끝도 없다(無古無今, 無始無終)', 「칙양」편에서는 '사물과 더불어 끝남도 없고 시작도 없으며 기일도 없고 때도 없다(與物無終始, 無幾無時)', 「천하」편에서는 '위로는 조물자와 함께 노닐고 아래로는 생사를 도외시하며 끝도 시작도 없는 이를 벗으로 삼는다(上與造物者遊, 下與外死生無終始者爲友)'라고 하였다.

를 통해 '나는 무無가 있는 경지까지만 도달할 수 있고 무조차 없는 무무無無의 경지에는 이르지 못하니 어찌 이런 경지에 도달할 수 있겠는가?' 予能有無矣而未能無無也 及爲無有矣 何從至此哉라는 말이 나온다. 이 우화에서는 '유'와 '무', 그리고 '무무'에 이르는 단계를 통해 사람의 정신적 경지를 삼 단계로 표현한다. 사람은 현실 세계에서 수많은 유형의 조건과 무한적 요소로부터 제한을 받는다. 장자는 '유'에서 '무'에 이르기까지 설령 유형적 조건의 구속은 피할 수 있지만 수많은 무형적 요소의 속박은 피할 수 없으므로 사람의 정신을 '무'조차 없는 '무무'의 경지로 끌어올려야 한다고 여겼다.

노자와 장자가 '무'의 내적 함의를 전환한 데서 우리는 장자의 철학 정신이 노자의 '실존형태'로부터 점차 변화하여 주체적 생명의 '경지적 형태'로 전환되었음을 알 수 있다. 장자의 정신 철학은 선진 제자백가 사상의 최고봉일 뿐 아니라 그가 보여준 정신적 경지는 높고 깊은 견해를 가진 후대의 시인과 문학가, 철학가들에게 깊은 일깨움을 주었다.

(2) 치도治道로써의 '무위無爲'를 평온하고 즐거운 삶의 정경으로 전환하였다.

중국 혹은 세계 역사상 노자는 어쩌면 가장 먼저 절대 권력의 위해성을 짚어낸 인물일 수도 있다. '무위'를 향한 그의 외침은 위정자들의 권력 남용으로 말미암은 시대적 병폐에 대한 경고였다.

'무위'는 노자의 치도 사상 중에서도 가장 대표적인 학설이다. 노자는 그 밖에도 '유약柔弱(부드럽고 약함)' '부쟁不爭(다투지 않음)' '처하處下(낮은 곳에 처함)' '거후居後(뒤에 거함)' 등의 덕을 주장했지만, 이것들조차 다 무위의 상태를 표현한 개념이다. 노자는 역사와 현실을 살핀 뒤, 끊이지 않고 빈번하게 발생하는 전쟁이 인류에 심각한 재앙을 초래하였고 그 재앙의 근원은 통치집단의 권한 확장 때문이라고 여겼다. 그래서 노자는 통치집단의 권력 남용 작태를 향하여 군주의 권한을 제한하는 '무위'의 주장을 제시하게 된 것이다.

『노자』의 맥락을 살펴보면 '무위'는 온전히 통치자를 향해 제기된 외침으로[48] 통치자가 백성에게 피해를 끼치지 않고 독단적으로 행동하지 않는 상태를 지향한다.[49] 노자는 통치자의 '무위'와 백성의 '자화自化(저절로 감화함)'를 나란히 거론하면서 거듭 강조하였다.[50] 이처럼 군주의 권한을 제한함으로써 백성에게 더 큰 활동 공간을 주면 백성이 스스로 감화하여 자라게 된다는 주장은 고대 '민왕民王' 사상의 맹아가 되었다. 그리고 그의 주장은 '백성은 따르게는 할 수 있지만, (그 원리를) 백성마다 다 알게 할 수는 없다'民可使由之, 不可使知之라고 한 공자의 사상과는 같은 기준선 상에서 비교할 수 없다.

노자와 공자 사후 1백여 년이 지난 뒤 태어난 장자가 산 시대는 통치집단이 탐욕과 배신으로 민의를 돌보지 않아 백성의 삶이 도탄에 빠졌다. 사관史官으로서 발언했던 노자와는 달리 장자는 지식인으로서 자신의 주장을 내세웠기 때문에 발언의 내용과 입장에서 노자와는 큰 차이를 보일 수밖에 없었다. 장자는 노자처럼 집권자를 향해 건의하기보다

---

48) 『노자』에는 '무위'가 열세 차례나 등장한다. 노자는 '무위'를 통해 도 이론의 높은 수준(제37장)을 언급한 뒤 이를 권력 핵심층의 문제에 전면 적용하였다.

49) '독단적으로 행하지 않는 것(毋獨爲)'에 관해서는 『갈관자(鶡冠子)』「도단(道端)」에 '천하의 일은 한 사람이 홀로 깨달아 알 수 없고 바닷물은 광대하여 한 줄기 내천의 흐름에 기대지 않는다. 그러므로 밝은 군주의 가르침도 사람들에게 의견을 구해야지 홀로 할 수 있는 것이 아니다(天下之事, 非一人之所能獨知也, 海水廣大, 非獨仰一川之流也. 是以明主之治也, 急於求人, 弗獨爲也)'라고 설명되어 있다.

50) 『노자』 제37장에서는 제후와 왕의 '무위'와 만물의 '저절로 감화함'을 서로 연결했고 제57장에서는 위정자를 향해 '내가 무위하면 백성이 저절로 교화된다(我無爲而民自化)'라고 다시금 명확하게 호소했다.

는 시선을 돌려 사인士人과 백성을 향해 대화하고자 했다. 노자가 내세웠던 '무위'라는 중요한 개념은 그 안에 내포된 정치적 의미 탓에 다소 빛바랜 부분이 있지만, 장자는 그것을 개별 생명이 도달해야 할 자유자재하는 소요의 경지 혹은 정신적 경지로 전환하였다.[51]

'자연自然(스스로 그러함)'의 개념 또한 '무위'와 마찬가지여서 장자는 그것에 더욱 풍성한 인문정신을 부여하여 발전시켰다. 『장자』 내편을 예로 들면 장자는 노자의 정치철학 중 가장 중요한 '자연'과 '무위'의 학설을 그의 정신세계로 내재화하여 개별 생명의 심적 경지와 결합하였다.

선진 도가가 말한 '자연'[52]에는 세 가지 단계의 의미가 함축되어 있다. 하나는 물리적인 자연이고, 다른 하나는 인문적인 자연이며, 나머지 하나는 경지적境地的 자연이다. 노자와 장자가 말한 자연은 대부분 인문적 자연에 속하며 그 의미는 인간의 스스로 그러한 본성을 발휘하는 것이고 이는 장자가 특히 부각하여 표현했던 부분이기도 하다. 장자는 자기 자신을 다스리는 일이든 나라를 다스리는 일이든 모두 사람의 본

---

51) 『장자』 내편에서는 '무위'의 개념이 세 차례만 언급되었는데 하나같이 개별 심정의 '소요함(구속받지 않고 자적하며 즐김)'을 통해 '무위'의 상태를 묘사하였다. 외편과 잡편에는 여러 차례 무위가 언급되었으나 마찬가지로 심정의 묘사를 주요 내용으로 삼았다. 이를테면 「재유(在宥)」편에서 '가만히 있어 아무 하는 일이 없다(從容無爲)'라고 한 것과 「천운(天運)」편에서 '자유롭게 노닐기를 무위로 한다(逍遙無爲也)', 「지북유」에서 '천지자연은 커다란 아름다움을 지니고 있다……지인(至人)은 무위(無爲)하고 큰 성인은 작위하지 않는다(天地有大美……是故至人無爲, 聖人不作, 觀於天地之謂也)'라고 한 것을 들 수 있다.

52) 한위(漢魏:한나라와 위나라) 이후 '자연' 학설은 더욱 부각되기 시작하는데 이를테면 동한(東漢)의 왕충(王充)이 도가의 자연관으로 유가의 신학(神學) 목적론에 대항하고 위진(魏晉) 시대에 신(新) 도가가 '자연'으로써 유가의 '명교(名敎)'에 저항하여 '자연'은 한위 도가의 중요한 사상적 무기가 되었다. 이 부분은 어디까지나 노장의 관점에서 말한 것일 뿐이다.

성에 순응하여야 한다고 강조했다.53)

노자는 '도성자연道性自然(도의 본성은 스스로 그러하다)'을 통해 사람이 스스로 자라서 변화한다고 주장한 한편, 장자는 '자연'을 인류의 본성으로 삼고, 다시 인간의 본성에서 임성任性(본성에 맡김)과 임정任情(감정에 맡김), 안성安性(본성을 따라 거함)과 안정安情(감정을 따라 거함)의 두 가지 길을 이끌어냈다.54) 여기서 임성과 임정은 인문자연에 속하고 안성과 안정은 경지적 자연에 속한다.

사람과 사물의 본성이라는 주제에 대해서는 노자는 '자발적인 감화(교화)'에 주력했다. 한편, 장자는 '자발적인 감화'55) 외에도 자위自爲, 자적自適, 자득自得, 자락自樂56)을 제시하였는데 이는 스스로 그러한 본

---

53) 『장자』 내편에 나오는 '자연'의 개념은 두 가지가 있다. 하나는 자기 자신을 다스리는 것으로 「덕충부」에서는 이에 관해 '항상 자연을 따르며 무리하게 삶을 더하려 하지 않는다(常因自然而不益生)'라고 했다. 다른 하나는 나라를 다스리는 것으로 「응제왕」편에서는 '마음을 담담한 곳에서 노닐고 기(氣)를 적막한 곳에 부합시켜 물(物)의 자연(自然)을 따라 사사로운 욕심을 용납하지 않으면 천하는 다스려진다(汝遊心於淡, 合氣於漠, 順物自然, 而無容私焉, 而天下治矣)'라고 했다. 이 두 곳에서 논한 '자연'은 모두 사람의 본성에 맡기고 순응하여 행해야 함을 강조한다.

54) 『장자』 「변무」편에서는 '그 본성과 천명의 진실함에 맡긴다'라고 되어 있고 「재유」편에는 '그 본성과 천명의 진실함에 순응한다'라고 되어 있다.

55) 『노자』에 나오는 '자화(自化 : 저절로 감화, 교화함)'의 의미는 정치적 교화의 범주에 속한다(제37장과 제57장 참조). 장자는 만물은 늘 변화하는 가운데 있어서 외부 환경에 의해 부단히 변화할 뿐 아니라 사람과 사물 자체의 내재 요인에 의해서도 쉬지 않고 변화한다고 하면서 「추수」편에서 '사물의 생성은 마치 말이 달리는 것과 같은지라 늘 움직여서 변하지 않는 경우가 없으며 어느 때고 옮겨가지 않음이 없으니……본디 스스로 변화하는 법이다(物之生也, 若驟若馳, 無動而不變, 無時而不移……大固將自化)'라고 했다. 여기서 '자화(自化 : 스스로 변화함)'는 우주 변화관의 중요한 개념 중 하나이다.

56) 자위(自爲)는 「천지」 「천도」편을 참조하고 자적(自適)은 「변무」, 자득(自得)은

성을 발휘하여 인문적 자연에서 경지적 자연으로 승화하는 과정을 의미한다.

사람들은 노자와 장자를 언급할 때면 가장 먼저 '자연무위'의 개념을 연상하는데 실제로 노자와 장자의 자연무위는 일반인의 이해 범주를 넘어선 그만의 특수한 시대적 의의가 있다. 인간의 본성을 확장하여 발휘하고 인간의 자주성과 자유를 신장하는 일은 장자가 살던 시대에 일어났던 주체의식에 대한 자각과 각성의 움직임을 대표하며 수많은 지식인에게 심적 자각을 불러일으킨 격동의 메아리라고 하겠다.

3-5-2. 위학爲學에서 위도爲道로 통하는 길

장자는 노자의 수많은 이념을 변화하여 발전시켰는데 그중에서도 노자의 '도론'을 보완하여 발전시킨 것이 가장 대표적이다. 특히 도道와 물物의 관계에 관한 이론은 그 가운데서도 핵심이라고 할 수 있다.[57]

「변무」「천지」「추수」「양왕(讓王)」을 참고하며, 자락(自樂)은 「양왕」편을 참조한다.

[57] 요점을 간추리자면 (1)장자가 기화론(氣化論)으로 노자의 만물생성론을 보완했다는 것은 지나치게 모호하다. 장자는 '기(氣)'의 집산을 통해 인류와 만물의 생사를 설명했다. (2)장자는 '이(理)'의 범주를 제시함으로써 만물의 존재양태와 법칙을 설명했다. 장자는 또한 '만물은 서로 그 이치가 다르다(萬物殊理)' '도는 어느 쪽에도 치우치지 않고 공평하다(道者爲公)'라는 명제를 제시하였는데 이는 송대 이학(理學)의 '이치는 하나지만 그 갈래는 다양하다(理一分殊)'라는 명제의 사상적 연원이 되었다. (3)장자는 높고 심원하며 '오묘하고 또 오묘한(玄之又玄)' 도를 인간 세상에 적용하였고 『장자』「제물론」에서는 '도는 통하여 하나가 된다'라는 의미의 '도통위일(道通爲一)'을 제시하였으며 『장자』「지북유」에서는 '도는 없는 곳이 없다'라는 의미의 '무소부

장자는 노자가 근본과 본체로 여겼던 도를 주체 생명의 정신적 경지로 미묘하게 전환하였고 노자가 이분화했던 '위학爲學'과 '위도爲道'의 두 영역 사이를 연결하는 통로를 놓았다. 이러한 논제에서 우리는 장자학이 노자학을 토대로 이론을 전환하여 승화시켰음을 알 수 있으며 이를 통해 인문세계에서 장자학이 발산하는 이채로움을 더욱 잘 느낄 수 있다.

(1) 도탑게 쌓고 멀리 이르며 마음으로 도의 경지를 터득함

도道와 물物의 관계에서 노자는 '배움을 추구하는 것은 날로 더하는 것이다爲學日益'와 '도를 추구하는 것은 날로 덜어내는 것이다爲道日損'라는 두 가지 중요한 명제를 제시했다. 만물에 대한 인식 활동을 일컬어 '위학'이라고 하고 도를 깊이 이해하는 활동을 가리켜 '위도'라고 한다. 위학이 날로 더하는 일이라 함은 외부 세계('만물')를 탐구하여 지식을 얻음이 쌓을수록 많아진다는 뜻이고 위도가 날로 덜어내는 일이라 함은

재(無所不在)'와 '만물은 무엇이나 도에서 벗어남이 없다'라는 의미의 '무호도물(無乎逃物)'을 말하여 도를 만물에서 분리시키지 않았다. 이 관점은 한위(漢魏) 이후 송나라와 명나라에 이르는 역대 철학가들에게 오랜 기간 영향을 끼쳤다. 그런 면에서 장자의 우주 전체관은 서양의 이원(二元) 분리적 세계관과 뚜렷한 대비를 이룬다. (4)장자는 도를 인간 세계에 적용하였을 뿐 아니라 인간의 마음과 긴밀하게 결합하였다. 도가 인간의 마음에 모이면 마음에는 도의 경지가 드러나게 된다는 의미에서 「인간세(人間世)」편에서는 '심재(心齋 : 마음을 재계함)'를 내세웠다. 이는 장자의 경지적 철학의 특색으로 일찍이 노자에게서는 볼 수 없었던 면모였다. 마음으로써 학문에 힘쓰고 지극한 마음에 도달함으로써 도를 터득한다는 것은 노자학의 '절학무우(絶學無憂 : 배움을 끊으면 근심이 없다)'에 보이는 심각한 결함을 보완했다. 본문에서는 이 부분의 논제만을 명백히 논하고 나머지 부분, 즉, 상술한 바와 같이 장자가 말한 도(道)의 '기(氣)'와 '이(理)' 등의 관점에 대해서는 졸문 「도와 사물의 관계 문제를 논하다 : 중국철학사의 한 줄기 주요 노선」을 참조한다.

정신적 경지('도')를 수양하여 주관적인 편견과 탐욕이 날로 줄어듦을 의미한다. 위학과 위도가 가리키는 것이 어쩌면 서로 다른 두 영역일 수는 있지만,58) 둘이 서로 돕고 서로 이루어주는 관계는 될 수는 없을까? 위학은 위도에 도움을 줄 수 있을까? 이에 대해 노자는 해석의 여지를 남겨두었지만, 한편으로는 '절학무우絕學無憂(배움을 끊으면 근심이 없다)'라는 말을 남기기도 했다. 이 말은 통행본 제20장의 서두에서 한 말로 문맥상의 의미가 명확하지는 않지만 단독으로 놓고 보면 '배움을 끊으면 근심이 없다'라는 말 때문에 사람들은 노자가 '도'를 높이고 '학문'을 억제하는 주장을 폈다고 생각하기 쉽다.59) 인문 교화의 측면에서 노자의 이론만으로는 다소 부족했던 부분을 우리는 장자의 세계를 통해 새로운 깨달음과 이해를 얻을 수 있다.

경험적 세계에서는 반드시 학습을 통해 지식을 얻고 실천을 통해 기예를 증진하게 되니 '배움을 추구하는 것은 날로 더하는 것이다'라는 말은 곧, 도탑게 쌓은 공이 날로 깊어진다는 뜻이 된다. 『장자』 책을 펼쳐보면 첫머리부터 곤鯤과 붕鵬의 우화가 소개되는데 이를 통해 사람들은 도탑게 축적된 공이 있어야만 만 리를 날아 먼 곳까지 이를 수

---

58) 펑여우란의 『중국철학사 신편』에서는 『노자』는 반드시 지식을 추구하지 않은 것이 아니므로 그는 바라보는 방식으로 외부 세계의 지식을 구하고자 했다.……위도가 얻은 것은 일종의 정신적인 경지이고 위학이 얻은 것은 지식의 축적인 바, 이것이 바로 서로 다른 두 종류의 일이다.

59) 엄복(嚴復)은 『노자평전』 제20장에서 배움을 끊으면 물론 근심이 없다고 했지만, 그 근심을 돌아보면 정말로 없는 것이 아니다. 도처에 근심이 있지만 알아차리지 못한 것이니, 그 마음의 들음이 없는 것과 같다. 아프리카 타조는 천적에게 쫓기다가 더는 도망갈 곳이 없을 때는 머리를 모래에 박은 채 자기 눈에 아무것도 안 보이면 천적이 사라졌다고 착각한다. 노자가 말한 '배움을 끊는 도'가 어찌 이와 다르겠는가?'라고 했다.(본 비판은 '배움을 끊으면 근심이 없다'는 구절에 대한 것임.)

있음을 깨닫게 된다. 이를테면 『장자』 「소요유」에서 '물이 괴어 쌓인 것이 깊지 않으면 곧 큰 배를 띄울만한 힘이 없다……바람이 도탑게 쌓이지 않으면 큰 날개를 띄울 만한 힘이 없다' 水之積也不厚, 則其負大舟也無力;……風之積也不厚, 則其負大翼也無力라고 한 것을 들 수 있다. 큰 바다에는 물이 깊이 고여 있으므로 대곤大鯤(큰 물고기)이 잘 다니고 길러질 수 있으며 높은 하늘은 바람이 충분하여 대붕大鵬(전설 속의 큰 붕새)도 날개를 펴고 높이 날 수 있다. 이 때문에 장자는 '백 리 길을 가는 사람은 하루 전에 곡식을 빻아 식량을 준비해야 하고 천 리 길을 가는 사람은 석 달 전부터 준비해야 한다' 適百里者, 宿舂糧; 適千裏者, 三月聚糧라고 했다. 인생 역정도 마치 먼 길을 떠나는 일과도 같아서 '배움을 추구하여 날로 더함'이 있어야만 비로소 도탑게 쌓아 올려 멀리 이를 수 있게 된다. 그래서 장자는 '작은 지혜는 큰 지혜에 미치지 못한다' 小知不及大知라고 단언하기도 했다.

'배움을 추구하여 날로 더함'이 있어야만 비로소 '큰 지혜大知'를 기를 수 있다. 「추수」에서는 '큰 지혜를 갖춘 사람이라야 원대한 도리와 비근한 일상의 사물을 볼 수 있다. 사물의 양이 한이 없음을 알기 때문이다……시간에 멈춤이란 없음을 안다……분수에 일정한 몫이 없음을 안다' 是故大知觀於遠近, 知量無窮;……知時無止;……知分無常也라고 했다. 큰 지혜는 이와 같은 도량과 시야를 갖고 있어야만 도의 경지에 이를 수 있다. 그렇다면 '도'는 전달하여 얻을 수 있는 것일까? 장자는 그렇다고 답한다.

노자는 도체의 '미묘하고 황홀하여 측량할 수 없음' 惟恍惟惚을 서술하는 데 많은 신경을 썼지만(『노자』 제14장, 제21장 등) 이에 비해 장자는 어쩌다 「대종사」에서 '무릇 도는 정情과 신信은 있지만, 작용이나 형체는 없는지라 전할 수는 있지만 받을 수는 없으며 터득할 수는 있지만 볼 수는 없다' 夫道, 有情有信, 無爲無形; 可傳而不可受, 可得而不可見라고 말했을 뿐이다. 여기서 도란 비록 말로써 줄 수는 없지만, 마음으로 전달할 수 있으며 눈으로 볼 수는 없지만 마음으로 체득할 수는 있다고 했다. 도의 '전달 가능성'과 '체득 가능성'은 전국 시대 도가가 제기한 일종의 표현법이다. 뒤이어 「대종사」에는 남백자규南伯子葵와 여우女偶 간의 대화가 나오는데 남백자규가 "도라는 것이 배워서 터득할 수 있는 것입니까?" 道可得學邪?라고 묻자 장자는 여우의 입을 통해 도를 배우고 듣는 여정에 관해 이야기한다. 이에 따르면 도를 배우는 여정은 대략 두 가지 큰 과정으로 나뉜다.

첫 번째 단계는 장애물을 제거하여 곤경에서 벗어나는 데 시간을 들이는 것이다. 이를 위해서는 우선 '외천하外天下' 즉, 세상사를 잊고 '외물外物' 곧, 물욕의 속박을 없애며, 그런 다음 '외생外生' 즉, 생명의 한계를 간파하고 생사의 고뇌를 벗어내며 근심하지 않는다. 이 세 단계를 거치면 두 번째 여정으로 들어갈 수 있는데 이때 '조철朝徹' 즉, 심령이 아침 햇살과 같이 모든 것을 비추어 심령이 그 맑고 밝은 상태를 드러내야만 '견독見獨' 곧, 도체의 우뚝하게 홀로 선 지극함을 볼 수 있게 된다. '견독'은 도를 체득한 사람이 자신을 단련하여 각종 대립과 한계를 돌파하는 것이며 이로써 '무고금無古今' 즉, 시간의 한계와 범주를 초월하게 되고 그 뒤에는 생사 관념에 구속되지 않는 정신적 경지에 들어가게 된다. 장자는 시적 정취가 풍성한 언어를 써서 삶의 각 단계에서 어려움을 벗어내고 한 단계 한 단계 초월하여 올라서는 모습을 묘사했다.

『장자』에서는 '도'를 언급할 때면 많은 경우 '도'를 주체 생명이 드러내는 최고의 정신적 경지로 전환하여 발전시켰다. 그래서 마음이 도의 경지를 전달한다는 설은 우리가 조금 더 심화하여 설명할 만한 가치가 있다.

(2) '위학'의 여정과 '위도'의 경지

사마천司馬遷은 『사기』에서 장자를 가리켜 '그 학문이 엿보지 않음이 없다' 其學無所不窺라고 묘사했다. 우리도 『장자』를 읽으면 그가 수많은 우화를 통해 학문을 추구하여 날로 더해가고 기예를 날로 정밀하게 함으로써 도의 경지에 이르는 길을 제시하였음을 알 수 있다.

일의 변화는 층층이 연속하여 일어나는 과정이다. 곤이 변하여 붕새가 되는 과정을 보면(「소요유」) 붕새가 바람을 모으고 힘을 비축하여 하늘로 높이 날아오르는데 이는 큰 바다에서 시작하여 천인의 경지로 들어가는 과정이다. 여기에는 변화의 주체가 시공간의 조건과 순서를 따라 길을 만들어 들어가는 과정이 나오는데 그 중에서도 변화의 주체가 집학集學(학문을 축적함)과 집재集才(재능을 쌓음), 집기集氣(기를 모음), 집세集勢(힘을 축적함)의 과정을 거친 뒤 분발하여 일어서는 과정이 특히 중요하다.

『장자』에서는 기예와 지식의 축적을 통해 도의 경지로 들어서는 과정을 묘사한 수많은 우화가 나오는데 예를 들면 '소를 잡는 포정'(「양생론」) '수레바퀴를 깎는 윤편'(「천도」)[60] '매미 잡는 구루자' '배를 젓는

---

60) 환공(桓公)이 당상에서 글을 읽고 있는데 윤편(輪扁)이 당 아래에서 수레바퀴를 깎고 있다가 몽치와 끌을 내려놓고 위로 환공을 올려다보며 물었다. "감히 묻습니다. 임금께서 읽고 계시는 것은 어떤 말입니까?" 환공이 대답했다. "성인의 말씀이다." 윤편이 말했다. "성인이 지금 살아 있습니까?" 환공이 말했다. "이미 죽었다." 윤편이 말했다. "그렇다면 임금께서 읽고 계시는 것은 옛사람의 찌꺼기로군요." 환공이 말했다. "과인이 글을 읽고 있는데 수레기술자 따위가 어찌 논의하는가. 그럴싸한 이유를 댄다면 괜찮겠지만 그렇지 못하면 죽임을 당할 것이다." 윤편이 말했다. "신은 신이 하는 일로 살펴보겠습니다. 수레바퀴를 여유 있게 깎으면 헐거워서 견고하지 못하고 너무 꼭 맞게 깎으면 빡빡해서 들어가지 않으니 여유 있게 깎지도 않고 너무 꼭 맞게 깎지도 않는 것은 손에서 터득하여 마음으로 호응하는 것이어서 입으

뱃사공'61) '급류에서 헤엄치는 여량의 사나이'62) '나무 조각의 달인인 목수 경'(「달생」) '바람 소리가 날 정도로 도끼를 잘 다루었던 석장'(「서무귀徐無鬼」)63) '대사마의 갈고리를 담금질하는 장인'(「지북유」)64) 등

로 말할 수 없습니다. 교묘한 기술이 그 사이에 있으니 신도 그것을 신의 자식에게 깨우쳐 줄 수 없고 신의 자식도 그것을 신에게 받을 수 없습니다. 이 때문에 나이가 칠십에 이르러 늙을 때까지 수레바퀴를 깎고 있습니다. 옛사람도 〈말로는〉 전할 수 없는 것을 함께 가지고 죽었을 것입니다. 그렇다면 임금께서 읽고 있는 것은 옛사람의 찌꺼기일 따름입니다."

61) 안연(顔淵)이 공자에게 여쭈었다. "언젠가 제가 상심(觴深)의 못으로 불리는 넓고 크고 깊고 물살이 센 곳을 건넌 일이 있었는데 뱃사공이 배를 모는 솜씨가 마치 귀신같았습니다. 그래서 제가 '배 젓는 일은 배워서 되는 겁니까?' 하고 물었는데, 사공이 말하기를, '되지요. 헤엄을 잘 치는 사람은 배 젓는 것을 빨리 익힐 수 있습니다. 이를테면 잠수부 같은 사람은 배를 한 번 보지도 않고 바로 배를 저을 수 있지요'라고 했습니다. 제가 그 까닭을 물어보았지만 저에게 말해 주지 않아 감히 여쭈어보겠습니다만, 그게 무슨 뜻인지요?" 공자가 말했다. "헤엄을 잘 치는 사람이 빨리 배울 수 있다는 것은 그가 물을 잊어버리기 때문이다. 그런데 잠수부 같은 사람이 배를 한 번 보지도 않고 바로 배를 저을 수 있다는 것은 그가 깊은 연못을 마치 언덕과 같이 보고 배가 뒤집히는 것을 마치 수레가 후진하는 정도와 같이 여기기 때문이다. 전복과 퇴각 등 여러 가지 일들이 눈앞에 펼쳐지더라도 그것이 그의 마음을 어지럽히지 못하니, 어디에 간들 여유가 있지 않겠는가.

62) 공자가 여량(呂梁)이라는 곳에서 노닐며 유람하였는데 어떤 한 사나이가 급류 속에서 헤엄쳐 내려간 뒤 물에서 나와 유유자적하는 모습을 보고 공자가 물었다. "나는 그대가 헤엄치는 모습을 보고 귀신이라고 여겼는데 자세히 살펴보니 역시 인간이로다. 묻노니 물속을 헤엄치는 데에 무슨 비결이라도 있는가." 사나이가 말했다. "비결은 따로 없습니다. 나는 본디 언덕에서 태어났는데 언덕을 편하게 여겨 타고난 그대로 시작한 셈입니다. 그리고 물속에서 자라면서 물을 편하게 여겼으니 그 습성(習性)대로 자연의 이치를 따라 소용돌이와 함께 물속으로 들어가며 솟는 물과 함께 물 위로 떠올라서 어떠한 경우에도 물의 법칙을 따를 뿐 제멋대로 움직이지 않습니다. 이것이 내가 헤엄을 잘 치는 방법입니다."

63) 장자가 장례식에 참석하려고 혜자(惠子)의 묘 앞을 지나가다가 따르는 제자

이 있다. 이러한 기예인들은 하나같이 배움을 추구하여 기예를 축적한 끝에 그 기예가 익숙해지고 정교해져서 입신入神의 경지, 즉, 도의 경지에 이르렀다.

『장자』에서 기예의 수준이 도의 경지에 이름을 묘사한 모든 우화는 아래와 같은 공통된 특징을 보인다.

① 기예를 배우고 연마하는 시간을 축적한다.

각 우화에서는 장인들이 기술을 배우고 연마하는데 정확한 시기는 달라도 대부분 상세한 시일을 통해 그 진도를 밝혔다. '소를 잡는 포정'에서는 포정이 처음 기술을 배울 때는 3년이 지나 19년째 되면서 시간이 지남에 따라 기술도 발전하였다고 했고 '대사마의 갈고리를 담금질

를 돌아보고 말했다. "영(郢) 땅 사람 중에 자기 코끝에다 백토를 파리날개만큼 얇게 바르고 장석(匠石)에게 그것을 깎아 내게 하자 장석이 도끼를 바람소리가 날 정도로 휘둘러 백토를 깎았는데 백토는 다 깎여졌지만 코는 다치지 않았고 영 땅 사람도 똑바로 서서 모습을 잃어버리지 않았다. 송(宋)나라 원군(元君)이 그 이야기를 듣고 장석을 불러 '어디 시험 삼아 내게도 해보여 주게.' 하니까 장석은 '제가 이전에는 그렇게 할 수 있었지만 지금은 그 기술의 근원이 되는 상대가 죽은 지 오래되었습니다.' 하였다. 지금 나도 혜시가 죽은 뒤로 장석처럼 상대가 없어져서 더불어 이야기할 사람이 없어졌구나."

64) 대사마(大司馬)를 위해 갈고리를 담금질하는 장인이 나이가 80세에 이르렀는데도 조금도 차질 없이 만들어내자 대사마가 물었다. "그대의 기술은 참으로 뛰어나구나. 무슨 방도라도 있는 것인가?" 장인이 말했다. "신은 지키는 방도가 있습니다. 신의 나이가 20세에 이르렀을 때부터 병기를 단련하는 것을 좋아했는데 사물을 볼 때 다른 것은 보지 않고 병기가 아니면 살피지 않았습니다. 유용하게 쓰이는 것은 쓰이지 않는 것을 빌린 것인데도 그 쓰임을 크게 얻을 수 있는데 하물며 쓰이지 않는 것조차 없는 경우이겠습니까. 무엇인들 그에 의지하지 않겠습니까."

하는 장인' 우화에서는 스무 살부터 담금질을 좋아하여 여든이 되었는데도 조금도 차질없이 잘 만들었다고 했다. 기예 연마는 기간이 길어질수록 기능이 전문화하고 정교해지는데 그것은 오랜 시간 꾸준히 유지해야만 가능한 일이다. 그래서 우화에서는 그 비결을 두고 '지켜 준수하는 것이 있다有守也'65)라고 표현한다. 이에 대해 노자는 일찍이 '백성이 일을 할 때는 항상 일이 다 될 때쯤 잘못되게 마련이다. 마무리를 신중하게 하기를 시작할 때처럼 하면 실패하는 일이 없다' 民之從事, 常於幾成而敗之. 愼終如始, 則無敗事라는 잊을 수 없는 명언을 남겼다. 장자 또한 '지키는 것이 있다有守也'라고 함으로써 기예 연마의 시간과 과정에 꾸준함과 연속성을 더해야 함을 강조하였는데 이는 세상 사람들에게 막대한 격려와 일깨움을 안겨준다.

② 예능의 전문성과 정교함을 연마한다.

기능인은 '지키는 것이 있어야만有守也' '정교하고 전문적'66)이 될 수 있으며 기교의 전문성과 정교함은 오랜 학습의 과정을 통해 이뤄질 수 있다. 학습과 천부적 재능 사이에서 장자는 천부적 요인을 전혀 개의치

---

65) 장자는 세상 사람이 근본이 되는 법칙을 지켜서 유지하는 도를 강조하였는데 「천도」편에서 '그 근본을 지킨다(守其本)'라고 한 것이 그 예다. 생명의 주축을 지킨다는 의미에서 「덕충부」에서는 '그 근본인 도를 지킨다(守其宗)' 「재유」에서는 '정신이 몸을 지킨다(神將守形)', 「달생」편에서는 '순수한 기를 지킨다(純氣之守)', 「어부(漁夫)」편에서는 '삼가 참된 도를 지킨다(愼守其眞)'라고 했다. 이는 사람들이 자기를 수양하든 일에 종사하든 '지킴'으로써 임해야 하며 도를 배우는 것도 역시 그러하다고 일깨운다. 이를테면 「대종사」편에서 도와 학문을 언급하면서 '이치를 알려주고 그것을 지켜본다,……내가 또한 그것을 지켜본다(告而守之,……吾又守之)'라고 한 것을 들 수 있다.

66) 「달생」편에서는 목수 경이 '기술이 전문적이고 정교하게 되며 방해가 완전히 소멸됩니다(其巧專而外滑消)'라고 말했다.

않았던 것으로 보이며 오히려 반복적인 훈련과 오랜 시간에 걸친 실천의 필요성을 거듭 강조하였다. 훈련과 실천 속에서 점진적으로 사물의 법칙을 파악하고 반복적인 연마의 과정을 통해서만 기예의 정통함에 도달한다는 의미다. 포정은 소를 해체하면서 소위 자연 발생적인 결을 따르고'依乎天理' 사물의 스스로 그러한 구조에 순응하였는데'因其固然' 기술이 정교해지면서 객관적인 법칙을 따라 일의 운영 원리와 근원을 펼쳐 보일 수 있게 되었다.

③ 주체의 심적 경지를 배양한다.

집기集氣(기를 모음)와 양신養神(정신수양), 정심靜心(평정함 마음)은 기예인과 구도자가 창조의 과정에서 반드시 배양해야 하는 예술적 심리의 경지이다.[67] 깊고 도타운 예술적 심경을 함양하는 일은 '매미 잡는 구루자'와 '소를 해체한 포정' 등의 우화에 모두 묘사되어 있다.

예를 들면 「달생」에 나오는 구루자(곱사등이)는 매미를 쓸어 담듯 잡는 기술을 갖고 있었는데 이것을 보고 공자가 그에게 비결을 묻자 구루자는 '비결이 있습니다有道'고 답했다. 그리고 기술 연마의 과정과 몸과 마음을 한 데 힘써 배양하는 모습을 설명하면서 '뜻을 한 가지 일에

---

67) '집기(集氣 : 기를 모음)'에 대해서는 「달생」편에서 목수 경이 우화를 통해 '지금까지 체내의 기(氣)를 소모한 적이 없다'라고 말하는 부분이 나온다. 「인간세」에서는 '심재(心齋)'의 경지에 대해 '기는 마음을 비워서 사물을 기다리는 것이다. 도는 오직 마음을 비우는 곳에 모아진다(氣也者, 虛而待物者也. 唯道集虛)'라고 설명했다. '양신(養神 : 정신수양)'에 대해서는 「달생」편에서 구루자의 우화를 통해 '뜻을 한 가지 일에 집중하면 꼭 귀신과 다를 바가 없다'라고 했고 「양생주」에서 포정이 소를 해제하며 '신(神)'으로 소를 대하고, 눈으로 보지 않으면 감각 기관의 지각 능력이 활동을 멈추는 대신 신묘한 작용이 움직입니다'라고 말했다. '정심(靜心)'에 대해서는 「달생」편에서 목수 경의 우화를 참조한다.

집중하면 꼭 귀신과 다를 바가 없다' 用誌不分, 乃凝於神라고 하였는데 이는 예술적 심리의 경지를 그대로 표현한 말이다. 포정은 소를 해체할 때 '신을 통해 사물을 대함神遇'과 '신묘한 작용이 움직이게 함神行'을 통해 '칼날을 놀리는 데 반드시 여유가 있는' 상황을 만들어 낸다고 했는데 이것 또한 기예를 가진 예술가가 창작의 과정에서 도달하게 되는 자유자재의 경지이다.

소동파蘇東坡는 장자의 우화를 읽고 '일반적인 법도에서 참신한 생각이 나오고 호방한 풍격 밖에서 오묘한 이치를 얻는다. 이것이 소위 '칼날을 놀리는 것이 반드시 여유가 있다' '바람 소리가 날 정도로 도끼를 휘두른다'라는 것의 의미이다' 出新意於法度之中, 寄妙理於豪放之外, 此所謂 '遊刃有餘', '運斤成風'也라는 통찰력 있는 명언을 남겼다. 그 밖에도 소동파는 '수레바퀴를 깎는 윤편'의 우화에서 기예란 '손에서 터득하여 마음으로 호응하는 것' 得之於手, 而應之於心이라고 설명한 부분에 대해서 "마음과 손이 상응하지 못하는 것은 배우지 못한 잘못 때문이다" 心手不相應, 不學之過也라는 해석을 내렸다. 소동파는 그 밖에도 '배를 젓는 뱃사공' 우화에 대해서도 '무릇 배우지 않고서 도를 구하기를 힘쓰는 것은 모두 북방 사람들이 잠수하기를 배우는 것과 같다' 凡不學而務求道, 皆北方之學沒者也라고 말했다. 소동파는 배움으로써 도를 구할 것을 강조했고 이러한 관점은 장자의 우화가 표현하고자 하는 의미와 일치한다. 다시 말해 '위학爲學(배움을 추구함)'과 '위도爲道(도를 추구함)'에 관해 노자는 둘의 관계를 명확하게 밝히지 않거나 설명이 부족한 면이 있었지만, 장자와 소동파는 필요한 부분을 보완함으로써 '위학'의 길이 '위도'의 길로 통하도록 둘을 연결하였다.

3-5-3. 내성외왕의 도 - 개방적인 마음과 다변적 사고

『장자』「천하」에서는 첫머리에서부터 인간이 추구해야 할 최고의 가치는 우주적 삶의 근원과 근본을 탐구하는 학문에 있다고 했다. 장자는 그것을 가리켜 '도술道術'이라고 했고 위진 시기의 신新 도가는 '현학'이라고 칭했으며, 오늘날 우리는 그것을 '철학'이라고 일컫는다. 철학가가 인문 세계에서 갖는 이상은 '내성외왕內聖外王(안으로는 성인의 인격을 갖추고 밖으로는 왕의 덕을 품는 것)의 도'를 실현하는 것이다. '내성內聖'이란 사람의 정신적 경지를 높이는 것이고 '외왕外王'은 인간의 사회적 기능과 역할을 성취하는 것이다. 장자가 제시한 이 이상들은 안에서 밖으로, 개인적 수양에서부터 사회적 직책을 아우르는, 역대 유학자들이 마음 깊이 동경했던 가치다. 한편 한나라 이후 유가와 도가를 앞세운 사회문화에서는 주로 '내성' 측면의 성취를 중시했기 때문에 '외왕의 도'는 좀처럼 강조되지 않았다.[68]

---

68) 유가와 도가의 학자는 모두 사인(士人 : 선비, 백성) 계층에 속하여 외왕(外王)의 이상을 실현할 만한 권한도 지위도 없었기 때문에 오로지 왕(王)에게 그 희망을 기탁할 수밖에 없었다. 그러나 대권을 손에 쥔 집권층은 범속한 무리에 불과하여 어쩌다가 예외가 있더라도 폭군이 성군보다 많으니 집권자와 어리석고 악한 무리는 마치 샴쌍둥이처럼 똑같이 행동했다. 이 같은 상황이 오늘날까지 이어져서 생겨난 문화적 폐단과 이로 말미암아 나라 안이 시끄러워진 점은 주목할 만하다. 중국 역사를 돌아보면 한나라 초기 조정은 일찌감치 황로 도가 사상을 받아들여 백성과 더불어 그들의 삶을 안정시키고 원기를 회복하게 하는 등 '문경지치(文景之治 : 태평성세로 알려진 한문제와 한경제의 다스림)'를 이루었다. 당태종도 노자의 포용적이면서도 광활한 학설을 받아들여 '정관지치(貞觀之治 : 당태종이 다스린 태평성세. 정관은 당태종의 연호)'의 국면을 이끌었다. 그러나 유가의 덕치주의에서 말하는 외왕의 이상은 도가만큼 행운이 뒤따르지는 않았던 모양이다. 한무제에 이르러 동중서의 '백가를 배척하고 유학만을 받든다(罷黜百家, 獨尊儒術).'라는 건의가

외왕의 도는 비록 실천하기 어려운 가치지만, 역대 사인士人들뿐 아니라 오늘날 지식인들까지 고무시키는 이상으로 자리 잡았다.

장자가 제시한 내성외왕의 이상은 2천3백여 년이라는 장구한 역사의 흐름을 따라 흘러왔다. 장자의 인문 세계 속 이러한 이상을 다시금 자세히 살펴 이를 통해 현실 세계를 바라보면 그 안에 감추어진 오묘한 현실적 의의를 발견할 수 있다.

오늘날 우리는 스스로 자물쇠를 걸어 잠근 채 외부와 왕래를 끊고서는 살 수 없고, 상호 작용 없이는 국제 관계 또한 성립될 수 없는 세상을 살고 있다. 이것이 바로 오늘날 보편적으로 알려진 '지구촌'의 개념이며 그 옛날 장자가 말했던 인문 세계에도 '우주 공민'이라는 의식이 깊이 깔려 있다.

장자가 제창한 '제물齊物' 사상에 내포된 개방적인 마음과 다변적 사고에도 마찬가지로 풍성한 현대적 의미가 담겨 있다. 여기서는 원전에 근거하여 장자의 '내성'과 '외왕'이 갖는 고금의 의의를 다뤄보고자 한다.

(1) 심학('내성'의 학문) - 개방적인 마음과 심미적인 심적 경지

장자의 '내성內省'은 심학心學을 토대로 하고 장자의 심학은 생명 철학의 핵심이 된다. 생명을 이루는 형形(형체)과 신神(마음)의 관계에 대해 장자는 '형전정복形全精復(육체가 완전해지고 정신이 회복됨)'의 명제를 제시하였다. 『장자』에서 형신의 작용을 논한 유명한 부분(이를테면 「달생」, 「양생주」, 「덕충부」)에서 그는 특별히 심신心神과 심사心思가 생명의 창

채택되면서 유가는 '나와 다른 생각은 공격하는(攻乎異端)' 학설로 전제 정권을 수호하는 이론적 토대가 되어 유학자들이 중국 사상역사에서 긴 세월 부끄러움을 당하게 된 시발점이 되었다.

조 속에서 일으키는 영묘한 작용을 강조했다. 고대인들은 사유 능력과 정신적 작용이 모두 마음에서 생겨난다고 여겼는데 장자가 마음을 논한 것은 심신과 심사의 작용을 설명하는 것이었다. 심신心神 활동은 인간의 정신적 생명을 창조하고 심신의 작용으로 펼쳐지는 생명의 경지는 『장자』의 각 편篇에서 다채로운 풍격의 형태로 표현된다. 여기서 우리는 『장자』에 언급된 개방적인 마음과 심미審美적 의미를 통해 그것이 현실적 삶에서 갖는 의의를 살펴볼 수 있다.

'마음'을 중시하는 것은 생명을 중시하는 것인데 장자는 '도'를 '마음'에 적용하여, 즉, 심재心齋를 통해 심학을 높은 수준의 철학 이론으로 발전시켰다. 노자와 공자의 시대를 돌아보면 『노자』와 『논어』에서 마음이라는 의제는 충분히 주목받지 못한 채 다만 상식적인 의미에서 이해되었지만, 맹자와 장자의 시대에 이르면 마음의 개념은 그들의 저서에 대거 등장하게 되고 풍성하고 다양한 의미도 부여받는다. 마음에 관한 의제가 부각되기 시작한 것에서 춘추시대 말기로부터 전국시대 중반에 이르는 2백여 년간 인류가 극단의 상황에 처하였음을 알 수 있으며 생명의 의의라는 과제는 맹자와 장자 시대에 이르러 큰 관심을 받게 된다. 인류가 어떻게 하면 곤경과 위험에서 벗어날 수 있을까에 관해 맹자는 문제의 근원이 바로 사람의 마음에 있다고 보았다.

맹자는 마음의 도덕의식에 집중하였고 장자는 마음에 함축된 심미적 의미를 드러내고자 하였다. 맹자와 장자는 서로 다른 관점에서 인간의 마음이라는 의제를 부각시켰고 이는 인류의 주체의식이 깨어나기 시작한 시대적 특징을 반영한다.

유가는 도덕의식을 일깨움으로써 세상을 구제하고자 하였으나 예법 제도 수호와 '극기복례克己復禮(자기의 욕심을 이겨내고 예로 돌아감)'를 주장한 부분에 대해서는 장자 학파로부터 강한 비판을 받았다.

『장자』「전자방」에서는 유가가 '예의에는 밝으나 사람의 마음을 아는데는 어둡다' 明乎禮義而陋於知人心라고 지적했는데 이는 『장자』 외편과 잡편에 나오는 논평을 통틀어 가장 예리한 평가라고 할 수 있다. 장자학파는 유가에 대해 수많은 평론을 남겼지만, 그 뿌리는 여전히 심학을 기초로 한다.

장자는 심리 현상이란 끊임없이 변하는 것이라고 봤다. 그래서 「열어구列禦寇」에서는 '무릇 사람의 마음이란 산천보다 위험하고 하늘을 아는 것보다 어렵다. 하늘은 그래도 춘하추동과 아침저녁이라는 주기가 있지만, 사람은 표정을 두텁게 꾸미고 감정을 깊이 감춘다' 凡人心險於山川, 難於知天; 天猶有春秋冬夏旦暮之期, 人者厚貌深情라고 지적했다. 또한 장자학파는 마음이 주로 정正과 반反의 두 가지 대립하는 감정을 드러낸다고 여겼다. 부정적인 면은 '봉심蓬心(구불구불하여 쑥대 같은 마음)'과 '성심成心(편견을 고집하는 마음)' '기심機心(과도한 욕심)' '적심賊心(서로 해치는 마음)'이고 긍정적인 면에는 '이명以明(명철한 인식으로 판단함)' '허실虛室(비어 있는 방, 마음)' '영대靈臺(정신이 머무는 곳)' '영부靈府(정신이 머무는 곳)' '우태宇泰(마음이 태연히 안정됨)'가 있다.[69]

이처럼 서로 다른 마음의 양태는 선험적이거나 선천적으로 나타나는 것이 아니라 주관적, 객관적인 조건의 영향으로 형성되는 것이다. 객관적 환경의 제한 요인을 제외하고(이를테면 「추수」에 나오는 우물 밑의 개구리가 시간, 공간, 교육의 제한을 받는 경우) 주관적인 노력과 수양으로 꽉 막힌 마음을 '명철한 인식으로 판단하고' '정신이 머무는' 수준

---

[69] '봉심(蓬心)'은 『장자』「소요유」, '성심(成心)'은 「제물론」, 기심(機心)은 「천지」, '이명(以明)'은 「제물론」'허실(虛室)'은 「인간세」, '영대(靈臺)'는 「달생」과 「경상초(庚桑楚)」, '영부(靈府)'는 「덕충부」, '우태(宇泰)'는 「경상초」에 언급되어 있다.

의 개방적인 심경으로 승화할 수 있다. 장자는 「제물론」에 나오는 '열 개의 해가 동시에 떠오름十日並出'과 「추수」에 언급된 '우물 밑의 개구리'의 우화를 써서 다각적으로 사고하는 개방적인 심령과 단편적으로 사고하는 폐쇄적인 마음이 같지 않음을 형상화하여 묘사했다.

마음을 비워 통하게 해야만 비로소 영묘한 작용을 발휘할 수 있는데 장자는 이를 가리켜 '영부靈府(정신이 머무는 곳)'라고 일컬었다. 「덕충부」에는 '영부'에 대해 '그것으로 하여금 조화롭고 즐겁게 하고 막힘없이 통하게 하여 기쁨을 잃지 않게 하며, 밤낮으로 쉴 새 없이 만물과 더불어 따뜻한 봄과 같은 관계를 이루니 이것은 만물과 접촉하여 마음속에서 때를 만들어 낸다' 使之和豫而不失於兌; 便日夜無隙而與物爲春, 是接而生時於心者也라고 탁월하게 묘사되어 있다. 장자는 '화순化順(조화하여 따름)'과 '예열豫悅(한가로이 즐거워함)' '창통暢通(순조롭게 통함)'의 마음을 유지해야만 비로소 '만물과 더불어 봄과 같은 관계를 이루고' '봄의 따뜻하고 조화로운 기운'을 유지할 수 있게 되어 스스로 봄처럼 생기발랄해질 수 있다고 하였다. 장자가 말한 '만물과 더불어 따뜻한 봄과 같은 관계를 이루는' 마음은 사람으로 하여금 두루 바라보며 흉금을 털어놓고 외부 세계와 교제함으로써 조화롭고 아름다운 감응을 만들어 내는 것인데 이것이야말로 인생을 예술화하는 최고의 경지가 아닐 수 없다.

장자는 개방적인 마음을 배양해야 한다고 함과 동시에 사람들이 예술적이고 심미적인 마음의 경지를 이루어야 한다고 했다. 이것이 바로 '유심遊心(마음을 해방하여 자유롭게 노닌다)'이 장자 철학의 핵심 관념이 된 이유이다.

심령을 개방하고 심미적인 마음을 배양하려면 '내성內聖'의 노력이 필요하다. 취정聚精(정기를 모음)과 양기養氣(기를 단련함), 응신凝神(정신을 모음), 정정靜定(고요하게 안정함)을 통해야만 마음이 '비우고虛' '통하는通' 탁 트인 상태, 즉, 「외물」에서 말하는 '눈의 작용이 막힘없이 발휘되는 것을 명明(눈 밝음)이라 하고 귀의 작용이 막힘없이 발휘되는 것을 총聰(귀 밝음)이라 하며…… 마음이 막힘없이 생각하는 것을 지知라 하고…… 사람의 마음에는 그 무엇에도 구속되지 않은 자연인 하늘天의 노님이 있는' 目徹爲明, 耳徹爲聰……心徹爲知……心有天遊 상태가 된다. 장자는 「지북유」에서 '천지자연은 커다란 아름다움을 지니고 있으면서도 그것을 말로 표현하지 않는다' 天地有大美而不言라고 하여 마음이 통하여 막힘없이 발휘되어야만 지혜를 드러낼 수 있고 마음이 자연과 노닐어야만 천지의 아름다움을 이해할 수 있다고 했다. 또한 「전자방」에서 '지극한 아름다움을 체득하여 지극히 즐거운 경지에 노닌다' 得至美而遊乎至樂라고 함으로써 지미至美(지극한 아름다움)를 음미하고 지락至樂(지극한 아름다움)에 노니는 사람이 될 수 있다고 했으며 이를 '지인至人'이라고 칭했다. 여기서 우리는 장자의 경지 철학에서 인생 최고의 경지는 예술적 경지이며 예술적 경지는 도덕적 경지보다 높은 단계임을 알 수 있다.

(2) 치도('외왕'의 도) – 제물정신과 다변적 사고

장자가 살았던 전국시대는 크고 작은 나라가 끊임없이 다투던 시기였다. 『장자』「칙양」에서는 달팽이 뿔 위에서 벌어진 '촉觸과 만蠻의 다툼'이라는 우화를 통해 당시 나라와 나라 간에 벌어지곤 했던 군사적 충돌을 형상화하여 풍자했다.

'달팽이의 왼쪽 뿔에 나라를 세우고 있는 군주가 있는데 촉씨觸氏라고 했고 또 달팽이의 오른쪽 뿔에 나라를 세우고 있는 군주가 있는데 그를 만씨蠻氏라고 일컬었다. 어느 날 이 두 나라가 서로 영토를 다투며 전쟁을 일으켜 싸움터에 쓰러진 시체가 수만이나 되었는데 패배한 적을 십오일이나 추격한 끝에 회군하였다.'

有國於蝸之左角者曰觸氏,　有國於蝸之右角者曰蠻氏,　時相與爭地而戰,
伏尸數萬, 逐北旬有五日而後反.

통치 권력이 부당하게 사용되면 백성들은 막대한 재난을 만나게 되
는데 이에 관해 장자는 역사와 현실을 돌아보며 깊이 고찰했다. 그는
「인간세」에서 역사라는 기다란 물줄기 속에서 역대 제왕이 '전쟁을 그
치지 않고 끝없이 실리를 탐함' 其用兵不止, 其求實(利)無已으로 말미암아
서로 공격을 멈추지 않는 인류 역사가 시작되었다고 지적했다. 장자의
통찰과 풍자는 2천여 년이 지난 오늘날까지도 여전히 현실적인 의의를
지닌다. 2차 세계대전으로부터 2001년 미국의 911 테러, 그리고 중동전
쟁에 이르기까지 인류는 끊임없이 서로 살육하는 현장에서 살았다. 매
체 보도에 따르면 과거 1백여 년간 인류가 전쟁 없이 평화롭게 보냈던
시간은 고작 26일에 불과했다고 한다. 19세기의 니체를 회상해보면 그
는 서양문화가 처한 위기를 일찌감치 간파하기는 했지만, 자신이 죽은
뒤 그 위기가 더욱 심각해지리라는 것은 예상하지 못했다. 니체는 서양
문화를 진맥하면서 그 병의 근원이 기독교의 도덕관에 있다고 여겼고
이 때문에 침통한 심정으로 "인류는 심각한 병에 걸린 일종의 동물이
다"라고 진단했다. 그러나 서양의 강력한 세력이 주도하는 세계가 직면
한 재난과 병세는 니체가 일찍이 간파했던 진상보다 훨씬 심각한 상황
이다.

권력의 부당한 사용이 가장 부각됐던 시기로는 1930년 만한 때가 없
다. 나치의 히틀러가 전쟁을 일으킴으로 말미암아 유럽은 3천여만 명이
라는 인명 피해를 입었고 일본이 동아시아 전쟁을 일으켜 무고한 사람
을 광적으로 대량 학살한 사태로 말미암아 전 세계적으로 2차 세계대전
기간에만 비명에 죽은 이가 7천만 명에 달했다. 이처럼 비참하고 침통한

교훈을 얻은 뒤로도 패권 강국끼리의 군비 경쟁은 오늘날까지 멈추지 않고 있으며 '공포의 균형Balance of Terror(핵무기의 상호 보유가 전쟁 유발을 억제하는 견제 요인이 된 상태)' 속에서 겉으로는 별문제가 없어 보이지만 속은 팽배한 긴장감이 감도는 미봉적 평화 상태가 유지되고 있다. 그러나 오랜 세월에 걸쳐 쌓인 원한으로 중동 지역의 전화는 여전히 꺼지지 않고 있고 과거 인도 - 파키스탄, 북아일랜드, 발칸반도 지역의 충돌이 끊이지 않았던 것도 패권 세력이 주도하는 정국이 근본 원인이다. 두 차례에 걸친 걸프 전쟁 당시 우리는 텔레비전 화면을 통해 미군이 민가와 교량을 무차별적으로 폭격하고는 침공의 이유에 대해 거짓으로 일관하는 장면을 목격하였다.70) 그들이 내세우는 이유는 '이라크 국민에게 자유와 민주주의를 안겨주기 위함'이라는 그들 식의 구호뿐이다.

그러나 전 세계인들이 카메라 렌즈를 통해 목도한 것은 살육과 폭행이 난무한 전쟁의 참혹한 현장이었다. 전쟁의 화마가 휩쓸고 간 뒤 남은 부녀자는 남편과 자녀의 시체 곁에서 큰소리로 "미국인은 우리에게 자유를 준다고 했지만 보십시오, 우리에게 남은 것은 공포와 죽음뿐입니다!"라고 울부짖었던 광경은 우리의 뇌리에서 쉽사리 잊히지 않는다.

오늘날 미국의 통치자는 더는 중동의 주민들에게 '민주'를 내세우지 못한다. 왜냐면 이라크나 파키스탄을 막론하고 절대 대다수 주민이 회교도 정부 및 회교 국가의 수립을 요구하고 있기 때문이다. 이를 무시하

---

70) 부시 정권이 이라크 침략에 대해 첫 번째로 제시한 이유는 이라크가 핵무기 시설을 보유하고 있다는 것이었다. 그러나 미군은 바그다드를 공격하여 점령한 뒤 도처에서 수색작전을 벌였지만, 이를 뒷받침할 만한 증거를 전혀 찾아내지 못했다. 또 다른 침략 이유는 사담 후세인이 911테러 사건에 연루되어 있다는 점인데, 이에 대해서는 부시 본인이 911 사건 5주년 연설 도중 후세인과 911 습격은 아무런 관련이 없다고 인정했다.

면 소위 민주주의의 다수결 원칙에 위배되는 일이니 더욱 그러하다. 그러나 그들의 희망은 기독교의 기본교리를 의식의 형태로 삼는 미국 우익 정권의 생각과 완전히 상반된다. 미군과 그 대리인이 중동에서 무력을 동원하여 전쟁을 일삼는 모습은 현대판 '십자군 전쟁'에 다름 아니다. 여기서 우리는 역사를 돌아보지 않을 수 없다. 서양문화가 이토록 호전적이고 배타적이며 포악한 행적을 벌이는 것은 도대체 어떤 전통과 교리에서 유래한 것일까? 어쩌면 우리는 그 의문에 대한 답의 일부를 기독교의『성경』에서 찾을 수 있을지도 모른다.「구약」성경에는 지고무상하고 유일한 '하나님'이 등장하는데 전쟁의 신인 여호와의 권위적 특성, 그리고 그의 발이 닿는 곳마다 스산한 살육의 기운이 짙게 깔리곤 했다는 점에서 그 단서를 찾을 수 있다. 기독교 문화와 회교 문화 사이에서 본래는 '사람들 사이의 내부적 모순'이었던 갈등은 오늘날 둘 사이를 더는 공존할 수 없는 원수지간으로 치닫게 했다. 이러한 상황은 갈수록 우리로 하여금 동방의 지혜를 떠올리게 한다!

미국의 역사학자 아서 슐레진저Arthur M. Schlesinger Jr.는 일찍이 미국의 역사와 정치 운영, 군사 외교 등 각 방면에 관한 저서인『제왕적 대통령제The Imperial Presidency』에서 권한을 확대하고자 했던 닉슨 등 역대 대통령들의 시도를 질책했다. 부시는 대통령에 오른 뒤 '반테러'라는 명분을 내세워 '월권'을 넘어서서 권력을 '남용'했고 이는 그를 '신 제왕적 대통령'의 자리에 오르게 했다. 올해2006년 7~8월 사이, 미국의 지원 아래 이스라엘은 레바논에 대한 대대적인 공격을 펼쳤다. 우리는 쏟아지는 미사일 공격 속에서 민간인 아파트 한 채가 힘없이 무너지고 필사적으로 대피하는 사람들의 물결 속에 흐느끼는 소리가 가득하며 한 번의 전쟁으로 2천여 명의 민간인이 사망하고 90만 명이 돌아갈 집을 잃게 된 상황을 목도하였다. '신 제국'주의자들의 오만하고 강포한 작태를 보면서 사람들은 자연스럽게 노자의 치도治道2를 떠올린다. 노자가 제창한 '무위'와 그가 수호했던 '부드러움'의 태도는 오늘날 세도가들이 마땅히 마음속에 새겨야 할 도리이다.

필자는 청년 시절부터 미국의 '대외 원조'가 그들의 군사 역량을 따라 세계 각지의 구석진 곳까지 확대되는 것을 지켜보았는데 그 과정에서 나타나는 한 가지 보편적인 현상을 발견하게 되었다. 그것은 바로 '미국의 원조가 이뤄지는 곳마다 반미反美 정서가 일어났다'라는 점이다. 왜일까? 그러나 당사자인 세계 최고의 강대국 미국은 이러한 반미 현상에 대해서는 조금의 개의치 않는 듯하다.

'911' 사태 이후 우리는 이 사건의 발생이 (누군가의 행동으로 말미암아 생긴) '결과'이지 (누군가에게 보복하기 위한 근거로 삼는) '원인'은 아님을 명확하게 인식하게 되었다. 그러나 '고독한 패권자'는 결과를 원인으로 착각하는 듯하다. 그 뿌리를 살펴보면 권력의 오만함 말고도 장자가 지적한 것처럼 '성심成心(편견)'이 자기중심적 사고를 초래했고 이로 말미암아 형성된 단편적인 사고가 '군사 일방주의'로 치닫게 했다고 볼 수 있다.

'911' 사건 발생 후 5년째 되는 올해, 미국의 매스컴은 여론조사를 통해 '부시가 개방적 인격 분야에서 받은 점수는 거의 제로 수준이고 도량이 좁다'라고 의견이 모였음을 발표했다. 부시의 연임 이후 미국의 자기중심주의와 군사 일방주의 행보는 더욱 두드러졌다. 그에 따라 우리 또한 그들의 모습을 볼 때마다 장자가 말한 '내성외왕'의 관점에서 세계의 큰 추세를 바라보는 시각을 얻게 되었다.

장자는 철학적 이치가 풍성하게 함축된 우화를 통해 사람들이 주관적인 판단으로 남을 바라보는 태도가 예상치 못한 부정적인 결과를 초래하며, 심지어 선의에서 한 일이라 할지라도 돌이킬 수 없는 결과를

가져올 수 있음을 경고했다. 예를 들면 「지락」편의 '노후양조魯侯養
鳥'71)와 「응제왕」편의 '혼돈의 죽음'72) 「인간세」편의 '갑자기 말을 때림
拊馬不時'73) 등의 우화는 모두 인류의 자기중심적 사고로 말미암아 타인
과 사물에 해를 끼치는 행위를 향해 경고의 메시지를 보낸다. 노魯나라
제후가 해조海鳥(바다새)를 태묘太廟(왕실의 종묘)로 데려와 술과 음식으로
연회를 베풀고 옛 음악을 연주함으로써 새의 비위를 맞추려고 애썼지만
'새는 이내 눈이 어찔어찔해지고 근심하고 슬퍼한 나머지 사흘 만에 죽
고 만다'鳥乃眩視憂悲, 三日而死 노후는 물론 좋은 의도에서 해조를 데려
와 길렀지만, 그는 '자신을 봉양하는 방법으로 새를 기르려고 했을 뿐
새를 기르는 방법으로 해조를 기른 것이 아니었기 때문에'此以己養養鳥
也, 非以鳥養養鳥也 새는 이내 죽고 말았다.

오늘날 강대국은 세계 각국을 향해 '신발이 맞지 않으면 네 발을 깎아
맞추라'는 식의 자기중심적 의식형태를 주문한다. 그들은 다른 나라와

---

71) 노나라 제후가 새를 데려와 술과 음악, 음식으로 접대했으나 새는 슬퍼하다
   가 이내 죽고 만다는 내용의 우화

72) 남해의 임금은 숙(儵)이라고 하고 북해의 임금은 홀(忽)이며 중앙의 임금은
   혼돈(渾沌)이었다. 숙과 홀이 때때로 혼돈의 땅에서 함께 만났는데 혼돈이
   그들을 매우 잘 대접하였더니 숙과 홀은 혼돈의 은덕에 보답하려고 함께 상
   의하여 말했다. "사람들은 모두 일곱 개의 구멍이 있어 보고 듣고 먹고 숨
   쉬는데 이 혼돈만은 없으니 시험 삼아 혼돈의 몸에 구멍을 뚫어줍시다"라고
   하고는 하루에 구멍 하나씩 뚫어주었더니 칠 일 만에 혼돈이 죽고 말았다.

73) 말을 아끼는 사람이 네모난 대나무 광주리에 말똥을 담고 커다란 조개껍질
   에 말 오줌을 담을 정도로 말을 극진히 보살피다가 마침 모기나 등에가 말
   등에 붙어 있는 것을 보고 그것을 잡기 위해 갑자기 말 등을 때리면 말은
   깜짝 놀라 재갈을 물어뜯고 사육하는 사람의 머리를 들이받아 훼손하며 가
   슴을 걷어차 박살 낼 것이니 이처럼 뜻이 모기를 쫓아 주어야겠다는 한 가
   지 목적에만 사로잡히면 사랑하는 방법을 잃어버리니 삼가지 않을 수 없다
   는 내용의 우화이다.

다른 문화 집단이 가진 독특한 생활방식을 이해하려 들지 않고 개별적인 특수성을 대체한 미국식 패스트푸드식 문화를 확산시켰고 그 결과 다른 민족의 수많은 문화유산이 무너지고 훼손되고 말았다. 「제물론」에서는 '모든 존재物는 저것彼 아닌 것이 없으며 모든 존재는 이것是 아닌 것이 없다. 저것彼의 입장에서는 저것彼이 보이지 않는다' 物無非彼, 物無非是, 自彼則不見라고 했다. 즉, '성심成心(편견)'으로 단편적 사고를 하는 것은 마치 '북해의 임금'과 '남해의 임금'처럼 설령 선의에서 시작했다 하더라도 다른 민족 문화를 향해 '하루에 구멍 하나씩 뚫어버리는日鑿一竅' 행위를 하는 것이나 마찬가지여서 그 결과는 혼돈의 죽음으로 이어질 뿐이다.

『장자』 「제물론」에서는 우화를 통해 설결齧缺이 왕예王倪에게 '만물의 공통된 기준이 무엇인지'에 관한 철학적 문제를 묻는 장면이 나온다.[74]

---

74) 설결(齧缺)이 왕예(王倪)를 향해 물었다. "선생은 모든 존재가 다 옳다고 인정되는 것에 대해 아십니까?" 왕예가 대답했다. "내가 어떻게 그것을 알겠는가" 그러자 설결이 또 물었다. "선생께서는 선생이 알지 못한다는 것에 대해 아시는지요?" 왕예가 대답했다. "내가 어떻게 그것을 알겠는가?" 설결이 마지막으로 물었다. "그렇다면 모든 존재에 대해 앎이 없는 건가요?" 왕예가 대답했다. "내가 어떻게 그것을 알겠는가? 비록 그렇지만 시험 삼아 말해보겠다. 내가 이른바 안다고 한 것이 알지 못함이 아님을 어찌 알겠으며, 내가 이른바 알지 못한다고 함이 아는 것이 아님을 어찌 알겠는가? 또 내가 시험 삼아 물어보겠다. 사람은 습한 데서 자면 허리에 병이 생겨 반신불수가 되는데, 미꾸라지도 그러한가? 사람은 나무 꼭대기에 머물면 벌벌 떨며 두려워하는데 원숭이도 그러한가? 이 세 가지 중에서 누가 올바른 거처를 안다고 할 수 있는가? 사람은 소와 양, 개와 돼지를 먹고, 사슴은 풀을 뜯어 먹고, 지네는 뱀을 달게 먹고, 소리개와 까마귀는 쥐를 즐겨 먹는다. 이 네 가지 중에서 누가 올바른 맛을 안다고 하겠는가? 암컷 원숭이를 수컷 원숭이가 자신의 짝으로 여기고, 사슴은 사슴 종류와 교미하고 미꾸라지는 물고기와 함께 헤엄치며 노닌다. 사람들은 모장(毛嫱)과 여희(麗姬)를 아름답다고 여기지만

장자는 두 사람의 대화를 통해 우선 '한 가지를 묻자 세 번 모른다고 하다 一問三不知(시치미를 뚝 떼다)'라는 유명한 전고를 남겼다. 그리고 뒤이어 왕예의 말을 통해 사람과 동물의 거주지와 입맛, 미색에 관한 서로 다른 반응을 열거하고 사람과 동물, 동물과 동물 간의 생활습관, 식별능력, 심미적 취미 등 각 방면에 서로 다른 특수성이 존재함을 설명했다. 그러나 인류의 자기중심적 사고는 늘 자기의 생각으로 다른 것들을 판단함으로써 끊임없이 자연계에 손해를 끼치는 행동을 한다. 여기서 우리는 인류가 생태환경을 훼손하여 대기의 오존층을 심각하게 파괴한 결과로 자연계로부터 보복을 받아 막대한 대가를 치르게 되리라는 점을 알 수 있다.

장자는 「제물론」에서 인류의 폐쇄적인 마음과 편파적인 마음成心이 개인적 자아 중심, 종파적 자아 중심, 국가적 자아 중심, 심지어 인류적 자아 중심관을 형성하여 일방적인 관점의 한계를 초래했다고 지적했다. 그리고 다른 한편으로는 '이명以明(명철함으로 밝힘)'과 '영부靈府(마음이 머무는 곳)처럼 사람들이 개방적인 마음을 배양하여 타인과 외부 사물에

물고기는 그들을 보면 물속으로 깊이 도망하고 새들은 그들을 보면 하늘로 높이 날아가며 사슴은 그들을 보면 힘껏 달아난다. 이 네 가지 중에서 누가 천하의 올바른 아름다움을 안다고 하겠는가? 내 입장에서 본다면 인의의 실마리와 시비의 길이 복잡하게 얽혀서 어수선하고 어지럽다. 그러니 내가 어찌 그 구별을 알 수 있겠는가." 설결이 말했다. "선생께서 이로움과 해로움을 알지 못한다고 하시니 그렇다면 지인(至人)도 본래 이해(利害)를 모르는 것입니까?" 왕예가 대답했다. "지인은 신통력을 가진 존재이니 못가의 수풀 우거진 곳이 불에 타도 그를 뜨겁게 할 수 없으며, 황하나 한수(漢水)가 얼어붙을 정도로 춥더라도 그를 춥게 할 수 없고 격렬한 우레가 산을 쪼개고 바람이 바다를 뒤흔들어도 그를 놀라게 할 수 없다. 그 같은 사람은 구름을 타고 해와 달을 몰아서 사해(四海) 밖에서 노닌다. 죽음과 삶도 자신을 변화시키지 못하는데 하물며 이해의 말단 따위이겠는가."

대해 다각적으로 사고할 것을 권했다.

「제물론」에 나타난 제물 사상은 현대에 와서도 여전히 그만의 특수한 의의를 가진다. 이에 관해 장자가 남긴 말을 살펴보자.

① '모든 사물은 본래 그러한 바를 지니고 있고 모든 것은 본래 가능한 바를 가지고 있으니 어떤 사물이든 그렇지 않은 바가 없고 어떤 사물이든 가능하지 않은 바가 없다.'

物固有所然, 物固有所可. 無物不然, 無物不可.

어떤 인물이나 사물物이라도 모두 긍정할만한然 구석이 있고 칭찬할만한可 부분이 있다. 우리는 사물의 특징으로 그것을 바라보아 살피고 인물의 장점을 통해 그를 바라보고 즐긴다.

② '오직 도에 통달한 사람이라야만 모든 사물이 통하여 하나가 됨을 안다. 이 때문에 인간 세계의 습관이나 편견을 쓰지 않고 용庸(불변의 자연)에 맡긴다.'

唯達者知通爲一, 爲是不用而寓諸庸.

도의 경지에 이르러 통달한 사람이 도의 완전한 시각으로 바라보아야만 모든 종족과 개체를 이해하여 상호 통하게 하고 이로써 자신의 편견을 고집할 필요 없이 각 사람과 각 사물의 기능에 맡길 수 있다.

③ '노예와 같은 천한 사람도 귀인과 같이 존중한다…… 만물이 모두 그러한데 이로써 서로 감싼다.'

以隸相尊……萬物盡然, 而以是相蘊.

이것은 비천함과 존귀함을 동등하게 대하면 만물이 모두 서로 포용한다는 뜻이다. '서로 존중하고 서로 감싼다相尊相蘊'라는 명제는 간결하면서도 깊이 있게 제물 정신을 표현한다.

종합해 보면 장자가 말한 '내성'의 노력은 개방적인 마음과 심미적 마음을 배양하고자 함이며 '외왕'의 도는 각양각색의 사람이 '서로 존중하고 서로 감싸는' 제물 정신을 함양하고 '열 개의 해가 동시에 떠서十日並出'75) 모든 대상을 두루 비추는 다변적 사고를 실현하고자 함이다. 제물 정신과 다변적 사고의 확대는 개방적인 마음과 심미적 도량에 뿌리를 둔다. 개방적인 마음을 가져야만 다채로운 세계를 만들 수 있고 심미적인 마음이 있어야만 감정이 충만해져 조화롭고 아름다운 세상을 이룰 수 있다. 장자의 인문 세계가 대표하는 동방의 지혜는 바로 우리가 사는 이 시대에 가장 부족하면서도 필요한 부분이다.

위의 글은 2006년 5월 중순, 청궁대학(成功大學) 인문강좌 초청 강연을 위해 작성한 강의 원고로 여름 방학 기간에 작업하여 9월 17일 탈고하였으며 「도가 문화 연구」 제22호(베이징 싼롄서점, 2007년 10월)에 수록되었다.

---

75) 「제물론」에서 옛적에 요임금이 순임금에게 묻는 구절을 인용함. '옛날에 열 개의 태양이 한꺼번에 떠올라 만물이 모두 비추어졌는데 하물며 태양보다 더 나은 덕을 가진 사람이겠습니까(昔者十日並出, 萬物皆照, 而況德之進乎日者乎).

4. 노자와 장자의 사상을 통해 바라본
종교적 인문정신

타이완과 대륙에는 최근 10~20년간 종교 관련 학과와 연구소가 그야말로 우후죽순처럼 늘어났는데 이는 종교가 이미 우리 학술계에서 갈수록 중시되는 하나의 과제가 되었음을 말해준다. 그러나 나는 해당 학과와 연구소의 인력 자원과 학술 역량이 더욱 강화되어야 한다고 생각한다. 쉬지아루許嘉璐 선생은 최근 대륙과 홍콩 지역에서 여러 차례 세계 대형 종교와의 대화의 장을 마련하였는데 그 열기가 무척 뜨거웠다. 현재 쉬지아루 선생은 베이징사범대학에서 꽤 규모 있는 인문 종교 고등 연구소를 설립하였는데 이는 무척 시대적인 의의가 있는 일이다.

지금까지 세계 각 지역에서 발생한 대다수 중대한 충돌은 종족 문화 간의 차이로 생겨났지만, 그 뿌리를 살펴보면 결국 종교 문화의 충돌이라고 할 수 있다. 미국이 중동 지역을 향해 전쟁을 일으킨 것이 대표적인 예다. 이 때문에 세계의 각 대형 종교에 대한 연구와 대화는 오늘날 우리에게 당면한 중대한 과제라고 하겠다.

1984년 나는 베이징대학교 철학과에서 교편을 잡은 뒤 1997년에는 베이징대학을 떠나 모교인 타이완대학의 철학과로 옮겼다. 그 기간 동안 나는 총 세 차례의 도가 및 도교 관련 국제 학술회의를 개최하였는데 당시 나는 「도가 문화 연구」의 편집을 담당했던 덕에 각 학교의 관련 학자들과 교류가 많아 종교 철학 분야의 꽤 이름난 학자들이 개막식에 참석해 주었다. 특히 적잖은 젊은 학자가 개막식에 참석해 준 것은 또 하나의 귀중한 수확이었다.

오늘부터 양일간 베이징 사범 대학에서 개최되는 포럼에는 쉬선생을 비롯하여 국내의 안면 있는 수많은 학자께서 참석해 주셨고 그 외에도 일본과 한국의 청장년 학자들이 와 주셨다. 하버드대학의 피터 볼Peter Bol 교수께서도 자리를 빛내 주셨는데 아마도 이번이 그와의 첫 번째 만남일 것이다. 최근 몇 년간 꽤 오랜 시간 북송北宋 철학을 연구하면서 피터 볼 교수의 저서를 수시로 들여다보며 참고자료로 삼기도 하였다.

최근 10여 년간 중국에는 서양 학자의 시각에서 연구한 중국 문화 관련 저서가 대거 소개되고 있으며 중국의 많은 중요 고전 또한 세계의 공공 문화유산이 되어 거의 다 외국어로 번역되었다. 외국 학자의 시각에서 중국 문화 철학을 연구하면 거기에는 항상 그만의 특수한 관점과 방법이 반영되기 마련인데 이 때문에 일부 분야는 그 연구 성과가 중국의 수준을 크게 넘어서기도 한다.

오늘 이처럼 성대한 학술 포럼의 개최를 기념하여 나는 원래 「장자가 말한 인간 본성의 참됨과 아름다움을 논하다」라는 제목의 원고를 작성하여 발표하려 했다. 그러나 포럼 직전 책임자와 논의한 끝에 지나치게 전문적인 내용은 아껴두고 다음 기회에 발표하자는데 의견이 모였다. 그래서 이번에는 종교와 관련된 논제인 「노자와 장자의 사상을 통해 바라본 종교적 인문정신」을 발표하게 되었으니 자유로운 토론 방식으로 편하게 강의하는 것을 이해해주기 바란다.

노장老莊 철학의 시각에서 인문 종교를 논한 것은 이번이 처음인데 여기서는 세 가지 방면으로 나누어 설명하고자 한다. 나는 지금까지 살아오면서 몇 가지 중요한 잊지 못할 인생의 전환점을 경험하였다. 그것은 어린 시절 일본군의 폭격을 피해 대피하던 경험, 그리고 청년 시절 '띠아오위타이釣魚臺' 수호 운동에 참가했을 당시 세계 강대국의 권력 전횡을 체험했던 경험 등이다. 강대국이 가진 패권의식의 뿌리를 찾아 거슬러 올라가 보면 하나같이 절대 종교와 관련이 있음을 알 수 있는데 이러한 관점에서 인문 종교를 설명하고자 하는 것이 바로 첫 번째 방향이다. 두 번째로는 중국 문명의 초창기부터 등장한 조상 숭배 사상을 통해 중국 인문 종교의 유구한 역사를 이야기하고자 한다. 셋째로는 노자와 장자 사상을 통해 종교의 인문정신을 비교하고자 한다.

4-1. 하나

나의 출생지는 구랑위鼓浪嶼 지역이다. 어릴 적 부모님을 따라 조상 대대로 살던 팅저우汀州로 돌아갔다. 팅저우는 푸젠福建 서쪽에 위치한 산간지대로 우리 가족은 창팅長汀 시내에서 살았다. 내 기억이 시작되는 시점부터 우리 가족은 전란으로 불안한 시대를 살면서 내우외환이 끊이지 않아 황망히 피난하는 삶을 살아야 했다. 어린 시절 기억 속에 가장 깊게 각인된 것은 바로 가난했던 백성을 향해 끊임없이 폭격을 가했던 일제의 모습이었다. 매번 폭격 경보가 울릴 때마다 어머니는 내 손을 붙잡고 야외로 정신없이 대피했다. 경보가 해제되고 집으로 돌아오는 길에서 보면 곳곳에 집이 불타오르고 시체가 큰길 한가운데 나뒹굴거나 심지어 전신주에 매달려 있기도 했다. 일본 비행기가 타이완에서 날아

올라 창팅처럼 아무런 군사적 가치가 없는 편벽한 산간벽지에 공격을
퍼부었던 유일한 이유는 어쩌면 샤먼대학廈門大學이 창팅으로 이전했기
때문이었는지도 모른다.

어릴 적 목도했던 광경은 청장년이 된 뒤 더욱 강렬한 체험을 통해
마음속에 각인되었는데 1970년대 땨오위타이釣魚臺 수호 운동이 계기
가 되었다. 1972년 미국을 방문했을 당시, 캘리포니아 대학 캠퍼스에서
땨오위타이 수호운동 참여 유학생이 난징 대학살에 관한 다큐멘터리를
방영하였고 나는 그 다큐멘터리를 보고 온몸에 소름이 끼칠 정도로 놀
랐다. 당시 화면에는 시체를 한가득 실은 트럭이 한 대, 또 한 대 이동하
는 모습이 나오고 그 뒤로는 총검으로 민간인과 아이들을 학살하고 부
녀자의 배를 찌르는 일본군의 모습이 나왔는데 이는 평생 잊을 수 없는
참혹한 광경이었다.

나는 어째서 그토록 불안했던 격동의 시절에 대한 기억을 갑자기 떠
올렸을까? 기억 소환의 계기는 최근 미국과 일본이 황해에서 실시한
군사 훈련 때문이다. 태어날 때부터 격동했던 불안한 환경에서 살았던
나는 훗날에는 일본군이 동북 지역에서 자행했던 마루타 실험 장면까지
보게 되는데 그들은 나치의 악행에 결코 뒤지지 않는 잔혹함을 보였다.
나치주의에 대해서는 지금까지도 서양인들의 비판이 끊임없이 이어지
지만, 유독 아시아인들은 일본군의 흉포한 행위에 대해 침묵을 지킨다.
과거는 용서해야 한다는 말이 나오지만, 이는 절대 용납되어서는 안 될
역사이다. 일본 정계의 요인들이 매번 야스쿠니 신사에 참배하면서도
아시아인들에게 끼쳤던 피해에 대해서는 조금도 미안해하지 않는 모습
을 볼 때마다 나는 그들 뒤로 깊이 드리워진 전쟁의 그림자를 느끼곤
한다. 그리고 그들에게서 과거 일본의 가미카제 자살특공대의 모습이
오버랩되곤 하는데 그것은 독단적 종교의 신도神道와 소위 '야마토 타

마시大和魂(일본의 고유한 민족정신, 혼)'가 결합하여 탄생한 망령이자 일본 군국주의를 만들어 낸 역사적 뿌리라고 할 수 있다.

14세 되던 해, 나는 부모님을 따라 타이완으로 건너갔지만, 중학교 2학년 때 전란을 맞아 교실에는 대륙과 마주馬祖에서 철수한 군대가 주둔했다. 혼란 속에서 고등학교를 졸업하고 타이완 사범대학 역사학과에 입학하였다. 훗날 다시 철학과로 전과하여 대학원까지 줄곧 철학을 전공했다. 타이완대학교에서 수학했던 시기는 나의 사상 면에서 일종의 계몽단계라고 할 수 있다. 많은 스승이 서남연합대학西南聯合大學과 베이징대학北京大學 출신이라 학풍 면에서 5·4운동 시기의 자유로운 풍격을 계승할 수 있었다. 그러나 한편으로는 물밀 듯 밀려들어온 서양의 학문과 문화가 타이완의 사회 전반에 영향을 끼쳤다.

대학의 교과 과정은 서양 철학 위주로 구성되었다. 대학 과정을 마친 뒤 대학원에 가고 나서는 서양 철학의 이론 체계가 물론 폭넓고 정밀하긴 하지만, 그 이론의 뿌리가 결국은 하나님에게서 분리될 수 없다는 점을 깊이 깨닫기도 했다. 이 때문에 나는 서양 철학을 이성적으로 믿고 따르기 어려웠을 뿐 아니라 감정적으로도 받아들이기 어려웠다. 니체가 지적했던 것처럼 서양의 전통 철학에는 지나치게 많은 신학적 혈액이 주입되어 있는 듯했다.

그 무렵, 기독교 캠퍼스 모임이 각 대학가에 생겨나던 분위기에 맞물려 나는 당시 상당히 오랜 기간 심혈을 기울여 『성경』을 연구했다. 『성경』의 「구약」을 펼쳐보면 시작부터 '독단적 종교'의 분위기가 물씬 느껴진다. 하나님은 독단적인 통치자로 묘사되어 임의로 사람을 만들기도 하고 멸하기도 하며 사람들에게 절대적 복종을 요구한다. 그는 자신의 우월한 지위에만 관심을 가진 채 오로지 인간이 자신과 동등해지는 것을 두려워한다. 『성경』에 나오는 첫 번째 홍수에서 얼마나 많은 사람이 죽었는지 알 수 없을 정도이며, 그 뒤로도 이 종족의 신은 걸핏하면 사람들을 죽인다. 나의 통계에 따르면 여호와가 쳐서 죽인 사람은 905,154명에 달하고 무릇 그의 뜻에 순종하지 않는 사람은 임의로 쳐서 죽였는데 이는 「구약」에 모두 기록되어 있다. 예를 들면 「민수기」 16장 49절에는 이스라엘 백성 가운데 모세에게 불만을 품어 여호와로부터 진염병의 벌을 받아 죽은 자가 일만 사천칠백 명에 달했다는 기록이 나온다. 이러한 예는 수십 건에 달한다. 그 외에도 잊을 수 없는 기억은 「사무엘하」 6장 7절인데 여기에는 이해할 수 없는 기록이 나온다. 수레 하나가 하나님의 법궤를 싣고 가다가 소들이 날뛰어 균형을 잃으니 웃사라는 사람이 법궤를 붙들려고 손을 뻗었다가 오히려 죽임을 당하고 만다. 하나님은 웃사의 행위에 고마워하기보다 도리어 그를 쳤는데 이에 대해서는 '웃사가 잘못함으로 말미암아 진노하사 그를 그곳에서 치시니 그가 거기 하나님의 궤 곁에서 죽으니라'라고 기록되어 있다. 이것들이 다 '독단적 종교'의 사례이다.

「신약」에서 우리는 예수의 반란에 관한 내용을 볼 수 있는데 예수의 종교관은 보수파에 의해 용인되지 않아 결국에는 무척 잔인하게 십자가에 못 박히고 만다. 그러나 우리는 「신약」에서 예수가 가정 윤리에 반대하여 말한 수많은 급진적 발언을 발견할 수 있다. 이를테면 「마태복음」 10장 34절에서 36절에 '내가 세상에 화평을 주러 온 줄로 생각하지 말라. 화평이 아니요, 검을 주러 왔노라. 내가 온 것은 사람이 그 아버지와, 딸이 어머니와, 며느리가 시어머니와 불화하게 하려 함이니 사람의 원수가 자기 집안 식구리라'라고 한 부분을 들 수 있다. 또한 형제가 형제를 모함하여 그를 죽음으로 내몰고 사람의 원수가 바로 자기의 가족이라고 하면서 「마태복음」 10장 21절에 '장차 형제가 형제를, 아버지가 자식을 죽는 데에 내주며 자식들이 부모를 대적하여 죽게 하리라'라고 했다.

1960년대 후반, 나는 신약과 구약을 반복적으로 연구한 뒤 『다시 그린 예수의 화상耶蘇新畫像』이라는 책을 펴냈다. 이 책을 쓰게 된 가장 큰 동기는 세계적인 영향력을 가진 종교가 독단적 종교에서 인문적 종교로 발전하기를 바라는 마음에서였다.

소위 '독단적 종교'는 눈에 보이지 않는 어떠한 외부의 힘이 세계를 다스린다고 믿고 인류는 이러한 힘의 통제 아래서 반드시 그에게 순종하고 숭배해야 한다고 믿는다. 이러한 종교적 신앙에서 최고의 미덕은 순종이며 불신은 가장 큰 죄악으로 여겨진다. 하나님은 전지전능한 반면, 인간은 비천하고 미약하며 무의미한 존재이다. 반면 '인문적 종교'는 인류가 처한 상황에 관심을 가지고 사람과 사람 사이의 관계를 중시하여 사람에게 우주 속의 적절한 지위를 부여한다.

일찍이 서주西周 시대부터 중국의 종교는 이미 짙은 인문적 색채를 띠고 있었다. 그래서 '덕을 숭상함으로써 백성을 보듬어 안음' 敬德保民을 지향점으로 삼아 '백성의 정서나 실정은 대략 알 수 있다' 民情大可見 '하늘이 보는 것은 우리 백성들을 통해서 보는 것이고 하늘이 듣는 것은 우리 백성들을 통해서 듣는 것이다' 天視自我民視, 天聽自我民聽 '백성은 신의 주인이다' 民, 神之主也 '신은 사람에 의지하여 행한다' 神, 依人而行라는 관점을 제시하였다. 이러한 말은 모두 『상서尙書』와 『좌전左傳』 등에 기록되어 있다.

이 같은 종교적 신앙은 최고의 재능을 발휘하도록 하는 것이 목적이지 사람의 무력함이나 무능함을 강조하기 위함이 아니다. 사람의 미덕은 이상을 실현하는 데 있지 맹목적인 순종에 있지 않다. 물론 『성경』에는 인문적 종교의 경향을 보이는 표현도 있다. 이를테면 '누구든지 네 오른편 뺨을 치거든 왼편도 돌려대라'라고 한 문구를 들 수 있다. 사랑과 용서의 메시지는 사람들이 자선사업에 참여하도록 독려한다. 수많은 종교 단체가 천재지변이나 인재가 발생했을 때 원조의 손길을 내밀어 나병 환자를 돕거나 재난 구호 활동에 참여하는 등 자기만의 인간성과 구제 노선, 박애 정신을 발휘하는데 이러한 것이 다 '인문적 종교'의 일면이다.

독단적 종교에서 인문적 종교로 전환하는 것은 기나긴 시일이 소요되는 여정이다. 수십 년에 걸친 나의 삶의 경험에 비추어보면 강대국의 독단은 여전히 군국주의의 작태를 드러내면서 타국과 타민족을 향해 끊임없이 명령을 발하고 앞에서는 자유와 민주를 기치를 들고 뒤로는 군비를 확장한다. 중동 지역에는 현재 십 년에 걸친 현대판 '십자군 전쟁'이 진행 중이다. 그런데 이를 일으킨 패권의 배후가 되는 역사적 뿌리를 찾아 거슬러 올라가 보면 거기에는 바로 독단적 종교가 있다.

타이완의 캠퍼스에서 보냈던 시절, 나는 일생의 중요한 전환점이 되는 사건을 맞이하게 되는데 그것은 바로 1971년에서 1972년 사이에 있었던 땨오위타이釣魚臺 수호 운동이다. 이 운동은 강대국의 독단적인 군사 확장과 걸핏하면 시작되는 무력 도발, 그리고 그 같은 의식형태의 근원이 바로 독단적인 종교임을 더욱 똑똑하게 인식하도록 해주었다.

땨오위타이는 어민들이 타이완 북부에서 조업하거나 휴식을 취했던 곳으로 역사적 문헌에서도 기록된 바와 같이 우리의 영토인데도 미국이 제멋대로 그것을 일본에 넘기려 했다. 곰곰이 생각해보면 미국과 일본이 손잡고 다시금 타이완 해협을 치고 들어온다면 이는 타이완과 대륙의 수십억 인구의 목을 조르는 형세가 되는 셈이다.

1971년 겨울에서 1972년에 이르는 시기, 캠퍼스에서는 '땨오위타이 수호 운동'의 붐이 일었다. 우선은 유럽과 미국, 특히 미국에 있는 유학생들 사이에서 국토 보호 애국 운동이 시작되었다. 오랜 기간 여론의 선전 활동이 있었던 탓에 우리는 미국을 '자유민주'의 성지로 간주해

왔다. 그래서 미국이 우리 영토를 역사적 원수인 일본에 넘겨주려는 행위에 대해 도대체 무슨 영문인지 이해가 되지 않았다.

1972년 나는 누이동생을 만나기 위해 미국을 방문한 적이 있었다. 미국 서부에서 시작하여 동부까지 두루 돌며 나는 '자유 민주'를 외치는 나라가 왜 그토록 탱크와 대포를 앞세워 중남미와 아시아의 수많은 독재정권을 지원하는지, 그리고 이미 민주 정권을 세운 나라조차 다시 전복시켜 독재 통치를 회복시키려 하는지 의문이 생기지 않을 수 없었다.

미국에서 땨오위타이 수호 운동에 참여했던 수많은 유학생과 접촉하면서 국토 수호 운동은 나의 민족의식을 고취했다. 그리고 난징 대학살 다큐멘터리를 보면서 어린 시절 겪었던 일본 비행기의 폭격 장면이 연상되었고 이는 또 다시 대학교 1학년 시절 필수과목이었던 중국 근대사를 떠올리게 했다. 이러한 것들은 나의 뇌리에서 새로운 의미를 만들어 내었지만, 한편으로는 하나의 거대한 의문점도 남겼다. 서양의 적잖은 강대국이 앞다투어 '자유민주'를 외치지만 이에 뒤질세라 군비 확장에 속도를 내는 상황이 바로 그것이다. 지금 생각해보면 이는 '독단적 종교'의 뿌리와 무관하지 않은 현상이라고 할 수 있다.

4-2. 둘

'독단적 종교'에 비해 중국의 '인문적 종교'는 유구한 역사를 가진다. 중국은 문자 기록이 시작되었던 은주殷周 시대부터 종교활동에 조상 숭배의 특징을 보이기 시작했다. 중국인의 조상 숭배는 세계적인 대형 종교 가운데서도 무척 특별한 요소이다. 출토된 갑골문 문헌에는 이미 '효

孝'나 '덕德' 등의 종법 윤리 개념이 등장하였다. 주나라는 은나라의 문화를 계승하여 한 단계 더 발전시켰다. 주공周公은 예악禮樂을 만들어 종법 윤리를 정치적인 수준에서 벗어나 더욱 보편적인 사회 계층으로 확대하여 보급하였다.

기원전 4세기 무렵에는 그리스와 중국, 인도에서 모두 홍수에 관한 기록이 나온다. 우리가 잘 아는 『성경』「구약」에도 홍수에 관한 기록이 나오지만, 그것은 여호와가 그의 큰 능력을 행사한 것으로 홍수를 통해 세상을 멸망시키고 인류를 징벌하고자 내린 일종의 천연재해였다. 중국의 것과 다른 점이 있다면, 중국의 경우 대우大禹가 물을 다스린 것을 포함한 모든 신화는 물을 다스림으로써 땅을 고르게 하고 인류의 행복을 기원한다는 것을 주제로 삼았다는 점이다. 이는 인력의 중요성을 긍정하고 인력을 통해 자연의 재난을 해결하고자 하는 것이므로 기독교의 『성경』에서 말하는 하늘 징벌설과는 크게 다르다고 하겠다. 이처럼 중국의 신화에는 인본사상과 인도 정신이 풍성하게 담겨 있어 타민족의 '독단적 종교'와는 다르다.

중국의 고대 신화에는 반고盤古가 천지를 개벽하고 여와女媧가 하늘을 메웠다는 이야기가 있는데 이는 모두 인문적 종교의 요소를 함축한다. 또한 『장자』에 나오는 '혼돈의 죽음'이나 '열 개의 해가 동시에 뜨는' 우화는 원래는 신화에서 출발하여 변형된 이야기다. 특히 '열 개의 해가 동시에 뜨는' 우화는 원래 후예後羿가 아홉 개의 태양을 쏘아 떨어뜨렸다는 내용의 신화에서 유래한 것이지만 장자는 이를 창조적으로 변형하여 인류에게 개방적인 마음이 필요함을 역설하였다.

이제 우리는 중국의 인문 종교에서 보이는 조상 숭배에 관해 몇 가지 요점을 이야기해보려고 한다. 그것은 바로 경천敬天(하늘을 숭상함)과 효조孝祖(조상에 효도함), 보민保民(백성을 아낌)이다. 여기서 나는 특별히 뒤의 두 가지에 대해 노자와 장자의 시각에서 효의 덕행을 다루고자 한다. 『시경』「대아大雅」에서는 '효도하는 이가 있고 덕이 있는 이가 있다有孝有德'라고 하였는데 여기서 '덕'은 하늘에 대한 것이고 '효'는 선조에 대한 것이므로 '덕'과 '효'는 주나라 통치 계급의 중요한 도덕규범이자 도덕 원칙이 될 수 있었다. 또한 조상 숭배 과정에서 조상과 사직에 제사하는 활동이 많은 것은 유가에서 특히 두드러지는 부분이다.

나는 개인적으로 줄곧 도가를 선호하는 편이었다. 유가에 대해서는 '존존친친尊尊親親'1) 사상이 사회적 측면에서 발휘하는 역할은 인정하지만, 정치적인 측면에서는 자신과 다른 주장을 배격하는 등 도량이 좁은 면이 있어 도가의 폭넓은 사상 범주에 미치지 못한다고 본다. 다만 조상 숭배 면에서는 유가의 영향력이 크다는 점은 인정해야 한다. 그래서 유가의 공자와 도가의 노자는 모두 귀신을 공경하되 그것을 멀리하라고 함으로써 귀신을 '도道' 아래에 두었다.

많은 사람이 노자는 반윤리적이라고 알고 있지만 사실 이것은 잘못된 생각이다. 『노자』 제18장과 제19장에서는 '효자孝慈'2) '백성은 효도와 자애로움을 회복해야 한다' 民復孝慈라고 하여 '효'와 '자'를 무척 중시했다. 『노자』에서는 '인仁'을 강조하기도 하였는데 제8장에서 '남과 더불어 대할 때는 어질게 하기를 잘해야 한다與善仁'라고 하면서 사람과 사람이 왕래할 때는 인의로써 대하고 인자仁慈를 '세 가지 보배' 가운데 하나로 삼기도 했다. 조상 숭배와 효도에 관해서는 사실 유가와 도가는 같으면서도 다른 면을 보이는데 다른 면이라 함은 그 표현방식이다. 도

---

1) 신분 관계에 근거해서 존귀한 자리에 있는 사람을 존귀하게 대우하고 혈연을 기반으로 하여 마땅히 가까이해야 할 사람을 친하게 대함
2) '자식은 부모에 효도하고 부모는 자식을 사랑해야 한다.'

가의 표현방식은 자연自然(스스로 그러함)에 더욱 가깝고 인간 본성에 조금 더 부합한다.

『장자』「인간세」편에는 '천하에는 크게 경계해야 할 일이 두 가지가 있으니 하나는 천명天命이고 또 하나는 의리義理(인간 사회의 규범)이다. 자식이 어버이를 사랑하는 것은 천명인지라 마음속에서 버릴 수 없다. 신하가 임금을 섬기는 것은 의리이니 어디에 간들 임금 없는 곳이 없으므로 천지간에 도망갈 곳이 없다. 이것을 일컬어 크게 경계해야 할 일이라고 한다' 天下有大戒二, 其一命也, 其一義也. 子之愛親, 命也, 不可解於心. 臣之事君, 義也, 無適而非君也, 無所逃於天地之間, 是之謂大戒라는 말이 나온다. 매번 이 구절을 읽을 때마다 나는 혈육의 정은 마음에서 버릴 수 없다는 표현에 깊은 감동을 느낀다.

『장자』「산목」편은 가국假國 사람이 도망하는 이야기를 다루었다. 임회林回라는 자가 값비싼 옥구슬을 버리고 자식만 업고서 도망갔는데 누군가 그에게 그 이유를 묻자 "저 구슬은 이익으로 맺어진 관계이지만 이 아기는 하늘이 붙여준 관계이기 때문입니다" 彼以利合, 此以天屬也라고 대답했다. 여기서 장자는 어린 자녀에 대한 사랑을 천성적인 것이라고 보고 '하늘이 붙여준 관계이다'라고 표현했다. 이처럼 도가는 친자식을 향한 사랑에 인간의 본성이 자연스럽게 녹아 있다고 여겼다.

혈육 간의 사랑에 대해서는 다시 두 가지 예를 들고자 한다.「천운」편에서는 상商나라 태재太宰가 장자에게 '인'이란 무엇인지 묻는 장면이 나오는데 이에 대해 장자는 "호랑이와 이리가 인仁입니다"라고 답한다. 태재가 그 이유를 묻자 장자는 "호랑이와 이리는 부자간에 서로 친합니다. 어찌 인仁이 아니라고 할 수 있겠습니까?"라고 대답하였다. 이는 장자가 부자지간의 친함을 인류의 수준에 머물지 않고 만물의 유형까지 확대한 것인데 이 점이 장자가 탁월하다고 인정받는 부분이다. 송나라

정호程顥는 '인仁이라는 것은 만물과 혼연渾然히 한 몸을 이루는 것이다' 仁者渾然與物同體라고 했고 이는 장자 정신의 연장선상에 있는 말이자 원시 유가가 인간관계의 범주로 한정해놓은 인애仁愛를 우주 만물의 범주로 확대한 말이다. 상나라 태재는 이번에는 '효'가 무엇인지, 무엇이 최고의 효인지 물었다. 장자는 공자가 '경敬'의 개념을 써서 효심이라는 주제를 표현했던 사상을 이어받아 정밀하고 예리한 논리를 펼친다. "존경하는 마음으로 효를 실천하기는 쉬워도 사랑하는 마음으로 효를 실천하기는 어려우며, 사랑하는 마음으로 효를 실천하기는 그래도 쉽지만 어버이를 잊기는 어려우며, 어버이를 잊기는 그래도 쉽지만 어버이가 나를 잊게 하는 어려우며, 어버이가 나를 잊게 하기는 그래도 쉽지만 천하의 모든 사람을 잊기는 어렵습니다" 以敬孝易, 以愛孝難; 以愛孝易, 以忘親難; 忘親易, 使親忘我難; 使親忘我易, 兼忘天下難 여기서 '잊는다忘'는 것은 부모를 잊어버린다는 뜻이 아니고 편안하고 자적한 삶이 지극한 수준에 이른 경지를 일컫는다.

부모가 편안하고 자유롭게 사시도록 한다면 사랑이 그 안에 함축되어 있는 것이다. 부모가 편히 사시도록 하기는 비교적 쉽지만, 부모로 하여금 자식을 개의치 않게 하는 것은 더욱 어렵다. 여기서 나는 장자가 「경상초」에서 '시장에서 모르는 사람의 발을 밟으면 잘못했다고 사과하고 형의 발을 밟았을 때는 어루만져주는 정도로 끝내고 부모의 발을 밟았을 때는 잘못했다는 말을 하지 않는다' 蹍市人之足, 則辭以放鶩, 兄則以嫗, 大親則已矣라고 한 말이 떠오른다. '부모의 발을 밟았을 때는 잘못했다는 말을 하지 않는다'라는 말은 혈육의 정은 인간의 본성에서 출발하여 저절로 묻어 나옴을 표현한 것이다. 이 때문에 나는 여기서 조상 숭배를 다루고 덕과 효를 말한다. '덕'에 대해서는 주로 노자와 장자가 덕을 윤리적 의의에서 세계관적인 의의로 확대한 면을 다루고 '효'에 관해서는 주로 어떻게 하면 인간 본성의 스스로 그러함과 인간 감정의 스스로 그러함에 순응할 수 있을지를 다룬다.

그 밖에도 『장자』「변무」편에서는 '생각건대 인의仁義는 인정人情이 아닐 것이다' 仁義豈非人情乎라고 했는데 여기서는 인의가 인간의 본성과 감정에 부합해야 함을 강조한다. 종합하면 선진 제자백가는 공통으로 인문사상의 발전을 추구했고 유가, 묵가, 도가, 법가가 한데 모여 강력한 인문 사조를 이루었는데 이는 서양보다 1천여 년이 앞선 것으로 중국의 인문정신이 지극히 오랜 역사를 품고 있음을 보여준다.

4-3. 셋

마지막으로는 우주적 의식과 우주적 시야에서 노자와 장자 사상을 인문적 종교와 비교해본다.

오늘날 과학기술의 발전은 천재지변이든 인재로든 막을 수 없는 추세가 되었다. 그러나 우리는 2차 세계대전 때로부터 지금까지 패권을 쥔 강대국이 끊임없이 다른 나라를 향해 군사적으로 간섭하고 위협하는 모습을 보아왔다. 이러한 상황 속에서 2007년 여름, 중국 도교협회는 시안西安에서 '조화로운 세계는 도道로 통한다'라는 내용을 주제로 『도덕경』포럼을 개최하였고 쉬지아루許嘉璐 선생과 예샤오원葉小文 국장이 주관하였다.

이는 도道 문화가 세계의 각종 대형 종교를 향해 보내는 대화의 신호이자 서방 세계가 최근 1세기 동안 추진해온 확장 주의를 향해 동방 사람들이 보내는 인류적 요구, 그리고 조화와 화목을 위한 메시지이다.

이런 측면에서 그 신호와 메시지는 무척이나 중요한 시대적 의의를 갖는다. 이럴 때일수록 나는 장자의 「제물론」에 언급된 것처럼 세계 각 민족이 '서로 존중하고 서로 감싸는相尊相蘊' 제물 정신을 떠올리지 않을 수 없다. 장자는 온갖 당파와 종파, 학파가 여러 갈래로 나뉜 것은 성심成心(편견)의 작용 때문이라고 봤고 「회남자」에서는 모든 사람이 '나는 옳고 남은 그르다'라면서 끊임없이 시비 논쟁에 휘말린다고 했다.

'상대가 그르다고 하는 것을 옳은 것이라 하고 상대가 옳다고 하는 것을 그른 것이라고 주장한다' 以是其所非, 而非其所是 이는 원래 완전했던 세계를 분리하고 가르는 일이다. 이 때문에 장자는 개방적인 마음을 키워야 한다면서 '명철한 인식으로 판단하는 것이 최상의 방법이다' 莫若以明라고 하여 '명철한 인식으로 판단하는' 마음으로 서로 다른 가치관을 포용해야 한다고 주장했다. 맹자는 일찍이 『맹자』 「만장萬章」에서 공자의 말을 인용하여 '하늘에 두 개의 태양은 없다' 天無二日라고 했지만, 장자는 '열 개의 태양이 동시에 뜬다十日並出'라는 말로 드넓고 넉넉한 도량을 표현하였다. 이를 통해 장자는 우리에게 천지간의 수많은 민족은 하나의 중심 가치만 가지고 사는 것이 아니므로 다양한 중심 가치가 존재함을 인정해야 한다고 제안한다.

장자의 이처럼 다원적이고 공존적인 사상은 『성경』과 큰 차이를 보인다. 「구약」의 여호와는 두 개의 태양을 허용하지 않을 뿐 아니라 자신이 유일한 진리라고 선포하는데 이는 독단이다. 장자는 「제물론」에서 '세상의 온갖 이상한 것들에 이르기까지 도道는 통通해서 하나가 되게 한다' 恢詭譎怪, 道通爲一라고 했다. 오늘날의 관점에서 말한다면 그것은 기독교에는 기독교만의 중심 가치가 있고 이슬람교에는 이슬람교만의 핵심 가치가, 불교에는 불교만의 중요한 가치가, 도교는 도교만의 가치가 있으니 그것들의 중심 가치가 천차만별('세상의 온갖 이상한 것들')

이라고 하더라도 우주 속에서 서로 통하게 된다('도는 통해서 하나가 되게 한다')는 말이다.

백가쟁명으로 사상을 다투었던 선진 제자백가를 돌이켜보면 그들 각자의 학설은 서로 큰 차이가 있긴 하지만, 인간에 대한 배려와 관심에 중점을 둔다는 공통점을 가진다. 다만 노자와 장자가 다른 제자백가와 다른 점이 있다면 그것은 노자와 장자는 인간의 감정과 정서를 중시했을 뿐 아니라 이를 천지의 경지로 끌어 올렸다는 점이다. 제자백가 중 많은 사상가가 사회질서를 비롯해서 인간 사이의 조화와 화목을 강조했지만, 장자는 사회질서나 인간 사이의 화목, 즉 '인화人和'에 대한 관심에만 그치지 않고 우주의 조화, 즉, '천화天和'를 통해 인류의 마음속 조화, 즉, '심화心和'를 논했다. 그러나 우리가 오늘날 처한 세계는 여전히 혼란스럽고 불안하다.

나는 여러 차례 유럽을 가보았는데 한 번은 한 학기 정도 머무르며 유럽의 역사와 문화를 현지에서 직접 느껴봄으로써 책보다 더욱 실질적인 체험을 할 수 있었다. 이를 통해 그들의 문화 전통을 극찬하기도 했지만 다른 한편으로는 다음과 같은 문제를 고민하지 않을 수 없었다. 어째서 두 차례의 세계대전이 다 서양이 일으켰는지, 그리고 혹시 이것이 서양의 세계관이나 인생관과 관련된 문제는 아닌지 말이다. 이 문제는 한참이나 나의 뇌리를 맴돌았고 그때 마침 신新 도가의 진위에린 선생과 팡둥메이 선생의 저서에서 서양의 자연 정복 세계관이나 영웅주의 인생관을 비판한 부분이 떠올랐다. 서양의 물화物化된 생활방식은 끊임없이 환경과 자연을 착취하고 지구 생명을 훼손하고 있다. 그리고 특히 민주와 인권을 내세우면서도 군비 확장을 탐하는 레이더를 생활방식과 습관이 다른 타국을 향해 쏘고 있다. 최근 들어 나는 니체가 『안티크라이스트』에서 '인류는 심각하게 병든 동물이다'라고 한 말이 종종 떠오른다. 앞서 말한 것처럼 그 뿌리는 독단적 종교의 신앙과 관련이 있다.

독단적 종교도 나름 사유의 방향이 사람에서 하늘로 올라가기는 하지만, 이는 노자와 장자가 말한 우주의식 측면의 사상 관점과는 다르다. 노장의 '도道'가 생명의 경지를 끌어올렸다는 점에서 과거에는 노장의 '도'를 'God'라고 번역하기도 했지만, 이는 적절하지 않은 표현이다. 『성경』속의 '하나님God'은 전지全知하고 전능全能하여 어떠한 의심도 허락하지 않아 무척 독단적이다. 반면 『노자』에서는 사람들이 '도를 높이고 덕을 귀하게 여기는 것'은 '누가 명령하지 않아도 항상 자연스럽게 그렇게 되는' 태도 때문이라고 했고 도에 대해서도 '낳으면서 소유하지 않고 행하면서도 의지하지 않으며 키우되 지배하지 않는 것' 生而不有, 爲而不恃, 長而不宰이라고 거듭 강조함으로써 사람이 도를 배우는 것은 창조의지를 발휘하는 한편 사람의 소유나 지배 충동을 자제하기 위함이라고 했다. 이러한 창조 개념은 소유하거나 통제하지 않는 정신이므로 여호와의 '키우면서 지배하는' 스타일과는 완전히 다르다.

『장자』의 도론은 『노자』에 비해 더욱 풍성하고 다채로워졌다. 장자는 『노자』의 도생덕축道生德蓄(도는 낳고 덕은 기른다) 사상을 이어받아 도란 생명을 창조해내는 생명체로 여겼고 여기서 더 나아가 도의 창조성을 일종의 예술적 창조로 승화함으로써 소위 '온갖 형태를 조각한다'라고 표현함으로써 세상의 만물과 모든 일이 마치 하나의 예술적 보고寶庫와 같다고 했다.

한편 장자는 특히 우주란 크게 변화하여 흐르는 변동 과정이므로 도는 스스로 그러한 자연에 온전히 의지함으로써 만물이 각자의 본성에 따라 발전하게 해야 한다고 강조했다. 『장자』「제물론」에서는 '세상의 온갖 이상한 것들에 이르기까지 도道는 통通해서 하나가 되게 한다' 恢

詭譎怪, 道通爲一라고 하였는데 이는 우주 만물은 서로 주체가 되어 조화롭게 존재한다는 의미이다. 노장이 말한 '도'와 『성경』의 '하나님'을 비교할 때 노장의 우주적 시야로 보면 모든 민족은 서로 다른 핵심 가치를 가지지만, 『성경』에는 유일하고도 독단적인 중심 가치가 있어서 그것과 다른 가치의 존재를 허용하지 않는다는 점이 가장 큰 차이점이다.

노장의 도가 독단적 종교의 하나님과 또 다른 큰 차이점은 독단적 종교에서는 인류의 원죄를 주장하고 본성이 악함을 강조했다는 점이다. 원죄의 관점에 대해서는 팡둥메이 선생이 『중국인의 인생관The Chinese View of Life』(1956년 홍콩여우롄출판사 출판)이라는 책에서 무척 통찰력 있는 관점을 제시하였다. 그는 중국인의 인문주의는 보편적인 생명이 흐르는 경지라고 하면서 하늘과 땅 사이 전체에 생기가 충만하고 에너지가 넘쳐 생성과 발전이 끊임없이 이어진다고 하였다.

그는 유럽 사람들에게 인간의 본성을 존중하기도 하고 경시하기도 하는 경향이 있다고 하면서 "그것은 중국 사상가의 관점에서 보면 상당히 모순이지만 깊이 연구해 보면 그렇게 된 데는 그만의 이유가 있다"라고 했다. 그리고 "서양에는 고대 그리스 때부터 오르페우스교가 유행했는데 그들은 인류를 두 가지 신비로운 유형으로 구분하였다. 하나는 선한 유형이고 다른 하나는 악한 유형이다. 인간의 본성도 천성적으로 서로 다른 두 가지 성분으로 이루어져 있다. 그래서 선량한 영혼이 죄악의 육체 가운데 빠져 살아가는 이 세상은 마치 감옥처럼 징벌을 기다리는 곳이어서 오직 영혼이 육체에서 해탈해서 도달하는 세계에서만 진정한 기쁨을 누릴 수 있다"라고 했다. 이처럼 인간 본성에 대한 종교의 이분법은 신과 악마가 함께 존재하는 형이상학의 이론을 구축하였고 이로써 우주는 뚜렷하게 이분화 되었다. 팡선생은 이 같은 인성관은 악질적인 이분법이라고 하면서 중국 인문주의에서 말하는 인간 본성과는 다르다고 여겼다.

　나는 최근 『장자』가 말한 인간 본성의 참됨과 아름다움에 관한 논문한 편을 썼다. 독단적 종교와 비교할 때 이 논문에서 언급한 『장자』가 말한 인간 본성의 진수와 아름다움은 바로 팡선생이 말한 보편적인 생명이 흐르는 경지라고 할 수 있다.

위의 글은 2010년 12월 28일 베이징 사범대학 인문종교 고등연구원에서 개최한 제1회 인문종교 고차원 포럼의 강연을 위해 작성된 원고이다. 초고는 쉬엔화(許艶華)씨가 강연 녹음을 바탕으로 정리하였고 린광화(林光華)씨, 리춘잉(李春穎)씨가 수정을 도와 탈고하였다.

5. 이질 문화와의 대화

들어가기

『장자』는 서로 다른 학파의 인물 간 대화를 통해 그 인생철학과 이치를 표현하였다. 때로는 공자와 문하생 간의 대화라는 형식을 빌려 '심재心齋' '좌망坐忘' 등 중요 학설을 설명하기도 하고 이따금 장자와 혜자의 사상 논쟁을 통해 '무용지용無用之用(쓸모없는 것의 쓰임)' '유정有情' '무정無情' '호상관어濠上觀魚(호수 위에서 물고기를 바라봄)'[1] 등의 철학 주제를 표현하기도 했다.

중국 문화 역사에서 유가와 불가, 도가의 삼교는 오랫동안 상호 사상 교류가 있었지만, 장자 철학의 정신은 그중에서도 핵심적인 역할을 감당했다. 위진 시기 불교학이 중국 땅에 들어와 흥성하게 될 때도 도가가 중간에서 다리 역할을 했고 장자와 선종의 사상이 합해져서 수隋나라와 당唐나라 시기 찬란한 문화를 이룩하였으며 북송北宋 시기의 불교와 노

---

1) '호상관어'의 구체적인 내용은 320쪽 본문 참조.

자가 유가에 의해 배척될 때도 유독 장자의 사상만은 받아들여져 통치 이론의 체계를 구축하는 데 일조하였다. 송宋나라와 명明나라 시기 대유 大儒(위대한 유학자)의 인생 경지는 사실상 많은 부분 맹자와 장자의 정신 적 경지가 재조합하여 이루어졌다고 볼 수 있다. 최근 들어 민주와 자 유, 평등의 개념이 다채로운 시대적 사조를 이루는 가운데 『장자』「소요 유」에 함축된 자유정신과 「제물론」에 숨은 평등의 이념은 문화계에서 끊임없이 찬사를 받고 있다. 엄복嚴復은 번역서를 통해 자유와 민주 사 상의 관념을 도입한 뒤 어떻게 하면 이것들을 모체인 문화의 토양에 정착시킬 수 있을까 고민하면서 그 접합 지점으로 노자와 장자의 사상 을 꼽았다. 장타이옌章太炎은 「제물론」을 해석하면서 종족 집단의 문화 적 평등 학설을 제시하기도 했다.

세계화가 피할 수 없는 추세가 된 오늘날, 장자의 관점주의perspecti- vism를 비롯해서 개인적 자아 중심, 집단적 자아 중심, 인류적 자아 중심 과 같은 자아 중심주의를 탈피한 시각은 동서양 이질 문화 간의 대화를 이루는 데 귀중한 시대적 의의가 있다.

5-1. 생명을 주제로 한 『장자』

생명의 흐름은 일방적이거나 획일적이지 않아서 늘 서로 다른 요인 이 한데 회합하여 이루어진다. 지난 인생 여정을 돌아보면 나는 청년 시절부터 니체의 길에서 장자의 영역으로 들어섰고 그 뒤로는 니체의 '권력의지'와 디오니시안Dionysian, 그리고 장자가 말한 소요逍遙의 경지 와 제물齊物의 정서가 나의 내면에서 꽤 오랫동안 이질적인 것 사이의 대류를 일으켰다.

니체가 말한 잠재능력을 발산케 하는 의지철학과 장자가 말한 '홀로 천지의 정밀하고도 신묘한 작용과 더불어 왕래하는' 獨與天地精神往來 경지 철학은 마치 서로 정반대인 것처럼 보이지만 사실 둘 다 생명에 대한 노래를 주제로 삼았다. 니체의 『차라투스트라는 이렇게 말했다』에 서는 '삶은 기쁨의 원천이다' '세계는 하나의 정원처럼 내 눈앞에 펼쳐 져 있다'라고 했고 『장자』에서는 '옛날에 장자가 꿈에 나비가 되었다. 펄럭펄럭 경쾌하게 잘도 날아다니는 나비였는데 스스로 유쾌하고 뜻에 만족스러웠다' 莊周夢爲蝴蝶, 栩栩然蝴蝶也, 自喩適志與 라고 했다. 하늘과 땅을 하나의 다채로운 화원으로 보고 사람은 마치 나비처럼 경쾌하게 날며 춤을 춘다고 본 것이다. 장자의 관점에 따르면 우주가 크게 변화하 고 발전, 생장하는 과정에서 사람의 일생은 유연하게 오고 가며 때와 장소에 순응하면 어딜 가도 즐겁지 않음이 없다. 삶과 죽음에 달관한 장자의 태도는 인도의 문호 타고르가 '태어날 때는 여름철 꽃과 같이, 죽을 때는 가을철 잎처럼 되길 바란다'[2]라고 말한 관점과도 같다.

선진 시대 제자백가는 은주殷周 시대의 인문정신을 배경 삼아 거센 인문사상의 조류를 일으켰다. 춘추전국 시대에는 백가쟁명이라는 큰 사 상의 정국이 형성되어 사상가들은 세계관과 인생관에서 저마다의 학설 을 주장했지만, 하나같이 현실의 삶을 중시했다는 공통점을 보였다. 유 가와 도가를 예로 들면 공자와 맹자는 도덕적 인생을 천명하고 노자와 장자는 예술적 삶을 말하였는데 이들 두 학파는 서로를 밝게 비추어 돋보이게 했다.

---

2) 타고르 『길 잃은 새』, 원문은 'Let life be beautiful like summer flowers and death like autumn leaves.'

형신합일形神合一(몸과 정신이 하나를 이룸) 면에서는 '신본형구神本形具'[3]가 도가 각파의 기본 주장이 되었다. 『노자』의 대부분 내용은 치세治世의 도에 관한 것이지만 귀신貴身(몸을 귀하게 여김) 또한 주장하였다. 『노자』 제13장에서는 '자기 몸을 귀히 여기듯 천하를 귀하게 여기는 자라면 천하를 맡길 만하고 자기 몸을 아끼는 것처럼 천하를 아끼는 자라면 천하를 줄 만하다' 故貴以身爲天下, 若可寄天下; 愛以身爲天下, 若可托天下라고 하여 '귀신貴身'과 '애신愛身'의 사상을 명확하게 제시함으로써 생명의 구현을 중시했다. 노자는 더 나아가 생명이 몸 이외의 것, 이를테면 명성이나 재화보다 더욱 중요함을 강조하기도 했다.[4] 『장자』는 특히 생명生命에 관한 주제를 부각하였다. 이 '생명'이라는 말은 선진 시기에 이미 등장하여[5] 지금까지 전해지고 있는데 특히나 시대적인 의의가 함축된 주제라고 할 수 있다.

우리는 『장자』 철학이 생명을 주제로 삼는다고 말하는데 이는 내편 7편이 담고 있는 주요 요지를 보면 알 수 있다. 아래에서 간략하게 소개하고자 한다.

---

3) 사마담(司馬談)의 『논육가요지』에서는 '신(神)은 생명의 근본이고 형(形)은 생명이 구체적으로 구현된 것이다(神者, 生之本也, 形者, 生之具也)'라고 했다.

4) 『노자』 제44장에서는 '명성과 몸 어느 것이 소중한가? 몸과 재화 어느 것이 더 중요한가? 명예와 이익을 얻었으나 제 몸을 잃으면 어떤 것을 병이라 하겠는가?(名與身孰親? 身與貨孰多? 得與亡孰病)'라고 하였는데 이는 명성과 생명을 비교했을 때 어느 것이 더 아낄 만한가, 생명과 재화를 비교해서 어느 것이 더욱 귀중한가, 명성과 이익을 얻고 생명을 잃으면 어느 것이 더 유해한가를 묻는 말이다.

5) 『전국책(戰國策)』「秦策三」: '만물이 각각 제자리를 얻고 태어난 목숨이 장수하여 각각 그 천수를 누려 요절함이 없다(萬物各得其所, 生命壽長終其年而夭傷).

「소요유」편의 첫머리에서는 풍부한 상상력으로 곤과 붕의 거대함에 의탁하여 마음의 도량과 포용력을 표현했다. 붕의 높은 비상을 통해 끝없이 펼쳐진 창망하고도 무한한 세계를 열어젖혔다. 그것은 '무궁한 공간을 유유자적함'을 지향점으로 삼았으며 이는 「칙양」에서 말한 '무궁함 속에서 마음을 노닌다' 遊心於無窮와 같은 경지이다. 즉, 자유자재한 무궁한 경지에서 정신이 노닌다는 뜻이다.

「소요유」편에서 곤이 변하여 붕이 된다는 우화는 인생 역정 속에서 곤처럼 어두운 바다 깊은 곳에 몸을 숨긴 채 힘을 키우면서 시간을 도탑게 축적하는 공을 들이면 언젠가는 생명의 기질을 바꿀 수 있게 됨을 빗댄 이야기다. 「소요유」에서 붕이 '온몸의 힘을 다해 날다怒而飛'라고 표현한 것처럼 생명의 기질이 양적 변화에서 질적 전환을 이루는 과정에서 주체는 끊임없이 주관적인 능동성을 발휘한다. 그리고 객관적인 시기와 상황을 파악한 뒤 기회를 보아 일어나는데 이에 대해서는 '바다가 움직인다海運' '6개월을 계속 비행한 뒤 비로소 한 번 크게 숨을 내쉰다六月息'라고 표현했다. 소위 붕이 만 리를 가는 것은 정신적 생명이 단계적인 초월과 성장을 거쳐 우주적인 시야를 갖게 됨을 보여준다.

「양생주養生主」에서는 정신을 보양하는 것을 주제로 하여 첫머리에서부터 '우리의 생명은 한계가 있지만, 지식은 무한하다. 끝이 있는 것을 가지고 끝이 없는 것을 추구하면 위태로울 뿐이다……. 선을 행하되 명예에 가까이 가지는 말며, 악을 행하되 가까이 가지는 말고, 중(中)의 경지를 따라 그것을 삶의 근본원리로 삼는다' 吾生也有涯, 而知也無涯. 以有涯隨無涯, 殆矣……爲善無近名, 爲惡無近刑, 緣督以爲經라는 관점을 제시했다. 이는 난해하면서도 깊은 반성을 이끌어 내는 말로써 그 지향점은 '중中의 경지를 따라 그것을 삶의 근본원리로 삼는다' 緣督以爲經6)라는 데 있다.

장자가 여기서 말한 선과 악은 우리에게 몇 가지 방면을 연상시킨다. 하나는 '선악의 초월Beyond Good and Evil'적 관점이고(『선악의 저편』 참조), 다른 하나는 러셀이 『중국의 문제』에서 지적한 것처럼 '중국은 어쩌면 예술가의 나라로 볼 수 있을 것이다. 중국은 예술가가 갖춰야 할 선악의 덕을 갖추고 있기 때문이다. 그 선이란 주로 다른 사람을 이롭게 하는 것이고 그 악은 자기 자신을 해롭게 하기에 충분한 것이다'라는 관점이다. 마지막 하나는 장자가 인간 세상의 가치판단 기준을 향해 늘 제시했던 상대성 주장이다. 장자를 떠올려 보면 그는 늘 초연하게 유가의 도덕적 인생을 예술적 인생으로 전환하곤 했다. 여기서 우리는 그가 세속에서 말하는 선악의 가치관을 자연에 순응하는 처세의 철학으로 전환하였음을 알 수 있다.[7]

사람들에게 잘 알려진 '소를 잡는 포정' 이야기는 예술적 삶의 활동을 가장 잘 묘사한 우화이다. 「덕충부」가 「양생주」와 마찬가지로 생명을 지향점으로 삼았음은 그 제목만 봐도 알 수 있다. 「양생주」는 포정이 소를 해체하는 일의 정교하고도 깊이 있는 기술을 사회적 삶이라는 무

---

6) 여기에 대해서는 많은 해석의 관점이 있는데 크게 두 가지로 취합된다. 하나는 자연의 상도(常道 : 영구불변한 도)에 순응하는 것이고, 다른 하나는 중(中)을 지킨다는 의미이다. 「인간세」편에서 말한 '양중(養中 : 사람의 중심이 되는 마음을 기른다)'과도 같은 의미이다. 졸저 『장자 금주금역』(중화서국) 참조.

7) 왕보(王博)는 『장자철학(莊子哲學)』에서 이에 대해 또 다른 차원의 설명을 덧붙였는데 무척 통찰력이 있는 관점이다. 그는 "도를 우선하는 유가와 생명을 우선시하는 장자가 서로 만나면 충돌을 피할 수 없다. 그러나 생명이라는 주제 아래서는 도의 운명은 부차적이고도 종속적인 것이 되고 만다. 도란 짐작할 수 없는 것으로 유가에는 유가의 도덕이 있고 묵가에는 묵가의 도덕이 있지만 삶(생명)은 유일한 것으로 모든 사람이 가까이 느낄 수 있는 것이다"라고 했다.

대에 펼쳐 보였다. 「덕충부」는 내재적 생명의 가치를 주지로 삼고 내용 전체를 통해 대비 수법을 써서 형체가 온전하지 않은 불구자가 가진 내재적 인격의 매력을 묘사하였다. 형체의 추함을 통해 심령의 아름다움을 더욱 돋보이게 한 것이다. 뒷부분에 언급된 '재전才全(재능이 완전함)'에 관한 구절은 심미적인 마음과 도량을 더욱 깊이 있게 설명한 부분이다.

'내성외왕內聖外王'을 삶의 이상으로 삼은 것은 가장 이르게는 『장자』 「천하」에 등장하는데 이는 훗날 역대 철학자들이 지향하는 최상의 목표가 되었다. 「소요유」와 「양생주」, 「덕충부」편은 모두 개체 생명에 관해 서술한 내용으로 내재적 생명과 가치의 영역을 개척하였다. 「덕충부」의 말미 부분은 그 시선을 개인적 생명에서 집단적 생명으로 옮겨 '사람의 육체를 가지고 있기 때문에 사람들과 무리 지어 산다' 有人之形, 故群於人라고 함으로써 개별 생명이 사회 군락의 삶에서 괴리될 수 없음을 강조하였다. 이 때문에 그는 또한 「인간세」와 「응제왕」편에서 사회 집단 관계의 문제를 부각하였으며 이는 편명에서도 곧바로 느낄 수 있다. 비록 「인간세」가 외왕外王의 문제를 다루고 있기는 하지만 내용 전체를 통해 지식인을 묘사하고 있으며 각 단락에서는 지식인이 시대적 사명감을 짊어지고 백성의 고통을 돌아보지만 이를 통해 받는 것은 도리어 비극적인 운명임을 부각하였다. '이것은 그 잘난 능력으로 자신의 삶을 괴롭힌다' 此以其能苦其身 '스스로 세속 사람들에게 타격을 받는다' 自掊擊於世俗라고 표현한 부분이 그 예다. 그래서 그는 부득이하게 '심재心齋'설로 전향할 수밖에 없었는데 이것이 바로 「인간세」의 마지막 부분에 남긴 '심재' 학설, 즉, 내성內聖 학설의 연원이 되는 학설이다.

「응제왕」에서 말하는 것은 '치술治術(나라를 다스리는 방도)'이다. 즉, 권세를 가진 통치 계급이 권모술수를 버리고 백성을 위해 일하도록 하는 것이다. 여기서 가장 중요한 것은 '심경설心鏡說'8)이다. 정치 무대에 선 지식인은 처음에는 곤이 붕이 되어 날개를 펼치는 이상과 임공자任公子가 큰 물고기를 낚아 올리는9) '대달大達(지극히 큰 경지에 도달함)'10)의 포부를 품지만 '외왕外王'의 길은 도처에 굴곡과 곡절이 많아 부득불 '내성內聖'의 길로 전환하여 걸어야 한다. 「인간세」편의 말미에는 초나라 광인 접여接輿가 지식인의 슬픔을 노래한 구절이 나온다. '봉새여, 봉새여, 어

---

8) 『장자』「응제왕」: '명예의 주인이 되지 말고 모략의 창고가 되지 말며 일의 책임자가 되지 말며 지혜의 주인이 되지 말라. 다함이 없는 도를 완전히 체득해서 흔적이 없는 무위자연의 세계에 노닐도록 하라. 하늘에서 받은 것을 극진히 하되 이익을 보지 말아야 할 것이니 오직 마음을 비울 따름이다. 지인(至人)의 마음 씀씀이는 마치 거울과 같아서, 사물을 보내지도 아니하고 사물을 맞이하지도 아니하며, 비추어 주기만 하고 모습을 간직하지는 않는다. 그 때문에 만물의 위에 군림하면서도 다치지 않을 수 있는 것이다(無爲名尸, 無爲謀府; 無爲事任, 無爲知主. 體盡無窮, 而遊無朕; 盡其所受乎天, 而無見得, 亦虛而已. 至人之用心若鏡, 不將個迎, 應而不藏, 故能勝物而不傷).'

9) '옛날 임(任)나라의 공자(公子)가 커다란 낚싯바늘과 굵은 흑색 밧줄의 낚싯줄을 만들고, 50마리의 불깐 소를 낚시 미끼로 삼아 회계산(會稽山)에 올라가 앉아서 동해에 낚싯대를 던져놓고 매일 아침에 물고기를 낚기 시작했다. 그런데 일 년이 지났는데도 물고기를 잡지 못하다가 어느 날 이윽고 커다란 물고기가 낚싯밥을 물었다. 임공자는 이 물고기를 낚아 올려 잘게 썰어 포를 만드니, 절강(浙江.)의 동쪽에서부터 창오산(蒼梧山)의 북쪽에 이르기까지의 사람들이 이 물고기의 포를 배불리 먹지 않은 사람이 없었다.'

10) 『장자』「외물」: '가느다란 낚싯줄을 묶은 보통의 낚싯대를 쳐들고 관개용(灌漑用)의 작은 도랑에 쫓아가 붕어와 같은 잔고기를 지켜보고 낚으려는 자는 대어(大魚)를 낚기 어렵다. 이와 마찬가지로 쓸모없는 작은 말이나 꾸며 대현령 같은 이에게 작은 자리라도 요구하면서 다니는 자는 지극히 큰 경지에 도달한 대인과 비교할 때 또한 크게 차이가 난다. 그러므로 임씨의 풍속을 아직 듣지 못한 사람과는 함께 세상을 경륜하지 못할 것이 또한 분명하다(夫揭竿累, 趣灌瀆, 守鯢鮒, 其於得大魚難矣, 飾小說以干縣令, 其於大達亦遠矣, 是以未嘗聞任氏之風俗, 其不可與經於世亦遠矣).'

찌하여 덕이 이렇게 쇠미하였는가. 앞으로 오는 세상은 기다릴 수 없고, 지나간 옛날은 따라갈 수 없네. 천하에 도가 있으면 성인은 그것을 완성시키고 천하에 도가 없으면 성인은 자신의 생명이나 지키면서 지금 같은 때를 만나서는 겨우 형벌을 면할 뿐이네'鳳兮鳳兮, 何如德之衰也! 來世不可待, 往世不可追也. 天下有道, 聖人成焉; 天下無道, 聖人生焉. 方今之時, 僅免刑焉.

인생의 여정에는 비록 가시나무 같은 어려움이 산재해 있지만, 장자는 피안의 세계로 도피하지 않고 여전히 인간 세상에 남아 얇은 얼음판을 밟듯 그렇게 걸어갔다. 장자의 이 같은 인생 태도는 은주殷周 시대 이래 흔들림 없는 인문정신을 계승한 것이다. 이를테면 『역경』에 나오는 '곤困' '둔屯' '이履' '감坎' '규睽' '건蹇' '진震' 등의 괘卦는 모두 곤경 속에서 어떻게 인생을 개척할지에 관한 내용을 담고 있다. 중화中華의 대지에서 지난 수천 년간 발생해온 수도 없이 많은 재난에 대한 이해 없이는 중화 문명의 심층적인 일면도 결코 헤아릴 수 없을 것이다.

「소요유」의 마지막 구절은 '어찌 괴롭게 여길 것인가!'安所困苦哉라고 하여 장자 시대의 지식인 집단이 정신적인 출로를 탐구하고자 하는 목소리를 드러냈다. 장자는 『사기』「진본기秦本紀」에서도 '천하가 함께 고통을 겪고, 전쟁이 끊이지 않는다'天下共苦, 戰鬥不休라고 표현할 만큼 전쟁의 화염이 끊이지 않던 전국시대를 살았다. 그가 살았던 송宋나라의 군주 송언宋偃은 포악하고 무도했으며 그의 형 또한 아둔하고 무능했다. 이는 아마도 장자가 '외왕'에서 '내성'으로 사상의 방향을 전환하게 된 중요한 계기가 되었을 것이다.

종합하여 보면 「소요유」와 「양생주」, 그리고 내재된 덕을 중시한 「덕충부」의 세 편의 글에서는 '내성'의 학설을 엿볼 수 있다. 그리고 「대종사」편은 개인의 삶이 어떻게 하면 우주적 삶으로 통할 수 있을지 말해

준다. 「제물론」의 '도통위일道通爲一(도는 통해서 하나가 되게 한다)'은 마찬가지로 사람과 천지 만물이 어떻게 서로 통하는지에 관한 문제를 다루었다. 「인간세」와 「응제왕」은 '외왕'의 학설을 표현하였지만, 내용 중 일부 논점은 '외왕'에서 점차 '심재心齋' '심경心鏡'설로 이전되는 모습을 보인다. 이는 다 현실의 삶, 그리고 개체의 생명과 관련이 있는 것이다.

5-2. 『장자』 속 서로 다른 학파 간의 대화

『장자』에는 늘 서로 다른 학파의 인물이 가진 사상적 관점이 묘사되는데 도가 계열의 인물을 포함하여 언급된 사상가만 3, 40명 남짓이다. 그 안에는 일부 사상가의 산실된 글이 적잖게 보존되어 있기도 하다. 이를테면 「칙양」편에는 접자接子와 계진季眞의 '혹사或使'[11] '막위莫爲'[12] 학설이 언급되어 있고 「천하」편에는 혜시惠施의 명변名辯 학설과 '합동이合同異'[13] '범애만물泛愛萬物'[14]의 사상이 보존되어 있다. 이 때문에 내가 과거에 지도한 적이 있는 한 학생은 『장자』의 인물 계보에 대해 깊이 연구하기도 하였다.[15]

---

11) 혹사或使 : '누군가가 그렇게 하도록 시켰다' 즉 '그렇게 하도록 시키는 주재자가 있다'
12) 막위(莫爲) : '아무도 그렇게 한 사람이 없다' 즉 '주재자가 따로 없다'
13) 합동이(合同異) : '사물의 같음과 다름을 조화시킨다'
14) 범애만물(泛愛萬物) : '두루 만물을 사랑한다'
15) 타이완대학교 철학연구소 까오쥔화(高君和)가 2005년 6월 완성한 석사 논문 『『장자』의 인물 계보에 관하여』(필자와 리르장(李日章) 교수 공동 지도). 논문에서는 『장자』에서 언급한 인물을 상세하게 연구, 분석하였다.

『장자』에 등장한 장자학파와 유가, 명가 사이의 대화에서 우리가 가장 주목할 것은 장자가 종종 유가 인물의 입을 통해 자신의 관점을 표현하려고 했다는 점이다. 혹은 혜시와 변론하는 과정에서 논제를 자신의 학설에 깊이 개입시켜 양측의 시야를 확대하려고 했다. 아래에서 우리는 유가와 도가의 대화, 혜시와 장자 간의 대화를 예로 들어 『장자』속 학파 간의 대화가 갖는 의의를 알아보고자 한다.

5-2-1. 유가와 도가의 대화 : '예의에는 밝아도 사람의 마음을 아는 데는 서툴다.'

유가와 도가 간에 이뤄진 만남 중 가장 전형적인 예로 꼽는 것은 「전자방」에 나온 중니仲尼(공자)와 온백설자溫伯雪子 간의 대화이다. 이 우화는 역사적 인물 간의 만남을 통해 서로 다른 학설의 특징과 상호 교류의 과정을 묘사했다. 온백설자는 초나라 도가 사상을 대표하는 인물로 중원中原의 유학자들과 교류하기 전, 지성적이면서도 방관적인 태도로 유가 학설의 특징을 '예의에는 밝아도 사람의 마음을 아는 데는 서툴다' 明乎禮義而陋於知人心라고 지적했다. 그러나 둘이 만난 뒤로는 온백설자는 직관적인 체험을 통해 공자의 행동거지가 '침착하고 의연하면서도 자유자재한 모습從容'이며 안과 밖이 융합된 경지에 이르렀음을 알아보았다. 공자 또한 '도를 갖추고 있음을 한눈에 알 수 있었다' 目擊而道存라고 하여 온백설자의 내면에서 발산되는 도의 정신적 경지를 직접 느낄 수 있었다. 사람의 마음은 이성뿐 아니라 감성을 통해서도 높은 차원으로 발전할 수 있다. 유가와 도가, 양가는 교류를 통해 상호 느낌과 감상으로 더욱 깊이 이해할 수 있었고 서로의 삶에 영향을 줄 수 있었다.

온백설자가 제䜣나라로 가는 길에 노䜣나라에 숙박하였다. 노나라 사람 중 만나기를 청하는 이가 있었는데 온백설자는 말했다. "안 된다. 내가 들은 바로는 중국(노나라)의 군자는 예의에는 밝지만 인간의 마음을 헤아리는 데는 서투르다고 하니 나는 만나고 싶지가 않다." 제나라로 갔다가 돌아오는 길에 또 다시 노나라에 들렀더니 앞서 그 사람이 만나기를 다시 청해 왔다. 온백설자는 말했다. "먼젓번에도 나를 만나자고 청해 왔고 이번에도 나를 만나자고 청해 왔으니 이는 반드시 나를 깨우쳐주려는 모양이구나." 그러고는 나가서 그 사람을 만나고 들어오더니 탄식했다. 이튿날도 그 사람을 만나고 들어오더니 탄식을 했다. 이것을 보고 종이 물었다. "매번 손님을 만나시고 오실 때마다 반드시 들어와 탄식하시니 어찌 된 일입니까?" 온백설자가 말했다. "내가 전에도 '중국의 사람은 예의에는 밝지만 인간의 마음을 헤아리는 데는 서투르다'라고 말하지 않았느냐. 어제부터 나와 만난 자는 나아갔다가 물러섬이 하나하나가 곱자와 그림쇠로 잰 듯이 법도에 맞고 침착하고 의연하면서도 자유자재한 모습은 마치 용이나 범과 같았다. 또 나를 간하는 것은 자식이 아비를 대하듯 했고 나를 타이르는 것은 아비가 자식을 대하듯 했다. 그래서 탄식한 것이다." 이번에는 공자가 온백설자를 만나고 왔지만 한 마디도 하지 않았다. 자로가 이상히 여기고 물었다. "선생님은 온백설자를 꽤 오래 전부터 만나고 싶어 하지 않으셨습니까? 그랬건만 막상 만나고 오시고도 아무 말씀도 하지 않으시는 것은 어째서입니까?" 공자가 대답했다. "그 분 같은 인물은 도를 갖추고 있음을 한 눈에 알 수 있었노라. 그러니 말을 할 필요가 없다."

생명 철학의 중대한 과제는 주체를 사고의 중심에 두는 것이다. 그런데 유가는 외재적인 예의 규범을 지나치게 강조한 나머지 종종 도덕이 생명과 주체로부터 괴리되는 상황이 발생한다. 유가와 도가 간의 대화는 '주체의 중심 이탈' 추세를 바로 잡아 주체적 생명으로 다시 중심을 잡는 데 그 의의가 있다. 외재적인 규범은 생명과 괴리될 수 없을 뿐 아니라 오히려 생명의 관점에서 윤리에 충실해야 한다. 공자는 온백설자가 '도를 갖추고 있음을 한눈에 알 수 있는' 경지에 이르렀다고 봤다. 도는 완전성을 갖추고 있어서 도와 마음이 결합하면 생명이 더욱 심오한 깊이를 갖게 되고 생명의 사고가 더욱 폭넓어진다. 도와 생명이 만나야만 비로소 주체는 자아의 경계를 넘어서서 도량을 넓히고 수준을 높일 수 있다.

　도가의 입장에서는 유가가 예의에 밝은 것 또한 사람의 마음에서 자연스럽게 흘러나오는 것이므로 근본적으로 보면 이는 도가의 스스로 그러한 자연의 도리에도 합치하는 일이다. 「대종사」편에서는 자상호의 장례식장에서 생전의 친구들이 노래를 부르는 장면이 나오는데 이를 두고 공자는 "저들은 예법의 테두리 밖에서 노니는 사람들이고 나는 예법의 테두리 안에서 살아가는 사람이다" 彼遊方之外者也, 而丘遊方之內 라고 표현하였다. '일정한 예법의 테두리 밖에서 노님'과 '일정한 예법의 틀 안에서 노니는' 두 가지 태도에 관해서는 본래 '테두리 안과 밖은 서로 관여하지 않는' 外內不相及 법이지만 이 우화에서는 구체적인 형상화를 통해 안과 밖이 서로를 이해하게 되었는데[16] 여기에 바로 이 대화가 가진 의의가 있다.

---

16) 자상호의 장례식장에서 생전의 친구들이 노래를 부르는 모습을 보고 자공이 돌아와 공자에게 아뢰자 공자는 이렇게 말하였다. "저들은 예법의 테두리 밖에서 노니는 사람들이고 나는 예법의 테두리 안에서 살아가는 사람이다. 테두리 밖과 안은 서로 관여하지 않는데 내가 너로 하여금 가서 조문하게 하였으니, 나야말로 생각이 얕았다. 저들은 바야흐로 조물자와 벗이 되어 천지 사이에서 노닐고, 저들은 생(生)을 쓸데없이 붙어 있는 사마귀 정도로 생각하고, 죽음을 종기가 터지는 일 정도로 생각한다. 물고기는 함께 물에 나아가고 사람은 함께 도(道)에 나아간다. 함께 물에 나아가는 경우에는 연못을 파 주면 넉넉히 기를 수 있고, 함께 도에 나아가는 경우에는 간섭하는 일이 없으면 삶이 안정된다. 그 때문에 '물고기는 강과 호수 속에서 서로를 잊고 사람은 도술(道術)의 세계에서 서로 잊고 산다'라고 말하는 것이다."

5-2-2. 혜시와 장자의 대화 : '나와서 한가로이 노니는 것은 물고기의 즐거움이다'

혜시惠施(혜자)는 장자의 평생에 가장 가깝게 지낸 벗으로 위魏나라에서 재상을 했을 정도로 그 지위가 높았지만 둘 사이의 대화는 완전히 평등한 관계에서 이뤄졌다. 『장자』에는 총 13개의 대화가 나오는데 가끔은 지극히 특수한 상황에서 등장하게끔 대화문이 배치되었다. 혜시와 장자의 대화도 보통은 일부 중요한 장의 말미에 등장하는데 그 가운데 비교적 중요한 것은 「소요유」에서 '용대用大(큰 것을 씀)'와 '무용지용無用之用(쓸모없는 것의 쓰임)'의 문제를 논한 부분과 「덕충부」에서 '정情'과 '무정無情'의 문제를 논한 대화문, 그리고 「추수」편의 말미에 나오는 '호량지변濠梁之辯(호수 돌다리 위에서의 변론)'의 대화문을 들 수 있다. 여기서는 호량지변을 예로 들어 혜시와 장자 간의 대화에 함축된 의의를 깊이 있게 탐구하고자 한다.

'장자가 혜자와 함께 호수濠水의 돌다리 위에서 노닐고 있었는데 장자가 말했다.
"물고기가 나와서 한가로이 놀고 있으니 이것이 바로 물고기의 즐거움일세."
혜자가 말했다.
"자네는 물고기가 아닌데 어떻게 물고기의 즐거움을 알 수 있겠는가?"
장자가 말했다.
"자네는 내가 아닌데 어떻게 내가 물고기의 즐거움을 알지 못한다고 하는가?"
혜자가 말했다.
"내가 자네가 아니기 때문에 참으로 자네를 알지 못하거니와, 그것처럼 자네도 당연히 물고기가 아니므로 물고기의 즐거움을 알지 못할 것임이

틀림없지."

장자가 말했다.

"다시 처음으로 돌아가 보세. 자네가 나를 보고 '자네가 어떻게 물고기의 즐거움을 알겠느냐'고 말한 것은, (자네가 내가 아닌데도 내가 물고기의 즐거움을 아는지 모르는지를 자네가 알 수 있다고 말한 것이니) 이미 내가 그것을 알고 있음을 알고서 나에게 물어온 것일세. (어디에서 알았느냐고? 어디서 알긴) 나는 그것을 호수濠水 가에서 알았지."

  호수 위 다리에서의 변론은 장자와 혜자 두 사람의 서로 다른 세계관과 인생관을 보여주지만, 그들은 하나의 공통된 주제, 즉, 주체가 어떻게 객체를 인식하는지에 관한 주제를 논하였다. 이는 중국과 서양의 철학에서 모두 중요하게 생각하는 주제이다. 혜자와 장자의 변론에는 또 다른 중요한 주제가 있는데 그것은 곧, 정情(감정)과 리理(이성)의 관계 문제이다. 혜자가 가진 사상의 흐름은 '정으로써 리를 따르는以情從理' 방향인 반면, 장자의 사상은 '정으로써 리를 깨끗하게 하는以情絜理' 방향이다. '호량지변' 우화에 관해서는 우선 개념을 분석해보고자 한다.

  '호수의 돌다리 위에서 노님遊於濠梁之上'은 장자가 산수의 아름다움에 노니는 감성을 묘사한 것이다. 이때 '노님遊'은 주체의 심경을 표현한 말이고 '호수 돌다리 위濠梁之上'는 심미적인 정경을 뜻한다. 장자는 호수 돌다리에서 산수의 아름다움을 흡족하게 감상한 뒤 정경으로 말미암아 감정이 일어났고 이 같은 감정을 다시 정경과 사물을 통하여 표현하니 그 즐거움이 충만했다. '물고기가 나와 한가로이 노니는魚出遊從容' 모습은 장자로 하여금 '물고기의 즐거움魚之樂'이라는 감탄을 자아내게 했다. 이때 주체의 정서가 객체와 자연스럽게 조화하고 융합하게 되는데 장자는 자신의 마음을 통해 사물을 투영해 표현하고 사물에 기탁하여 감정을 드러냈으며 외물을 사람의 감정화하여 표현하고 우주를 인간의 본성화하여 표현했다. 이것이 바로 '자기의 마음을 미루어 남과 사물에 미치는推己及物' 감정의 전이 작용이다. 장자의 감탄에 대해 혜자는 "자네는 물고기가 아닌데 어떻게 물고기의 즐거움을 알 수 있겠는가?"라는 무척 중요한 철학적 문제를 제시한다. 이는 철학적으로 지극히 중요한 주제이며 주체가 어떻게 객체를 인식하는지, 그리고 주체가 객체를 인식할 수 있는지에 관한 문제이다. 장자와 혜자는 이 문제에 대해 첨예하게 대립하며 변론하였는데 장자는 주체가 객체를 느낄 수 있을 뿐 아니라 둘은 서로 소통할 수 있다고 여겼다. 마지막으로 장자는 "다시 처음으로 돌아가 보세"라고 언급한 뒤 '물고기의 즐거움을 앎'에 대한 답변을 계속 이어갔다. 여기에 대해 우리는 이러한 해석을 내릴 수 있다. 장자는 사람과 사람 사이에는 비록 형체의 차이는 있지만, 사람의 마음과 본성, 감정은 서로 연결되어 통하는 것이라고 봤다. 혜자의 장점이 이성적 사고를 통해 개념을 분석하는 데 있다면 장자의 특징은 감성의 공유를 통해 외부 세계를 체감하고 깨닫는 데 있으며 이는 이들 사이의 대화에서 특히 두드러지는 면이다.

장자와 혜자가 나눈 대화가 우리에게 주는 일깨움은 첫째, 철학적인 중요한 과제, 즉, '주체와 객체 간의 관계' 문제를 제시했다는 점이다. 위의 대화에서 장자가 대표하는 것은 감성 공유로 통하는 사유 방식이고 혜자가 대표하는 것은 이성적 분석을 통한 사유이다. 둘째, 사람과 자연 사이의 친화감이다. 장자는 '천지자연은 커다란 아름다움을 지니고 있으면서도 그것을 말로 표현하지 않는다' 天地有大美而不言 라고 함으로써 자연미에 대한 감상의 태도를 충분히 드러내었다. 이는 중국의 도道 문화와 서양의 로고스Logos 문화 사이에 보이는 차이점이다. 중국 문화는 사람과 자연, 즉, 주체와 객체가 융합하는 경지를 더욱 중시한다. 이점은 오늘날 '세계화'의 추세 속에서 이질적인 문화와의 대화에 높은 관점과 새로운 시각을 부여한다. 셋째, 오늘날 문화 간의 대화는 이성적 분석을 위주로 이뤄지는데 물론 이성 분석적 사유도 나름대로 중요하지만, 장자의 '호수 돌다리에서 노님'과 같은 감성 공유를 통한 소통적 사유 방식도 이성 분석적 사유의 부족함을 보완할만한 대책으로 고려할 수 있다. 이렇게 하면 서로 다른 문화 사이에 참된 대화가 이뤄질 수 있다. 이 외에도 둘의 대화는 차이 속에서 소통을 추구했다는 점에 의의가 있다. 동질 문화이든 이질 문화이든 모두 대화가 필요함은 마찬가지이지만, 그중에서도 이질 문화 사이의 대화가 더욱 중요하다.

5-3. 세계적 관점에서의 이질 문화간 대화

위에서는 유가와 도가, 명가와 도가 학파 간에 이뤄진 대화를 다뤘다면 여기서는 중국과 서양문화의 차이 속에서 어떻게 대화가 이뤄지는지 이야기하고자 한다. 이는 나로 하여금 혜시가 말한 '조금 다르고 크게 다르다' 小同異, 大同異라는 문제를 떠올리게 한다. 『장자』「천하」에는 혜시가 '다름'과 '같음'의 상대성을 논한 부분이 소개되는데 '크게는 같으면서 작게는 다른 것을 조금 다르다고 하고, 만물이 물物이라는 면에서는 다 같고, 개별로서는 다 다른 것을 일러 크게 다르다고 한다' 大同而與小同異, 此之謂小同異; 萬物畢同畢異, 此之謂大同異 만물은 그만의 수상殊相(남과 다른 특별함)이 있지만 공상共相(공통된 본질)도 있기 때문에 수상의 측면에서 보면 다르지 않음이 없고 공상의 측면에서 보면 같지 않음이 없다. 중국과 서양의 문화도 이와 같아서 예를 들면 장자와 니체도 서로의 인생관에는 비록 큰 차이가 있지만 수많은 관점이 상호 통하는 면이 있다.

5-3-1. 니체와 장자의 소통 : 세계 각 민족의 도덕 형태와 가치판단 의 다양성

여기서 나는 니체의 『차라투스트라는 이렇게 말했다』의 「천 개의 목표와 하나의 목표에 대하여」와 『장자』「제물론」을 중심으로 중국과 서양의 문화가 큰 차이 속에서도 통할 수 있는 관점을 살펴보려고 한다. 우선 「천 개의 목표와 하나의 목표에 대하여」를 출발점으로 삼아 보면 이 시편에서 니체는 이렇게 말했다.

'차라투스트라는 일찍이 많은 지역을 다니면서 많은 민족의 선과 악을 보았다. 차라투스트라는 이 지상에 선악보다 더 큰 힘을 발견하지 못했다.'

'모든 민족은 저마다 표지판을 높이 내걸고 외친다. 보라! 그것은 그들이 극복해야 하는 일들을 기록한 표지판이다. 보아라! 그것은 각 민족의 충창冲創 : 생명 본성을 충동이나 감정을 위주로 한 의지의 함성이다. 무릇 가장 깊은 곳, 가장 비범하면서도 가장 어려운 곳에서 얻은 자유는 모두 신성하다.'

'참으로, 나의 형제여, 일단 그대가 어떤 민족의 필요가 무엇인지, 그 민족을 덮은 하늘과 함께 사는 이웃을 분명히 알게 된다면, 그대는 의심할 여지없이 알게 될 것이다. 그들이 스스로 초월한 법칙이 무엇인지, 그들이 희망의 계단을 오르는 목적이 또 무엇인지 말이다.'

'이제까지는 천 개의 민족이 있었기 때문에 천 개의 목표가 있었다. 그러나 천 개의 목표를 연결할만한 한 개의 사슬이 부족하다. 우리에게 부족한 것은 단 한 개의 목표이다. 인류는 아직도 목표를 갖고 있지 못한 것이다.'

「천 개의 목표와 하나의 목표에 대하여」가 제시하는 주요 논점은 아래와 같다.

첫째, 세계 각지에는 다양한 도덕 형태가 만들어졌고 각 민족에는 그들만의 서로 다른 가치판단 기준이 있다.

둘째, 서로 다른 가치관과 도덕관념은 창조 의지의 외침이다.

셋째, 니체는 그리스인, 페르시아인, 유대인, 게르만인의 네 개 집단의 가치관을 열거하면서 그들 각자의 도덕 기준과 내적 의미가 서로 다름을 말하였다.

넷째, 각 민족이 형성한 서로 다른 가치판단은 하나같이 고통, 토지, 하늘, 그리고 이웃 민족이라는 네 가지 중요한 요소에 근거한다. 우리는 한 민족의 고통과 토지, 하늘과 이웃 민족 관계에 대해서 인식해야 하며 그렇게 해야만 그들이 스스로 초월하는 법칙이 무엇인지 이해할 수 있다.

다섯째, 도덕 준칙은 사람이 세우는 것이지 하늘이 하는 일은 아니다. 그래서 '하늘에서 내려온 소리를 따르는 것이 아니다'라는 말이 있다.

여섯째, 인류에는 수많은 민족이 있고 수많은 도덕 준칙이 있다.

그러나 선악의 판단 기준이 다르다 보면 상호 대항과 갈등 속에서 사분오열하고 이에 따라 민족 간의 단절과 혼란의 상황이 나타난다. 이 때문에 하나의 새로운 관점을 만들어 모두 협력하여 추구해야 할 공동의 목표로 삼을 필요가 있다.

「천 개의 목표와 하나의 목표에 대하여」에서 제시하는 가치판단의 다양성은 인류로 하여금 새로운 시야를 통해 더 높은 목표를 추구할 수 있게 하며 다양한 도덕 형태를 이어 나가게 하는데 니체의 이러한 주장은 장자의 제물 정신과도 서로 통한다.

도가 사상은 노자와 장자 때부터 가치관의 다양성과 도덕 판단 기준의 다각화를 주장했다. 2천5백 년 전의 노자는 아름다움과 추함, 선과

악의 가치에 대해 상대적인 관점을 주장하여 '천하가 모두 아름다운 것을 아름답다고 여길 줄 아는데 이것은 추한 것이다. 천하가 모두 선한 것을 선하다고 여길 줄 아는데 이것은 선하지 않은 것이다(『노자』 제2장)' 天下皆知美之爲美, 斯惡已. 皆知善之爲善, 斯不善已라고 말했다. 장자는 제물 정신을 더욱 강조했다. 각각의 생명은 독특한 가치를 가지며 만물은 나름의 생성 방식과 독특한 생존 양태를 가진다고 하면서 『장자』「제물론」에서 '만물은 진실로 그러한 바가 있으며 만물은 가可한 바가 있으니 어떤 만물이든 그렇지 않은 바가 없으며 어떤 만물이든 가可하지 않는 바가 없다' 物固有所然, 物固有所可. 無物不然, 無物不可라고 했다. 이는 장자가 세상 만물의 존재성과 그 독특한 의의를 긍정하는 말이다. 특수성과 이채로움을 가진 수많은 주체 생명은 상호 소통할 수 있으며 서로 주체가 될 수 있다. 즉, 장자가 말한 것처럼 '세상의 온갖 이상한 것들이 있지만 도는 통해서 하나가 되게 한다' 恢詭譎怪, 道通爲一.

5-3-2. 러셀과 장자의 소통 : 서양중심론과 인류중심론의 타파

필자는 전후 시기를 살았던 세대라 청소년 때부터 불안한 시절을 보내야 했다. 나의 원적은 푸젠福建 객가客家 지역으로 열 살 무렵에 전란으로 부모를 따라 타이완으로 이주하였다. 나는 살면서 대부분 교정에서의 삶을 벗어나지 못했다. 장씨蔣氏[17] 정권의 계엄이 38년간 이어짐에 따라 고압 통치 아래서 지식인의 언행은 종종 통제 집단이 주목하여

---

17) 장제스(蔣介石). 1945년 국공내전 패배 뒤 1949년 타이완으로 옮겨가 중화민국 총통 겸 국민당 총재가 됨.

관리하는 대상이 되곤 했다. 정부는 유학의 충효절의忠孝節義를 '부모에게 효도하는 마음으로 나라에 충성한다移孝作忠'에서 지도자에 충성하는 것으로 그 의미를 협소화하였고 학술권에서도 도통道統[18] 의식의 프레임으로 사람들의 사상을 가두었다. 또한 대학 시절 교과 과정도 서양 철학 위주로 구성되어 있어서 플라톤에서 헤겔에 이르기까지 각 철학가가 구축한 거대한 사유 체계를 경험할 수는 있었지만, 이론의 뿌리를 파고 들어가 보면 결국에는 허구의 하나님에 대한 숭배로 결론지어짐을 알게 된다. 이처럼 포함하지 않은 것이 없는 사유의 울타리 속에서 사람들은 참된 자아를 잃고 만다. 이런 상황에서 나는 니체를 알고 나서야 비로소 사상의 화원에 활기찬 생명감이 감도는 것을 느낄 수 있었다. "서양 전통 철학에는 지나치게 많은 신학적 혈액이 주입되었다"라고 한 니체의 말은 나의 무한한 공감을 불러일으켰다. 이 때문에 니체의 주신酒神(디오니소스) 정신은 내가 서양 형이상학의 속박과 송명 시대의 도통 관념이라는 감옥, 이 두 가지 굴레에서 벗어나는 계기가 되었다.

1950년대 후반에서 1960년대 후기, 타이완 대학 교정에는 안팎으로 유행했던 두 가지 서양 현대 철학 사조가 있었는데 하나는 존재주의이고 다른 하나는 논리실증론이었다. 필자의 개인적인 학술 이론과 사상적 방향의 이동 경로를 살펴보면 니체로 말미암은 존재주의에서 다시 장자에 이르렀다. 러셀이 나 같은 세대의 사람에까지 폭넓게 영향을 끼

---

18) 송(宋)나라 유학자 주희(朱熹) 주창한 영구불변한 도(道 : 세계의 도리)의 전승자의 계보로 도는 영구불변하여 역대의 성인(聖人)이 계승하여 내려왔다는 주장임. 상고(上古) 시대의 신성(神聖) - 요(堯) - 순(舜) - 우(禹) - 탕(湯) - 문왕(文王)과 무왕(武王) - 공자(孔子) - 안연(顔淵), 그리고 증자(曾子) - 자사(子思) - 맹자(孟子) - 이정자(二程子 : 程顥·程頤 형제)로 이어지는 계보가 유학의 정통임을 주장하였다.

칠 수 있었던 것은 그의 분석철학 때문이 아니라 사회 현상을 분석한 그의 논저 때문인데 가장 유행한 것이 『변화하는 세계의 새로운 희망 New Hopes for a Changing World』19)이다. 러셀의 말이 많은 공감을 불러일으 켰던 것은 그가 사회적인 양심을 가지고 목소리를 냈기 때문이다. 1950 년대부터 러셀은 영미 정부의 침략 행위를 강하게 질책했고 1961년에 이미 90세 가까운 고령이 되었음에도 여전히 영국 정부에 대한 항의 시위를 하다가 체포되어 감옥신세를 지기도 했다.

러셀의 『변화하는 세계의 새로운 희망』이 지향했던 것은 사람과 자 연 사이의 충돌, 인간과 인간 사이의 충돌, 타인과 나 사이의 충돌을 논하고 각종 충돌 속에서 화합할 수 있는 가능성을 모색하는 것이었다. 여기서는 우선 사람과 자연 사이의 충돌을 논하고자 한다.

① 중국철학과 서양철학의 자연관 차이 : 천인합일론과 천인분리관의 선명한 대조

사람과 자연 사이의 관계에서 러셀은 아래처럼 현대적 의의가 농후 한 말을 남겼다.

'오늘날 우리가 순응 대신 거만함과 횡포로 자연을 대하면 더 큰 재앙을 불러올 것이다.'

'우리는 물질적인 자연을 통해 원하는 바를 충족할 수 있을지는 몰라도, 자연을 지배하거나 원래의 상태를 바꿀 수는 없다.'

'산업은 지구의 자원을 소진하였고 현대의 산업은 사실 지구 자원을 낭비하 는 것이며 이는 필연코 낭비에 대한 자연의 보복으로 돌아올 것이다.'

---

19) 러셀의 본 저서는 1950년 노벨 문학상을 수상했다. 중문 번역본으로는 타이 완의 장이(張易)가 옮긴 『세계의 새로운 희망』(타이완 국립편역관 출판, 정 중서국(正中書局) 간행)이 있으며 영문판도 꽤 유행했다.

이것은 러셀이 1950년대에 남긴 말이긴 하지만 지금 우리가 들어도 마치 생태학자가 전 세계 사람들에게 보내는 경고의 메시지처럼 현실감이 느껴진다. 서양 문화가 사람과 자연을 갈라놓는 경향을 보인다면, 중국의 전통문화는 '천인합일' 사상을 바탕으로 자연무위를 강조하는 조화 사상을 추구한다. 가장 일찍 '천인합일'의 관념을 제시한 이는 장자이다. 『장자』「지북유」에서 언급한 '천하를 통틀어 일기一氣일 뿐이다' 通天下一氣라고 한 것도 이러한 사상을 드러낸 말이다. 사람과 자연 사이의 관계에 대하여 장자는 '자연이 운행하는 이치를 알고 사람이 해야 할 바를 아는 사람은 지극한 존재이다' 知天之所爲, 知人之所爲者, 至矣라고 강조하였다. 이는 우리에게 자연의 작용을 이해할 뿐 아니라 사람이 하는 작용도 이해해야만 사람과 자연이 조화를 이룰 수 있으며 인류의 욕망이나 행위를 제멋대로 자연에 가해서는 안 됨을 일깨운다.

진위에린 선생이 『중국철학』에서 지적한 것처럼 중국 문화는 줄곧 자연과 사람을 분리하지 않았지만, 서양은 자연을 정복하고자 하는 강한 욕망과 자연을 인류로부터 괴리하여 바라보는 시각 때문에 서양 철학에서 인류 중심론이 생겨나게 되었다. 자연에 대한 일방적인 정복은 사람의 본성을 더욱 독단적으로 몰고 갔다. 그래서 그는 이렇게 말했다. "만일 우리가 폐쇄적인 방법으로 자연을 정복하려 들었다가는 자연은 우리에게 거세게 보복하여 오래지 않아 여기저기에서 지진과 홍수, 산사태 등이 끊임없이 생겨날 것이다. 사람의 본성도 마찬가지이다. 이를테면 원죄는 마음을 무너뜨려 의기소침하게 하고 사람들로 하여금 존엄을 잃게 만들거나 분노를 촉발케 한다."[20] 신新 도가 학파의 또 다른

---

20) 진위에린 『중국철학』의 영문 초고는 1943년 완성된 뒤 1980년 발표되었고 첸껑썬(錢耕森)이 중역한 뒤 『진위에린 학술논문선』(중국사회과학출판사,

학자인 팡둥메이 선생 역시 동일한 관점을 제시했다. 그는 영문 저서 『중국인의 인생관The Chinese View of Life』에서 중국과 서양의 자연관과 인성관을 비교하면서 이렇게 말했다. "우리가 자연을 대하는 태도는 서양과는 다르다. 자연은 우리에게 있어서 보편적 생명이 흐르는 경지이다." "사람과 자연 사이에는 어떠한 간극도 없다. 인류 생명과 우주 생명은 서로 융합하여 관통하는 관계이기 때문이다."21)

이 방면에서 전통 도가 문화는 풍성한 사상의 기반을 가지고 있다. 노자 '도법자연道法自然'의 핵심은 '도'의 정신, 즉, '도'는 스스로 그러한 자연을 따른다는 것이다. 다시 말해 '도'는 자체의 존재 방식과 활동방식을 따라 자유롭게 운행한다는 뜻이다. 이와 함께 '도'의 통섭 아래서 노자는 하늘과 땅, 사람이 서로 연결되는 전체성을 강조하였다. 장자의 자연 묘사는 물리적 자연과 인문적 자연뿐 아니라 더 나아가 경지적 자연으로까지 확대되었다. 우선 물리적 자연에 대해 말하자면 그는 '온갖 형태를 조각하는刻雕衆形' 도의 아름다움을 통해 '천지자연은 커다란 아름다움을 지니고 있다天地有大美'라고 하였다. 장자가 보기에 천지간의 물상은 각양각색이라 봄은 온화하여 복숭아가 곱고 여름에는 서늘하여 버들이 새롭게 돋아나며 가을은 시원하여 국화가 아름답고 겨울은 차가워 소나무가 굳세게 자라는 등 생기가 막힘없이 통하여 산수의 아

1999년)에 수록되었다. 본문에서 인용한 내용은 362쪽 참조.

21) 팡둥메이 『중국인생철학』(타이완여명문화사업공사, 2005년, 93쪽). 이 책에서 팡둥메이 선생은 사람과 자연 사이의 분리를 이야기하면서 서양에서 신과 악마가 함께 존재한다는 인간 본성의 이분법을 말하였는데 인성론을 일종의 악질적인 이분법(Vicious Bifurcation)으로 만드는 것이라고 지적하였다. 마찬가지로 슝스리(熊十力)는 『논문서찰(論文書札)』에서 동서양 문화를 비교함으로써 서양 문화가 '살기가 우주를 채우는' 상황을 초래할 수 있음을 지적하였다. 『슝스리 전집』제8권(후베이교육출판사, 2001년 112쪽.)

름다움을 보는 사람의 흥취를 불러일으킨다. 마치 「지북유」에서 '높은 산과 깊은 숲을 보고 늪지의 땅을 보았는가. 나로 하여금 기쁘고 즐겁게 하는구나' 山林與! 皐壤與! 使我欣欣然樂與라고 표현한 것처럼 말이다.

후세 사람들의 산림 유람과 감상도 여기에 연원을 둔다. 위진남북조 시대의 사대부들은 지극히 깊은 심미적 정취를 가지고 있어서 화려함과 기이함을 좇고 명승지를 유람하는 것이 그들의 생활 취미였으니 산수를 노래하는 시화를 짓고 감상하는 것이 사회적 풍조가 되었다. 이는 천지를 향해 심미적인 정취를 불러일으킨 장자의 사상 풍격과 관계없지 않다. 장자는 천지와 산수의 아름다움에 대한 감상을 통해 주체 정신이 즐거움을 얻는 심미적 정서에 이르고자 했다. 「외물」에서 '큰 수풀이나 언덕, 산 따위가 사람들에게 좋은 까닭은 정신이라는 것이 여유 없는 좁은 공간에서는 서로 간의 다툼을 감당할 수 없기 때문이다' 大林丘山之善於人也, 亦神者不勝라고 표현한 것도 같은 맥락에서다. 사람이 숲과 언덕을 동경하는 것은 그 안에서 심신의 편안함을 누리며 유연하고도 자유자적하게 살 수 있기 때문이다.

장자는 큰 도가 만물을 생성하는 예술 창조 정신에 대해서 '온갖 형태를 다 조각하고서도 기술이 뛰어난 체하지 않는다' 刻雕衆形而不爲巧라고 하며 감탄해 마지않았다. 천지 사이의 영묘한 기운을 모아 탁월한 것들이 나고 자라니 훌륭한 것이 헤아릴 수 없이 많아 우주는 예술의 보고가 된다. 심미적 정서를 불러일으키는 것들이 곳곳에 존재하여 사람들의 진실한 본성과 편안한 생활을 회복하게 하니 하늘과 땅과 사람이 조화롭게 공존하는 가운데서 즐거워한다.

장자의 우주관과 인생관의 기본적인 주장은 사람과 천지자연이 일기 一氣로 통하여 분리될 수 없는 하나의 전체가 된다는 것이다. 이는 소위 '천지는 만물의 부모이다' 天地者, 萬物之父母也라는 말로 대변된다. 사람은 마땅히 천지의 스스로 그러한 본성을 존중하여 천지와 조화롭게 공생해야 하며 더 나아가 사람과 사람 사이에서도 화목하고 공존함으로써 내면의 조화와 즐거움을 실현해야 한다. 이것이 바로 장자가 제시한 천화天和, 인화人和, 심화心和, 즉, '삼화三和'이다.22) 성인의 덕이란 '완전한 평정을 닦은 것成和之修'이라고 하였기에 가장 높은 경지는 바로 '삼화'의 상태에 이르는 것이며 이는 곧 '그 마음 노니는 것이 덕의 조화 속에서 이루어지는' 游心乎德之和 심미의 경지이다.

② 중국철학과 서양 철학에서 말하는 인생관의 차이 : 중국의 인문 전통과 서양의 독단적 종교의 대비

『변화하는 세계의 새로운 희망』이라는 책 전체에 걸쳐 가장 통찰력 있는 부분은 「종족 간의 적대」와 「신앙과 의식 형태」이 두 장에서 언급된 토론이다(제12장, 제13장). 러셀은 각 집단 간의 가장 극렬한 투쟁은 늘 경제적 이익이나 종족주의, 종교적 신앙에서 비롯된다고 보았다.

종족주의의 충돌에 대해서는 러셀은 프랑스인과 영국인이 헤이스팅

---

22) 『장자』「천도」 : '무릇 천지의 덕을 분명히 아는 것, 이것을 일러 큰 근본이라 하고 큰 종주(大宗)라 하니 하늘과 조화된 자이고 천하를 고르게 다스리는 것은 사람들과 조화된 자이다. 사람들과 조화된 것을 사람의 즐거움이라 하고 하늘과 조화된 것을 하늘의 즐거움이라 한다(夫明白於天地之德者, 此之謂大本大宗, 與天和者也; 所以均調天下, 與人和者也. 與人和者, 謂之人樂; 與天和者, 謂之天樂).' (장자는 인류가 '큰 근본이자 큰 종주'인 천지와 조화하여 상응하는 상태를 일컬어 '천화(天和)'라고 했으며 인류가 천지 만물과 공존하고 공생하면서 드러내는 조화와 즐거움의 경지를 일컬어 '하늘의 즐거움(天樂)'이라고 했다. 이러한 조화와 즐거움을 인간 세상에 적용하면 인간의 다양성이 존재함에 순응하게 되고 곧 '인화(人和)'에 도달할 수 있다. 이렇게 되면 종족과 집단 간의 대립이 없어지고 다른 사람과 기뻐하고 즐거워하며 공존하게 되는데 이것이 '사람의 즐거움(人樂)'이다.)

스Hastings 전투로부터 시작하여 워털루 전투에 이르기까지 양국 간 다툼의 역사가 750년이나 되었음을 지적하였다. 그러나 평화가 유지되는 기간에는 서로 미워하지 않고 여전히 서로 오가며 여행하고 심지어 혼인 관계를 맺기도 했다. 그러나 "영국 혈통의 미국인이 인디언을 대하는 태도는 달랐다." 확실히 영국 혈통의 미국인은 북미주 지역에 진출하는 과정에서 인디언과 그들의 토지에 대하여 잔혹한 약탈과 도살을 감행했다. 사료의 기록에 따르면 당시 살육된 인디언은 무려 2백만 명에 달했다고 한다. 이러한 역사는 백인들이 만들어 낸 예술 매체를 통해 소위 '서부 개척사'로 미화되었고 이를 통해 수많은 할리우드의 영웅이 쏟아져 나왔다. 러셀은 인디언을 향한 백인의 적대감 배후에는 '백인 제국주의'가 도사리고 있다고 주장했다. 당시 러셀은 '백인 제국주의'가 가리키는 것은 러시아 정권이라고 둘러댔지만 지금 와서 보면 '아메리카 공화국'에 더욱 어울리는 개념인 듯하다.

종족주의와 긴밀하게 연결된 것이 바로 종교적 열광과 그 배타성이다. 러셀은 "신앙의 다름이 반드시 충돌의 원인이 되는 것은 아니다. 신앙에 대한 고집과 광적인 열정이 관용이나 융합을 거부할 때 비로소 충돌이 생겨난다"라고 했다. 러셀은 불교가 중국에 들어올 때 분쟁을 일으키지 않았던 역사를 예로 들었다. 그리고 유대인에 대해서는 특별히 지적했다. "기독교도는 유대인으로부터 이 같은 신학적인 배타성을 물려받았다. 기독교는 이교 숭배에 대하여 어떠한 양보도 하지 않아 우상 숭배를 용인하지 않았다. 이는 중대한 죄악이다." "종교 전쟁은 회교回敎의 흥기로 시작되었다. 회교도는 기독교나 유대인처럼 진짜 신앙은 한 가지밖에 없다고 주장한다. 비록 이단을 용인하지 않는 기독교만큼은 심하지 않지만 그들의 무관용은 기독교 국가와 회교 국가의 사이에 참된 화평이 싹틀 수 있는 가능성을 완전히 차단했다." 역사가 증명하듯 중세 전체에 걸쳐 일어났던 전쟁은 종교 전파의 수단으로 사용되었고 그들은 살육을 도구 삼아 다른 신앙을 배척하였다.[23]

십자군의 동방 정벌에서 두 차례의 세계대전에 이르기까지 거의 모든 대규모 전쟁은 서양 세계에서 비롯되었다.[24] 이는 서양 종교의 역사적 뿌리와 관련이 있다.

러셀의 통찰력 있고 정곡을 찌르는 견해처럼 종교적 무관용과 배타성은 잔혹한 박해와 학살 등의 폭행을 야기했다. 반면 중국 고대 장자의 지혜는 서양 종족주의와 종교의 무관용 및 배타성이 가지는 병적 근원을 속속들이 비추어 드러낸다. 장자는 처음부터 줄곧 그 같은 편견과 선입견을 경계하는 태도를 유지했다.

「소요유」의 초반부에서는 '작은 지혜는 큰 지혜에 미치지 못하고 짧은 수명은 긴 수명에 미치지 못한다' 小知不及大知, 小年不及大年라는 표현이 나오는데 이는 사람이 도량과 식견을 넓힐 뿐 단편적인 '작은 지혜'에 국한되어서는 안 된다는 말이다. '작은 지혜'에 국한된 사람은 다른 사물을 대할 때 일종의 선입견 때문에 이해하지도 인정하지도 받아들이지도 못하게 된다. 장자는 이러한 상태를 빗대어 '봉심蓬心(쑥대처럼 잡스러운 마음)'으로 표현한 바 있다. '봉심'으로 세상을 보는 것은 마치 플라톤이 '동굴의 비유'에서 말한 것처럼 동굴 속에 쇠사슬로 갇힌 죄수

---

23) 서구 기독교 국가가 지중해 동해안 국가를 향해 일으킨 십자군 전쟁은 근 2 백 년(1096~1291년)간이나 지속되었는데 여기에는 여섯 차례의 종교적 군사 행동이 포함되며 이슬람교의 수중에서 예루살렘을 탈환하기 위한 목적이었다.

24) 동방 문화에서 일본은 유일한 예외이다. 이는 마치 러셀이 『중국 문제』에서 "유럽인이 중국에 대해 범한 죄는 일본인 또한 모두 범했으며 더했으면 더했지 결코 덜하지 않았다"라고 말한 것과 같다. 다시 말해 일본인은 이미 서양인의 추악한 면을 이미 모두 모방하였다고 할 수 있겠다. 러셀 『중국문제』, 쉬린출판사, 1996년, 96쪽.

가 한쪽 면만 바라보는 좁은 시각으로 문제 전체를 바라보면서 자기가 보는 것이 진리의 전체라고 믿는 것과도 같은 상태이다.

선입견을 진리라고 여기고 자기는 옳고 남은 그르다고 생각하면 스스로 '날마다 마음속에서 싸우는日以心鬪' 곤경에 빠질 뿐 아니라 인간관계의 틈이 벌어지다가 결국에는 다툼까지 유발되는데 이것을 가리켜 장자는 「제물론」에서 '성심成心'이라고 칭했다.

'성심'을 품은 사람은 '자기가 옳다고 여기는 것을 옳다고 주장하고 자기가 그르다고 여기는 것을 그르다고 주장하여'是其所是而非其所非 독단적이고 포용력이 부족하다. 이 같은 선입견에 대하여 장자는 '이명지심以明之心' 즉, 허경虛境의 시간을 통해 마음이 공명空明의 경지에 도달해야 한다고 했다. '이명지심'을 현대적인 말로 표현하자면 개방적인 마음이 되는데 이 같은 개방적인 마음을 가져야만 시야를 넓혀 다양한 가치와 다각적인 관점을 받아들일 수 있다.

장자의 이 같은 '상존상온相尊相蘊(서로 존중하고 서로 포용함)'의 제물 정신은 『회남자』「제속齊俗」편을 계승하였다. 장자의 '성심成心'은 「제속」에서 '우곡隅曲'이라고 표현되었고 장자가 말한 '이명지심以明之心'은 「제속」에서는 '우주宇宙'적인 시야라고 일컬었다. '우주'적 시야를 가진 사람만이 여러 사상가의 말을 한데 모을 수 있기 때문이다.25)

장자의 '이명지심'과 「제속」의 '우주'적 시야는 노자가 말한 '바다는 모든 강물을 받아들인다'海納百川라는 생각과 공자가 말한 '도가 아울러 행해져 서로 위배되지 않는다' 道並行而不相悖26)라는 관대한 인문적

---

25) 『회남자』「제속」: '그러므로 많은 학자가 하는 말이 서로 반대되는 것 같지만 그것들이 도에 합치하는 것은 하나이다(故百家之言, 指奏相反, 其合道一也).'

26) 『중용』: '만물이 아울러 길러져 서로 해치지 않고 도(道)가 아울러 행해져

전통을 계승하였다. 한漢나라 이후에는 이질적 문화에 해당했던 불교 문화도 중국에 들어올 수 있었고 근대 이래 엄복嚴復이 도입한 자유와 민주의 사조도 점차 모체 문화의 토양에서 실현될 수 있었다. 이는 러셀이 지적한 종교적 무관용, 종족주의와는 선명한 대비를 이룬다. 만일 전 세계적으로 이질 문화와의 대화가 시도된다면 동방은 최대한 그 목소리를 내어야 할 것이며 서양 중심론 또한 돌이켜 반성해야 할 것이다.

2009년 11월, 베이징대학 고등인문연구원의 두웨이밍(杜維明) 원장의 초청으로 제2회 중국-인도 간 "지식과 지혜, 그리고 정신성"이라는 학술세미나에 참가하였는데 본 글의 서문은 당시 세미나 참여를 위해 작성했던 대강의 글이다. 1년 뒤 구상을 거쳐 본 글 작성에 착수하였고 내용의 주제는 원래 '중국-인도 간 대화'에서 '중국-서양 간 이질 문화의 대화'로 바뀌었으며 2011년 12월 10일 탈고한 뒤 홍콩 「국가의 새로운 시야(國家新視野)」 2012년 봄가을 편에 수록되었다.

서로 위배되지 않는다. 작은 덕(德)은 냇물의 흐름과 같고 큰 덕(德)은 조화 (造化)를 돈후하게 하니 이것이 천지가 위대한 까닭이다(萬物並育而不相害, 道並行而不相悖. 小德川流, 大德敦化. 此天地之所以爲大也).'

에필로그:

『장자』를 만난 뒤 변화한 심리적 여정

　사람들은 저마다 서로 다른 삶의 단계에서 『장자』를 만나기 때문에 이에 대한 감상이나 이해의 정도가 다르다. 나는 오늘 여러분과 함께 『장자』를 만난 이후 변화했던 나의 심리적 여정을 공유하고자 한다.

1. 하나

　처음 나의 관심 대상이 니체에서 『장자』로 옮겨간 것은 1960년대 초에서 1970년대 초반의 일로 시간상으로는 짧지 않은 기간이다. 『장자』에 대해서는 주로 니체의 자유정신을 통해 설명하였으며 이와 동시에 사상적으로는 존재 주의의 영향을 받았다. 두 번째로 비교적 중요한 단계는 1972년 여름, 미국을 처음 방문했던 시기다. 미국 체류 기간에 보고 들었던 것들 덕에 나의 관심은 개체에 대한 충분한 각성 단계에서 민족의식에 대한 분야로 점차 옮겨갔고 그에 따라 『장자』에 대한 이해도 '귀근歸根(운명으로 회귀함)'과 '적후지공積厚之功(도탑게 축적된 시간)'의 측면으로 전환되었다. 세 번째로 나의 사상의 경계가 뚜렷하게 갈린 시기는 '911' 사태가 생긴 뒤였다. 해당 사태는 나로 하여금 패권국의 자기중심주의와 일방주의를 분명히 목도하게 하였고 이에 따라 『장자』를 연구할 때도 다양한 시각과 복합적인 관점을 가지고 문제를 바라보게 되었다. 위의 세 가지 단계는 서로 완전히 분리된 단독의 상태가 아니라 시공간의 환경이 변화함에 따라 서서히 바뀌어 형성된 사상의 단계이다.

이전의 사상 단계에서 다음 단계의 사상 경향으로 바뀔 때는 완전한 전환이 아니라 앞선 사상의 여파가 일부 남을 수도 있고, 혹은 어떤 하나의 실마리가 계기가 되어 다음 단계로의 변화와 발전을 주도하기도 한다. 여기서는 첫 번째와 두 번째의 사상 단계에 관해 집중적으로 설명하고 세 번째 단계에 대해서는 추후 다시 설명할 기회를 기다려 본다.

뒤이어 나는 『장자』의 원문과 결합하여 『장자』에 대한 필자의 이해를 공유하고자 한다.

예를 들어 『장자』 「소요유」편의 첫 부분에는 이런 말이 나온다.

> 북쪽 검푸른 바다에 물고기가 있으니 이름을 곤鯤이라고 한다. 곤의 크기는 몇 천 리가 되는지 알 수 없다. 이 물고기가 변신하여 새가 되니 그 이름을 붕鵬이라고 한다. 이 붕새의 등은 그 크기가 몇천 리가 되는지 알 수 없다. 온몸의 힘을 다해 날면 그 활짝 편 날개가 마치 하늘 한쪽에 가득 드리운 구름과도 같다. 이 새는 바다가 움직이면 남쪽 끝의 검푸른 바다로 날아가려고 한다. 남쪽 바다란 하늘의 못, 천지天池이다.
>
> 北冥有魚, 其名爲鯤. 鯤之大, 不知其幾千里也. 化而爲鳥, 其名爲鵬. 鵬之背, 不知其幾千里也. 怒而飛, 其翼若垂天之雲. 是鳥也, 海運則將徙於南冥. 南冥者, 天池也.

처음에 나는 '노님遊' '내어놓음放' '정신적 자유'에 치중하여 이해하고자 하였는데 여기서는 니체의 관점을 가지고 대응하고자 한다. 니체는 일찍이 자기 자신을 '자유 정신자'(『즐거운 지식』)라고 칭했고 "우리가 어디를 가든지 자유와 태양 빛은 우리를 둘러싸고 있다"라고 말했다. 이에 비추어보면 장자의 '소요유逍遙遊'는 바로 고양된 자유자재의 정신 활동이 되는 셈이다.

니체와 장자가 발산한 자유의 외침은 나로 하여금 도통화道統化라는 관념의 감옥에서 우상 숭배가 없는 인문세계로 나아가게 했다. 대학 시절, 타이완대학교 철학과의 교과 과정은 서양 철학 위주로 구성되었다. 그래서 4년의 과정을 수료한 뒤 한편으로는 서양 철학가들의 고도로 추상화된 사유 세계를 폭넓게 경험할 수 있었지만 다른 한편으로는 니체가 말한 것처럼 서양 전통 철학에는 과도한 신학적 혈액이 주입되었음을 알게 되었다. (니체는 『안티 크라이스트』에서 "우리의 모든 철학의 혈관에는 신학의 혈액이 있다"라고 했다) 니체는 '신은 죽었다'라고 선포하고 '가치 전환'의 사상 작업을 펼쳤고 이로써 그는 2천여 년에 달하는 무겁고도 오랜 서양 역사의 짐을 짊어지게 되었다.

이와 비교했을 때 장자도 여러 사상가가 서로 격동하는 인문 사조 한가운데서 살았지만, 노자와 장자의 인문세계에는 니체가 짊어져야 했던 신권神權이나 신위神威가 침투된 종교나 신학화한 철학이라는 역사의 부담은 없었다. 장자의 인문세계에는 천왕天王이 없어지고 인신人身 숭배의 인왕人王도 그 흔적을 찾을 수 없다. 그래서 『소요유』에는 '이 신인神人은 자기 몸의 발톱에 낀 때 정도를 가지고서도 요임금이나 순임금 따위를 빚어낼 수 있다' 其塵垢粃糠, 將猶陶鑄堯舜라고 말한다.

나는 청년시절을 신구新舊 유가가 도통道統 의식을 재편하여 개인숭배가 조장되는 분위기에서 떠밀려 다녔다. 그런 상황에서 니체는 내게 통찰력 있는 깨달음을 주었다.

> "삶이란 바로 한 사람이 되는 것이므로 나를 따르지 말고, 다만 자기
> 자신을 만들고 이루어가는 것이다!"(『즐거운 지식』)
> "주의해라. 하나의 석상이 그대들을 지배하지 않게 하라. 그대들은 아직
> 자기 자신을 찾지 않고 나를 찾았다. 신자들은 언제나 그러하다. 그래서
> 모든 신앙은 참으로 보잘것없는 것이다."
> "나는 그대들에게 나를 버리고 그대들 자신을 찾도록 가르쳤다!"(『차라
> 투스트라는 이렇게 말했다』 1부 「베푸는 덕에 관하여」)

장자의 인문세계에는 '홀로 천지의 정묘하고 신묘함과 함께 왕래하
고' 獨與天地精神往來 '거센 물결처럼 자유분방하고 자기 마음대로인' 汪
洋恣肆以適己 풍조가 있어서 칸트식의 '정언명령(절대명령)'도 없고 '교
주'를 경배하는 환영 숭배 증세도 찾아볼 수 없다.

니체와 장자는 모두 삶을 열렬히 사랑했다.

그래서 니체는 '세계는 하나의 화원처럼 내 앞에 펼쳐져 있다'라고
말했다(『차라투스트라는 이렇게 말했다』 3부 「치유되고 있는 자」). 그
는 차라투스트라의 입을 통해 이처럼 열정적으로 외쳤다. '나의 열렬한
사랑은 큰 물줄기처럼 내달아서 해 뜨는 곳과 해 지는 곳에 이르렀다.
고요한 뭇 산과 고통의 폭풍 속에서 나의 영혼은 계곡으로 쏟아져 들어
갔고 나의 마음에는 하나의 호수, 하나의 은밀하고도 자족하는 호수가
있지만, 나의 사랑의 급류는 아래로 기울어져 바다로 들어간다.'(2부
「때 묻지 않은 앎에 대하여」) '그대는 열정적인 목소리로 노래해야 한
다. 바다가 그대의 열망을 경청하고자 고요해질 때까지!'(3부 「위대한
동경에 대하여」)

장자는 말했다. '사람의 형체와 같은 것은 수없이 변화하여 처음부터
일정함이 없으니 그 즐거움을 다 헤아릴 수 있겠는가!' 若人之形者, 萬化

而未始有極也, 其爲樂可勝計邪! '나의 삶을 좋은 것으로 여기는 것은 바로 나의 죽음을 좋은 것으로 여기기 위한 것이다' 善吾生者, 乃所以善吾死也 (『장자』「대종사」) 삶과 죽음을 모두 좋은 것으로 여긴 장자의 인생 태도를 보면 홀연 타고르가 '태어날 때는 여름철 꽃과 같이, 죽을 때는 가을 철 잎처럼 되길 바란다'라고 노래한 시구가 생각난다. 그러나 니체와 장자가 서로 다른 두 가지 형태의 삶에 속했던 것은, 니체는 끊임없이 '디오니소스적인 정신'을 분발시킨 반면 장자는 고요하게 '아폴론적인 정신'을 발산하였기 때문이다.

니체의 『차라투스트라는 이렇게 말했다』 제1권의 첫 장인 「세 단계 변화에 대하여」에서는 사람의 정신적 발전 단계를 셋으로 나누었다. 첫 번째 단계는 낙타 정신이고 그다음은 사자 정신, 마지막은 다시 사자에서 어린 아기로 바뀐다. 낙타는 어려움을 참고 임무를 완수하는 성격이고 사자는 전통을 비판하고 창조적인 자유를 얻음을 상징한다. 어린 아기는 새로운 가치 창조의 시작을 예표한다. 우리의 인생 역정도 늘 이와 같이 양적인 변화에서 질적인 변화로 옮겨가는 것처럼 『장자』에서 말한 곤에서 붕으로의 변화도 점진적으로 이루어진다.

니체가 말한 '사자정신'은 『장자』의 외편과 잡편 곳곳에서 볼 수 있지만 그래도 나는 낙타정신과 어린아기 정신이 더욱 마음에 든다. 비록 그러하더라도 니체의 디오니소스 정신은 여전히 나의 마음을 끊임없이 격동시킨다. 그래서 『장자』를 이해하는 데 있어서 대부분 마음은 여전히 곤의 '큼'과 대붕의 '온몸의 힘을 다해 나는怒而飛' 기세에 기울어진다.

그러나 나이가 들고 경험이 늘면서 나의 생각도 점차 애초의 격동적인 측면이 가라앉고 더 나아가 '도타운 축적積厚'의 중요성을 깨닫게 되었다. 곤이 바다 밑에서 힘을 비축하여 잘 길러지려면 반드시 '도탑게 축적된 시간積厚之功'이 필요하다. 대붕이 만약 마음을 차분히 하여 에너지를 비축하는 과정이 없었다면 자유롭게 날아오를 수 없었을 것이다. 노자는 '구층 누대도 한 무더기 흙에서 시작하고 천 리 길도 한 걸음에서 시작한다' 九層之臺, 起於累土. 千里之行, 始於足下라고 말했다(『노자』제64장). 천 리의 길을 가려면 한 걸음, 한 걸음 앞을 향해 매진하는 인내력이 필요하다. 이와 함께 객관적인 조건 아래서 만일 북해北海의 거대함이 없었다면 거대한 곤을 키워낼 수가 없었을 것이다. 다시 말해 깊고 도타운 문화적 환경이 뒷받침되지 않는다면 광활한 시야와 넓은 도량을 배양할 수 없다는 뜻이다. 그리고 거대한 곤을 키워내려면 바다의 거대함 말고도 스스로 깊게 비축하고 도탑게 키워내는 수양의 시간이 필요하다. 즉, 날을 거듭할수록 양적 변화에서 질적 변화로 전환해야 한다는 말이다.

'변화하여 붕이 된다化而爲鵬'라는 말은 생명이 기질을 변화시키기 위해 주관적, 객관적 조건을 갖추어야 함을 의미한다.

대붕이 '온몸의 힘을 다해 난다怒而飛'라는 것은 사람이 위를 향해 분발하여 주관적인 능동성을 발휘함을 빗댄 것으로 '그런데 물이 괴어 쌓인 것이 깊지 않으면 큰 배를 띄울 만한 힘이 없다' 且夫水之積也不厚, 則其負大舟也無力 '바람이 도탑게 쌓이지 않으면 큰 날개를 짊어져 띄울 만한 힘이 없다' 風之積也不厚, 則其負大翼也無力라고 했다. 이는 붕이 날기 전에 비행에 필요한 충분한 에너지를 비축하고 그런 뒤 때를 기다려 일어나고 기세를 올라타 일어나야 함을 뜻한다. 마찬가지로 우리도 인생 여정 속에서 주관적인 조건을 만들어내는 일이 무척 중요하다. 인생을 살다 보면 비록 걸음, 걸음이 어렵지만 강인한 인내력을 가지고 계속 앞을 향해 나아가야 한다. 상처를 치유할 때도 인내가 필요하다. 겪은 좌절이 크면 클수록 더욱 도타운 시간을 축적하여 다시 서는 과정을 거쳐야 한다. 과거 나는 '임공자가 큰 물고기를 낚는' 우화를 읽으면서 처음에는 임공자의 비범한 기개에 초점을 맞췄지만, 그 뒤로는 서서히 임공자가 쉰 마리의 소를 미끼 삼아 동해에 던져놓고 매일 아침 물고기를 낚으러 간 점에 주목했다. 이를 위해서는 무척 큰 인내심을 발휘해야 하기 때문이다. 젊었을 때는 종종 맹자와 같은 기개를 동경해서 하루아침에 하늘을 날아오르는 것과 같은 성공적 도약을 동경했다. 그러나 노자는 '배움을 추구하는 것은 날마다 더하는 것이고, 도를 추구하는 것은 날마다 덜어내는 것이다' 爲學日益, 爲道日損(『노자』 제48장)라고 했다. 나이가 들면서 결국 사람은 '배움을 추구하는 것은 날마다 덜어내는 일'이며 '도타운 시간의 축적'이 필요하다는 사실을 깨닫게 된다.

나는 철학을 공부했던 사람으로서 곤이 붕으로 변하여 날아오르는 우화에 함축된 철학적 이치를 인생 여정의 관점에서 풀이하기보다 오롯이 철학의 전문적 관점에서 해석해보려고 한다. 예를 들면 첫째는 시간을 축적하여 경지에 이르는 과정을 통해 해석하고 둘째는 '배움의 추구'에서 '도의 추구'로 전환하는 과정을 통해 이해하며, 셋째로는 관점주의perspectivism의 다층적인 관점을 통해 풀이하고자 한다. 여기서는 앞의 두 가지에 대해 간략히 설명한다.

1-1. 시간의 축적으로 경지에 도달하는 여정

곤이 바다 밑에 엎드려 있으면서 깊게 비축하고 도탑게 힘을 키워 양적 변화에서 질적 변화를 이뤄내면 변화하여 새가 될 수 있다. 붕이 에너지를 도탑게 축적한 끝에 날개를 펼치며 있는 힘껏 높이 날아오르는 것은 시간과 노력을 들여 수련하는 단계에 속한다. 소위 '그 멀기가 끝이 없다' 其遠而無所至極 '끝없는 경지에 노닐 줄 안다' 以遊於無窮者라고 한 것처럼 붕의 비상은 거듭된 초월이자 끝이 없는 경지에서 노니는 것이다. 이것이 바로 펑여우란 선생이 말한 것처럼 정신적으로 '천지의 경지'에 도달한 단계이다. 공부론工夫論(시간론)과 경지설은 중국 고전 철학에서 하나의 큰 특색이다.

곤이 붕으로 변하여 비상하는 우화는 수양의 시간을 통해 정신적 경지에 이르는 단계적인 발전 과정을 빗댄 것이다. 여기서 나는 곽상郭象이 『장자』의 본의를 왜곡했던 사실을 지적하지 않을 수 없다. 곽상의 왜곡은 훗날 왕선산王船山으로까지 이어졌는데 그가 『장자해莊子解』에서 소위 '작고 큰 것은 하나로 소요(자유자재)하지 않음이 없다' 小大一致, 則無不逍遙라고 말한 것이 그 예다. 곽상은 '세상의 크고 작은 것은 다 자기만의 특수함이 있지만 소요하는 것은 매한가지다' 小大雖殊, 逍遙一也라고 주해하는 심각한 잘못을 남겼다. 만일 곽상처럼 자기의 구미에 맞게 제멋대로 해석한다면 거대한 붕새 말고 참새처럼 작은 새는 평생 키 작은 나무숲에서 종종종 뛰어놀며 한쪽 구석을 차지하여 편안하게 거처하게 된 것에만 만족해야 할 것이다. 『장자』「추수」 주석에서 소위 '작은 새는 쑥대밭 사이를 나는 것에 자족한다' 小鳥之自足於蓬蒿라고 한 것과 '자족自足'과 우물 밑 개구리의 '자족自足'이 무슨 차이가 있겠는가? 무슨 경전을 읽든 다 문맥 관계를 고려해야 하는데 「제물론」에 나오는 만물제동萬物齊同(만물은 모두 같다)의 문맥적 의미와 「소요유」에 나오는 '소대지변小大之辨(작고 큼의 구별)'은 똑같이 취급되어서는 안 된다. 곽상은 '작고 큰 것을 가지런히 같게 한다齊小大'라는 관념을 통해 대붕이 멀리 나는 것을 메추라기가 뛰는 것과 동등하게 바라보았고 횡적인 수평 방식을 채택함으로써 종적인 발전의 깊이와 수준을 완전히 무시했다. 이렇게 하여 곽상은 장자가 말한 시간과 노력을 들여 수양하는 과정의 중요한 요소와 절차를 무시하였을 뿐 아니라 장자가 단계적으로 나아가 도달해야 한다고 여긴 경지 철학도 인정하지 않았다.

1-2. 학문 추구에서 도의 추구로 전환하는 과정

『노자』제48장에는 '위학爲學(학문을 추구함)은 날마다 더하는 일이고 위도爲道는 날마다 덜어내는 일이다' 爲學日益, 爲道日損라는 두 가지 중요한 명제가 나온다. '위학'은 경험적 지식이 축적되는 것이고 '위도'는 정신적 경지가 발전함을 뜻한다. 노자는 일찍이 이 둘 사이를 연결하지 않았고 오히려『노자』제20장에서 '절학무우絕學無憂(배움을 끊으면 근심이 없다)'의 관점을 보였다. 이리하여 '위학'과 '위도'는 서로 관계없는 각각의 두 영역이 되었다. 엄복은 일찍이『노자』의 '절학무우' 관점을 비판하면서 이는 마치 아프리카의 낙타가 천적에게 쫓겨 도망갈 곳이 없을 때는 머리를 사막의 모래 속에 처박아 감추는 모습과도 같다고 했다. 낙타가 머리를 처박아 위기 상황을 못본 체 하듯 '배움을 끊으면' 과연 '근심이 없어질' 수 있을까? 그런 면에서 엄복의 비판에도 일리는 있다. 종합하면 노자가 제시한 '위학'과 '위도'라는 각각의 주제도 무척 중요하지만, 이 둘을 연결하여 서로 통하게 하는 과제도 중요한데 이 난제는 훗날 장자에게 남겨졌다.

곤이 붕으로 변하여 비상하는 우화는 장자가 수양의 노력을 통해 정신적 경지에 이르는 일련의 과정을 설명한 이야기이며 동시에 여기에는 '위학'에서 '위도'로 통하는 여정이 함축되어 있다.

『장자』에는 기예를 통해 도의 경지로 들어가는 수많은 우화가 나온다. 이를테면『양생주』에서 포정이 소를 잡는 우화나『달생』편에서 매미 잡는 구루자, 재경에 관한 우화,『지북유』에서 대사마의 갈고리를 담금질하는 장인의 이야기가 그 예다. 이처럼 기예의 전문성과 정묘함으로 도의 경지를 보여주는 생동감 있는 이야기는 '위학으로 날로 더함'의 수준에서 '위도로 날로 덜어냄'의 고묘한 정신적 경지로 전환하여 이르는 과정을 표현한다.

2. 둘

니체는 말했다. "모든 결정적인 것은 다 역경 가운데서 생겨난다."

필자가 1966년 중국문화대학 철학과에서 학생들을 가르칠 때였다. 어떤 비공식적인 장소에서 당시 금기시되었던 말을 몇 마디 했다가 나는 그해 여름 방학에 특수업무 기관의 압력으로 해임되고 말았다. 그 뒤 1969년이 되어서야 타이완대학교 철학과에서 전임 강사의 직위를 회복할 수 있었다. 이 3년간 반실업자 상태가 된 나는 이것저것 겸임하며 동분서주하는 나날 속에서 마음 졸이면서 하루하루를 버텼다. 삶의 역경은 나를 노자와 장자의 연구에 몰두하게 하였고 6~7년의 시간과 노력을 들인 끝에 마침내 『노자 주역과 평가』, 『장자 금주금역』을 완성할 수 있었다. 당시 나는 주석하는 작업을 통해 고대의 지식인들과 대화하는 기쁨을 누릴 수 있었다. 사실 내가 노자와 장자의 사상이라는 화원에 발을 들였던 것은 당시 내가 현실의 삶에서 자유와 민주의 이념을 추구했던 경향과 관계가 있다. 그러나 그 같은 사상은 1972년에서 1973년 사이, 큰 전환의 계기를 맞게 된다.

1972년 미국을 방문했을 때, 오래지 않아 급한 일 때문에 다시 타이완으로 돌아와야 했다. 그리고 이듬해 타이완대학교 철학과 사건이 발생하면서 어쩔 수 없이 다시금 타이완대학의 교직을 내려놓아야 했고 그 뒤로는 전에 없는 곤경에 빠지게 된다. 1997년이 되어서야 비로소 오해가 풀려 복직될 수 있었지만, 그때는 이미 24년이라는 세월이 지난 뒤였다. 그러나 지금 돌이켜보면 당시 어려웠던 시절은 오히려 『노자』에서 말한 것처럼 '화는 복이 기대는 곳이요, 복은 화가 숨어 있는 곳이다' 禍兮福之所倚, 福兮禍之所伏라고 말한 것과 같은 상황이 아닌가 싶다.

1972년 여름, 처음 미국을 방문하여 서부에서 동부를 석 달간 돌면서 많은 것을 보고 들었다. 내게는 이 시간이 『장자』「추수」에 묘사된 것처럼 하백河伯이 흐름을 따라 북해에 이르러 시야가 크게 열리게 된 사건27)과 같은 의미로 다가왔다. 그러나 한편으로는 당시 보고 들은 것들은 나의 기존 사유 세계와 끊임없는 충돌을 일으켰다.

처음에는 캘리포니아주 산티아고에 사는 여동생과 매제의 집을 방문했다. 며칠 뒤 재미 유학생이 캠퍼스에서 난징 대학살 관련 다큐멘터리를 방영하는 곳을 찾아가 나도 다큐멘터리를 시청하였다. 그리고 평생처음으로 한 무더기의 일본 군사가 군도를 휘두르며 노약자와 부녀자들을 미친 듯이 학살하는 장면을 보게 된다. 또한 영상에는 외국 기자가 사람들의 시체를 한 대, 두 대 실어나르는 트럭의 모습을 찍는 장면도 나왔다. 그때 내 머릿속에는 어린 시절 일본군에 의해 무차별 폭격을

---

27) 『장자』「추수」: '가을이 되자 물이 불어나 황하가 범람하여 맞은편 기슭에서의 소와 말이 구별되지 않을 정도였다. 그러자 황하의 신 하백(河伯)은 천하의 아름다움이 모두 자신에게 집중되어 있다며 우쭐댔다. 그러나 황하가 동쪽의 북해(北海)에 이르러 동쪽을 바라보니 그 끝을 알 수 없는 망망대해가 펼쳐져 있었다. 그제야 비로소 하백은 북해의 신 약(若)을 향해 탄식했다. "세간에 나만큼 도(道)를 잘 아는 이가 없다고 우쭐댄다는 말이 있는데 그것이 바로 나를 두고 한 말인 모양입니다. 내가 그대의 바다에 이르지 않았다면 대도(大道)를 깨달은 사람들에게 길이 비웃음을 당할 뻔했습니다."'

당했던 고향의 참상이 오버랩 되었고 이는 또 다시 대학교 1, 2학년 무렵 배웠던 중국 근대사의 교과 과정을 떠올리게 했다. 아편전쟁 이후 중국은 끊임없이 열강의 침략을 받아 1백여 년간 한두 곳도 아닌 수많은 나라로부터 괴롭힘을 당했고, 외세와의 전쟁이 마무리된 뒤로는 이내 내전이 시작되었다. 이는 나의 대학 졸업 시절의 광경을 떠올리게 했다. 당시 나는 군복무를 위해 진먼金門에 파견되었는데(당시에는 모든 대학생이 2년간 병역의 의무를 져야 했다) 그것은 내가 생전 처음 '전선前線'에 서 보게 된 경험이었다. 나는 구닝터우古寧頭의 보루 위에 서서 멀리 맞은편 기슭, 바로 나의 고향인 샤먼廈門 꾸랑위鼓浪嶼를 바라보았다(내 이름 '꾸잉'은 꾸랑위의 '꾸'에서 유래했다). 홀연 이런 생각이 들었다. '나의 형님이 저 맞은편 기슭에 살고 있는데 전쟁이 일어나면 우리 형제는 어쩔 수 없이 맞서 싸울 수밖에 없겠구나. 나는 어째서 가족을 향해 총구를 겨눠야 하는가?' 진먼에서 복역했던 8개월의 시간 동안 이 문제는 나의 뇌리에서 좀체 떠나가지 않았다.

나를 포함한 많은 유학생이 전후에 성장한 세대이다. 우리는 전쟁의 화마가 각자의 가정에 쏟아부은 재난을 직접 경험하였고 살 곳을 잃은 무리가 유리하는 광경을 직접 목도하였다. 그래서 난징 대학살에 관한 다큐멘터리를 보고 큰 충격을 받았고 따오위타이釣魚臺 수호운동의 반反제국 민족주의 사조에 몸을 담고 있으면서도 동족상잔을 초래하는 내전이 무슨 의미가 있는지 반성하지 않을 수 없었다. 『장자』「서무귀徐無鬼」에서는 '그런데 임금께서만은 만승萬乘 대국大國의 군주가 되어서 온 나라 백성들을 괴롭히고……무릇 타국의 병사들과 백성들을 죽이고 타국의 토지를 병합하여 나 자신의 사욕과 나의 정신을 만족하게 하는 자들은 무엇이 선인지 알지 못합니다' 君獨爲萬乘之主, 以苦一國之民……夫殺人之士民, 兼人之土地, 以養吾私與吾神者, 其戰不知孰善라고 했다. 또한 달팽이 뿔 위에서 벌어진 '촉觸과 만蠻의 다툼'이라는 우화를 통해 당시의 내전 상황을 풍자하여 「칙양」에서 이렇게 표현했다. '달팽이의 왼쪽 뿔에 나라를 세운 군주가 있는데 촉씨觸氏라고 하고 달팽이의 오른쪽 뿔에 나라를 세운 군주를 만씨蠻氏라고 한다. 한 번은 이 두 나라가 서로 영토를 다투어 전쟁을 일으켰는데 싸움터에 쓰러진 시체가 수만이나 되었다' 有國於蝸之左角者, 曰觸氏; 有國於蝸之右角者, 曰蠻氏. 時相與爭地而戰, 伏屍數萬.

　　미국에 머물던 기간, 홍콩과 타이완에서 온 많은 유학생을 만났는데 그들은 하나같이 당시에 가장 우수한 집단으로 칭해지던 지식인들이었다. 그들은 땨오위다오 수호운동에 참여하면서 동포애를 바탕으로 민족 단결의 목소리를 내었는데, 많은 이가 지난 세대 정치적 인물의 은원관계를 우리가 떠안을 수는 없다며 정치, 문화적 관점에서 반성의 목소리를 내었다. 당시까지만 해도 나는 이러한 문제를 인간 본성의 측면에서 반성하였다. 그러나 이러한 사상 경향은 내가 미국의 정치 정세를 더 깊이 이해하게 된 시점까지만 이어졌다. 미국의 정세를 깊이 알게 된 이후에는 문제를 바라보는 나의 시각에 정치적이고도 거시적인 관점이 더해지기 시작했다.

　　미국에 도착하기 전까지만 해도 나는 기본적으로 급진적인 자유주의자였다(내가 보기에 자유주의자는 두 가지 유형으로 나뉘는데 이를테면 '5 · 4 운동' 시대의 진독수陳獨秀가 급진적 자유주의자이며 호적胡適은 보수적 자유주의자로 볼 수 있다. 1950년대 이후의 타이완에서는 인하이광殷海光은 급진적 자유주의자였으며 그때도 여전히 호적은 보수적 자유주의자였다). 나는 언론 개방과 국민의 기본권 수호를 주장했고 그 밖에도 학문이 전수되는 스승의 계보 때문에 나는 늘 '친미파'로 구분되었다. 확실히 당시까지만 해도 나의 내면에는 미국을 흠모하는 경향이 상당했다. 하지만 그 경향은 미국을 한 차례 돌고 난 뒤 크게 바뀌었다. 내 마음속 '자유민주주의 성지'였던 미국은 실제로는 탱크와 대포를 앞세워 전 세계 수많은 독재국가를 지원할 뿐 아니라 타국을 분열하는 활동을 벌이고 있었다. 백색 테러[28] 시절 민주 활동에 몸을 담았던 반정부 인사 중 아메리카를 두고 정의를 수호하는 '유토피아'로 여기는 이가 있었던가? 미국의 행위를 본 뒤 나는 서양식의 '민주'와 생활방식을 새롭게 인식하게 되었고 그 가치 또한 재평가하게 되었다. 이와 동시에 왕성하게 진행되는 땨오위타이 수호운동도 나의 화하華夏 사상과 사회의식을 일깨웠고 둘의 치열한 상호 작용 아래 내가 본래 지지하던 자유주의와 개인주의는 심각한 충격을 받게 된다. 요약하자면 나의 개인적인 자각이 사회 집단에 대한 관심과 배려로 확대되었고 고향을 그리워하던 생각이 발전하여 제국주의에 반대하는 민족주의자의 길을 걷게 한 셈이다.

사회적 관심과 배려라는 주제에 대해서는 나는 적잖은 정치평론 글 외에도 학술 분야에서 「시경 속 민중의 소리詩經中的民聲」「묵자의 사회의식墨子的社會意識」등의 글을 발표하였고 1990년 이후 다수의 국제회의에 참여하여 여러 편의 논문을 발표하였다. 이를테면 「도가의 사회적 관심道家的社會關懷」「도가의 조화관道家的和諧觀」「도가의 예법관道家的禮觀」등이 그 예다. 여기서는 고향을 그리워하는 나의 생각을 말해보고자 한다.

---

28) 중국의 국민당이 공산당에 패하여 타이완으로 건너가 정권을 수립한 뒤 1949년에서 1954년 무렵까지 좌익 성향 인사에 대해 벌인 대대적인 색출작업을 뜻함. 일반적으로 백색테러는 우익 세력이 주체가 되어 벌이는 테러를 뜻함. 좌익 세력이 전통적으로 '적색'을 상징으로 삼아 그들의 테러를 '적색테러(Red Terror)'로 칭하는 것에 상대되는 개념이다.

1972년 이전에는 나는 백색 테러의 전제 정치 환경 속에서 살아야 했고 학술계 또한 '도통道統' 의식의 침체된 분위기 속에 놓여 있었다. 이 때문에 개인의 자각과 개성의 표출은 당시 내가 애써 추구하던 지향점이 되었고 장자가 말한 '만물수리萬物殊理(만물의 이치가 서로 다름)'라는 명제는 개인의 특수성을 중시한 나의 주장에 든든한 이론적 근거가 되었다.

당시 타이완 당국은 해협을 사이에 둔 양안 관계에 대하여 전반적으로 '적대적 모순'의 태도로 대하였다. 가족과 친척들 사이의 서신 교환도 전부 차단되었다. 그래서 이따금 제3국을 통해 마음 졸이며 서로의 소식을 주고받다가도 어쩌다 특수기관이 영문모를 풍설을 들이밀며 트집을 잡으면 즉시 「징치반란조례懲治叛亂條例」를 근거로 체포되곤 했다. 한 번은 나의 여동생이 미국 캘리포니아주에서 친구 편에 한 통의 편지를 보내온 적이 있었다. 이는 취엔저우泉州에서 넷째 형이 써서 보낸 서신이었는데 양안 교류가 단절된 지 20여 년 만에 보내온 첫 번째 서신이었다. 당시 상황은 아직도 선명하게 기억난다. 나의 오랜 친구 장샤오원張紹文이 자신의 집으로 나를 불러, 내게 편지를 전달해주었고, 나는 그 집 화장실로 들어가 문을 걸어 잠근 채 찬찬히 편지를 읽어나갔다. 형은 편지에서 중추절이 되면 해질 무렵 6시 저녁 식사 시간에 형제 네 명이 모두 함께 잔을 들고 서로의 건강을 기원해주자고 제안했다. 그리고 창팅長汀에 살던 둘째 형과 허톈샹河田鄉에 살던 셋째 형에게도 같은 제안을 했다. 형의 편지를 모두 읽고 난 나는 흐르는 눈물을 닦으며 소리 없이 거실로 나와 친구와 마저 이야기를 나누었다. 당시의 정치 분위기는 나 같은 일개 서생도 뭐든지 조심하고 삼가야 했던 시절이라 친형제는 말할 것도 없고 친부모와도 서신을 주고받을 수 없었다. 만일 내가 이 일을 다른 사람에게 알린다면 그것은 내게는 말할 것도 없고 친구에게도 화가 미칠 수 있는 상황이었다. 오늘날의 젊은이들이 인간 본성의 관심과 배려하는 마음이 있다면 우리가 경험했던 백색 테러의 역사를 이해해야 한다. 그러나 이것은 홀연 내게 떠오른 작은 에피소드일 뿐이다.

내가 미국을 방문했을 때, 몸은 비록 이국땅에 있었지만, 나의 마음은 멀리 조국인 대륙을 향해 있었기 때문에 그곳에서 전해지는 모든 경물과 풍경을 접할 때면 이내 망향의 정서가 일곤 했다. 『장자』「칙양」에는 '고국의 옛 도성을 멀리서 바라보기만 하여도 크게 기쁨이 일어날 것이니 비록 언덕이나 초목에 열에 아홉이 가려 조금만 보이더라도 오히려 크게 기쁨이 일어난다' 舊國舊都, 望之暢然: 雖使丘陵草木之 緡入之者十九, 猶之暢然라는 표현이 나온다. 『장자』「서무귀」에도 '당신도 남쪽 끝 월越나라 땅에 유배된 죄인의 이야기를 들은 적이 있겠지요? 본국을 떠나 며칠이 지나면 자기가 알고 있는 사람을 만나면 기뻐하고, 본국을 떠나 열흘이나 한 달이 지나면 전에 본국에서 잠깐 본 일이 있는 사람을 만나도 기뻐하고, 일 년이 지남에 이르러서는 자기 나라 사람 비슷한 사람만 보아도 기뻐합니다. 이야말로 인간 사회에서 떠난 지 오래되면 오래될수록 사람을 그리워하는 마음이 더욱 깊어짐을 보여주는 아니겠소' 子不聞夫越之流人乎? 去國數日, 見其所知而喜; 去國旬月, 見所嘗見於國中者喜; 及期年也, 見似人者而喜矣; 不亦去人滋久, 思人滋深乎?라고 하여 나그네가 고향을 그리워하는 심정이 잘 표현되어 있다. 이 같은 망향의 감정은 나의 민족의식을 더욱 촉발시켰다.

당시의 환경이나 분위기를 배경으로 나와 왕샤오보王曉波의 민족의식은 '타이완대학교 철학과 사건'으로 학교에서 쫓겨나게 되는 주요 원인이 된다.

민족의식은 두 가지 방향으로 발전할 수 있는데 하나는 강압적인 정권이 제시하는 확장적 민족주의이고 다른 하나는 반식민, 반침략적 민족주의이다.

1972년 미국 방문 이후 '911' 사태 이후 2003년까지 나는 갈수록 위의 두 가지 민족주의 발전 방향이 분명해지는 것을 볼 수 있었다. 그때 내게는 플라톤이 말한 '동굴의 비유'가 떠올랐다. 나는 동굴에서 벗어날 기회가 있었던 덕에 세계의 진상을 볼 수 있었다. 나는 중학교 시절부터 영화 보기를 좋아해서 특히 서부 액션물을 즐겨봤다. 영화 속 서부 개척자들은 늘 우리 마음속에 영웅이 되었던 반면, 극 중의 '인디언'은 늘 사로잡히는 대상이 되어 영화는 늘 인디언과 백인 사이를 절대 선악의 양극단으로 삼았다. 그러나 나는 동굴에서 벗어난 뒤 가치의 전복을 경험하였고 그제야 소위 서부 개척사라는 것이 사실은 미국 원주민의 입장에서는 피눈물 나는 수탈의 역사임을 깨닫게 되었다. 인디언의 아름다운 산과 강, 소중한 생명, 굽이굽이 굴곡진 땅은 모두 선진 무기로 무장한 백인들에 의해 약탈됐다.

동굴에서 벗어난 뒤 나는 더욱 깊이 깨달았다. 세계화의 과정에서 단편적이고 일방적인 사유 모델을 버리고 지구촌 곳곳의 서로 다른 민족이 가진 각양의 특성을 존중해야 한다고 말이다. 동굴에서 나온 뒤 나는 자주 「제물론」 속의 철학적 이치를 깨달을 수 있었다. 이를테면 '설결이 왕예에게 묻는' 우화에서는 '누가 올바른 거처를 아는가孰知正處?' '누가 올바른 맛을 아는가孰知正味?'라는 부분을 읽을 때면 인간 집단이나 인류의 자아 중심주의를 깨뜨려야 함을 마음 깊이 느낀다. 그러나 이는 다만 사상 개념적인 측면의 깨달음일 뿐이다. 지난 20여 년간 수십 차례에 걸쳐 태평양을 사이에 둔 동서양을 왕복하며 직접 경험한 것을 통해, 나는 동족상잔과 이민족 간의 다툼, 그리고 인류가 지구 생명을 훼손하는 현실에 대해 장자의 제물 사상이 갖는 현대적 의의가 더욱 깊음을 깨달았다.

현실적 경험의 과정과 도가와 중국철학에 대한 나의 연구 태도는 서로 직간접적인 관계가 있다. 여기서는 다시금 장자가 말한 '노후양조魯侯養鳥'와 '혼돈의 죽음'의 우화를 통해 다변적 사고의 의미를 설명하고자 한다.

우선 '노후양조'에 대해 이야기해보자. 노나라 제후는 교외에서 발견한 바닷새 한 마리를 데려와 묘당에 모셔놓고 살진 소를 먹이며 향기로운 술을 마시게 하는 등 지극정성으로 보살폈다. 그런데 새는 술 한 모금 마시지 못하고, 고기 한 점 먹지 못한 채 눈이 어질어질하여 슬퍼하다가 삼일만에 죽고 말았다. 이는 '자신의 방법으로 새를 기르려고 했지 새를 기르는 방법으로 새를 키운 게 아니었기 때문' 此以己養養鳥也, 非以鳥養養鳥也이다. 그래서 장자는 '옛날 성현들도 그 능력이 한결같지 아니하며 사적도 같지 않은 것이다' 先聖不一其能, 不同其事라고 했다. 나는 이 우화에 함축된 도리를 무척 좋아한다. 그래서 늘 그 도리를 통해 사람의 지혜와 능력, 재능과 본성이 서로 다르니 교육방식과 다스림에 하나의 모델을 적용할 수 없음을 역설하곤 했다. 부모의 자식 교육을 포함해서 우리의 전통 교육방식은 관행적으로 장자처럼 본성이 이끄는 대로 순응하는 방식이 아니고 유가의 규범적 훈계 방식을 적용해왔다. 다스림의 도 또한 마찬가지다. 지도자는 늘 자신의 의지대로 각종 정책과 법을 제정하지만, 정책과 법이 사람들의 정서와 민의에 맞지 않으면 이는 재앙으로 이어지곤 한다. '911' 사태 이후 미국은 중동을 향해 현대판 십자군 전쟁을 선포하였다. 중동 지역에 '자유'와 '민주'를 이식한다는 명분을 내세웠지만, 결과적으로는 '화려하지만 새가 먹지 못하는 음식으로 요리상을 차리는' 具太牢以爲膳 방식을 써서 '자기 자신을 봉양하는 방법으로 새를 기르려고' 한 행동일 뿐이다.

'혼돈의 죽음'에 관한 우화와 '노나라 제후가 새를 키운' 이야기는 서로 통하는 면이 있다. 남해의 숙儵과 북해의 홀忽이 중앙에 있는 혼돈의 땅에서 만났는데 혼돈이 그들을 매우 잘 대접하였더니 숙과 홀이 혼돈의 선의에 보답하고자 그의 몸에 하루에 하나씩 구멍을 뚫어주었다. 그러나 혼돈은 그만 칠일만에 죽고 말았다. 과거에는 나는 진실함과 소박한 자연 본성의 관점에서 '혼돈'을 해석하였고 '유위有爲'의 다스림은 백성에게 재난을 야기한다는 측면에서 구멍을 뚫은 행위가 초래한 흉악한 결과를 해석하였다.

그런데 훗날 세상살이의 경험이 많아지면서 시야가 열렸고 갈수록 마음의 생각이 노자와 장자의 상대론적인 도리를 이해할 수 있게 되었다. 정치적인 측면에서 독단으로 흘러서는 안 되며 여러 사람의 뜻을 취합하여야 한다. 사회적인 측면에서도 지나치게 자기중심적인 태도는 생각지 못한 폐단을 초래할 수 있음에 유의해야 한다. 노나라 제후의 단편적인 사고는 비록 그 취지는 선하다고 할지라도 새가 '눈이 어질어질 하고 슬픔에 빠지게' 한 뒤 결국 '삼일 만에 죽고 마는' 결과를 초래했다. 숙과 홀이 '혼돈의 은덕에 보답하고자' 했던 취지는 선하나 '구멍을 뚫는' 방식을 사용함으로써 '칠일 만에 혼돈이 죽고 마는' 결과를 초래하였음을 기억하자. 장자의 상대적 사상과 다변적 사고는 서로 연결된 것이다.

3. 셋

니체는 나를 적극적으로 변하게 했고 장자는 나를 도량 넓고 개방적인 사람이 되게 했다. 여기서 나는 장자의 「칙양」과 「덕충부」에 나온

두 가지 문구를 예로 들어 서로 다른 상황에서 어떤 부분에 치중하여 해석했는지 설명하고자 한다. 두 문구 중 하나는 '만물은 각각 속성을 달리하나 도道는 그중 어느 하나만 사사로이 사랑하지 않는다' 萬物殊理, 道不私(「칙양」)이고 다른 하나는 '다른 것을 기준으로 보면 간과 쓸개도 그 차이가 초楚나라와 월越나라처럼 멀고, 같은 것을 기준으로 보면 만물이 하나다' 自其異者視之, 肝膽楚越也; 自其同者視之, 萬物皆一也(「덕충부」)이다. 전자는 도와 만물 관계에 수상殊相(남과 다른 특별함)과 공상共相(공통된 본질), 개체와 집단의 관계 문제를 함축한다. 후자는 '물物'의 세계에서 서로 다른 시각으로 바라보면 서로 다른 관점을 얻을 수 있다고 말한다. 나는 『장자』를 읽으면서 나타난 심리적 여정을 이 두 가지 문구를 통해 설명하고자 한다.

앞서 말했듯이 1972년 이전의 나는 개체의 생명을 마치 지푸라기처럼 하찮은 것으로 여기는 정치 환경 아래서 살았고 이단을 배척하는 도통 의식이 학술계를 장악하고 있었기 때문에 내게 있어서 장자가 말한 '만물수리萬物殊理(만물은 각각 속성을 달리함)'의 철학 명제는 개인의 특수성을 신장시킬 수 있는 중요한 이론 근거가 되었다. 거기다 당시의 캠퍼스에서 유행했던 분석철학의 학술 분위기 탓에 '다른 것을 기준으로 보는自其異者視之' 관점으로 사물을 대하는 분위기가 비교적 유행하였다. 여기에는 물론 전제 정치의 집단주의가 개인주의를 삼켜버리는 행위에 대한 반항의식이 함축되어 있었다. 이 때문에 장자의 「제물론」에 나오는 '온갖 구멍이 소리를 냄萬竅怒呺'과 '불어대는 소리가 일만 가지로 같지 않음吹萬不同'과 같은 구절은 내가 진심으로 높이 평가하는 명언이 되었다.

만일 '다른 것을 기준으로 보는自其異者視之' 관점만 사용하면 사물을 단편적으로 관찰하기 쉽고 자기중심에 국한되기 쉬우므로 '같은 것을 기준으로 보는自其同者視之' 관점을 통해 자신의 시야를 확대해야 한다는 것을 서서히 깨달아갔다. 하백河伯은 스스로 천하의 한쪽 구석을 차지했다고 안주하며 '천하의 아름다움이 모두 자기에게 집중되어 있다' 以天下之美, 爲盡在己라고 여겼으니 이는 '공간에 구속받고' '시간에 한정되며' '배움에 속박되는' 우물 밑 개구리나 마찬가지인 셈이다. 이후 바다의 신 해약海若을 만나고 천지의 큼을 알게 되었지만, 해약은 오히려 '이것을 가지고도 스스로 많다고 자랑하지 않는다' 不敢以此自多라고 자신을 낮추었다. 매번 「추수」편을 읽을 때마다 나는 하백의 시야를 반성하며 해약의 시야를 가지기 위하여 노력한다.

이는 내가 오랫동안 세계 속의 서로 다른 문화를 관찰하며 스스로 반성하면서 경험했던 기나긴 여정이었고 그 과정에서 장자의 사상 관념은 끊임없이 나의 도량을 넓히고 열어주었다.

지금 나는 다시금 「제물론」과 「추수」편을 예로 들어 설명하고자 한다. 이를테면 나는 앞서 「제물론」에 나온 개방적인 마음을 상징하는 비유인 '열 개의 해가 한꺼번에 떠오른다十日竝出'라는 문구를 특히 좋아한다. 이는 유가의 '하늘에는 두 개의 해가 없다天無二日'라는 주장과 선명한 대조를 이룬다(여기서 우리는 훗날 유가와 도가가 각각 관방 철학과 민간 철학이라는 서로 다른 방향으로 발전하게 된 사실을 엿볼 수 있다). 「제물론」을 설명하면서 나는 '서로 존중하고 서로 품어주며' 相尊相蘊 '모든 사물은 본래 그러한 바가 있고 모든 사물은 본래 가可한 바가 있다' 物固有所然, 物固有所可라는 제물 정신을 줄곧 강조했다. 그러나 '풀줄기와 나무 기둥, 문둥이와 서시를 예로 들자면 세상의 온갖 엉뚱하고 이상야릇한 것에 이르기까지 도를 통해 하나가 된다' 擧莛與楹, 厲與西施, 恢詭譎怪, 道通爲一라는 의미의 '도통위일道統爲一'에 대해서는 상당히 오랜 생활 경험을 통해서만 장자의 동통同通 정신을 가까이 체득할 수 있다. 장자는 『맹자』「등문공」에 나온 '만물이 똑같지 아니한 것이 바로 만물의 실정이다' 物之不齊, 物之情也라는 이치를 알고 있었을 뿐 아니라 저마다 가진 뛰어난 면을 인정하였고 똑같지 않은 사물을 더 높은 단계로 끌어올려 서로 통하게 했다. 이는 마치 지역적인 관념을 가지고 상해 사람, 절강 사람, 민남 사람, 객가인으로 나눠 생각하는 것과 마찬가지로 '다른 것을 기준으로 보는自其異者視之' 관점이지만 '같은 것을 기준으로 보는自其同者視之' 관점으로 대한다면 '사해 안의 사람이 모두 형제' 四海之內皆兄弟也가 될 것이다. 장자학의 다차원적인 시각과 다중적 관점으로 보면 현실 속 삶을 사는 사람은 그 지역 문화의 독특함을 가질 뿐 아니라 우주 속 인간으로서 공통점도 가진다. 방금 인용했던 「제물론」의 '세상의 온갖 이상야릇한 것이 다 도를 통해 하나가 된다'라는 말은 천지간의 모든 개체가 천차만별이지만 우주라는 큰 삶 속에서는 상호 통할 수 있다는 말이다.

제물의 세계에서는 '온갖 구멍이 소리를 내고' 萬竅怒呺 '불어대는 소리가 일만 가지로 같지 않음' 吹萬不同처럼 각각의 일과 사물이 천태만상이지만 이들은 각자 독립되어 무관한 상태가 아니고 서로 포함하고 서로 통하는 관계이다. 이는 장자가 말한 것처럼 '도'가 가진 '동통同通 (똑같이 통함)'의 특징이라고 하겠다. 「제물론」의 말미에 나오는 '곁그림자들이 그림자에게 물음罔兩問景'과 '장자가 나비 꿈을 꿈莊周夢蝶'이라는 우화 역시 개체의 삶이 우주적 삶에서 서로 통하게 되는 관점으로 이해할 수 있다. 과거에 나는 '곁 그림자들이 그림자에게 묻는' 우화를 읽을 때 그 난해함에 곤혹스러워 곽상의 해석을 따라 그림자와 형체는 '저절로 그러해서 그런 것이지 기다림(의지함)이 있는 것이 아니다' 天機自爾, 坐起無待라고 설명하였다. 그러나 원문상으로는 원래의 의미와 대응하는 해석을 찾을 수 없었다. 사실 장자의 인생론은 그의 유기적 일체의 우주관, 즉 우주 사이의 모든 존재는 다 내재적으로 연결되어 있으며 서로 영향을 주며 상호 대응하고 의존한다는 생각을 기초로 세워졌다. '곁그림자들이 그림자에게 물음'[29]의 우화는 사물 각자의 '저절로 그러함'과 '의지함이 없음'을 강조하는 것이 아니라 도리어 현상계의 사물이 서로 의존하고 대응하는 관계임을 말한다. 장자의 뜻은 '도를 기준으로 그것을 바라보는以道觀之' 관점으로 만물을 통하게 한다는 데 있다.

「제물론」의 마지막에는 우리에게도 널리 알려진 '장자가 나비 꿈을 꿈'에 관한 우화가 나온다.

> 옛날에 장자가 꿈에 나비가 되었다. 펄럭펄럭 경쾌하게 잘도 날아다니는 나비였는데 스스로 유쾌하고 뜻에 만족스러웠는지라 자기가 장주인 것을 알지 못했다. 얼마 있다가 화들짝 꿈에서 깨어 보니 갑자기 장자가 되어 있었다. 알지 못하겠다. 장주의 꿈에 장주가 나비가 되었던가 나비의 꿈에 나비가 장주가 된 것인가? 세속의 관점에서는 장주와 나비는 분명한 구별이 있으니 이처럼 장주가 나비가 되고 나비가 장주가 되는 것을 물화物化(물의 변화. 다른 사물과 동화되어 일체가 됨)라고 한다.
>
> 昔者莊周夢爲胡蝶, 栩栩然胡蝶也. 自喩適志與, 不知周也. 俄然覺, 則蘧蘧然周也. 不知周之夢爲胡蝶與? 胡蝶之夢爲周與? 周與胡蝶, 則必有分矣. 此之謂物化.

---

29) '곁그림자가 그림자를 보고 물었다. "조금 전 그대는 걸어가는 듯 하더니 이제보니 서있으며 조금 전에 앉아 있는 줄 알았더니 어느새 또 일어나는 것을 보면 어찌 그렇게 지조가 없는가?" 그림자가 대답하였다. "아무래도 나는 의지할 것이 있어야 움직이나 보네. 그런데 내가 의지하는 형체도 또 무언가에 의지하지 않으면 안되는 모양이야. 내가 의지하는 것은 뱀의 비늘이나 매미의 날개가 뱀이나 매미에 따라 움직이는 것과 같지. 내가 왜 걸어가는지 어찌 알겠으며 내가 왜 섰는지 어찌 알 턱이 있겠는가?"'

이 우화는「제물론」첫머리에 나오는 지향점인 '오상아吾喪我(나 자신을 잃어버림)'와 호응한다.

'오상아吾喪我'와 '물화物化'는 긴밀하게 호응하는 관계이다. '나를 잊음'은 선입견과 아집을 없애는 것이고 '나', 즉, 진재眞宰, 진군眞君은 자기 자신을 폐쇄적인 마음에서 '이명지심以明之心' 즉, 개방적인 마음의 단계로 끌어올리는 것이자 우주 만물이 통하는 대아大我이다.『장자』에서 말하는 '아我'는 문맥마다 각자 다른 의미를 갖는다. 어떨 때는 자아 중심의 개인을 가리키고 어느 때는 사회관계 속의 존재를 의미하며 가끔은 우주적 흐름과 변화에 참여하는 나를 뜻하기도 한다. '장자가 나비 꿈을 꾸다'는 첫머리에 나온 '나 자신을 잊다'라는 취지를 계승하여 개체 생명이 인간 세상에서 갖는 즐거운 활동과 그 '홀가분하게 세상을 떠나며 홀가분하게 세상에 태어남'翛然而往, 翛然而來(「대종사」)을 우주의 변화와 흐름 속에 융합하였다.

그러나 오래전 내가 '장자가 나비가 되는 꿈을 꾸는' 우화를 읽을 때 나의 흥미를 가장 많이 불러일으켰던 것은 고대판 '변신 이야기'에 묘사된 '자유롭고 초연하게 원하는 대로 사는' 모습이었다. 그럴 때면 나는 카프카Kafka의『변신』을 떠올렸다. 그레고르가 어느 날 잠에서 깼다가 벌레로 변하여 침실에서 기어 나와 자가용을 몰고 출근하려 하지만 언어가 분명하지 않고 행동도 느려짐을 깨닫고는 실내에서 기어 다니며 세월을 보낼 수밖에 없게 된 이야기다. 이 소설은 현대인의 공간이 주는 감옥과 같은 느낌, 시간의 긴박함, 현실적 삶의 강박감을 묘사함으로써 현대인이 삶에서 느끼는 심정을 드러내고자 했다.

이와 비교해 보면 '장자가 나비가 되는 꿈'은 인생을 뜻대로 즐겁게 사는 것을 표현했다. 이는 마치 나비가 표연하게 날아올라 자유자재하게 다니고 세계는 마치 하나의 화원과도 같아 가는 곳마다 즐겁지 않은 곳이 없는 경지이다. 여기서 우리가 느낄 수 있는 것은 장자의 달관한 인생 태도이다. 예전에는 나도 '장자가 나비가 되는 꿈을 꾸다'라는 우화를 문학적인 측면에서만 이해하였다. 그러나 시간이 흐르면서 비로소 마지막의 '장주와 나비는 분명한 구별이 있으니 이처럼 장주가 나비가 되고 나비가 장주가 되는 것을 물화物化(다른 사물과 동화되어 일체가 됨)라고 한다'라는 두 마디 말에 담긴 철학적 의미에 주목하게 되었다. '분分'과 '화化'는 이 우화에서 사용한 중요한 철학적 핵심 개념이다(우리는 책을 읽을 때 각 장절의 본문 속에서 핵심 단어가 드러내고자 하는 숨은 뜻 혹은 분명한 사상 개념에 주목하고 개념의 범주에서 분명히 드러나거나 드러나지 않은 철학 주제로 발전시켜야 한다).

　'분分'은 모든 개체 생명이 시공간에서 존재하는 모습이며 '화化'는 우주의 변화와 흐름을 말한다. '장자가 나비가 되는 꿈을 꾸다'라는 우화는 '곁 그림자가 그림자에게 묻다'라는 우화와 마찬가지로 단독으로 해석할 수 없으며 「제물론」의 취지에 근거해서 이해해야 한다. 앞서 말한 '온갖 이상야릇한 것까지도 도를 통해 하나가 되게 한다'라는 말은 개체 생명이 천차만별이지만 우주라는 큰 생명 안에서 서로 통할 수 있다는 말이다. 여기서도 장자와 나비가 '분명한 구별이 있지만必有分矣' 장자는 교묘하게 꿈의 세계라는 공간을 빌려 피아의 구분을 없앤다. 장자의 기화론氣化論에서 생사生死와 존망存亡은 일체이며 무수한 개별 생명은 부침을 거듭하다가 때로는 장자로 변하기도 하고 때로는 나비가 되기도 한다. 개체 생명은 늘 우주라는 큰 생명 속에 융화하여 들어가 우주 생명 속에서 내재적으로 연결된다. '물화'는 '도통위일'과 연결하여 말할 수 있다. '화化'와 '통通'은 장자 철학을 이해하기 위한 중요한 개념의 범주이다. 곤이 변하여 붕이 되고 장자 변하여 나비가 될 수 있듯 크게 변화하여 생육하며 흐르는 과정에서 개별 생명은 우주라는 큰 생명 속에서 끊임없이 유통하고 변통한다.

'장자가 나비가 되는 꿈을 꾸다'라는 우화와 비교했을 때 나는 개인적으로 '호상관어濠上觀魚(호수 위에서 물고기를 바라봄)'의 우화를 더 즐긴다. 대학원 졸업 후 대학에서 처음 강단에 섰을 때 교과 과정의 필요 때문에 노자와 장자 외에도 논리 과목을 5~6년 정도 가르쳤던 적이 있다. 그래서 나는 혜자와 장자의 변론을 처음 읽을 때는 누구의 말이 논리 추론 절차에 더욱 부합하는지 주목해서 보았다. 이를테면 나는 혜자의 논리 전개가 비교적 분명하다고 느꼈고 이와 동시에 그들의 변론이 마치 기차의 레일처럼 평행선을 달리고 있어서 교집합의 요인이 없다고 생각했다. 그러나 나중에는 여기서 한발 더 나아가 그들 중 누가 더 중요한 철학 문제를 제시하는지에 주목하였다(예를 들면 주체가 어떻게 객체를 인식하느냐의 문제 등). 그 결과 혜자가 더욱 이성적으로 문제를 바라보고 장자는 감성적 사유에 기대어 세계를 바라봄을 알게 되었다. 원래 나는 논리 전개 과정상 장자가 궤변의 방향으로 흐른다고 생각하였지만, 나중에는 장자가 '다시 처음으로 돌아가다請循其本'라고 한 말이 어쩌면 내가 말한 '화제를 처음부터 다시 해석하자'라는 의미가 아닐 수 있음을 서서히 깨닫게 되었다. 장자는 감성적 동통同通(똑같이 통함)의 관점에서 사물을 바라보았기 때문에 '본本'은 마음, 본성, 감정을 따르는 관점에서 바라봄을 의미하고 사람의 감정과 본성이 서로 통할 수 있고 외물과도 마찬가지라는 점을 말한다.

혜자와 장자는 호수의 돌다리 위를 노닐었다. 이때 '노닒遊'은 심경을 말하고 '호수의 돌다리'는 아름다운 경관을 의미한다. 그와 같은 심경을 가지고 그처럼 아름다운 경물에 노닐고 감정에 위탁하여 뜻을 표현하였다. 장자는 작은 물고기를 보면서 물고기가 즐겁다고 말하였다. 그러자 혜자는 "그대는 물고기가 즐거운 것을 어찌 아는가?"라고 물으며 무척 중요한 철학 문제를 제시한다. 즉, 주체가 어떻게 객체를 이해하는가에 관한 문제이다. 주객의 관계 문제는 장자와 혜자의 변론에서 하나의 중요한 철학 주제이자 서양 철학이 다루는 중요한 문제이기도 하다. 혜자는 이성적인 관점에서 사물을 분석하고 장자는 감성적인 각도에서 세계를 바라보니 두 사람의 개성과 세계관은 본래 다를 수밖에 없다. 혜자의 논리 전개 방식은 무척 분명하지만, 나는 장자의 감성에서 출발한 '동同' '통通'의 심미안적 정서를 더욱 좋아한다.

철학을 공부하는 것도 좋고 문학을 공부하는 것도 좋으나 피차 서로 보완이 되어야 한다. 철학과는 이성과 추상적 사유를 지나치게 중시하고 문학과는 감정과 형이상 사유를 더욱 중시한다.

이 둘은 서로 조정하고 보완함으로써 감정과 이성을 겸하여 고려해야 한다. 나는 '다름異'을 선호한다. 서로 다른 사람이 각자 다른 지혜와 능력, 재능, 성정이 있음을 인정하고 개별적인 우수함과 장점을 발휘해야 한다. 한편으로 우리는 서로 소통함으로써 혜자의 이성을 통해 논문을 연구할 수도 있고 장자의 감정을 이용할 수도 있어서 피차 더 많은 '같음'과 '통함' 정신을 발휘해야 할 것이다.

위의 글은 2008년 4월 9일 난징대학교 도서관 세미나실과 4월 14일 화둥사범대학교 선진제자 연구센터에서 있었던 강연을 위한 원고로 작성되었으며 예베이칭(葉蓓卿)이 정리한 뒤 「제자학간(諸子學刊)」 제2호에 실렸다.

| 저 자 |

천꾸잉 陳鼓應

1935년 중국 푸젠성 창팅 출신. 타이완 대학교 철학과와 철학대학원을 졸업하고 타이완대학 철학과 베이징대학 철학과 교수를 역임하였다. 현재는 베이징대학 인문학 강좌 교수로 활동 중이다.

학술지 『도가 문화 연구』를 주필하고 『비극의 철학가 니체』, 『니체 신론』, 『존재주의』, 『장자철학』, 『노자 주역 및 평가』, 『장자 금주금역』, 『황제사경 금주금역』, 『노장신론』, 『역전과 도가 사상』, 『도가역학 구조』, 『관자 사편 전석』 등을 저술하였으며, 그 외에도 『잃어버린 자아』, 『인하이광의 마지막 말』, 『다시 그린 예수의 화상』, 『언론광장』, 『고대의 외침』 등의 작품을 출간했다.

| 역 자 |

오수현

숙명여대 중어중문과를 졸업하고, 중국 산동과기 직업전문대학 한국어과 교사, (주)효성, KELLEY ASSOCIATES를 거쳐 현재는 바른번역 소속 출판 전문 번역가로 활동 중이다.

옮긴 책으로는 『주역 완전해석』, 『황제내경, 인간의 몸을 읽다』, 『자치통감』, 『주역에서 경영을 만나다』, 『나의 최소주의 생활』, 『나는 왜 작은 일에도 상처받을까』, 『시의 격려』, 『세포가 팽팽해지면 병은 저절로 낫습니다』, 『오늘, 뺄셈』, 『중국은 무엇으로 세계를 움직이는가』, 『비즈니스 삼국지』, 『똑똑한 리더의 공자 지혜』, 『똑똑한 리더의 노자 지혜』 외에도 다수가 있다.

도가의 인문정신

道家的人文精神

초판 인쇄   2022년 11월 20일
초판 발행   2022년 11월 30일

저   자 | 천꾸잉(陳鼓應)
역   자 | 오수현
펴 낸 이 | 하운근
펴 낸 곳 | 學古房

주   소 | 경기도 고양시 덕양구 통일로 140 삼송테크노밸리 A동 B224
전   화 | (02)353-9908 편집부(02)356-9903
팩   스 | (02)6959-8234
홈페이지 | http://hakgobang.co.kr/
전자우편 | hakgobang@naver.com, hakgobang@chol.com
등록번호 | 제311-1994-000001호

ISBN 979-11-6586-434-7 93150

값 : 24,000원

■ 파본은 교환해 드립니다.